LE THÉÂTRE MUSICAL
DE LUCIANO BERIO

Arts 8
Collection dirigée par Jean-Paul Olive et Claude Amey

Consacrée à l'art du XXᵉ siècle et à la réflexion esthétique, la collection *Arts 8* a pour vocation de diffuser les travaux collectifs de groupes et équipes de recherche, de promouvoir un débat transversal entre les diverses disciplines artistiques, et d'encourager les recherches et échanges autour de thématiques contemporaines importantes.

Dernières parutions

Gianfranco Vinay et Antony Desvaux (dir.), *Giovanni Morelli, la musicologie hors d'elle*, 2015.
Robin Dereux et Serge Le Péron (dir.), *Alain Cavalier, cinéaste et filmeur*, 2014.
Jean-Paul Olive (dir.), *Réfléchir les formes : Autour d'une analyse dialectique de la musique*, 2013.
Susanne Kogler et Jean-Paul Olive (dir.), *Expression et geste musical*, 2013.
Joseph Delaplace, *Tours et détours*, 2011.
Isabelle Launay, *Mémoires et histoire en danse*, 2010.
Giordano Ferrari (dir.), *Pour une scène actuelle*, 2009.
Jean Paul Olive (dir.), *Présents musicaux*, 2009.
Georges Bloess (dir.), *Destruction création, rythme: l'expressionnisme, une esthétique du conflit*, 2009.
Márta Grabócz et Jean-Paul Olive (dir.), *Gestes, fragments, timbres : la musique de György Kurtág*, 2008.
Giordano Ferrari (dir.), *La parole sur scène*, 2008.

© L'HARMATTAN, 2016
5-7, rue de l'École-Polytechnique ; 75005 Paris

www.harmattan.fr
diffusion.harmattan@wanadoo.fr

ISBN : 978-2-336-30387-1
EAN : 9782336303871

Sous la direction de
Giordano Ferrari

Le théâtre musical de Luciano Berio

Tome 2
De Un re in ascolto *à* Cronaca del Luogo

ACTES DES SIX JOURNÉES D'ÉTUDES QUI ONT EU LIEU
À PARIS ET À VENISE ENTRE 2010 ET 2013

L'HARMATTAN

Tous les documents sont reproduits à titre gracieux, grâce à :
© Héritiers Luciano Berio (originaux conservés à La Fondation Paul Sacher, Bâle), pp. 82, 95, 113, 285, 320, 321, 326, 327, 328-29, 332, 342, 344, 348, 352, 357.
© Universal Edition, Milano, Wien, pp. 98, 115.
© MGB Hal Leonard, Italy, pp. 190, 191, 192, 194, 195, 209, 211, 213, 215, 219, 267, 279, 284.

Publié grâce au financement de l'Université de Paris 8 (laboratoire MUSIDANCE, EA 1572), de l'Istituto per la Musica de la Fondazione Giorgio Cini de Venise et du Centro Studi Luciano Berio de Florence.

Conception graphique : Viviane Ferran.

Photo de couverture : Luciano Berio, environ 1995. © Philippe Gontier

Sommaire

volume II

Sulle tracce di «un altro teatro»: *Un re in ascolto* di Luciano Berio Introduzione critica e documentaria
RENATA SCONAMIGLIO — 5

'The crises of sense': listening to *Un re in ascolto*
ROBERT ADLINGTON — 53

Aspetti del pensiero melodico in *Un re in ascolto*
CARLO CICERI — 79

Scrittura dell'ascolto: Calvino in Berio
TOMMASO POMILIO — 117

Prospero's Death: Modernism, Anti-humanism and *Un re in ascolto*
BJÖRN HEILE — 145

Outis. Introduction critique et documentaire
ÁLVARO OVIEDO — 161

Dynamiques du temps et de la forme dans *Outis* de Luciano Berio
SUSANNA PASTICCI — 181

How Do You Make an Opera Without a Narrative? Journeying with Ulysses and Outis
JONATHAN CROSS — 201

À propos des structures temporelles dans *Outis*
DAMIEN COLAS — 223

«A lei la parola taciuta». Testo e subtesto di *Cronaca del Luogo*
TALIA PECKER BERIO   241

Di voce e di vento : il live electronics nel teatro musicale di Luciano Berio
FRANCESCO GIOMI   269

La funzione dei campi di altezze in *Cronaca del Luogo* di Luciano Berio. Uno studio degli schizzi.
MASSIMILIANO LOCANTO   305

Passing into Another: Berio's *Cronaca del luogo* on the Threshold of Dramaturgy
MICHAL GROVER FRIEDLANDER   369

À propos de *Cronaca del Luogo*, sur le mètre de la tradition
ALESSANDRO ROCCATAGLIATI   387

Les auteurs   415

RENATA SCOGNAMIGLIO

Sulle tracce di «un altro teatro»: *Un re in ascolto* di Luciano Berio

Introduzione critica e documentaria

Informazioni generali

Un re in ascolto. Azione musicale in due parti di Luciano Berio (1979-1983)

Testi di Italo Calvino e Luciano Berio
[traduzioni in tedesco di Burkhart Kroeber]
[fonti testuali aggiuntive: Wystan Hugh Auden, *The Sea and the Mirror;* Friedrich Wilhelm Gotter e Friedrich Hildebrand zu Einsiedel, *Die Geisterinsel*; William Shakespeare, *The Tempest,* Lionel Abel, *Shakespeare and Caldéron*]

Prima esecuzione: Salzburg, Kleines Festspielhaus, 7 agosto 1984.

Durata complessiva: 90'

Lorin Maazel, *direttore d'orchestra*
Wiener Philarmoniker, *orchestra*
Götz Friedrich, *regia*
Günther Schneider-Siemssen, *scene*
Rolf Langenfass, *costumi*
Bernd-Roger Bienert, *coreografie*
Erwin Ortner, *maestro del coro*

Cast della prima rappresentazione

Theo Adam, *Prospero*; Heinz Zednik, *Regista*; Helmuth Lohner, *Venerdì*; Patricia Wise, *Protagonista*; Karan Armstrong, *Soprano I*; Sylvia Greenberg, *Soprano II*; Rohangiz Yachmi, *Mezzosoprano*; *Tre cantanti:* Thomas Moser, *Tenore*; Georg Tichy, *Baritono*; Alfred Muff, *Basso*;
Gabriele Sima, *Infermiera*; Anna Gonda, *Moglie [di Prospero]*; Helmut Wildhaber, *Dottore*;
George Ionescu, *Avvocato*; Stephen Harrap, *Pianista, che canta*; Stephen Lano, *Pianista II*; Samy Molcho, *Mimo*; Emil Rieder, *Suonatore di fisarmonica*; Willy Schützner, *Messaggero*; Vokalensemble

Ruoli e registri vocali

Prospero, *basso-baritono* ; Regista, *tenore*; Venerdì, *attore*; Protagonista, *soprano*; Soprano I e II; Mezzosoprano; 3 Cantanti, *tenore, baritono, basso*; Infermiera, *soprano*; Moglie, *mezzosoprano*; Dottore, *tenore*; Avvocato, *basso*; Pianista (che canta); Suonatore di fisarmonica; Un mimo; Un messaggero; Acrobati, Danzatori; I Clown; Coro: SATB.

Orchestra

3 flauti (3° anche ottavino); 2 oboi; 1 corno inglese; 1 clarinetto piccolo in Mib; 2 clarinetti; 1 clarinetto basso; 1 sax tenore; 2 fagotti; 1 controfagotto; 3 corni; 3 trombe; 3 tromboni (3° basso); 1 basso tuba; celesta e organo elettrico (1 esecutore*); percussione (1 o 2 esecutori*): timpani, snare drum, bongos, grancassa, cymbals (sizzle), tam tam, claves, guiro, triangolo, woodblocks, flexaton, frusta, tamburo basco; violini I; violini II; viole; violoncelli; contrabbassi.
* devono poter vedere la scena

Sulle tracce di «un altro teatro»: «Un re in ascolto» di Luciano Berio

Effetti speciali[1]:

Macchina del vento; Spari dietro la scena; Sirena d'ambulanza dietro la scena.

Struttura

Parte prima:

Aria I (Prospero)
Duetto I (Regista –Venerdì)
Concertato I (Regista, 3 Cantanti, Pianista, Venerdì, Coro)
Audizione I (Soprano, Regista, Prospero)
Duetto II (Regista, Prospero, Coro)
Concertato II con Figure (Pianista, Venerdì, Regista, 3 cantanti, Coro)
Serenata (Venerdì)
Aria II (Prospero)
Audizione II (Mezzosoprano)
Duetto III (Venerdì, Mimo)
Aria III (Prospero)

Parte seconda:

Duetto IV (Regista – Prospero)
Concertato III (Prospero, Regista, Venerdì, Soprano I, Infermiera, Mezzosoprano, Moglie, Tre cantanti, Dottore, Avvocato, Coro)
Air (Sola orchestra)
Audizione III (Soprano II)
Aria IV (Prospero)
Aria V (Protagonista)

---

1. L'elenco è realizzato integrando le informazioni contenute in calce alla copia fotostatica della partitura manoscritta autografa disponibile per il noleggio (UE 17850 © Universal 1983) con quelle disponibili nella partitura a stampa con testo in italiano (UE 32993 © Universal 1983), da me consultata presso gli archivi Paul Sacher Stiftung di Basilea. Ringrazio di cuore Ulrich Mosch, Angela Ida De Benedictis e tutto lo *staff* (musicologico e tecnico) della Fondazione per il prezioso aiuto fornitomi durante il mio soggiorno di ricerche.

Concertato IV (Soprano I, Mezzosoprano, Regista, Cantante 2° (baritono), Soprano II, Moglie, Cantanti 1° e 3° (tenore e basso), Infermiera, Dottore, Avvocato, Coro)
Aria VI (Prospero)

Cronologia delle Performance[2]

1) Salzburg, Kleines Festspielhaus, 7 agosto 1984. Prima rappresentazione assoluta. Repliche: 12 e 20 agosto 1984.
Wiener Philarmoniker, Lorin Maazel (direttore); Götz Friedrich (regia).

2) Wien, Staatsoper, 12-21-24 settembre 1984.
Wiener Philarmoniker, Ulf Schirmer (direttore); Götz Friedrich (regia). Ripresa dell'allestimento salisburghese.

3) Milano, Teatro alla Scala, 14 gennaio 1986. Prima rappresentazione italiana. Repliche: 16-18-19-21 gennaio 1986.
Orchestra del Teatro alla Scala, Lorin Maazel (direttore 14-16), Luciano Berio (direttore 18-19-21)[3], Götz Friedrich (regia). Ripresa dell'allestimento salisburghese.

x) Roma, Auditorium Pio (Santa Cecilia), 13-14-15 aprile 1986. Uniche esecuzioni della Versione concertante *(1986), poi ritirata dall'autore.*
Orchestra dell'Accademia Nazionale di Santa Cecilia, Luciano Berio (direttore).

4) Düsseldorf, Großes Haus am Schauspielhaus (Deutsche Oper am Rhein), 28 maggio 1988. Prima rappresentazione tedesca. Repliche 30 maggio; 8-9-24-26 giugno 1988.

---

2. Fonte: Archivio Universal Edition, Vienna. Si ringraziano per la gentile collaborazione Katja Kaiser ed Eve Maria Barwart.
3. Luciano Berio subentrò a Maazel a causa di un'indisposizione di quest'ultimo, com'è possibile desumere dalla rassegna stampa (cfr. *Lorin Maazel ammalato dà forfait alla Scala*, «La Stampa», venerdì 17 gennaio 1986, sezione «Spettacolo, Cultura e Varietà», p. 23, articolo non firmato).

[Orchester der Deutsche Oper am Rhein], Hans Wallat (direttore); Holk Freitag (regia).
4a) Duisburg, Duisburg Theater (Deutsche Oper am Rhein), 14-16 giugno 1988.
[Orchester der Deutsche Oper am Rhein], Hans Wallat (direttore); Holk Freitag (regia). Ripresa dell'allestimento di Düsseldorf.

5) London, Royal Opera House - Covent Garden, 9 febbraio 1989. Prima rappresentazione britannica. Repliche: 11-14-22-24-27 febbraio e 2 marzo 1989.
Orchestra of the Royal Opera House, Luciano Berio (direttore), Stephen Harrap (direttore), Graham Vick (regia).

6) Paris, Opéra Bastille, 31 gennaio 1991. Prima rappresentazione francese. Repliche: 2-5-8-11-13 febbraio 1991.
Orchestre de L'Opéra National de Paris, Stephen Harrap (direttore), Graham Vick (regia). Ripresa dell'allestimento londinese.

7) Amsterdam, Concertgebouw (Holland Festival), 4 giugno 1991. Prima rappresentazione olandese.
Koninklijk Concertgebouworkest, Luciano Berio (direttore), Graham Vick (regia). Ripresa dell'allestimento londinese.

8) Chicago, Lyric Opera, 9 novembre 1996. Prima rappresentazione americana. Repliche:12-15-21-24-27-30 novembre; 4-7 dicembre 1996.
Lyric Opera of Chicago Orchestra, David Russell Davies (direttore), Graham Vick (regia). Ripresa dell'allestimento londinese.

9) Luzern, Luzerner Theater, 12 settembre 2000. Prima rappresentazione svizzera. Repliche: 16 settembre, 1-8-13-19-28 ottobre 2000 e 12-24-29 novembre 2000.
Luzerner Symphony Orchestra, Jonathan Nott (direttore), Andreas Baesler (regia).

10) Genève, Grand Théâtre, 28 gennaio 2002. Repliche: 30 gennaio; 3-5-7 febbraio 2002. Orchestre de la Suisse Romande, Patrick Davin (direttore), Philippe Arlaud, (regia).

11) Frankfurt am Main, Oper Frankfurt: 19 gennaio 2002. Repliche 24-27 gennaio; 1 febbraio; 21-24 marzo 2002;
Frankfurter Oper- und Museumsorchester, Johannes Debus (direttore), Andrés Maspero (regia).

12) Frankfurt am Main, Oper Frankfurt: 7-15-21 febbraio 2003.
Frankfurter Oper- und Museumsorchester, Johannes Debus (direttore) Rosamund Gilmore (regia).

13) Münster, Städtische Bühnen (Festival KlangZeit), 2-7-16-19-27 febbraio 2008. Sinfonieorchester Münster, Fabrizio Ventura (direttore), Ernö Weil (regia).

Fonti testuali ('libretto'):

Un re in ascolto, azione musicale in due parti, parole di Italo Calvino; *Ein König horcht*, Musikalische Handlung in Zwei Teilen, Texte von Italo Calvino, aus dem Italienischen von Burkhart Kroeber [testo a fronte italiano e tedesco], Milano, © Universal Edition 1983, UE 17854;

Fonti Musicali

I. *Un re in ascolto* (S4, M2, T3, Bar, BBar, B2, Attori, Danzatori, Ch, Orch; 1979-1983)

- Partitura autografa con testo in italiano:
    a) Originale *Reinschrift* conservata presso la Paul Sacher Stiftung di Basilea;
    b) Copia eliografica UE 17850 © Universal 1983;
- Partitura a stampa con testo in italiano UE 32993 © Universal 1983;
- Partitura a stampa con testo in tedesco (trad. Burkhardt Kroeber) UE 33736, © Universal 1983

- Spartito per canto e pianoforte, riduzione di Simonetta Bungaro, UE 17852a, © Universal 1983.
- Schizzi, abbozzi e materiali analitici conservati presso la Paul Sacher Stiftung di Basilea.

II. *Un re in ascolto*, 'versione concertante' (S2, M, T, BBar, Spr., Orch; 1986). Ritirata dall'autore.
- Partitura fotostatica con correzioni, frammenti incollati e aggiunte a mano, conservata presso la Paul Sacher Stiftung di Basilea.

III. *Duo. Teatro Immaginario*, testo di Italo Calvino, (Bar, Vl 2, ch e orch, su nastro magnetico). XXXIV Premio Italia 1982.
- Partitura fotostatica conservata presso gli Archivi RAI e presso la Musikbibliotek della Hochschule der Künste di Berna.
- Materiali preparatori conservati presso la Paul Sacher Stiftung di Basilea.

Trasmissioni radiofoniche rilevanti

- Conferenza di presentazione alla stampa in occasione dell'allestimento di *Un re in ascolto* al Teatro alla Scala nel 1986. Messa in onda: 11 gennaio 1986 (*Una stagione alla Scala*, RAI Radio Uno).

- *Duo*, teatro immaginario, testo di Italo Calvino: [prima messa in onda: 1 agosto 1982], seconda messa in onda: 29 novembre 1982 (*Piccolo Concerto*, RAI Radio Uno, con intervista di Flaminia Rinonapoli a Luciano Berio, registrata il 22 novembre alla sede RAI di Roma)[4].

- Diretta radiofonica della serata commemorativa organizzata dal Piccolo Regio di Torino in occasione del decennale della scomparsa di Italo Calvino (*Radio 3 Suite*, RAI Radio Tre, 19 settembre 1996).

---

4. Questi dati, come pure quelli relativi alla precedente trasmissione, sono tratti da Claudia DI LUZIO, '*Un re in ascolto*' *di Luciano Berio. Drammaturgia e poetica*, Tesi di Laurea in Drammaturgia Musicale, Università degli studi di Bologna, Facoltà di Lettere e Filosofia. Anno accademico 2001/2002.

Luciano Berio rievoca la genesi di *Allez-Hop!*, *La Vera Storia* e *Un re in ascolto*.

Materiale video rilevante

- Registrazione video dell'allestimento scaligero di *Un re in ascolto* (1986), conservata presso gli Archivi del Teatro alla Scala di Milano, nonché presso la Paul Sacher Stiftung di Basilea.

- Registrazione video di una puntata del *magazine* televisivo di arte, musica e cultura *The Late Show* (I Stagione, 1989, BBC 2), dedicata alla prima britannica di *Un re in ascolto*. A cura di Michael Richard Jackson. David Osmond-Smith intervista Luciano Berio. Ospiti in studio, con la presentatrice Sarah Dunant, il critico musicale Peter Heyworth, il compositore Mark-Anthony Turnage e il regista Jonathan Moore. Copia conservata presso gli Archivi del Centro Studi Luciano Berio.

Ricostruzione della genesi e cenni sulla ricezione critica

Il «detonatore iniziale[5]» dell'operazione *Un re in ascolto* risiede notoriamente (e per ammissione dello stesso Berio) nella lettura della voce enciclopedica *Ascolto* firmata da Roland Barthes e Roland Havas e pubblicata nel 1977 nel primo volume dell'*Enciclopedia Einaudi*[6]. Partendo dal presupposto secondo il quale «*udire* è un fenomeno fisiologico; *ascoltare* è un atto psicologico[7]», Barthes e Havas individuavano tre tipi d'ascolto: un primo tipo, comune anche agli

---

5. Espressione utilizzata da Luciano Berio nel corso della Conferenza di Presentazione del lavoro al Teatro alla Scala, in occasione della prima esecuzione italiana. La conferenza sarà trasmessa da RAI Radio1 l'11 gennaio 1986. Cfr. su questo C. DI LUZIO, *'Un re in ascolto' di Luciano Berio. Drammaturgia e poetica*, op. cit. p. 12.
6. Cfr. Roland BARTHES, Roland HAVAS, *Ascolto*, in *Enciclopedia Einaudi*, I, Torino, Einaudi 1977, pp. 982-991, poi ripubblicato in Roland BARTHES, *L'ovvio e l'ottuso*, Torino, Einaudi 1985, pp. 237-251. Le citazioni che seguono sono tratte da quest'ultima edizione.
7. R. BARTHES, *Ascolto*, op. cit, p. 237.

animali e consistente nell'audizione di indizi; un secondo tipo – proprio dell'uomo in quanto essere razionale – inteso come decifrazione di segni sulla base di codici condivisi; infine un terzo tipo di ascolto, definito «moderno» o *psicanalitico*, che «ha luogo nello spazio intersoggettivo, ove io ascolto vuol dire anche ascoltami[8]». Se si considera la parabola creativa di Luciano Berio fino alla seconda metà degli Anni '70, e in particolare la sua concezione di *teatro per l'orecchio*, appare evidente che non pochi spunti proposti nel saggio di Barthes e Havas toccassero le 'corde' della sua sensibilità poetica: la definizione dell'ascolto come intelligenza[9] spazio-temporale sembra rispecchiarsi ad esempio nella ventennale esperienza radiofonica del compositore, dalle sonorizzazioni di radiodrammi RAI[10] a lavori di maggior ambizione e respiro come *Thema-Omaggio a Joyce* (1958), *Visage* (1961), *A-Ronne* (1974), *Diario immaginario* (1975). In secondo luogo l'immagine di una voce che «inaugura la relazione con l'altro[11]», che in qualche modo si fa 'volto' permettendo un 'riconoscimento', ricorda molto da vicino la definizione che il compositore dà proprio di *Visage*, «ritratto sonoro, vocale, musicale di una personalità[12]». Infine l'idea che la voce umana comunichi di per

---

8. *Idem*.
9. *Ibid.*, p. 238. Il termine *intelligenza* è usato da Barthes in senso etimologico, ovvero come capacità di distinguere, selezionare, valutare i dati percettivi e quindi di collocare noi stessi (e gli altri) all'interno del continuum *spazio-temporale*.
10. Su questo aspetto cfr. l'ormai classico Angela Ida DE BENEDICTIS, *Radiodramma e arte radiofonica. Storia e funzioni della musica per radio in Italia*, Torino, De Sono, EdT 2004.
11. R. BARTHES, *Ascolto, op. cit.*, p. 246.
12. Definizione rilasciata da Berio in un'intervista con Florivaldo Menezes Filho: «Il s'agit ici d'un *visage vocal* d'une personnalité: celle de Cathy Berberian. De même qu'un peintre fait de certaines *visages* de certaines personnes, j'ai voulu faire un *visage sonore, vocal, musical* d'une personnalité». '*Quelques visages de Visage*' (*Luciano Berio parle de l'ouvre à Flo Menezes*), in appendice a Florivaldo MENEZES FILHO, *Un essay sur la composition verbale électronique 'Visage' de Luciano Berio*, Premio Internazionale Latina di Studi Musicali 1990, Modena, Mucchi 1993, («Quaderni di "Musica/Realtà"», 30), p. 132. Noto di passaggio che la metafora del 'volto' verrà utilizzata da Berio anche nel suo principale testo esplicativo dedicato a *Un re in ascolto*, il celebre *Dialogo fra te e me*: «Vorrei che questo lavoro rivelasse

sé a prescindere dal contenuto della comunicazione presenta forti somiglianze con un'altra lettura fondamentale per il Berio degli Anni '60: *Linguistica e poetica* di Roman Jakobson (1960), a cui Sabine Ehrmann-Herfort ha riconosciuto un contributo non marginale nell'ispirazione di *Sequenza III*[13]. Se fu Calvino a segnalare a Berio il saggio di Barthes e Havas, l'idea di trarvi un soggetto per un'opera destinata al Festival di Salisburgo risale allo stesso Berio. Le prime testimonianze documentarie in merito risalgono all'estate del 1977: dal carteggio fra il compositore e Margherita Kalmus – futura dedicataria del lavoro e all'epoca in forze presso l'Universal Edition – desumiamo che Berio si sarebbe recato a Salisburgo intorno al 4 agosto 1977. È presumibile che una prima trattativa per la commissione si avvii proprio in quel frangente. Alla fine del mese Kalmus ricontatta Berio chiedendo notizie circa il soggetto per il Festspiele:

> Sarebbe molto importante farmi avere un abbozzo dell'opera salisburghese non appena Tu puoi, dato che i mulini 'festivaleschi' macinano a tempo lento e preistorico. E non è necessario ricordarTi che l'opera di Salisburgo, seguendo il trionfo che aspetta Te alla Scala[14], Ti metterà sull'olimpo dei compositori di oggi[15].

---

un'espressività simile a quella di un volto umano, ora sereno, ora triste, ora stanco, ora allegro e, infine, senza vita». Luciano BERIO, *Dialogo fra te e me*, (1984), ora in *Scritti sulla musica*, a cura di A. I. De Benedictis, Torino, Einaudi 2013, pp. 273-279 (prima edizione in *Un re in ascolto*, programma di sala del Salzburger Festspiele 1984, Salzburg 1984 [pp. 66-71]
13. Ehrmann-Herfort ipotizza che nello stendere la lista delle 44 indicazioni interpretative di *Sequenza III* Berio abbia ripensato all'esperimento sull'analisi linguistica dei processi emotivi messo in atto da Jakobson e descritto all'interno di *Linguistica e poetica*. Cfr. Sabine EHRMANN-HERFORT, *Luciano Berio: die americanische Jahre, Neue konzepte des musikalischen Theaters in bewegter Zeit*, in *Rebellische Musik: gesellschaftlicher Protest und kultureller Wandel um 1968*, hrsg. von Arnold Jacobshagen und Markus Leniger unter Mitarbeit von Benedikt Henn, Köln, Dohr 2007, p. 69.
14. Kalmus si riferisce qui a *La vera storia*, il cui debutto era inizialmente previsto per il novembre 1979. A questo proposito la corrispondenza fra il compositore e Universal conferma come già a partire dalla seconda metà del 1977 la genesi delle

Sulle tracce di «un altro teatro»: «Un re in ascolto» di Luciano Berio

Berio risponderà circa 4 mesi dopo, in data 12 dicembre 1977, inviando a Vienna un dattiloscritto di 5 pagine: «UN RE IN ASCOLTO (titolo provvisorio)[16]». Sulla provvisorietà del documento il compositore insiste anche nella lettera di accompagnamento: «Eccoti il testo di Calvino. È la prima idea dalla quale svilupperemo il testo definitivo. Il titolo è provvisorio. Potrà essere deciso solo quando il lavoro sarà precisato in tutti i dettagli. Come forse sai Calvino è il più interessante scrittore italiano di oggi[17]». A giudicare dalla numerazione dei blocchi, questo piano preliminare – steso da Calvino fra il 6 e l'8 dicembre 1977[18] – prevedeva una ripartizione in tre parti (o atti), articolate rispettivamente in 5 scene (I parte), 3 scene (II parte) e ancora 3 scene (III parte). Il soggetto ruota attorno alla vicenda di un re che «ascolta con gli orecchi degli altri» e che vive nel suo palazzo «circondato di agenti segreti[19]». Quando però i suoi informatori lo mettono a conoscenza della presunta 'infedeltà' della regina, il re si sente perduto, «solo e circondato da nemici». Da quel momento egli si mette in trepidante ascolto di ogni minimo suono o

---

due opere proceda contemporaneamente – fra intrecci, sovrapposizioni e conseguenti ritardi – fino al 9 marzo del 1982, data della prima rappresentazione de *La Vera Storia* al Teatro alla Scala di Milano.

15. Lettera di Margherita Kalmus a Luciano Berio del 23 settembre 1977, Fondazione Paul Sacher (FPS), Collezione Luciano Berio (CLB), per gentile concessione. Le lettere sono riportate in trascrizione semi-diplomatica: qui e altrove mi riservo ove possibile di correggere alcuni errori di ortografia, mantenendo però invariati lo stile e la sintassi.
16. Il documento, conservato negli archivi viennesi dell'Universal Edition, è trascritto integralmente in Ute BRÜDERMANN, *Das Musiktheater von Luciano Berio*, Frankfurt/M, Peter Lang 2008, pp. 147-149.
17. Lettera di Luciano Berio a Margherita Kalmus del 12 dicembre 1977, FPS/CLB, per gentile concessione.
18. Questa datazione è proposta in Claudio MILANINI, *Materiali per «Un re in ascolto» di Berio*, in ITALO CALVINO, *Romanzi e racconti*, a cura di M. Barenghi e B. Falcetto, III, Milano, Mondadori 1994, pp. 1292-1295: 1293 (sezione *Note e notizie sui testi* a cura di M. Barenghi, B. Falcetto e C. Milanini).
19. Italo CALVINO, [dattiloscritto del soggetto originale di] *Un re in ascolto*, in U. BRÜDERMANN, *Das Musiktheater von Luciano Berio, op. cit.*, p. 147, *passim*.

(silenzio) proveniente dal palazzo, alla ricerca di 'indizi' affidabili. La sua stessa percezione spaziale e temporale è descritta dai suoni, che egli racconta nell'orecchio a un vecchio scudiero sordo – il solo di cui egli senta di potersi fidare. «Pure, c'è qualcosa che lo scudiero ascolta e il re no: è una voce che viene da sottoterra» e che appartiene all'antico sovrano di quei luoghi, spodestato e imprigionato. Il re non ha orecchie per quella voce, poiché vuole rimuovere il proprio passato (e la propria condizione) di usurpatore. Alla fine del primo atto, il protagonista sta ascoltando, affacciato al balcone, il tappeto sonoro proveniente dalla città in lontananza. Da questo suono indistinto, simile a «un mare lontano» o al «fruscio delle foglie di una foresta», si leva a tratti un canto: «una voce che s'interrompe e riprende, una melodia che non riesce a decifrare e che gli comunica un turbamento indefinibile». L'inizio del secondo atto ci presenta il re dedito ad esplorare sotto mentite spoglie la «città che egli ha dominato dispoticamente per anni», ma che ancora «gli resta sconosciuta». Ascoltando i canti che ivi provengono egli sembra percepire, sotto l'apparenza festosa, «un cupo fondo di violenza, una spinta di morte[20]». Sempre travestito, egli «segue un canto di donna», riconoscendovi quello che lo aveva colpito sul balcone della reggia. La melodia lo porta a cospetto di una donna mascherata, con la quale il re intreccia un canto d'amore «e per un momento ascoltare ed essere ascoltato è una cosa sola». Nell'impossibilità per entrambi di rivelare la loro identità, i due si perdono. Ma non appena ritornato al palazzo, il re (ormai incurante di trame e congiure) fa indire un concorso di canto, ufficialmente per premiare la voce migliore, in realtà per tentare di ritrovare la donna mascherata. Ben presto però si rende conto che la nuova condizione in cui egli si rivela – quella di re, appunto – rende il reciproco riconoscimento praticamente impossibile. Nel frattempo una congiura di palazzo mette a repentaglio la sua vita, ma il re riesce sfuggire da una porta segreta. Inizia il terzo atto. «Il re fugge nella notte. La rivoluzione è scoppiata in città; i palazzi sono in fiamme» e tra le ombre egli non riesce più a riconoscere amici e nemici. «Dai

---

20. *Ibid.*, p. 148, *passim*.

rumori della città in fiamme passa a quelli della campagna, il vento tra le foglie, le strida degli uccelli notturni, il fiume, le rane. Perduto tra questi rumori, è anche lui un rumore nella notte tra i tanti; non c'è più nessuno che ascolta; solo la notte ascolta se stessa». Mentre cammina, il re si accorge di essere finito in un sotterraneo: lo stesso che custodisce il suo predecessore spodestato. «Mi ascolti? Si ti ascolto»: i due re si trovano faccia a faccia, in quel momento sembra che i loro ruoli possano capovolgersi. «Parlano con la stessa voce, s'ascoltano come ascoltassero se stessi. Chi dei due è il prigioniero[21]», soprattutto considerando che c'è una rivoluzione in atto? Ad un certo punto, nello stesso sotterraneo compare la donna misteriosa venuta a portare la libertà al prigioniero. Il re ode costoro allontanarsi insieme cantando la stessa aria della notte precedente, ma la sua identità è ormai così incerta che egli non sa più «se lui sia lui o l'altro». «Sente di dissolversi nei rumori, nel vento, nelle foglie, nell'abbaiare dei cani, nel risveglio degli uccelli, nel battito metallico che viene dalla città, nel rombo che invade tutto lo spazio, come se egli non fosse mai esistito[22]».

Il soggetto, immaginifico e dall'indiscutibile fascino – ancorché recante non poche tracce terminologiche della sua fonte saggistica – fu accolto a Vienna con grande entusiasmo, come si può desumere dalla risposta di Alfred Schlee, datata 16 dicembre 1977: «J'ai lu l'exposé de Calvino avec grande joie. Ce qui m'a fascine est le fait que la musique y est effectivement partie intégrant, que la fonction de la musique est tout à fait naturelle. Je trouve la conception magnifique et je vous en félicite[23]». L'accordo ufficiale con il Festival di Salisburgo, raggiunto circa 8 mesi dopo, il 14 agosto 1978, fissava il debutto di *Un re in ascolto* per l'estate 1983. Come vedremo fra breve, tale scadenza fu posticipata di un anno a causa della concomitante genesi

---

21. *Ibid.*, p. 149.
22. *Idem.*
23. Lettera di Alfred Schlee a Luciano Berio del 16 dicembre 1977 (Archiv der Universal Edition, Wien), cit. in U. BRÜDERMANN, *Das Musiktheater von Luciano Berio, op. cit.*, p. 149.

de *La Vera Storia* e di incomprensioni sopraggiunte fra Berio e Calvino circa la natura del testo poetico.

La prima stesura attualmente nota del 'libretto' di *Un re in ascolto* risale al 1979; alla sua composizione rimanda infatti una nota del taccuino dello scrittore in data 27 agosto[24]: il testimone, trascritto integralmente da Claudio Milanini nel III volume dei *Romanzi e Racconti* calviniani, consta di 25 pagine dattiloscritte con con «rare correzioni autografe[25]» a carbone. Il «libretto originale 1979» sviluppa il precedente soggetto confermando l'impianto in tre atti e introducendo alcune interessanti modifiche quali la figura dell'Eco (*Personaggio - coro* con funzioni di commento), interpretato da una «voce femminile» e collocato «in disparte sulla scena[26]». Secondo Ute Brüderman, l'introduzione di questa figura 'astratta', cui spetta il compito di definire il quadro spaziale-sonoro dell'azione drammatica, consente di alleggerire il personaggio del re dei suoi tratti più macchinosi e teorizzanti. Cionondimeno, un libretto improntato a una narratività lineare, dal forte *coté* fiabesco, popolato di personaggi dagli altisonanti nomi pseudo-operistici[27] (Sigisberto, Elfrido, Arminia, Alfeo, Doralice, ecc.) non rientrava esattamente fra i *desiderata* di Berio. Rievocando, anni dopo, le prime fasi della collaborazione, il compositore definirà la prima idea di Calvino «une

---

24. Cfr. C. MILANINI, *Materiali per «Un re in ascolto» di Berio, op. cit.*, p. 1293.
25. *Ibid.*, p. 1294. Milanini avanza l'ipotesi che non si tratti della prima stesura in assoluto, poiché nel numero di riferimento presente sul dattiloscritto è possibile leggere sia un «1» sia un «4». Com'è noto la genesi del lavoro evolverà diversamente. Tuttavia le prime due pagine di questo dattiloscritto furono pubblicate in copia nel programma di sala realizzato dal Teatro alla Scala per la prima rappresentazione italiana dell'opera, con l'indicazione «Originale dattiloscritto di 'Un re in ascolto'». Cfr. *Un re in ascolto*, Programma di sala, Teatro alla Scala di Milano, *op. cit.*, pp. 26-27.
26. Italo CALVINO, *Per* Un re in ascolto *di Berio: libretto originale 1979*, in I. CALVINO, *Romanzi e racconti, op. cit.*, pp. 730-754: 730.
27. Diversi anni dopo, Luciano Berio ricorderà in un'intervista rilasciata a Radio3 Suite (RAI, Radio Tre) il 19 settembre 1996 che Calvino usava nomi da 'libretto d'opera', inutilizzabili dal compositore (fonte consultata da chi scrive presso sede RAI di via Asiago a Roma)

sorte d'histoire du XIX siècle, absolument intraitable musicalement![28]».

Una seconda ipotesi di lavoro, risalente al 24 febbraio 1980 e battezzata da Milanini[29] *Trattamento 1980*, colloca l'azione all'interno di un teatro lirico, trasformando il sovrano del primo soggetto in «un roi dans le théâtre, comme figure métaphorique, [...] une sorte de Diaghilev[30]». La nuova idea accentua, da una parte, il carattere metateatrale del lavoro mediante un procedimento di *mise ên abyme*, e dall'altra consente abbandonare la linearità del *plot* originario, facendo «proliferare il palcoscenico in tante direzioni diverse[31]». Ne deriva una struttura per così dire '3 x 3', composta cioè di tre atti nei quali l'azione si svolge *contemporaneamente* su tre livelli distinti (A, B e C):

A) IL PADRONE DELLA MUSICA. Il «luogo» dell'azione del livello A si situa nella mente del direttore di un grande teatro d'opera, mentre egli è in preda a un'angosciosa crisi interiore, durante una serata di gala.
B) L'OPERA SULLA SCENA. L'esecuzione d'un'opera tradizionale, vista dalla parte del palcoscenico anziché dalla sala, durante quella serata di gala.
C) DIETRO LA SCENA. Tutto ciò che avviene tra le quinte e dietro il fondale durante l'esecuzione d'un'opera: elettricisti, sarte, pompieri, buttafuori, attrezzisti, va e vieni di coristi e cantanti e comparse[32].

Ancorché di ardua realizzazione, l'ambizioso congegno drammaturgico pianificato nel *Trattamento 1980* presenta già

---

28. Philippe ALBÈRA, Jacques DEMIERRE, *Entretien avec Luciano Berio*, in *Luciano Berio*, a cura di P. Albèra, Lausanne, L'Age d'homme 1983, («Contrechamps», 1), pp. 61-66: 64.
29. Cfr. C. MILANINI, *Materiali per «Un re in ascolto» di Berio, op. cit.*, p. 1293.
30. P. ALBÈRA, J. DEMIERRE, *Entretien avec Luciano Berio, op. cit.*, p. 64.
31. Espressione frequentemente utilizzata da Berio, non da ultimo durante la diretta radiofonica di cui a nota 27.
32. Italo CALVINO, *Per Un re in ascolto di Berio: Trattamento 1980*, in I. CALVINO, *Romanzi e Racconti, op. cit.*, pp. 755-757: 755.

interessanti anticipazioni della concezione definitiva. L'elemento introspettivo rappresentato dal «livello A» – il sogno di «un altro teatro» e la ricerca di «una voce al di là di ogni voce» da parte del «padrone della musica[33]» – sarà sviluppato in *Un re in ascolto* attraverso le cinque *Arie* di Prospero, mentre la struttura del *backstage,* costituente il «livello C», si espliciterà nei riferimenti alla Prova teatrale (*Duetto I, Concertato I* e *Concertato II con figure*), nelle tre *Audizioni* e nel più generale viavai di artisti e maestranze sul palcoscenico[34]. Anche l'idea di contrapporre la figura del direttore ad «una proiezione di se stesso da giovane» con funzione di antagonista / *alter-ego* può esser fatta risalire al *Trattamento 1980*. Alla luce dei documenti in nostro possesso, viene tuttavia da chiedersi fino a che punto «la bellissima idea di Calvino[35]» – secondo l'entusiastica definizione beriana – sia effettivamente da ascriversi allo scrittore. L'idea di organizzare l'azione attorno al monologo-delirio di un direttore di teatro, tormentato dalle proprie memorie personali e artistiche, appare infatti debitrice di *Diario Immaginario,* l'opera radiofonica di Luciano Berio e Vittorio Sermonti con la regia di Giorgio Pressburger, vincitrice del Prix Italia 1975 e a sua volta rielaborata da un precedente radiodramma (*Il malato immaginario*, da Molière, RAI 1973)[36]. Quanto al congegno brechtiano dello *split stage*, è possibile ravvisarne un'anticipazione nel piano originale di Berio per *La Vera Storia,* così come appare dal quaderno di appunti

---

33. *Idem.*
34. «Quello che il pubblico vede» racconterà Luciano Berio presentando l'opera al Teatro alla Scala nel 1986 «è il 'sedere' del palcoscenico e si sente quello che avviene dall'altra parte: si vedono cantanti, ballerini, coristi, figure tipiche che si avvicendano, che escono, che entrano eccetera; ed è il direttore del teatro a raccontare, far agire, e vivere la sua storia». Conferenza di presentazione di *Un re in ascolto* al Teatro alla Scala (11 gennaio 1986), cit. in C. DI LUZIO, *'Un re in ascolto' di Luciano Berio. Drammaturgia e poetica, op. cit.* p. 19.
35. Lettera di Luciano Berio a Wolfgang Fleischer, 3 settembre 1981, FPS/CLB, per gentile concessione.
36. Il lavoro è stato recentemente pubblicato nel cofanetto *L'immaginazione in ascolto. Il Prix Italia e la sperimentazione radiofonica*, a cura A. I. De Benedictis e M. Novati, Roma-Milano, Rai-Trade/Die Schachtel 2012.

autografo conservato negli archivi della Paul Sacher Stiftung di Basilea[37]. La genesi di quest'ultimo lavoro prenderà notoriamente altre strade, sia sul piano drammaturgico sia registico. Non possiamo tuttavia escludere che Berio e Calvino abbiano riesumato il congegno in vista di *Un re in ascolto*, destinandolo non più allo svolgimento di un intreccio teleologico (come nella Prima Parte de *La Vera Storia*) bensì a funzioni diametralmente opposte. Appare evidente, in ogni caso, che la radicale trasformazione del soggetto salisburghese sia stata più subita che patrocinata da Calvino. In un'intervista pubblicata postuma su «La Stampa» (14 settembre 1995) egli dichiara: «L'idea iniziale [di *Un re in ascolto*] era mia, poi Berio si è innamorato della metafora del teatro e anche io ho seguito il suo suggerimento[38]».

Ma al di là dell'effettiva paternità dell'idea e della struttura, svolgere l'articolato *Trattamento 1980* in una drammaturgia teatrale compiuta e concretamente realizzabile sulle tavole del palcoscenico era impresa tutt'altro che agevole. Ancora alla fine 1980 la scrittura dei testi procedeva a rilento e con scarsi risultati, mentre da Salisburgo e Vienna cominciavano a piovere le prime richieste di visione del libretto:

> Dear Luciano,
>
> I keep hearing repeated requests for the text book of UN RE IN ASCOLTO not only for Salzburg but also for Lorin Maazel, who will be director here at the State Opera, when your opera will have its first performance in Salzburg and who will, I hope, take it into his repertory[39].

---

37. Cfr. in particolare il disegno riportato nella prima pagina del quaderno (45 pp.) che nel catalogo FPS (aggiornato al 2012) è definito *Skizzenbuch* e che contiene un piano preliminare de *La Vera Storia*, seppure ancor lontano dalla concezione definitiva.
38. Helene HART, Burkhart KROEBER, Ulrich WYSS, *Calvino lettore del mondo. Un'intervista inedita dello scrittore a dieci anni dalla scomparsa*, «La Stampa», 14 settembre 1995, sezione «Società e Cultura», p. 15.
39. Da una lettera di Margherita Kalmus a Luciano Berio, 25 settembre 1980, FPS/CLB, per gentile concessione.

Per superare l'*impasse*, Berio chiede a Margherita Kalmus di suggerirgli un autore 'di supporto' a cui affidare la stesura del testo sulla base del trattamento calviniano; la scelta cade su un certo Wolfgang Fleischer. Due lettere inviate da Kalmus rispettivamente a Berio (28 gennaio 1981) e ad Alfred Schlee (29 gennaio 1981) ci permettono di desumere che Fleischer si è dichiarato disponibile e che Kalmus ha quindi provveduto, sempre in data 28 gennaio, a inviargli «the first exposé by Calvino of *Un re in ascolto*[40]». Fleischer sembra tuttavia avere poca familiarità con la produzione beriana, a giudicare dalla sua richiesta di ricevere qualche nastro per potersi fare un'idea dello stile («Mr. Fleischer has also asked me to send him tapes of your works, because he wants to listen to your music, and I am sending him especially tapes of your vocal works[41]»). Quanto a Calvino, consultato in proposito attraverso una telefonata prudenziale, Kalmus sottolinea la sua disponibilità e cortesia nell'aver accettato di buon grado questa convivenza. I tempi sono tuttavia troppo ristretti perché si possa materialmente pensare di rispettare i tempi di consegna ipotizzati nel precedente accordo. Il 9 febbraio 1981, Margherita Kalmus comunica a Berio di aver ottenuto dal Direttorium di Salisburgo una proroga di un anno, sollecitandolo dunque a rispettare le nuove scadenze per non lasciarsi sfuggire un'occasione così prestigiosa, di rado offerta a un compositore italiano:

> Caro Luciano,
> Ho qui la risposta del Direttorium del Festival di Salisburgo. Loro [sono] d'accordo [a] spostare la data della prima assoluta dell'opera UN RE IN ASCOLTO per un periodo di un anno, cioè per l'estate 1984.
> Questo vuol dire che la partitura dell'opera completa deve arrivare a Salisburgo nel mese di agosto 1982, quando Tu riceverai la seconda rata di pagamento.

---

40. Da una lettera di Margherita Kalmus a Luciano Berio, 28 gennaio 1981, FPS/CLB, per gentile concessione.
41. *Idem*.

> [Qualora] Tu non riuscissi [a] mantenere le date qui sopra [nominate] la Direzione del Festival di Salisburgo si vedrà costretta a sciogliere qualsiasi contratto finora stabilito fra Te e Salisburgo e naturalmente anche con noi; con il risultato che tu devi rimborsare la prima rata da Te già concepita [si legga: 'ricevuta'].
> Penso che non devo dirTi che è stato non soltanto difficilissimo riuscire a prendere dal Festival di Salisburgo una commissione per un'opera per un italiano (tu sei il primo italiano che riceve una commissione del gènere), ma se tu non dovessi [adempiere al] contratto stabilito, penso che sarebbe molto negativo per il tuo renommé internazionale e farebbe fare brutta figura anche a me, il che mi dispiacerebbe molto.
> Perciò, caro mio Luciano, Ti prego di considerare questa mia lettera nel senso amichevole ed affettuosa come la detto ora, e spero che il Tuo incontro con il signor Fleischer nei primi giorni di marzo sar[à] il principio di una fruttuosa collaborazione fra voi due.
> Sarebbe certamente molto triste di perdere un'occasione come quella di un'opera per Salisburgo.
> Un abbraccio affettuoso,
> Tua
>
> Margherita Kalmus[42]

Il primo incontro con Wolfgang Fleischer viene fissato per il 10 marzo 1981 a Milano. Dopo quell'occasione i due si incontreranno almeno un'altra volta *de visu* a Roma e Fleischer farà recapitare a Berio una prima stesura del nuovo libretto – intitolato *Poker di re* – non prima del 26 giugno 1981[43]. A differenza di quanto auspicato da

---

42. Lettera di Margherita Kalmus a Luciano Berio, 9 febbraio 1981, FPS/CLB, per gentile concessione. Le correzioni riportate fra parentesi quadre riguardano piccoli refusi di tipo grammaticale o ortografico, tranne il penultimo e l'ultimo emendamento, dove si è interpretato l'originario «riempire il contratto» come «adempiere al contratto».
43. Il *terminus post quem* è offerto da un appunto della Universal Edition (26 giugno 1981) relativo a un colloquio con Berio avvenuto due giorni prima a Vienna dal quale emerge chiaramente che il compositore ancora non ha avuto il testo. Cfr. U. BRÜDERMANN, *Das Musiktheater von Luciano Berio, op. cit.*, p. 154.

Kalmus, il compositore rimane piuttosto deluso dal suo nuovo collaboratore, sebbene aspetti diversi mesi prima di comunicargli la propria risposta negativa. La missiva, datata 3 settembre 1981, è molto interessante poiché contiene a suo modo una dichiarazione di poetica. Nel liquidare Fleischer, con garbo ma anche con franchezza, il compositore sente il bisogno di argomentare il suo rifiuto sulla base della teoria teatrale che sta elaborando da decenni, soffermandosi in particolare sui risvolti etici:

>Caro Wolfgang,
>
>ho ricevuto il tuo testo parecchio tempo fa ma ho rimandato di giorno in giorno il momento di scriverti perché ho avuto delle grosse difficoltà a dirti con sincerità quello che penso del tuo 'Poker di Re'. Ma il silenzio <u>non giova</u> e lasciami dunque dirti la mia grande sorpresa e il mio sconforto vedendo che nel tuo testo nulla è rimasto della bellissima idea di Calvino e che nulla, proprio nulla, è rimasto di quello che abbiamo discusso insieme a Milano e a Roma. Come puoi aver dimenticato che al nostro primo incontro ho insistito sul fatto che ero molto attratto dall'idea di sviluppare un personaggio complesso (un 're') che combinasse assieme un massimo grado di responsabilità pubblica e una massima intensità di affettività ed emozioni private? Ti avevo infatti parlato di Filippo del Don Carlos di Verdi. Ricordo di averti anche parlato di Diaghilev (anche lui, alla sua maniera, un personaggio 'estremo') che ci avrebbe dato modo di esplorare responsabilmente, con tecniche diverse, l'interno di un palcoscenico inteso come fabbrica di simboli, di segni, di segnali, di gesti e come rappresentazione di un altro aspetto, nascosto, della realtà.
>
>Io certamente non credo che con la musica e il teatro si possano interpretare e risolvere i problemi del mondo. Tuttavia, come struttura di idee, il teatro può proporci dei problemi che, presentati su un palcoscenico, possono apparirci come verifica sperimentale di situazioni reali. Questo, grosso modo, lo pensava anche Ernst Bloch, il filosofo della 'Hoffnung', quando scriveva del teatro come paradigma.
>
>Dunque del tuo 'Poker di Re' io non riesco a cogliere la struttura di idee ma solo una struttura di aneddoti. Scusa se insisto ma,

del tuo lavoro, mi sfugge la struttura profonda: in altre parole, la sua necessità espressiva. Si vede che hai avuto grosse difficoltà in questo lavoro; infatti né il testo nel suo insieme, né il linguaggio da te usato mi sembra abbiano una loro fisionomia poetica. Insomma, mi <u>viene il sospetto</u> che la struttura profonda non ci sia. Capita spesso a tutti, è capitato anche a me, e adesso [è] stato il tuo turno. Pazienza.

Scusa la franchezza ma puoi ben capire il mio stato d'animo, proprio adesso che volevo riprendere il lavoro con un 're che ascolta'...

Ma che diavolo ascolta, il poveretto?

Con tanti cari saluti

Luciano Berio[44]

Il riferimento al pensiero filosofico di Ernst Bloch assume particolare pregnanza se ricordiamo che uno dei più rappresentativi scritti beriani relativi al teatro – *Problems of musical theather* (1967)[45] – si concludeva proprio con un virgolettato da una traduzione inglese di *Das Prinzip Hoffnung* («theater is the laboratory reduced to the dimensions of stage performance – where we test the correct theories and practices which can be used as experimental models to the questions of real time[46]»), che la lettera a Fleischer sembra quasi

---

44. Lettera di Luciano Berio a Wolfgang Fleischer, 3 settembre 1981, FPS/CLB per gentile concessione.
45. La datazione e la destinazione originaria di questo testo (una conferenza tenuta da Berio presso la Harvard University, Cambridge, l'11 gennaio 1967) sono state ricostruite da Angela Ida De Benedictis nell'ambito delle ricerche da lei effettuate in vista della pubblicazione del volume Luciano BERIO, *Scritti sulla musica, op. cit.* (cfr. p. 505). In questa edizione il testo è stato pubblicato in traduzione italiana con il titolo *Problemi di teatro musicale* (pp. 42-57).
46. Luciano BERIO, *Problems of musical theater*, FPS/CLB, per gentile concessione. La traduzione italiana proposta da Angela Ida de Benedictis a partire dal dattiloscritto originale di Berio -pubblicato in *Scritti sulla musica* (*Ibib.*, p.55) - è la seguente: «il teatro è un laboratorio ridotto alle dimensioni di una rappresentazione scenica, dove sperimentiamo le teorie e le prassi corrette che possono essere usate come modelli sperimentali per rispondere alle domande della vita reale».

parafrasare. Nel frattempo, durante l'estate 1981, prima ancora di chiudere la parentesi relativa a *Poker di re*, Berio aveva ricontattato Calvino per cercare di trovare insieme una via d'uscita. Il nuovo «trattamento-riassunto», intitolato *Walkman*, risale al 6 agosto 1981 e rappresenta una deviazione rispetto a tutte le ipotesi formulate fino a quel momento. Protagonista di questo accattivante *Traumtheater* non è più né un re, né un direttore di teatro, ma semplicemente un uomo che incontra per strada una donna, assorta nell'ascolto di musica da un *walkman*. Quando lui tenta di interagire, lei gli porge un'altra cuffia, attraverso la quale l'uomo sente «una voce femminile che canta e risuona come in un immenso teatro»: «una voce» che egli «non si stancherebbe mai di ascoltare», ma per farlo «è obbligato a seguire la donna che lo guida come al guinzaglio[47]». Il progetto sembrava tuttavia offrire poche possibilità di una concreta realizzazione scenica e l'ipotesi viene accantonata.

È a questo punto che, con ogni probabilità, la collaborazione fra Berio e Calvino prende la forma di un carteggio fittizio, una sorta di 'messa in scena' in forma epistolare del rapporto fra compositore e librettista. Il nuovo percorso di lavoro è documentato da due lettere dattiloscritte, inviate da Calvino a Berio, attualmente conservate presso l'Archivio della Paul Sacher Stiftung (nonché in copia presso l'Archivio della UE di Vienna) e pubblicate integralmente nel 1995 all'interno del volume miscellaneo su Berio curato da Enzo Restagno per la EdT[48]. La prima lettera è datata 10 dicembre 1981, mentre per

---

47. Luciano BERIO, *La nascita di un re* (1984), in *Scritti sulla musica, op. cit.*, pp. 270-272 (prima edizione bilingue tedesco/inglese nel programma generale dei Salzburger Festspiele/Salzburg Festival 1984, Residenz Verlag, Salzburg-Wien 1984, pp. 134-35 e 135-36; prima edizione nell'originale italiano in *Un re in ascolto*, programma di sala, Teatro alla Scala di Milano 1986, p. 25).
48. Cfr. [Italo CALVINO], *A proposito di 'Un re in ascolto' (Due lettere inedite di Italo Calvino a Luciano Berio)*, in AA. VV., *Berio*, a cura di E. Restagno, Torino, Edt, 1995, pp. 135-141. La prima delle due lettere, datata 10 dicembre 1981 fu pubblicata anche su «La Stampa» il 26 agosto 1995 (sezione «Società e Cultura», p. 15) corredate di un titolo piuttosto indicativo: *Caro Berio, giochiamo al teatro. Le lettere inedite di Calvino librettista,* anche se per la verità una riproduzione integrale

la seconda (senza data) sono state state formulate due ipotesi: aprile 1982 (Restagno) e 27 maggio 1982 (Brüdermann). Quest'ultima datazione concorda con il contenuto della lettera in oggetto, che fa risalire il precedente scambio epistolare a circa sei mesi prima[49]. In merito alla pianificazione del lavoro, le due lettere sembrano 'incastrarsi' perfettamente, poiché la prima si conclude con la fine del primo atto e la seconda si apre con l'inizio del secondo atto. L'impostazione adottata è quella di un dialogo fra un «Io» (Calvino) e un «Tu» (Berio) grazie al quale «vengono ripercorse, parodiandole, le elaborazioni, le discussioni e i conflitti precedenti[50]». Più che opportunamente Ute Brüderman ha messo in luce e argomentato la natura 'artefatta' di questi documenti, la cui finalità non è tanto fare il punto della situazione a beneficio del compositore, quanto integrare la genesi del lavoro all'interno del lavoro stesso. In altre parole, il dialogo fra l'«Io» e il «Tu» intavolato da Calvino, sarebbe un vero e proprio canovaccio testuale, una sorta di nuovo trattamento-riassunto che risponde alla necessità, maturata nel frattempo, di trasformare *Un re in ascolto* in «un lavoro musicale che racconta il suo diventare opera[51]». L'ipotesi di Brüderman trova una conferma indiretta nella rievocazione retrospettiva operata da Berio nel suo breve saggio *La nascita di un re*, laddove egli annovera le lettere di Calvino non fra le modalità di svolgimento della collaborazione, bensì fra le 'tappe' vere e proprie di avvicinamento all'idea centrale di *Un re in ascolto*, accanto al primo libretto, a *Walkman*, a *Duo*[52]. Vista in quest'ottica, la scelta successiva di utilizzare alcuni frammenti epistolari per i testi del

---

della prima missiva era già apparsa nel programma di sala dell'allestimento scaligero (pp. 28-33).
49. «Tu: - Ma che filo vuoi perdere se sono sei mesi che sto aspettando questa tua lettera». *Ibid.*, p. 139.
50. L. BERIO, *La nascita di un re* (1984), in *Scritti sulla musica, op. cit.*, pp. 270-272.
51. L. BERIO, *Dialogo fra me e te*, in *Scritti sulla musica, op. cit.*, p. 276.
52. Cfr. L. BERIO, *La nascita di un re*, (1984), in *Scritti sulla musica, op. cit.*, pp. 270-272. Sul ruolo giocato dall'esperienza radiofonica di *Duo* nella genesi di *Un re in ascolto*, v. oltre.

Duetto II e del *Duetto III* o di trarre ispirazione dal carteggio per confezionare il più noto saggio esplicativo dedicato a *Un re in ascolto* – il già citato *Dialogo fra te e me* – non appare in fondo sorprendente.

Nel ripercorrere sia il plausibile svolgimento del primo atto sia gli inizi della collaborazione, la lettera del 10 dicembre 1981 interpola citazioni semplificate dalla voce enciclopedica di Barthes e Havas, estratti dai *Tagebücher* di Kafka, rielaborazioni frammentarie del primo libretto e gli *incipit* di quelle che in ultima istanza diverranno rispettivamente l'*Aria I* e l'*Aria VI* dell'azione musicale: «Ho sognato un teatro, un altro teatro, esiste un altro teatro oltre il mio teatro»; «C'è una voce nascosta tra le voci[53]». Il carattere metatestuale del documento – in cui «die Verschmelzung von Werkgenese und Werk so eng ist, dass seine richtige Einordnung schwer fällt[54]» – si evince soprattutto dal fatto che i personaggi via via chiamati in causa (il re, lo scudiero, la «Voce di donna», il direttore di teatro ecc.) sembrano irrompere pirandellianamente come presenza viva nel *work in progress* dei due autori. Sul piano della ricostruzione cronologica, si aggiunga inoltre che l'indicazione «pezzo già scritto», apposta a macchina accanto ai già citati incipit delle *Arie,* ci mostra come la confusione in cui versava il piano generale dell'opera non avesse impedito a Calvino e Berio di procedere nella stesura di blocchi singoli. Infine l'ipotesi di contrapporre eventualmente due orchestre «una sulla scena che risponde all'altra [...] giù nella fossa[55]», ancorché non realizzata sul piano letterale, sembra adombrare già la dialettica

---

53. Nella versione definitiva del libretto di *Un re in ascolto* l'incipit «C'è una voce nascosta tra le voci», accomunerà sia la terza che la sesta aria di Prospero. Nella lettera di Calvino tuttavia queste parole vengono messe in bocca alla «Voce di donna». E poiché, a giudicare dalle informazioni forniteci da Calvino si tratta di un «pezzo già scritto» (v. oltre), c'è da dubitare che si tratti dell'Aria III, in cui la connessione con il personaggio del direttore (e con la sua condizione esistenziale) è troppo evidente.
54. «La fusione del lavoro e della sua genesi è così stretta, che è difficile [operare] una classificazione». U. BRÜDERMANN, *Das Musiktheater von Luciano Berio, op. cit.*, p. 156.
55. [Italo CALVINO], *A proposito di 'Un re in ascolto', op. cit.* p. 135.

fra *musique de scène* e *musique de fosse* – o se si preferisce fra *phenomenal* e *noumenal* music[56] – che rappresenta uno degli aspetti più interessanti della partitura di *Un re in ascolto*.

La seconda lettera, risalente circa al 27 maggio 1982, ipotizza invece un secondo atto basato sull'episodio omerico-joyciano di Ulisse e le Sirene, elemento tematico che, com'è noto, non confluirà nel piano definitivo dell'opera. Fra gli spunti contenuti nel documento, sottolineiamo in particolare la proposta, formulata dal compositore, di contrapporre e infine fondere la rappresentazione metateatrale di un'opera sulla scena (l'elemento B del *Trattamento 1980*) con l'attività del *backstage* (elemento C) in modo che «l'agitazione reale» del dietro le quinte «fa[ccia] da contrappunto alla tensione drammatica irreale»: fino a giungere a un «coinvolgimento musicale generale» di «tutta l'orchestra» («forse due orchestre di modo che i due livelli divent[i]no uno») il cui impatto sonoro sia paragonabile ad una «tempesta[57]». Questa seconda lettera, tuttavia, pone al ricercatore diversi problemi: non tanto per la sua datazione incerta, né per la presenza di spunti tematici non più inseriti nella concezione definitiva dell'opera (Ulisse e le Sirene, appunto), quanto piuttosto per l'assenza di riferimenti a una fonte letteraria che a questo punto della genesi aveva già acquisito particolare rilevanza nella mente di Berio, ovvero *La Tempesta* di Shakespeare.

I precedenti e spesso brillanti studi dedicati a *Un re in ascolto* e alla sua genesi hanno cercato di individuare i vari semi barthesiani, kafkiani, shakespeariani e audeniani presenti nell'opera, sviscerando il contributo filosofico e immaginifico di ciascuna fonte, anche al di là

---

56. La distinzione, formulata da Carolyn ABBATE in *Unsung Voices*, Princeton University Press, 1996, è stata applicata in maniera interessante a *Un re in ascolto* in Arman SCHWARTZ, *Prospero's Isle and the Sirens' Rock*, «Cambridge Opera Journal», 15(1), pp. 83–106 e da Björn HEILE, in *Prospero's Death: Modernism, Anti-humanism and Un re in ascolto*, ivi, pp. 195-180.
57. [Italo CALVINO], *A proposito di 'Un re in ascolto'*, op. cit., p. 140.

degli effettivi prelievi testuali[58]. Talvolta si è tentato, documenti alla mano, di ricostruire l'avvicendarsi dei vari spunti letterari, ma almeno finora non era stato ancora possibile stabilire *quando* (e dunque *perché*) la *Tempesta* di Shakespeare si fosse inserita nella genesi di *Un re in ascolto*. I due principali scritti beriani dedicati al lavoro – *La nascita di un re* e *Dialogo FRA te e me* – sorvolano infatti su questo argomento, né è possibile integrare tali informazioni attingendo alla corrispondenza. La testimonianza orale di Talia Pecker Berio, moglie del compositore, ha tuttavia offerto a chi scrive dettagli preziosi per periodizzare e contestualizzare la comparsa de *La Tempesta* nella storia dell'azione musicale[59]. Affinché la gestazione del lavoro – e prima ancora del libretto – potesse uscire dalla situazione di stallo cui era pervenuta alla fine del 1981, Berio e Calvino avevano infatti bisogno di un nuovo 'detonatore'. Secondo Pecker Berio, lo stimolo esterno che aiutò il compositore a chiarire il quadro drammaturgico di *Un re in ascolto* arrivò proprio dalla visione televisiva di un allestimento de *La Tempesta* di Shakespeare, diretto da Giorgio Strehler. Confrontando le informazioni contenute nel database delle Teche RAI e quelle desumibili dall'Archivio on-line del Piccolo Teatro di Milano è stato possibile identificare lo spettacolo in

---

58. Ricordo soprattutto: Matthias Theodor VOGT, *Listening as a letter of Uriah: A note on Berio's* Un re in ascolto *(1984) on the occasion of the opera's first performance in London (9 February 1989)*, «Cambridge Opera Journal», 2, 1990, 173-185; Laura COSSO, *'Un re in ascolto': Berio, Calvino e gli altri* in AA. VV., *Berio, op. cit.*, pp. 113-134 (una prima versione del saggio era apparsa in «Nuova Rivista Musicale Italiana», XXVIII, 4, 1994, pp. 557-574); senza dimenticare i già citati A. SCHWARTZ, *Prospero's Isle and the Sirens' Rock*, *op. cit.*, pp. pp. 83-106; U. BRÜDERMANN, *Das Musiktheater von Luciano Berio, op. cit.*, (in particolare pp. 146-228); e l'intero C. DI LUZIO, *'Un re in ascolto' di Luciano Berio. Drammaturgia e poetica, op. cit.* Un aggiornamento, in lingua tedesca, di quest'ultima ricerca si trova in Claudia DI LUZIO, *Vielstimmigkeit une Bedeutungsvielfalt im Musiktheater von Luciano Berio*, Meinz, Schott 2010, pp. 130-142 e pp. 300-344. Recentemente si è aggiunto al novero anche Caroline LÜNDERSSEN, *Der wieder-gewonnene Text. Ästhetische Konzepte des Librettos im italienischen Musiktheater nach 1960*, Tübingen, Narr 2012, pp. 127-155.
59. Ringrazio di cuore Talia Pecker Berio per la disponibilità dimostrata nel periodo della preparazione di questo contributo attraverso colloqui e scambi epistolari.

questione con lo 'storico' allestimento del capolavoro shakespeariano andato in scena per la prima volta il 28 giugno 1978 al Teatro Lirico di Milano e trasmesso da RAI 2 il 14 dicembre 1981[60]: vale a dire, quattro giorni dopo la stesura della prima pseudo-lettera da parte di Calvino. Parafrasando un noto saggio di Lionel Abel, autore molto caro a Berio[61], potremmo dire che «un drammaturgo [musicale in difficoltà] non fu mai servito così bene»[62]. Attraverso l'efficace filtro della *mise en scéne* strehleriana, Berio scopre nel Prospero di Shakespeare l'anello di congiunzione fra le diverse suggestioni emerse durante la gestazione di *Un re*: il protagonista della *Tempesta* è infatti un duca spodestato e allo stesso tempo un «magician-artist[63]», il sovrano usurpatore di un'isola-teatro che dispiega la propria magia come un drammaturgo; ma soprattutto un personaggio autoconsapevole del proprio status di personaggio e che riconosce l'intrinseca teatralità della vita stessa. Un altro aspetto da non sottovalutare è il ruolo fondamentale giocato dalla musica nel fondere *coté* favolistico, onirico e *coté* metateatrale della pièce di Shakespeare. Come Agostino Lombardo affermerà nella prefazione all'edizione Garzanti della *Tempesta* da lui tradotta e curata: «in nessun'altra opera

---

60. Dal database delle Teche RAI non risultano altre trasmissioni televisive di allestimenti strehleriani della *Tempesta* durante il periodo corrispondente alla genesi di *Un re in ascolto*.
61. Per approfondimenti sul rapporto fra il pensiero teatrale di Berio e quello di Abel rimando a L. BERIO, *Scritti sulla musica, op. cit.*, pp. 42-55, pp. 56-57; e p. 505. La connessione traspare anche dai testi approntati da Berio per la nona puntata (*Come teatro*) del ciclo televisivo RAI *C'è musica & musica* (1972). La trascrizione integrale della puntata, realizzata da Federica Di Gasbarro, è leggibile in *Una polifonia di suoni e immagini*, a cura di A. I. De Benedictis, Feltrinelli, Milano 2013, pp. 119-127 (volumetto allegato al cofanetto Luciano Berio, *C'è musica & musica*, Feltrinelli, «Real Cinema»).
62. In origine: «Un drammaturgo non fu mai servito così bene». Lionel ABEL, *Shakespeare e Calderón*, in Lionel ABEL, *Metateatro. Una nuova interpretazione dell'arte drammatica*, trad. it. di L. Ballerini, Milano, Rizzoli 1965, p. 92 (ed. originale inglese, *Metathéatre. A New View of Dramatic Form*, New York, Hill and Wang 1963).
63. Cfr. Thomas R. THORNBURG, *Prospero, the Magician-Artist: Auden's* The Sea and the Mirror, Muncie-Indiana, Ball State University 1969.

shakespeariana se non forse nel *Pericle,* la musica [...] è tanto presente come nella *Tempesta,* di cui è il vero e proprio tessuto connettivo». Al punto che, continua lo studioso, in entrambi questi lavori è possibile scorgere sia «un movimento verso la narrativa», sia «un movimento *verso il teatro d'opera*[64]». Prescindendo per un attimo dal fonosimbolismo del testo originale inglese – solo in parte riproponibile nella traduzione italiana – ricordiamo l'azione demiurgica (o meglio illusionistica) dei *songs* di Ariel, attraverso i quali «prende corpo quel senso della perenne metamorfosi della realtà, del fluire incessante della vita, che è tra i motivi più suggestivi, seppur segreti, dell'opera[65]». A tutto ciò si aggiunga l'allusione onnipervasiva del testo shakespeariano – e dell'eventuale musica di scena – al *soundscape* del regno di Prospero: «quest'isola dove l'udito conta, si direbbe, assai più della vista», «quest'isola che è come *una grande conchiglia* in cui echeggiano i suoni tutti del macrocosmo che essa diventa, [...] la voce della natura e quella dell'uomo e degli animali e delle piante», ma soprattutto «il suono del mare [...], sempre presente in tutte le sue varietà, dal ruggito iniziale alla finale quiete[66]». Le considerazioni svolte da Lombardo – in cui sembrano quasi 'risuonare per simpatia' battute della collaborazione fra Berio e Calvino per *Un re in ascolto* – assumono particolare pregnanza se ricordiamo che fu proprio l'illustre anglista a realizzare la traduzione scenica utilizzata da Strehler per l'allestimento 1977-1978 della *Tempesta*. In una lettera datata 6 marzo 1978, Lombardo ammetterà con gratitudine di aver ricevuto «mille suggestioni critiche e letterarie[67]» dal lavoro fianco a

---

64. Agostino LOMBARDO, *Introduzione a* La Tempesta, originariamente in William Shakespeare, La Tempesta. Introduzione di Nemi D'Agostino, prefazione, traduzione e note di A. Lombardo, Milano, Garzanti 2015 (XXI ed, I ed. 1084), pp.XXXVII-L. Ora anche in Agostino LOMBARDO *La grande Conchiglia. Due studi su* La Tempesta, Bulzoni, Roma 2002, pp. 13-48: 18. Le citazioni sono tratte da quest'ultima versione del testo. Corsivi miei.
65. *Idem.*
66. *Ibid.,* p. 20.
67. Lettera di Agostino Lombardo a Giorgio Strehler, 6 agosto 1978, cit. in Rosy COLOMBO, *Caro Agostino, Caro Giorgio,* [introduzione a], William SHAKESPEARE, Agostino LOMBARDO, Giorgio STREHLER, *La Tempesta. Tradotta e messa in scena*

fianco con il regista triestino, di cui è nota la spiccata sensibilità musicale. Difficile non ravvisare, quindi, nelle citazioni appena proposte un ricordo in filigrana della suggestiva musica di scena scritta per l'occasione da Fiorenzo Carpi, che fa percepire l'isola di Prospero come una sorta di 'divinità panica', scandendo le metamorfosi quasi coreutiche della scenografia di Luciano Damiani. Si consideri, infine, che la *Tempesta* del 1977-1978 rappresenta l'apogeo dell'approccio analitico e metateatrale dello Strehler maturo, particolarmente efficace nell'opera in cui Shakespeare ha compiuto una vera e propria «anatomia del teatro», qui «scomposto» e «rivelato nei suoi segreti, nei suoi meccanismi, e trucchi, e oggetti[68]». La regia televisiva di Carlo Battistoni amplifica ulteriormente questo aspetto non solo attraverso i prevedibili piani ravvicinati, ma portando le telecamere della RAI anche dietro le quinte, nel sottopalco, e offrendo così allo spettatore televisivo qualche fugace sguardo sul *backstage*.

Alla luce di quanto detto finora, è possibile comprendere meglio l'effetto dirompente che la visione della *Tempesta* strehleriana ebbe su Luciano Berio, la sera del 14 dicembre 1981. Perché tali stimoli si traducessero concretamente in una risistemazione del libretto di *Un re in ascolto* occorrerà tuttavia aspettare la fine dell'estate 1982, non da ultimo per la sovrapposizione cronologica con il debutto de *La Vera Storia* al Teatro alla Scala di Milano (9 marzo 1982). Nei mesi successivi l'azione di Berio si divide su tre fronti:

1977-78. Un carteggio ritrovato fra Strehler e Lombardo e due traduzioni inedite realizzate da Lombardo per il Piccolo Teatro di Milano, a cura di R. Colombo, Roma, Donzelli 2007, pp. XIII-XXIV: XXI. Lombardo ha poi argomentato le sue idee sull'approccio di Strehler alla regia shakespeariana in un saggio di lungo respiro: Agostino LOMBARDO, *Shakespeare e Strehler*, Roma, Bulzoni 1992 («Piccola biblioteca shakespeariana»), originariamente apparso in francese all'interno del volume miscellaneo, *Les voies de la création théâtrale: Strehler*, 16, textes réunis et présentés par O. Aslan, Paris, Éditions du CNRS 1989, pp. 227-253. Per ulteriori approfondimenti sull'allestimento in questione rimando invece a Stefano BAJMA GRIGA, La Tempesta *di Shakespeare per Giorgio Strehler*, Pisa, Ets 2003, («Narrare la scena. Esercizi di analisi dello spettacolo, 2»).
68. A. LOMBARDO, *Introduzione a* La Tempesta, *op. cit.*, p. 27.

a) Realizzazione di *Duo. Teatro Immaginario*, su testo di Italo Calvino, vincitore della XXXIV edizione del Premio Italia (Venezia, settembre 1982)[69]. Nelle intenzioni del compositore – esplicitate in una lettera a Elena Hift del 14 luglio 1982 – il lavoro radiofonico si configurava come un vero e proprio studio per *Un re in ascolto*, che presentava una prima versione provvisoria delle cinque arie del baritono (non ancora identificato come «Prospero»). Secondo la testimonianza di Talia Pecker Berio, i testi scritti da Calvino per i soliloqui del direttore di teatro rappresentavano la porzione del libretto su cui il compositore non aveva mai avuto dubbi[70]: il Premio Italia rappresentava quindi l'occasione più adatta per fissare su carta e, non da ultimo, ascoltare dal vivo la musica che Berio già 'sentiva' nella propria mente, e che «al momento costituiva già un nucleo compositivo (nel senso di cellule melodiche, aggregati armonici, ecc.) per l'intera opera ancora da realizzare[71]». Non solo. Fra le tappe di progressivo avvicinamento alla 'nascita di *Un re*', *Duo* rappresenta per il compositore «l'esperienza [...] che ha contribuito più delle altre a chiarirne il senso[72]», nel più ampio contesto dei rapporti fra teatro per l'orecchio e azione scenica nella produzione beriana. In un'intervista rilasciata a Flaminia Rinonapoli in occasione della messa in onda di *Duo* su RAI Radio 1, Berio presenterà il lavoro come «un teatro virtuale [...], un teatro dell'immaginazione della mente che può svolgersi nella testa di chi ascolta ma implica anche [...] una possibile

---

69. Riporto qui i *credits* così come appaiono nella partitura del lavoro depositata nella Musikbibliothek della Hochschule der Künste di Berna: *Duo, Teatro Immaginario* di Luciano Berio, Testo di Italo Calvino ; Gastone Sarti, baritono; Carlo Chiarappa e Andrea Tacchi, violini; Orchestra Sinfonica e Coro di Torino della Radiotelevisione Italiana; Luciano Berio, direttore; Fulvio Angius, maestro del coro; ripresa ed elaborazione stereofonica di Riccardo Bignardi e Riccardo Marchetti del Centro di Produzione di Torino della RAI.
70. I riferimenti ad esse contenuti nella già citata lettera calviniana del 10 dicembre 1981 starebbero a confermarlo.
71. E-mail di Talia Pecker Berio a Renata Scognamiglio, 24 settembre 2012.
72. L. BERIO, *La nascita di un re*, (1984), in *Scritti sulla musica, op. cit.*, pp. 270-272.

realizzazione concreta sulle tavole del palcoscenico[73]». Secondo la testimonianza di Talia Pecker Berio - basata sulle agende private sue e del compositore, la registrazione fu effettuata presso la sede RAI di Torino nei giorni 17-18 e 19 giugno 1982[74].

b) Ricerca di un nuovo librettista di supporto, dopo l'esperienza deludente con Wolfgang Fleischer. Questa volta è Berio a prendere l'iniziativa, contattando personalmente il regista australiano David Freeman. La notizia, finora inedita, è deducibile da una lettera inviata da Alfred Schlee al compositore l'8 luglio 1982, nella quale lo scrivente si fa portavoce dei dubbi di Freeman circa le garanzie contrattuali e finanziarie dell'operazione:

> Cher Luciano,
> Je viens d'être appelée par David Freeman qui m'a expliqué que tu lui as commandé une nouvelle version (plus dramatique) du libretto de Calvino pour 'Un re in ascolto'.
> Freeman qui semble être extrêmement occupé, voudrait bien savoir avec qui il peut conclure un contrat afin d'avoir la certitude que son travail ne sera pas pour rien. Il m'a même demandé à qui il doit s'adresser auprès du Festival de Salzburg afin d'obtenir un contrat.
> Puisque cette choses nous est tout à fait nouvelle, je te serais reconnaissante de m'informer quelles sont tes intentions précises. La chose semble t'être [*sic*] urgente puisque tu as prié Freeman de te fournir son 'treatment' aussi tôt que possible. Dr Freeman voudrait savoir un peu plus sur le plan financier avant de commencer son travail[75].

Presumibilmente, la trattativa non ebbe alcun seguito di natura ufficiale o ufficiosa. Il regista non è infatti più menzionato nella corrispondenza con Universal, anche se un riferimento a Freeman è

---

73. Trascrizione in C. DI LUZIO, *'Un re in ascolto' di Luciano Berio. Drammaturgia e poetica, op. cit.*, p. 23.
74. E-mail di Talia Pecker Berio a Renata Scognamiglio, 23 settembre 2012.
75. Lettera di Alfred Schlee a Luciano Berio, 8 luglio 1982, FPS/CLB, per gentile concessione.

anch'esso rinvenibile nell'agenda di Berio in data 13 ottobre 1982, accanto a un numero di telefono zurighese.

c) Ricerca di materiale testuale legato, in maniera diretta o indiretta, alla *Tempesta* di Shakespeare (luglio-settembre 1982). Trattandosi di un trimestre particolarmente 'intenso' per il compositore – impegnato ad esempio nei corsi estivi di Tanglewood – costui delega la missione dapprima al giornalista Andrea Jacchia e successivamente a Talia Pecker Berio. Sarà quest'ultima a fornire indicazioni circa le due possibili fonti cui attingere per 'montare' i testi rimanenti di *Un re in ascolto*: *The Sea and the Mirror. A commentary on William Shakespeare's 'The Tempest'* di Wystan Hugh Auden (1943-1944) e *Die Geisterinsel* di Friedrich Wilhelm Gotter e Friedrich Hildebrand zu Einsiedel (1790-1795), che trasforma la materia del capolavoro shakespeariano in un libretto per un *Singspiel* in tre atti. Il primo suggerimento testuale è il risultato delle ricerche svolte da Pecker Berio durante un soggiorno londinese conclusosi il 5 settembre 1982, mentre per il secondo titolo la fonte d'ispirazione è un saggio di Alfred Einstein, *Mozart and Shakespeare's* The Tempest contenuto nella raccolta *Essays On Music*. Proprio da Einstein Berio ricava l'informazione – poi smentita da studi successivi[76] – secondo la quale Gotter avrebbe fatto pervenire a Mozart il libretto in questione e che costui ne sarebbe rimasto «profondamente colpito[77]». Più che

---

76. Matthias Theodor Vogt ad esempio cita una lettera di Gotter e Einsiedel – datata 15 dicembre 1791 e conservata presso la biblioteca di Gotha – in cui il primo dichiara di voler inviare il testo a Mozart prima possibile. Purtroppo però Mozart era già morto dieci giorni prima (il 5 dicembre 1791). Cfr. M. T. VOGT, *Listening as a letter of Uriah: A note on Berio's* Un re in ascolto *(1984) on the occasion of the opera's first performance in London (9 February 1989)*, *op. cit.* p. 179. A conclusioni analoghe arriva anche uno studio di Cliff EISEN (*New Mozart Documents: A supplement to O. E. Deutsch's Documentary Biography*, Stanford, Standford University Press 1991, pp. 66-67, ove tra l'altro è contenuto un elenco dei compositori che musicarono effettivamente il libretto). Cfr. su questo anche le note di cura di Angela Ida De Benedictis al *Dialogo* in: L. BERIO, *Scritti sulla musica, op. cit.* p. 279.
77. L. BERIO, *Dialogo fra me e te*, in *Scritti sulla musica, op. cit.*, p. 278. Per la verità lo studioso tedesco-americano si era espresso con un po' più di cautela: pur

condivisibile, invece, l'affermazione beriana secondo cui *Die Geisterinsel* «è un libretto di grandissima intelligenza che, rispettando tutte le formalità dell'opera settecentesca, tende a tenere insieme le fila di quella complessa metafora shakespeariana», restituendocela «pervasa dal profumo misterioso de *Il Flauto Magico*[78]».

Nei mesi che seguono, Berio opera una rapida compilazione del libretto – o meglio del 'montaggio testuale' – sulla base delle fonti finora descritte. Contestualmente egli approfondisce sul piano critico il lavoro di Shakespeare, specie attraverso il commento-epilogo fornito da Auden, come si può desumere dalle numerose annotazioni a margine della copia di *The Sea and the Mirror* da lui posseduta[79]. In questa fase Berio deve aver probabilmente anche riletto e meditato le pagine dedicate alla *Tempesta* da Lionel Abel nel già citato saggio di Abel *Shakespeare e Calderón,* tanto da decidere di inserirne alcuni frammenti parafrasati nel testo del *Duetto II*[80]. Della lettura abeliana,

---

non conoscendo ancora il carteggio fra Gotter e Einsiedel (citato poi da Vogt e soprattutto da Eisen), Einstein nutriva forti dubbi sul fatto che Mozart, anche potendo, si sarebbe effettivamente deciso a musicare *Die Geisterinsel*: in primo luogo (e paradossalmente) proprio per la somiglianza di atmosfere con il suo *Zauberflöte* visto che «he never composed a duplicate in the field of opera, as he had done occasionally as a composer of instrumental music»; in secondo luogo, «Mozart would soon have recognized that Gotter's *Geinsterinsel* was a magic opera and nothing more, without the deeper charm and meaning which made Schikaneder's text seem to him bearable and even attrattive. He would not even have needed any comparison with Shakespeare's original». L'unico apprezzamento 'illustre' riportato da Einstein non riguarda comunque Mozart, bensì Johann Wolfgang Goethe, il quale avrebbe definito il libretto «a masterpiece of poetry and speech». Alfred EINSTEIN, *Mozart and Shakespeare's* The Tempest, in Alfred EINSTEIN, *Essays on music*, New York, Norton 1956, 197-205: 201 e 202.
78. L. BERIO, *Dialogo fra me e te*, in *Scritti sulla musica*, op. cit., p. 278.
79. Wystan Hugh AUDEN, *The Sea and the Mirror*, in *Collected Long Poems*, London, Faber and Faber 1968, pp. 199-252. Informazione ricevuta da Talia Pecker Berio nella succitata e-mail del 24 settembre 2012.
80. Prospero: «Forse una tempesta, o una rivoluzione, ma pacifica, come in un sogno», Regista: «Una tempesta che rende drammatico l'intero universo?», Prospero: «Con un personaggio che possa visitare altre menti... tante menti diverse». In Abel leggiamo invece: «La vita, di solito, ci offre eventi così imperfetti che

vale la pena di sottolineare soprattutto la ricerca, da parte di Shakespeare, di una struttura formale adeguata allo spessore psicologico-drammaturgico del protagonista, se non addirittura concepita 'a sua immagine e somiglianza': «Bisogna ammettere» scrive Abel «che Prospero ha in sé qualcosa di sgradevole: gli manca quell'ingenuità essenziale per comparire in un dramma che non abbia prodotto lui stesso. [...] Tenterà di costringere gli altri a recitare nel suo?[81]». È qui che il 'dispotismo illuminato' del personaggio mostra quei lati oscuri stigmatizzati da Auden in *The Sea and The Mirror*: in particolare nel secondo capitolo, non a caso saccheggiato abbondantemente da Berio per le Audizioni I, II, III e per l'Aria della Protagonista, veri e propri «atti d'accusa» indirizzati al *suo* Prospero. Ma a differenza del personaggio shakespeariano, il direttore di teatro creato da Berio è un despota dalle armi spuntate: laddove infatti per il Prospero di Shakespeare la rinuncia alla magia del teatro rappresenta il culmine di un processo che egli ha controllato fino alla fine, nel Prospero beriano ogni possibilità di controllo del mondo – professionale e perfino interiore – è senz'altro preclusa: «Il Prospero della *Tempesta*», scriverà più avanti il compositore, forse memore della lezione di Abel, «è il vero regista e la sua messa in scena si esaurisce nel copione che ha 'scritto'. [...] Il Prospero di *Un re in ascolto* non ce la fa a dare un senso alla rappresentazione, la subisce. Ha infatti bisogno di un vero Regista, a lui esterno e perfino estraneo[82]».

Chiarito il quadro concettuale e drammaturgico del lavoro, il completamento della partitura da parte di Berio procederà

---

pensare a una rivoluzione realizzata senza spargimento di sangue, e così pacificamente, sembra un sogno». E più avanti: «Ma un personaggio come lui [Caliban] può visitare altre menti, come appunto fece Calibano che si recò a visitare quella di Browning, che fu in grado di scrivere *Caliban upon Setebos* in cui Calibano rende drammatico l'intero universo e perfino il suo creatore», L. ABEL, *Shakespeare e Caldéron, op. cit.* p. 92-93.
81. *Ibid.*, p. 93.
82. L. BERIO, *Dialogo fra me e te*, in *Scritti sulla musica, op. cit.*, p. 278.

speditamente e senza intoppi fino al giorno della consegna della partitura all'Universal Edition[83]. Nel frattempo a Salisburgo si cominciano a definire i numerosi risvolti pratici dell'operazione. Primo fra tutti la questione della lingua del libretto: il direttorio del Festival opterebbe infatti per una traduzione integrale in tedesco, ipotesi avversata invece da Alfred Schlee in un telegramma non datato, ma collocabile all'incirca fra agosto e settembre 1983: egli nutre infatti dei «dubbi severi» circa la possibilità di approntare «un testo cantabile e poeticamente adeguato» in un lasso di tempo così breve. «Una germanizzazione dell'opera per la prima mondiale a Salisburgo» conclude Schlee «dev'essere assolutamente impedita[84]». Viene dunque formulata la proposta di un libretto bilingue, che alterni tedesco e italiano tentando di mantenere una certa coerenza: «Prospero, per esempio, è italiano: pensa in italiano e parla con altri in tedesco», scriverà più avanti il compositore, nel comprensibile tentativo di presentare un'evidente soluzione di compromesso come un «esperimento [...] significativo» pensato per il «pubblico cosmopolita» di Salisburgo e motivato da «precisi criteri musicali e drammaturgici[85]». La corrispondenza con Kalmus, Schlee e Hift fra ci mostra, invece, che non solo l'opzione risultava piuttosto sgradita in seno a Universal, ma che ancora alla fine di gennaio 1984 non era stata presa alcuna decisione in merito. In una lettera datata 26 gennaio 1984 Margherita Kalmus chiede urgentemente «di mandarci anche

---

83. Secondo la testimonianza di Talia Pecker Berio, che appuntò il dato sulla propria agenda privata, la stesura della partitura fu terminata la notte del 10 ottobre 1983 e consegnata ad un messo dell'ediotre la mattina del giorno dopo (comunicazione orale a Renata Scognamiglio).
84. Telegramma di Alfred Schlee a Luciano Berio [non datato ma plausibilmente anteriore al 6 settembre 1983], FPS/CLB, per gentile concessione. Al 6 settembre risale infatti una lettera di Margherita Kalmus a Berio da cui si desume che Universal ha contattato una traduttrice, suggerita da Lorin Maazel, per realizzare la versione in tedesco, ma che costei ha rifiutato la proposta.
85. L. BERIO, *Dialogo fra me e te*, in *Scritti sulla musica, op. cit.*, p. 277.

l'esatta composizione del libretto nelle varie lingue [...], perché il cast vuole studiare la sua parte nella lingua giusta[86]».

Anche le scelte di *casting* sembrano provocare qualche frizione fra il compositore e il Festival di Salisburgo. Berio sembra particolarmente insoddisfatto della scelta di Theo Adam per il ruolo di Prospero, non intravedendo in lui quegli echi del Filippo II dal *Don Carlos* che tanta rilevanza avevano assunto già nelle prime fasi della genesi[87]. Leggendo fra le righe il prosieguo del carteggio con Kalmus, si deduce che anche i rapporti con lo scenografo Schneider-Siemssen e con il regista Götz Friedrich siano stati all'inizio tutt'altro che idilliaci. Una eco retrospettiva di questi dissapori si può desumere anche dalla testimonianza rilasciata dal regista ed oggi reperibile all'interno del booklet del CD della prima rappresentazione:

> Il regista è un povero cristo. Egli ha da progettare quadri e scenari, che alla fine non valgono nulla, vengono rigettati nel ricercare un «altro teatro». Ancora una volta ci sovviene il *Mosè e Aronne* di Schönberg: «Du sollst kein Bildnis machen» (Non ti farai immagini). Una scena chiave nel lavoro di Berio, il duetto [II] fra Prospero e il [R]egista, accoglie il conflitto tra idea e realizzazione, tra utopia e prassi e li recita a fondo: «Io, no, pensavo alla quiete» – «Ma tu dicevi, sembrava una tempesta» – «Forse una tempesta, o una rivoluzione, ma pacifica». [...] Salisburgo è un ruolo pericoloso e pericolante per una tale inchiesta del teatro musicale? Oppure è l'unico luogo giusto[88]?

Che si tratti o meno dell' «unico luogo giusto», sta di fatto che *Un re in ascolto* va in scena per la prima volta al Kleines Festspielhaus di Salisburgo il 7 agosto 1984, con Lorin Maazel alla

---

86. Lettera di Margherita Kalmus a Luciano Berio, 26 gennaio 1984, FPS/CLB, per gentile concessione.
87. Cfr. su questo la succitata lettera di Kalmus a Berio del 6 settembre 1983.
88. Götz FRIEDRICH, *Un altro teatro?*, in [Libretto di accompagnamento a] *Un re in ascolto : azione musicale in due parti / Luciano Berio; Text von Italo Calvino aus dem Italienischen von Burkhard Kroeber*, [registrazione della prima esecuzione assoluta], 2 CD, München, Col Legno, 1997, pp. 13-14.

guida dei Wiener Philarmoniker e la regia, per l'appunto, di Götz Friedrich. Fra le recensioni più interessanti apparse all'indomani del debutto vale la pena di citare, a mo' di *specimen* dialogico, quella entusiastica di Alberto Arbasino, pubblicata su «La Repubblica» il 1 settembre 1984, e quella molto più critica di Fedele D'Amico, apparsa su «L'Espresso» il 2 settembre 1984. Dopo aver fornito un efficace spaccato dell'intero Festival, anche nei suoi aspetti più pittoreschi, Arbasino afferma:

> Gli italiani facevano una bellissima figura. L'opera *Un Re in ascolto* di Berio e Calvino - per lo spettatore che non avesse letto spiegazioni sui giornali - appare un monumentale compianto, affettuoso e commosso, sulle qualità spettacolari che periscono in un teatro moderno ormai all'antica, rappresentato da un protagonista altero e turbato, un impresario imperatoriale vagamente somigliante a Max Reinhardt. E nel primo tempo, il tema dell'Ascolto appare sopraffatto dalla visività nell'allestimento di Götz Friedrich: parecchio Fellini 'clownesco' sulla mobile tolda della Nave Va; un pochino di Ljubimov (*Al gran sole carico d'amore*) e di Felsenstein; i ricettacoli dell'espressionismo circense; e quel mito degli Anni Sessanta, la rappresentazione turbata (e vivificata) dall'intrusione conflittuale di manifestanti e poliziotti... Ma intanto, Berio tira e sviluppa negli Anni Ottanta le ricerche più interessanti e i risultati più felici dei suoi (dei nostri) Anni Sessanta, con omaggi e recuperi fortunati e toccanti della vocalità indimenticabile di Cathy Berberian; e fra dispute artistiche e audizioni di soprani, placatosi il movimento dei figuranti e degli scenari, un vasto concertato grandioso come un corale accompagna il trapasso o la post-maturità del grand' uomo animoso e rimpianto 'in ascolto' con la corona in testa[89].

---

89. Alberto ARBASINO, *Il biglietto fantasma*, «La Repubblica», 1 settembre 1984, sezione «Cultura», p. 20. Giova ricordare che Götz Friedrich era stato allievo del celebre regista austriaco Walter Felsenstein (30 maggio 1901- 8 ottobre 1975). Per ironia della sorte, un incidente diplomatico con la polizia di Salisburgo si verificò davvero durante una delle ultime repliche dello spettacolo. Tra le cause scatenanti probilmente vi fu l'innalzamento del livello di sorveglianza a causa della presenza in città di Margaret Thatcher. Cfr. *Quasi arrestati in scena 'falsi' terroristi*, «La Repubblica», 23 agosto 1984, sezione «Spettacoli», p. 14.

Fra i riferimenti non operistici chiamati in causa nelle recensioni di *Un re in ascolto* – anche relative ad altri allestimenti e registi – il nome di Fellini risulta senza dubbio uno dei più gettonati[90]. Arbasino non si limita tuttavia a parlare genericamente di onirismo e di *clownerie,* ma ha in mente quell'affettuosa e implacabile caricatura dell'opera contenuta nel film *E la nave va* (1983)[91]. Eppure, per altri versi, i due lavori non potrebbero essere più distanti: laddove infatti Fellini traccia un ritratto surreale e grottesco di un ambiente a lui sostanzialmente estraneo, Berio vive la disfatta di Prospero dall'interno del teatro.

Su tutt'altri toni si muove invece la recensione di D'Amico, che dopo aver riportato una breve pseudo-sinossi dell'azione musicale attingendo alle note di sala, ne contesta la pertinenza rispetto a quanto effettivamente mostrato sulla scena di Salisburgo:

Certo, a raccontarla così, pare questa un' 'azione'. Ma del contenuto di questo riassunto ben poco troviamo nel libretto a leggerlo, non che a vederlo realizzato in scena. Niente in questo Prospero – che poi nulla ha in comune con quello di Shakespeare al quale parrebbe alludere – ci lascia indovinare, non dico un potente uomo di teatro, per di più in difficoltà, ma semplicemente un uomo di teatro; né nel regista uno spendaccione ambizioso; né che si stia provando con

---

90. I riferimenti più espliciti sono contenuti in Rey ANNE, *À l'ecoute du roi Berio. 'Action musicale', dit Luciano Berio de son opéra 'Un re in ascolto'. Une bien bonne action,* «Le Monde», 5 febbraio 1991, [articolo disponibile on-line sul sito del giornale] e in Wynne Delacoma, *Lyric gives free rein to opera's Fellini-esque circus-atmosphere,* «Chicago Sun-Times» 11 novembre 1996, [disponibile on-line attraverso il portale http://www.highbeam.com].
91. Arbasino tornerà ancora sul fellinismo di Friedrich due anni dopo, affrontando la questione dal punto di vista opposto, ovvero leggendo (liberamente) il Fellini di *Ginger e Fred* a partire dal Berio di *Un re in ascolto*. Il collegamento era ispirato anche dalla contiguità temporale fra l'uscita del film nelle sale italiane (22 gennaio 1986), e la prima rappresentazione scaligera dell'azione musicale (14 gennaio 1986), cui l'articolo allude di passaggio. Cfr. Alberto ARBASINO, *Con gli occhi di Ginger,* «La Repubblica», 7 febbraio 1986, (sezione «Cultura»), p. 22.

mezzi insufficienti; né che lo spettacolo in prova sia, non dico un rifacimento della Tempesta ma una commedia in genere. Si direbbe piuttosto un circo o varietà, visto che chi ci partecipa sono acrobati, ballerini, un clown, addirittura una «signora da segare in due», di fronte a tre irrilevanti comprimari e alle tre cantanti più un mimo (che in extremis Prospero inopinatamente invoca col nome di Ariel) e un attore (che Berio in un'altra intervista rivela essere «una trasformazione di Calibano» ma che a scanso di inequivoci ha battezzato Venerdì)[92].

Fra le promesse non mantenute dall'allestimento, D'Amico cita soprattutto la mancata divisione fra lo spazio del palcoscenico e lo spazio interiore del direttore di teatro, che nelle intenzioni di Berio dovrebbe invece dissolversi gradualmente nel passaggio dalla Parte Prima alla Parte Seconda dell'azione musicale, scandendo il progressivo 'naufragio' della mente di Prospero. «Ma a Salisburgo niente divisione, all'inizio Prospero è al centro matematico dell'unica scena, vuota, poi secondo i casi si appiatta dietro uno schermo, si mescola variamente e ripetutamente alla compagnia, torna a rimaner solo al centro e così via[93]». Ciononostante, D'Amico spende anche parole elogiative nei confronti dello «spettacolo» approntato da Friedrich e Schneider-Siemssen, «pittoricamente splendido ancorché francamente decorativo più che illustrativo», ma che soprattutto sembra quasi per paradosso «esaltare, delimitandola per contrasto, una partitura d'altissimo livello la cui autorità comincia appunto dalla sua sovrana indifferenza ad impegni stricto sensu 'espressivi', cioè via via letterali rapporti col testo[94]». Il rapporto musica e parola è forse l'aspetto più duramente critico della recensione. Si pone innanzitutto un problema relativo alla scarsa audibilità dei testi nel contesto

---

92. Fedele D'AMICO, *Prospero è il vento*, «L'Espresso», 2 settembre 1984, pp. 75-77, ripubblicato in Fedele D'AMICO, *Tutte le cronache musicali. L'Espresso 1967-1989*, III, a cura di L. Bellingardi, con la collaborazione di Suso Cecchi D'Amico e Caterina D'Amico De Carvahlo, Roma, Bulzoni 2000, pp. 2075-2078: 2076. Le citazioni sono estrapolate da quest'ultima fonte.
93. *Ibid*, p. 2077.
94. *Idem*.

specifico della rappresentazione salisburghese, che vanificherebbe secondo D'Amico, «la stessa matrice idea dell' 'ascolto': quella mezza dozzina di significati che, con l'aria di scoprire l'America, Barthes aveva inventariato in quel termine ne escono rifusi in un significato solo, sinonimo di qualsiasi altro[95]». Non è del tutto chiaro tuttavia se con queste parole D'Amico voglia riferirsi a carenze acustiche del Kleines Festspielhaus – peraltro non lamentate da altri recensori – o se piuttosto egli voglia alludere a un tratto fondamentale della scrittura vocale di Berio: la tendenza a impostare diversi gradi di riconoscibilità del testo e di neutralizzazione del significato, trattandoli come variabili di densità testurale o timbrica. Il prosieguo della recensione fa tuttavia propendere per la seconda ipotesi, laddove egli attribuisce alle fonti testuali beriane «il compito di privati stimoli all'invenzione». «Tanto che» egli aggiunge «dovremmo avere il coraggio di parlarne, di questi testi, poco o nulla; al contrario di quanto lui [Berio] fa, e di quanto sta facendo qui il sottoscritto[96]».

Com'è noto, l'allestimento salisburghese verrà successivamente ripreso alla Staatsoper di Vienna, con la direzione musicale di Ulf Schirmer, approdando infine al Teatro alla Scala, per la prima rappresentazione italiana, il 14 gennaio 1986, ancora con Lorin Maazel, ma sul podio dell'orchestra scaligera. Questa volta il ruolo di Prospero è affidato a Victor Braun, di cui Michelangelo Zurletti sottolinea la migliore resa vocale rispetto alla precedente interpretazione di Theo Adam[97]. Ma la modifica di maggior rilievo approntata da Berio in vista del debutto italiano, è l'ampliamento di quell'*Air* orchestrale in cui il compositore traccia un ritratto sintetico di Prospero[98], che è anche «il suo finale commiato dal mondo[99]»: e

---

95. *Idem.*
96. *Idem.*
97. Michelangelo ZURLETTI, *Vi sembrerà un'opera, in realtà è la vita*, «La Repubblica», 16 gennaio 1986, sez. «Cultura», p. 20.
98. Su questo punto rimando all'illuminante analisi di CARLO CICERI, *Aspetti del pensiero melodico in* Un re in ascolto, all'interno del presente volume, pp. 79-11.
99. Laura COSSO, *'Un re in ascolto': Berio, Calvino e altri*, op. cit, p. 128.

viene quasi da chiedersi se, nel concepire l'episodio musicale, il compositore non abbia ripensato alla «musica solenne» che nella *pièce* shakespeariana marca un momento altrettanto decisivo, ovvero la rinuncia definitiva di Prospero alla magia simboleggiata dall'annegamento del libro («più in fondo di quanto mai scandaglio si sia spinto[100]»). La notizia dell'ampliamento dell'*Air*, anticipata nel carteggio fra il compositore e Margherita Kalmus[101], trova conferma nella rassegna stampa: in un'intervista rilasciata ad Alberto Sinigaglia e pubblicata su «La Stampa» il 12 gennaio 1986, Berio dichiara di aver arricchito la partitura di «un nuovo episodio per sola orchestra[102]». Confrontando tuttavia la registrazione audio della prima salisburghese con la copia eliografica della partitura autografa è possibile individuare la modifica nell'aggiunta delle pagine

---

100. William SHAKESPEARE, *La Tempesta*, Atto V scena 1. La traduzione qui proposta è ancora una volta quella approntata da Agostino Lombardo per Giorgio Strehler e contenuta in W. SHAKESPEARE, A.LOMBARDO, G. STREHLER, *La Tempesta. Tradotta e messa in scena 1977-78. Un carteggio ritrovato fra Strehler e Lombardo e due traduzioni inedite realizzate da Lombardo per il Piccolo Teatro di Milano*, op. cit., p. 304.
A suffragio dell'ipotesi di un collegamento fra questi punti di svolta dei due lavori, convergono diversi indizi: il primo consiste nel legame, già messo in luce da Massimo Mila, fra la forma dell'*Air* per orchestra e «la pratica strumentale inglese dell'epoca elisabettiana, cioè di Shakespeare» (Massimo MILA, *«Un re in ascolto»: una vera opera*, in *Un re in ascolto,* Programma di sala, Teatro alla Scala, op. cit. p. 21); il secondo indizio consiste nel fatto che entrambi questi 'commiati' non corrispondano – né in Shakespeare, né in Berio – al finale del lavoro, pur ponendone le premesse; il terzo indizio è che sia in Shakespeare sia in Berio, la «musica solenne» e *l'Air* sono seguiti da un gesto ben preciso: entrambi i Prospero vengono aiutati ad indossare i vecchi abiti regali che indossavano nella loro 'vita precedente': e così il «magician-artist» di Shakespeare si mostra come Duca di Milano, mentre il «potente uomo di teatro» cede il passo, seppure per poco, al 'Re' calviniano.
101. Lettera [non datata] di Berio a Margherita Kalmus: «Carissima, per la felicità del 'Re' ho dovuto aggiungere 7 pagine alla II Parte. A partire dal 4 ottobre sarà tutto vostro. L'assistente in Capo del Re. Luciano», FPS/CLB per gentile concessione. In realtà, come si vedrà fra breve, le pagine aggiunte saranno 10.
102. *Berio, l'utopia senza fine arriva alla Scala*, [intervista di Luciano Berio con Alberto Sinigaglia], «La Stampa», 12 gennaio 1986, sez. «Spettacolo, Cultura e Varietà», p. 23.

contrassegnate con i numeri progressivi 274A-274J. Un riferimento, seppur generico, ai ritocchi messi in atto da Berio appare anche nella partecipata recensione di Zurletti, apparsa su «La Repubblica» del 16 gennaio 1986: «L' opera è della densità del platino ma è anche molto rapida. Le poche correzioni portate da Berio alla partitura dopo l' esecuzione di Salisburgo non alterano la sensazione positiva già provata: *Un re in ascolto* non è solo l' opera più bella di Berio, è una delle opere più belle del teatro musicale del nostro secolo[103]». Purtroppo, continua il critico, la ripresa della regia di Friedrich, con le scene di Günther Schneider-Siemssen e i costumi di Rolf Langenfass, «conferma il senso di appesantimento già accusato a Salisburgo. C' è troppo di tutto: troppi acrobati, troppo movimento di fondali, troppe passeggiate di abiti e comparse. Il che vuol dire troppa voglia di colpire, di fare sensazione. Con tanto materiale si possono fare dieci opere. E tutto va in direzione contraria all'opera: se il teatro è una metafora della vita, in nessun luogo tranne che in teatro si può trovare tanto sovraffollamento di uomini e accadimenti[104]».

Le obiezioni mosse dai critici alla messa in scena di Friedrich trovano sponda non solo presso il compositore, ma anche all'interno di Universal. Già dalla fine di febbraio 1986 Margherita Kalmus concorda con Berio sulla necessità di rivolgersi ad altri registi al fine non ritrovarsi con «la stessa struttura alquanto antiquata[105]». Per il debutto del lavoro in Germania (Düsseldorf, 28 maggio 1988), la regia è affidata a Holk Freitag, il quale sembra operare nella direzione diametralmente opposta rispetto al suo predecessore, tentando di raggiungere «con un minimo di mezzi il massimo d'effetti[106]». Lo racconta il cantante e compositore Wolfgang Hofer, in una sorta di

---

103. M. ZURLETTI, *Vi sembrerà un'opera, in realtà è la vita*, op. cit., p. 20.
104. *Idem*.
105; Lettera di Margherita Kalmus a Luciano Berio del 24 febbraio 1986, FPS/CLB, per gentile concessione.
106. Lettera di Wolfgang Hofer a Luciano Berio del 9 giugno 1988, reperibile nel carteggio con Universal Edition, FPS/CLB, per gentile concessione. Per inciso, anche Hofer cita Fellini, sebbene la regia di Freitag da lui recensita si ponga agli antipodi rispetto a quella di Friedrich.

'lettera-report' inviata a Luciano Berio il 9 giugno 1988, corredata da una selezione dalla rassegna stampa tedesca.

Fra gli allestimenti meglio riusciti dell'azione musicale spicca tuttavia quello andato in scena per la prima volta presso la Royal Opera House - Covent Garden il 9 febbraio 1989, con la direzione musicale del compositore stesso e la regia di Graham Vick. Il primo a manifestare entusiasmo è proprio Luciano Berio, che in un'intervista con Gaia Servadio dichiara: «sicuramente per quest'opera a Londra ho il cast migliore, compresa Salisburgo e La Scala. L'orchestra poi è meravigliosa perché in Inghilterra le scuole sfornano musicisti di prima qualità[107]». Anche le recensioni apparse all'indomani della prima sottolineano la pregevolezza di tutti gli interpreti, specialmente l'impeccabile interpretazione di Donald McIntyre nei panni di Prospero e di Kathryn Harries in quelli della Protagonista, un'autentica «furia vocale» secondo la definizione di Dino Villatico. Fra le caratteristiche peculiari della messa in scena di Vick, Villatico sottolinea la grande chiarezza, probabilmente evidenziata dall'essenzialità delle scenografie di Chris Dyer: un palcoscenico nudo, che si riempie via via di «oggetti, eventi, persone». In uno speciale televisivo (*The Late Show*) trasmesso dalla BBC a breve distanza dalla prima londinese, Graham Vick racconta di aver voluto rendere più concreto il suo approccio studiando con attenzione lo spazio scenico della Royal Opera House. Per costruire il *backstage* immaginato da Berio, Vick ha costruito un 'vero', plausibile set per *La Tempesta*, facendolo successivamente a pezzi e prelevandone i frammenti significativi (l'albero, lo scoglio, il mare...). La concretezza di questo approccio trova un positivo riscontro anche nelle recensioni: «Graham Vick» scrive Villatico «ha immaginato uno spettacolo realistico, un vero palcoscenico, una vera prova, veri attori, veri cantanti, veri ballerini, veri mimi, veri tecnici e attrezzisti che recitano se stessi. Ma poi il mescolarsi di tutte queste tessere vere, realistiche,

---

107. Berio: *Londra mi offre una grande orchestra*, [intervista di Luciano Berio con Gaia Servadio], in «La Stampa», 10 febbraio 1989, sez. «Spettacoli», p. 25.

costruisce un' azione assurda, surreale, un sogno[108]». Fra i non pochi pregi della *mise en scène* londinese vi è tra l'altro quella di aver saputo dare un'interpretazione visivamente efficace e drammaturgicamente coerente del progressivo sgretolarsi delle distinzioni spaziali (e mentali) fra vita e teatro: lo spazio di Prospero è un interno borghese, separato dal *backstage* del suo teatro attraverso una parete divisoria che ben presto di trasforma, grazie a un gioco di luci, in un diaframma impalpabile per poi venir meno completamente. Sempre grazie a un'intelligente articolazione degli spazi, Vick riesce a presentare l'apparizione della Protagonista sulla scena come lo straripamento dell'inconscio di Prospero: sull'incipit dell'*Aria V*, il diafano fondale di vetro – che finora aveva costituito il limite posteriore ultimo del palcoscenico – viene mandato in frantumi dall'irruzione della Protagonista, mostrando allo spettatore il versante oscuro della mente di Prospero rappresentato da due avvoltoi che battono le ali sullo sfondo. A giudicare dalla rassegna stampa, quest'ultima soluzione fece molta impressione, non solo a Londra, ma anche nelle successive riprese dell'allestimento: all'Opéra Bastille di Parigi (31 gennaio 1991), al Concertgebouw di Amsterdam (4 giugno 1991) e soprattutto alla Lyric Opera di Chicago (9 novembre 1996). Tuttavia, stando alla testimonianza di Andrew Clements, la ripresa parigina risentì negativamente del passaggio a uno spazio teatrale più dispersivo di quello di Covent Garden, su cui la regia di Vick era tarata. A mo' di esempio Clements cita una delle soluzioni più brillanti (e rischiose) messe in atto dal regista britannico, ovvero la

---

108. Dino VILLATICO, *La Harries furia vocale e Berio rilegge Calvino*, «La Repubblica», 15 febbraio 1989, sez. «Musica», p. 32. Coerente con la descrizione di Villatico è la testimonianza orale – raccolta telefonicamente da chi scrive nel settembre 2012 – di Elizabeth Laurence, interprete del ruolo del Mezzosoprano nell'allestimento londinese (1989) e nella sua ripresa parigina (1991). Del lavoro con Graham Vick, Laurence ricorda in particolare: a) la profondità del suo scavo interpretativo, ravvisabile ad esempio dalla diversa caratterizzazione psicologica e visiva delle tre cantanti, presentate come «tre donne completamente diverse»; b) l'articolazione molto fluida della sua – pur complessa – macchina scenica, ottenuta attraverso una pianificazione capillare dei singoli movimenti.

breve 'sospensione' in aria dei coristi appesi a una fune. Ma il vero problema del trasferimento all'Opéra Bastille riguardò soprattutto l'equilibrio acustico tra il palcoscenico e l'orchestra: «from the front of the first balcony the orchestra was consistently too loud to be heard[109]», tanto che il direttore Stephen Harrap dovette ricorrere a una particolare ricchezza di sfumature dinamiche ed espressive al fine di non oscurare il contrappunto fra voci e strumenti, uno degli aspetti più affascinanti della partitura di *Un re in ascolto*.

Per concludere questa breve (e senz'altro parziale ricognizione), vorrei accennare di passaggio alla «versione concertante» del lavoro, presentata per la prima volta nel corso della Stagione Sinfonica 1985-1986 dell'Accademia Nazionale di Santa Cecilia (concerto del 13-14 e 15 aprile), pochi mesi di distanza dalla rappresentazione scaligera. L'accordo con l'ente lirico-sinfonico romano era stato siglato poco meno di due anni prima[110] con l'allora Presidente Francesco Siciliani. Questa versione 'minore' del lavoro è stata finora piuttosto negletta dagli studi dedicati a *Un re in ascolto*, molto probabilmente poiché essa risulta, in ultima istanza, ritirata dall'autore. Lo studio della bella copia, conservata presso gli archivi della Paul Sacher Stiftung, ha tuttavia persuaso chi scrive che la 'versione concertante' è un documento degno d'interesse. In essa infatti Berio non si limita a selezionare e ricucire pagine pregevoli della partitura originale – come accade invece nella *Suite* da *La Vera Storia* – ma sfrutta l'occasione ceciliana per realizzare un nuovo 'esperimento', facendo transitare la drammaturgia di *Un re in ascolto* dall'ambito del *teatro musicale* a quello della musica *come* teatro. Studi mirati e approfonditi potranno entrare nel dettaglio dei criteri adottati da Berio per ridefinire l'organico, ridistribuire i ruoli, selezionare e riassemblare i materiali musicali. In questa sede mi limito a notare come Berio sembri tradurre le posizioni drammaturgiche dei personaggi principali in 'posizioni

---

109. Andrew CLEMENTS, *Un re in ascolto. Opéra Bastille, Paris*, «The Financial Times», 6 febbraio 1991.
110. Cfr. su questo la lettera di Margherita Kalmus a Luciano Berio del 3 dicembre 1984, FPS/CLB.

fisiche' e movimenti sul palcoscenico, tracciando uno schema che concettualmente sembra guardare a lavori come *Circles* (1960). Se l'esperienza di *Duo* aveva rappresentato per Berio un studio preparatorio per *Un re in ascolto*, la versione concertante rappresenta una sorta di 'commento critico' *ex-post* in cui il compositore – per parafrasare Arrigo Boito – tenta di «estrarre il sugo di quella enorme melarancia [beriano-]shakespeariana», esplorando da un'ulteriore angolatura la sua personale declinazione dell'opera come «music in action[111]».

---

111. L'espressione è usata da Berio in un appunto non datato e catalogato come «Oper» nell'inventario della FPS, aggiornato al 2012 (CLB, «Textmanuskripte», per gentile concessione).

Sulle tracce di «un altro teatro»: «Un re in ascolto» di Luciano Berio

```
ARIA I: Prospero .................................... 1
DUETTO: Regista, Venerdí ............................ 17
CONCERTATO I: Mezzosoprano, Regista, Venerdí, Soprano,
              Prospero ............................. 22
AUDIZIONE I: Soprano ................................ 50
CONCERTATO II: Mezzosoprano, Venerdí, Regista, Prospero .... 65
CONCERTATO III: Regista, Soprano, Mezzosoprano, Prospero ... 88
SERENATA: Venerdí .................................. 107
AIR: Orchestra sola ................................ 121
AUDIZIONE III: Soprano ............................. 136
ARIA IV: Prospero .................................. 152
ARIA V: Protagonista ............................... 166
ARIA VI: Prospero .................................. 203
```

Per l'esecuzione di questa versione "concertante" di "Un Re in ascolto" è indispensabile rispettare le posizioni di alcuni strumenti, dei cantanti e dell'attore (Venerdí) secondo il seguente piano:

Bei der Aufführung dieser "konzertanten" Version von "Un re in ascolto" muß unbedingt der folgende Plan für die Plätze einiger Instrumente, der Sänger und des Schauspielers (Venerdí) beachtet werden:

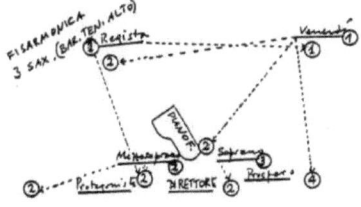

Dei 5 cantanti, solo Prospero e la Protagonista occuperanno un posto fisso. Regista e Venerdí dovranno invece cambiare frequentemente posizione. I modi e i tempi degli spostamenti dovranno essere decisi ogni volta in base alle caratteristiche della pedana d'orchestra. Gli spostamenti del Soprano e del Mezzosoprano saranno minimi e avranno luogo solo nell'area fra il pianoforte e la ribalta, accanto a Prospero e alla Protagonista.

① Duetto
② Concertato I, II, III
③ Audizione I, III
④ Serenata

Von den 5 Sängern nehmen nur Prospero und die Protagonistin einen fixen Platz ein. Der Regisseur (Regista) und Freitag (Venerdí) hingegen müssen oftmals den Standort wechseln. Art und Geschwindigkeit der Standortveränderungen müssen jeweils aufgrund der Beschaffenheit des Orchesterpodiums entschieden werden. Die Bewegungen von Sopran und Mezzosopran sind geringfügig und beschränken sich auf den Raum zwischen Klavier und Rampe, neben Prospero und der Protagonistin.

Figura 1 : *Un re in ascolto*: Indice con disposizioni sulla scena della versione concertante presente nella redazione finale conservata presso la Fondazione Paul Sacher (CLB, per gentile concessione), Partitur (Reinschrift: Fotokopie der Originalfassung mit hss. Korrekturen und Ergänzungen sowie anderen Eintragungen) (226 S. + 1 S. Makulatur), per gentile concessione.

ROBERT ADLINGTON

'The crises of sense': listening to *Un re in ascolto*

In memory of my colleague Adam Krims (1963–2012)

Berio's *Un re in ascolto* takes as its central theme what the literary theorist Steven Connor has termed the «disintegrative» principle' of the auditory self. Connor, like other recent theorists of auditory culture, makes a sharp distinction between heard and visual experience. In contrast to the unified subjective perspective promoted by vision, hearing engenders a sense of self that is constantly being challenged, dissolved and remade. Sonorous experience, Connor argues, «represents a particular threat to selfhood[1]». This threat can be ascribed to certain key characteristics of sound. Sound refuses to respect the spatial boundaries by means of which we establish our separateness as subjects from our surroundings. It is omnipresent, a ceaseless reminder of the limits to the control we can exert over external forces and stimuli. It is resistant to containment within a unified frame of apperception, creating what Connor calls a «plural space» in contrast to the «singular space» of the Cartesian visualist

---

1. Steven CONNOR, *The Modern Auditory I*, in Roy Porter, ed., *Rewriting the Self: Histories from the Renaissance to the Present*. London, Routledge, 1997, pp. 203–23: 214. I was alerted to Connor's essay, and to a number of the other writers mentioned in this article, by Georgina Born's chapter '*Introduction – music, sound and space: transformations of public and private experience*' (from her edited volume *Music, Sound and Space*), a version of which she kindly shared with me prior to publication. For invaluable comments on an early version of my own article, I am grateful to Eric Drott, Ben Earle and Tiffany Kuo. The responsibility for any remaining shortcomings is of course purely mine.

imagination[2]. It permeates the hearing (and feeling) body such that we may feel possessed by its resonance. It is perpetually changing, thereby eluding a conceptualising grasp. Each of these characteristics of sound works to undo the constructions of «distance, differentiation and domination» that, for Connor, form the basis of the modern notion of autonomous selfhood[3].

Connor's analysis is consistent with a prominent thread in continental philosophy which has critiqued the 'ocularcentrism' of Western thought[4]. For Martin Jay, prominent within the work of key thinkers in this tradition such as Sartre, Merleau-Ponty, Levinas, Foucault, Althusser, Lacan, Barthes and Derrida, are «explicit manifestations of hostility to visual primacy[5]». Other writers have gone further in pursuing the consequences of this «anti-ocular turn», to theorise explicitly the possibility of «an ontology, an epistemology, a philosophical style of thinking and writing based in listening as a mode of attending[6]». Jean-Luc Nancy, for instance, has posited «a listening subject [which], if it is a subject at all, tends to dissolve, to fuse with and to absorb all those elements of self and world that might otherwise be termed 'objects'» – a characterisation strikingly similar to Connor's.[7] Ocularcentrism, argues Nancy, gives rise to «the limitations of the subject-object dichotomy and all dichotomies associated with it: mind-body, self-other, presence-absence, spiritual-material, speech-writing, transcendence-immanence[8]». Attending to

---

2. *Ibidem*, p. 207.
3. *Ibid.*, p. 204.
4. Connor notes in passing a number of figures associated with this 'anti-ocular' critique but does not elaborate upon this critical tradition.
5. Martin JAY, *Downcast Eyes: The Denigration of Vision in Twentieth-Century Thought*. Berkeley, University of California Press, 1993, p. 14.
6. Adrienne JANUS, *Listening: Jean-Luc Nancy and the "Anti-Ocular" Turn in Continental Philosophy and Critical Theory*, in «Comparative Literature», 63/2 (2011), pp. 182–202: 185, note 4. Janus names Heidegger, Peter Sloterdijk, Jacques Attali, Didier Anzieu and Luce Irigaray, as well as Jean-Luc Nancy.
7. *Ibidem*, p. 194.
8. *Ibid.*, p. 188.

auditory experience, on the other hand, enables fuller recognition of «the resonances that penetrate, reverberate between, compose and decompose, self and world, the psychic and the bodily, the intellectual and the sensual[9]». Insights such as these have been seen as foundational for the emerging field of sound studies. In a recent survey of this field, Benjamin Tausig characterises its *raison d'être* as «a means of apprehending the world that challenges Cartesian coordinates, and that bespeaks relations, networks, plurality, and dynamic environments ... [Sound] seems to *materially* defy an ontology of quantitative and positional truth[10]».

Both Berio's *Un re in ascolto* and the short story of the same name by Berio's collaborator Italo Calvino – the latter developed from ideas eventually rejected by the composer – dwell on this understanding of audition[11]. The king of Calvino's story, in listening from the centre of his palace for the signs of his own ruin, draws into focus precisely the tendency of the aural to unseat the self's assumptions of mastery and unbreachable separateness. Afraid to leave his throne even for a minute lest he be deposed, the king is obliged to reconstruct the goings-on within and beyond the walls of his palace from noises both familiar and unexplained, supplemented by the occasional whispered reports of untrusted spies. His paranoia that any sound – whether regular or unexpected – spells his imminent

---

9. *Ibid.*, p. 184, note 4.
10. Benjamin TAUSING, Review of Georgina Born, ed., *Music, Sound and Space: Transformations of Public and Private Experience*; Jonathan Sterne, ed., *The Sound Studies Reader*; Trevor Pinch and Karin Bijsterveld, eds., *The Oxford Handbook of Sound Studies*, in «Twentieth-Century Music», 11/1 (2014), pp. 163-76. Amongst the texts surveyed by Tausig in this connection is Don IHDE's pioneering *Listening and Voice: Phenomenologies of Sound* (1976; second edition. Albany, NY, SUNY Press, 2007).
11. Berio rejected Calvino's initial libretto and compiled the final text for his work himself, but parts of Calvino's text were retained for use in the arias of the work's central character Prospero (David OSMOND-SMITH, *Berio*, Oxford, Oxford University Press, 1991, pp. 115–16). Calvino's short story is published in English under the title 'A King Listens', as part of the collection of short stories *Under the Jaguar Sun*.

downfall builds to an extent that it becomes quite impossible to tell whether the sounds he hears are real or imagined. A woman's singing voice presents an imagined salvation, but it is quickly subsumed in the city's «tempest of sounds» :

> ... too many sounds intrude, frantic, piercing, ferocious: her voice disappears, stifled by the roar of death that invades the outside, or that perhaps reechoes inside you. You have lost her, you are lost ...[12]

The «disintegrative principle» of auditory experience is, if anything, further intensified in Berio's work, to produce a scathing assessment of the delusions and presumptions of authority. Berio recasts Calvino's king as an aging theatre impresario named Prospero, whose control over his dominion is threatened by a range of forces, including an upstart stage director, a succession of auditioning lead females who repel Prospero's casting aspirations, and Prospero's own self-doubt about the kind of theatre he wishes to produce. The Shakespearean resonances extend sopranos, for instance, insistently remind the ailing impresario that «your all is partial» and «my person is my own»: his desire to co-opt them as part of his personal vision is resisted at the very moment – the auditions – when Prospero's listening is most explicitly intended to signify his controlling authority. The chorus, practising its lines, depicts the coming storm («listen how many terrors threaten us in the night ...») as a «revolution», «ready to destroy»; the sound of off-stage gunshots and sirens towards the end of Part One makes clear that the threat of violent disorder, far from being confined to the play being rehearsed, is one facing Prospero himself. Throughout *Un re in ascolto*, internal voices besiege Prospero with taunts and chants of death: he tells us that «an 'I' whom I do not know sings the music I do not remember», and «there is a voice that speaks of me ... it says die». In the end, Prospero, like Calvino's king, admits defeat in the desperate attempt

---

12. Italo CALVINO, *A King Listens*, in *Under the Jaguar Sun*, translated by William Weaver. London, Vintage, 1993, p. 56.

to distinguish between outer and inner voices. Listening thereby presages his death, thus confirming Steven Connor's characterisation of «otology [i.e. the realm of the ear] as ... the deficit of ontology[13]».to the «exotic and repugnant figure» of Friday[14], an actor who is in resentful thrall to Prospero; and to the play which is being rehearsed by Prospero's company, which bears resemblance equally to Calvino's scenario of the listening king and to *The Tempest* (the play is set on an island which is threatened by an oncoming storm). The impossibility of absolute subjective autonomy is figured by countless features of Berio's scenario. Its most visible onstage manifestation is the gradual merging, in Part Two, of Prospero's private office with the anarchic chaos of the general rehearsal space. (Berio's stage instruction reads: «The separation between Prospero's room and the stage is less clear, and gradually disappears.») But this sonic erosion of sovereign disconnection is already well in train in Part One. The voices of the auditioning

The parallels between Berio's drama and contemporary theorisations of the auditory self are striking but not inexplicable. The starting point for Berio's and Calvino's project was an essay on listening by Roland Barthes, a central figure in Martin Jay's genealogy of anti-ocularcentrism[15]. Barthes's essay will be returned to shortly. Before doing so, however, the present study's key question

---

13. S. CONNOR, *The Modern Auditory I, op. cit.*, p. 213.
14. This and other quotations from the libretto are taken from Maria Cleva's English translation, contained in the programme booklet for the Royal Opera House production of *Un re in ascolto*, February 1989.
15. More precisely, according to Berio's account, Barthes' essay initially «caught the attention of Italo Calvino. I soon shared Calvino's interest .... The main inspiration for this musical action is .... Calvino's initial reaction to Barthes' essay» (Luciano BERIO, *Dialogue between you and me*, in *Un re in ascolto*, programme booklet for Royal Opera House production, February 1989, n.p.). It is important to note that the final work drew significantly from a number of other literary sources, of which Shakespeare's *Tempest* is just one; for a fuller account of these sources, see Matthias Theodor VOGT, *Listening as a letter of Uriah: A note on Berio's* Un re in ascolto *(1984) on the occasion of the opera's first performance in London (9 February 1989)*, «Cambridge Opera Journal», 2/2 (1990), pp.173-85.

remains to be addressed, a question that turns the enquiry back to Berio's activity as a composer. The question is this: where does the «disintegrative principle[16]» of aural experience leave us in relation to Berio's expectations of listeners (or listener-spectators) to his music?

In a published conversation about *Un re in ascolto* between Berio and Umberto Eco, Berio is emphatic that the piece should be considered, not as an opera, but as a «musical action» in which, accordingly, musical processes have «the upper hand[17]». Specifically, Berio identifies «three forms of musical behaviour» whose development and relationships (or non-relationships) «steer the 'story'», as Berio puts it[18]. These three musical behaviours take the form of, first, circular, immobile material, which characterises Prospero's Arias; second, material that develops organically, which is found in the series of Auditions and the ensemble Concertati; and, third, material that is, in Berio's words, «apparently fortuitous and anomalous», which principally manifests itself in terms of stylistic citations, as in the score's recurring waltz music and the Serenata towards the end of Part One. Berio asserts unequivocally that «it's the musical processes that are primarily responsible for the narration», driving as it were the numerous departures from and developments of Calvino's original sketches for the libretto[19]. In Berio's mind, this primacy of musical devices distinguishes the work from the genre of opera, which typically prioritises the stage narrative. And although he allows that the piece permits «various levels of reading» – the simplest of which is to treat it precisely as a conventional narrative opera – there is no doubt that he regards a fuller understanding of the

---

16. S. CONNOR, *The modern auditory I, op. cit.*, p. 213.
17. Luciano BERIO (conversation with), *Eco in ascolto* (1986), «Contemporary Music Review», 5/1 (1989). p. 2 and 4. Berio describes *Tristan und Isolde* as «the first 'musical action'», and notes that it had «incalculable consequences for the development of musical thought, but not for the theatre.»
18. *Ibidem*, p. 4.
19. *Idem*. Aspects of this compositional structure receive more detailed attention in Claudia DI LUZIO, *Berio, Calvino und Prospero:* Un re in ascolto *reflektiert*, in «Mitteilungen der Paul Sacher Stiftung», 19 (2006), pp. 34–39.

work to spring from an appreciation of the structural devices which, to borrow again from his description, «are inscribed like a sinopia beneath the musical fresco[20]». «Who has more receives more», as he expressed it on another occasion – by which he means to point to the advantages of a firm grasp of the music's compositional design[21]. In other words, the structural devices are not purely compositional aids: they are, rather, essential to the work's broader meaning. In this regard *Un re in ascolto* extends a practice already tested in *La vera storia* (1977-81), where a substantial part of the compositional decision-making was complete before Calvino was approached for a libretto, and in which (in the words of David Osmond-Smith) «the action that we see and the words that we hear give theatrical focus to a drama that is quintessentially musical[22]».

To return to my question, then: what kind of listening does Berio's music for *Un re in ascolto* presuppose? In what follows, I will argue that this work presents a startling disconnect between its acute perception of sound's capacity to unravel the fictive constructions of autonomy and mastery that undergird systems of authority, and a musical discourse that invites precisely the kind of listening aimed at asserting control over the «disintegrative» tendencies of auditory experience. In other words, Berio's music for *Un re in ascolto* invites us to listen in a way that Prospero would wish to – but which the work's scenario presents as a dangerous illusion. It will be my contention that this is not a problem specific to Berio's approach to composition – although it is certainly heightened by aspects of his practice – but that it reveals a dilemma pressing upon anyone seeking to render sound as determinate and readily recuperable meaning. The dilemma is brought into particular focus in this work because its

---

20. L. BERIO, *Eco in ascolto, op. cit.*, p. 4.
21. L. BERIO, *Dialogue between you and me, op. cit.*
22. D. OSMOND-SMITH, *Berio, op. cit.*, p. 103. For an assertive manifesto of the principle that «music is almost always in charge» in music theatre, see Luciano BERIO, *Of Sounds and Images*, «Cambridge Opera Journal», 9/3 (1997), pp. 295-99.

scenario acts as a critique of what it is attempting to achieve musically.

A first means of articulating this disconnect is by reference to recent musicological critiques of 'structural listening'. Long asserted by music pedagogy as the sole legitimate means of engaging with sounding music, structural listening supposes the prioritisation – and the possibility – of a faithful encoding of compositional morphology in the 'mind's eye' of the listener, in preference to a focus upon music's expressive and cultural meanings, for instance, or to other more 'distracted' modes of listening[23]. From the point of view of a composer whose conscious experience of composing is dominated by structural relationships inscribed in graphical form on a notated score, such relationships may comprise the musical work, and it is then taken as a given that the score's conversion into sounding form leaves them, and their status as music's primary ontological coordinates, intact. Yet such a mode of listening, far from representing a kind of neutral appraisal of sonic 'facts', rests upon a host of suppositions and contingencies, ones moreover that circle insistently around the maintenance of constructions of power. Richard Leppert, for instance, has highlighted the dependency of structural listening on exacting

---

23. Rose Subotnik sees this attitude as especially characteristic of early twentieth-century musical modernisms and their later twentieth-century heirs, although its origins can be traced back to Hanslick and Schenker; see Rose Rosengard SUBOTNIK, *The Challenge of Contemporary Music* (1987), in *Developing Variations: Style and Ideology in Western Music*, Minneapolis, University of Minnesota Press, 1991, pp. 265–93, and *Toward a Deconstruction of Structural Listening: a Critique of Schoenberg, Adorno and Stravinsky* (1988/96), in *Deconstructive Variations: Music and Reason in Western Society*, Minneapolis, University of Minnesota Press, 1996, pp. 148–76. Matthew Riley lists a number of recent music appreciation textbooks that promulgate essentially the same model of attentive structural listening (*Musical Listening in the German Enlightenment: Attention, Wonder and Astonishment*. Aldershot, Ashgate, 2004, p. 6, note 4). For further consideration of the idea of structural listening, and a number of counter-arguments to its critics, see the essays in Andrew DELL'ANTONIO ed., *Beyond Structural Listening? Postmodern Modes of Hearing*, Berkeley, University of California Press, 2004.

preconditions[24]. Structural listening requires the listener to separate him or herself from the hurly-burly of everyday life, both to create the silent environment that enables formal particularities to be heard and to allow the peace of mind necessary for full attentiveness. Further, it assumes the capacity to command or purchase music performed by others, as it is only when fully detached from the exigencies of sound production and performance technique that one is able to address oneself to the totality of a compositional design. Finally, structural listening expects the exercising of restraint over the body's urge to participate in dance or other sympathetic movement, a kind of physical disciplining that connotes a certain social distinction. As such, for Leppert, structural listening is a marker of wealth and authority: «[c]ontemplative listening is not philosophically removed from the world, as later aesthetic theory would have it; it is instead the sign of one's control and domination of the world … . As such, it *is* an exercise of power[25]».

A related argument is advanced by the music theorist Fred Maus, who takes as his point of departure a conception of aurality comparable to that of Steven Connor: namely, that sound has an «invasive aspect», and that listening correspondingly implies a submissive dissipation of subjective control[26]. In Maus's account, yielding to the persona embodied in musical sound can be pleasurable, but it is also potentially unsettling because of the implied passivity and relinquishment of independence on the part of the listener. For Maus, structural listening – which is to say, the kind of listening that leverages analytical insights derived from study of a notated score – is a means of reasserting an element of control over the listener's

---

24. Richard LEPPERT, *Desire, Power, and the Sonoric Landscape: Early Modernism and the Politics of Musical Privacy*, in *The Place of Music*, ed. Andrew Leyshon, David Matless and George Revill, New York, Guilford, 1998, pp. 301–2.
25. R. LEPPERT, *Desire, Power, and the Sonoric Landscape, op. cit.*, p. 302.
26. Fred MAUS, *The Disciplined Subject of Musical Analysis*, in Andrew Dell'Antonio, ed., *Beyond Structural Listening? Postmodern Modes of Hearing, op. cit.*, p. 13–43: 31.

encounter with music. Structural listening converts the destabilising passivity of listening into a newly active pursuit, as the listener becomes a «fantasy composer [engaged] in an act of imagined re-composition[27]». Maus notes that such a shift is best viewed as a «defensive reaction», one motivated by the desire to deny or disavow aspects of listening perceived as threatening to the autonomy and mastery of the modern subject[28].

We have already seen how, in *Un re in ascolto*, Prospero's attempts to retain control over his listening, not least through the evaluative auditions he undertakes, are repeatedly challenged and undermined. This is especially so in the work's second part where, as Massimo Mila elegantly expressed it, «the environment becomes active, precipitating itself upon him» through the merging of private office and rehearsal stage, and the uncontrollable intrusions of ambulance sirens, armed guards, and a premature funeral wake[29]. Mila's image is strongly resonant with Steven Connor's insistence that the auditory self of necessity «takes part in the world rather than taking aim at it» – his insistence, in other words, upon the ineluctable sociality of hearing[30]. The same point is made by Nancy when he claims that «between sight and hearing there is no reciprocity ... the visual is tendentially mimetic, and the sonorous tendentially methexic (that is, having to do with participation, sharing, or contagion)[31]». Yet at the same time that Berio's work appears to be faithfully expounding the inseparability of aural subject and sounding environment – the impossibility of a containing aural grasp – his commentary upon the

---

27. *Ibidem*, p. 37. Maus recognises that different models of structural listening, as presented in the writings of different music theorists, offer varying degrees of resistance and acquiescence to listening's passivity (Edward Cone and Allen Forte being contrasting examples); my summary here smoothes over these distinctions.
28. *Idem*.
29. Massimo MILA, *Un re in ascolto: A True Opera*, in *Un re in ascolto*, programme booklet for Royal Opera House production, February 1989, n.p.
30. S. CONNOR, *The Modern Auditory I*, *op. cit.*, p. 219.
31. Jean-Luc NANCY, *Listening*, translated by Charlotte Mandell, New York, Fordham University Press, 2007, p. 10.

compositional processes he has inscribed within his score presupposes a reception moulded around structural listening. In other words, he envisages precisely the kind of «silent, self-disciplined, contemplative and interiorised spectatorship» that serves to insulate the listener from an environment's disintegrative forces, and which thereby acts, in the words of Richard Sennett, as «a defense against the experience of social relations[32]».

Berio's faith in listeners' capacity and willingness to trace the interweaving thematic elements of his score is epitomised by an observation, in the course of his discussion with Eco, about the relationship of compositional structure and dramatic narrative at the end of the work. A listener's sense of identification with Prospero is here enhanced, Berio claims, by the fact that, as the work draws to a close, Prospero's death is accompanied by the exhaustion of the musical material with which he has been associated[33]. Prospero's arias are not simply characterised by the «circular and immobile» musical behaviour mentioned earlier, but are in fact based upon a carefully constructed pitch and interval series. From aria to aria, the series is lightly permutated, but it adheres to a broadly consistent overall pitch field, as is clearly evident from the compositional sketches[34]. With Berio's final aria, however, as Berio puts it, this material «peters out for reasons internal to itself», and «when the 'king' dies the spectator must in some way be able to understand that the music is dying structurally alongside him[35].» Such an understanding is entirely dependent upon structural listening. In other words, the dramatic identification that Berio advocates is built upon the sort of aural

---

32. Georgina BORN, *Introduction – music, sound and space: transformations of public and private experience*, in Georgina Born ed., *Music, Sound and Space: Transformations of Public and Private Experience*, Cambridge, Cambridge University Press, 2013, pp. 1–70: 28; Richard SENNETT, *The Fall of Public Man*, London, Faber, 1977, p. 213.
33. L. BERIO, *Eco in ascolto, op. cit.*, p. 7.
34. Berio's sketch page detailing these structural metamorphoses is reproduced in C. DI LUZIO, *Berio, Calvino und Prospero, op. cit.*, p. 37.
35. L. BERIO, *Eco in ascolto, op. cit.*, p. 7.

command of the world that the work's scenario critiques, and indeed that it depicts as the ultimate cause of Prospero's downfall.

A second means of articulating the complex position of Berio's *Un re in ascolto* in relation to the act of listening is by reference to Barthes' essay *Listening*, which formed one of the original points of inspiration for both Calvino and Berio[36]. In this essay Barthes distinguishes three types of listening:

> We shall propose three types of listening. According to the first, a living being orients its hearing ... to certain *indices* ... . This first listening might be called an *alert*. The second is a *deciphering*; what the ear tries to intercept are certain *signs*. Here, ... I listen ... according to certain codes. Finally, the third listening ..., does not aim at – or await – certain determined, classified signs ... : what it seizes upon – in order to transform and restore to the endless interplay of transference – is a general 'signifying' [*signifiance*] ... . [T]he listener's silence will be as active as the locutor's speech: *listening speaks*[37].

In Barthes' account, then, the «first listening» is a kind of territorial monitoring, a matter of animal instinct. The second involves the aural deciphering of codes, and thus requires interpretative skills aimed at mastering an understanding of the world. The third is a more fully interpolative mode of listening in which, as Barthes puts it, «listening speaks». It moves beyond the world of «determined, classified signs» – the world of signification – to engage in the «endless interplay of transference» between signifiers which Barthes

---

36. Barthes' essay was written in collaboration with psychoanalyst Roland Havas. The essay looms large in the interpretation of *Un re in ascolto* advanced by Arman SCHWARTZ in his article *Prospero's Isle and the Sirens' Rock* («Cambridge Opera Journal», 15/1 (2003), p. 83–106), although there the focus is Barthes' comments on the singing voice.

37. Roland BARTHES, *Listening* (1976), in collaboration with Roland Havas, in *The Responsibility of Forms: Critical Essays on Music, Art, and Representation*, trans. Richard Howard, Oxford, Blackwell, 1986, pp. 245–6, 252.

here and elsewhere terms *signifiance* (or 'signifying'). Barthes' deployment of the idea of *signifiance* represents an extension of his understanding, established in earlier texts such as *The Death of the Author* (1967), that texts function not as «a line of words releasing a single 'theological' meaning», but rather as a «multidimensional space in which a variety of writings, none of them original, blend and clash[38]». Within this «tissue of quotations» or «play of codes», signs point not to some truth in the world but refer instead to other signs. Texts consequently require to be «disentangled» rather than «deciphered[39]», a process in which the reader plays a decisive role. Yet the idea of *signifiance*, which Barthes borrowed from Julia Kristeva, places additional emphasis upon the materiality of the signifier – its 'grain' or sensuous aspect that is irreducible to a text's representational or communicative content. Barthes offered the following concise definition: «What is *signifiance*? It is meaning, *insofar as it is sensually produced*[40].» Crucially, *signifiance* is held by Barthes to entail a loss of subjective coherence on the part of the reader by challenging the conventional separation of reader and text, interpreter and interpreted, subject and object:

> *Signifiance* – and this is what immediately distinguishes it from signification – is thus precisely a work: not the work by which the (intact and exterior) subject might try to master the language (as, for example, by a work of style), but that radical work (leaving nothing intact) through which the subject explores – entering, not observing – how the language works and undoes him or her.[41]

---

38. Roland BARTHES, *The Death of the Author* (1968), in *Image-Music-Text*, edited and translated by Stephen Heath, Glasgow, Fontana, 1977, p. 142–8: 146.
39. *Ibidem*, p. 147.
40. Roland BARTHES, *The Pleasure of the Text*, translated by Richard Miller, New York, Hill and Wang, 1975, p. 61.
41. Roland BARTHES, *Theory of the Text* (1981), in *Untying the Text: A Poststructuralist Reader*, ed. Robert Young, London, Routledge, 2006, p. 31–47: 38.

Barthes' third listening – the «new listening», as he describes it[42] – thus achieves precisely the disintegrative affect, the interpenetration, the collapsing of oppositions that theorists such as Connor and Nancy ascribe to auditory experience in general. There is a distinction to be made with these auditory theorists, however: for Barthes, *signifiance* is afforded by communication of all kinds, and is not unique or specific to listening. For instance, the three-fold typology advanced in *Listening* essentially recapitulates the argument of his earlier essay *The Third Meaning* (1970), which explores the potential of Eisenstein's cinematography to proffer an «obtuse meaning [that] is outside (articulated) language while nevertheless within interlocution», one that «outplays meaning – subverts not the content but the whole practice of meaning[43]». Nonetheless, even here Barthes adds a footnote which suggests that «what is here in question is indeed *listening*» after all, for listening may be regarded as paradigmatic for the 'filmic' quality of Eisenstein's cinema – its insistence, in other words, upon its own *signifiance*[44]. There is a further distinction between Barthes' «third listening» and the account of listening given by Connor and Nancy: Barthes views it positively, rather than negatively. Where «traditional societies» knew only «alienated» modes of listening – «the arrogant listening of a superior, the servile listening of an inferior» – the third listening is «a free listening», without which «it is not possible to imagine a free society[45]». It is (in Arman Schwartz's formulation) a «dangerous, emancipatory listening», one that presages an «'entirely modern', liberated subjectivity[46].»

---

42. R. BARTHES, *Listening, op. cit.*, p. 257.
43. Roland BARTHES, *The Third Meaning* (1970), in *Image-Music-Text*, edited and translated by Stephen Heath, Glasgow, Fontana, 1977, pp. 44-68: 61, 62.
44. Barthes also notes that the remarks by Eisenstein on which he draws were made in relation to the coming of sound in the cinema; *Ibidem*, p. 53.
45. R. BARTHES, *Listening, op. cit.*, p. 259.
46. A. SCHWARTZ, *Prospero's Isle and the Sirens' Rock, op. cit.*, pp. 88, 89.

'The crises of sense': listening to «Un re in ascolto»

Barthes largely avoids music in his essay, focusing instead upon psychoanalysis as the exemplary arena for the new listening. In his few comments on music, however, it initially appears that he associates his second listening with «structural listening»:

> '[L]istening' to a piece of classical music, the listener is called upon to 'decipher' this piece, i.e., to recognize ... its *construction*, quite as coded (predetermined) as that of a palace at a certain period.[47]

Yet it would be wrong to assume that Barthes is adopting the same stance as critics of structural listening. For what a writer such as Rose Subotnik offers as a healthier alternative to structural listening – namely, «stylistic listening», by means of which «cultural association, personal experience, and imaginative play» give rise to «metaphorical and affective responses» – must in Barthes' terms also be counted as the second listening, to the extent that it involves the deciphering of codes[48]. Barthes' description of the second listening emphasises not whether the 'code' to be deciphered is a compositionally-determined design or a culturally-determined meaning, but the way in which the listener is «called upon» to decipher and recognise, and is thus rendered obedient. For Barthes, the second listening is epitomised by the faithful attending to a religious sermon – in Schwartz's words, «a subservient auditor, forced to interpret a given truth[49]». The third listening, by contrast, is freed from authorial or conventional expectation. Barthes writes that it is consciously practised only when «it is each sound one after the next that I listen to, not in its syntagmatic extension, but in its raw and as though vertical *signifying*

---

47. R. BARTHES, *Listening, op. cit.*, p. 259.
48. R.R. SUBOTNIK, *Toward a Deconstruction of Structural Listening, op. cit.*, p. 170.
49. R. BARTHES, *Listening*, pp. 250–1; A. SCHWARTZ, *Prospero's Isle and the Sirens' Rock*, p. 89. Compare Subotnik's description of structural listening as «actively and continuously *attentive*»; R.R. SUBOTNIK, *The Challenge of Contemporary Music, op. cit.*, p. 280 (my emphasis).

[*signifiance*]⁵⁰.» This kind of listening he identifies with the music of John Cage, where the lack of evident intentionality behind the diachronic sequence of sounds facilitates an attentiveness to the sounds themselves – the play of signifiers, detached from any fixed 'signified'. In the words of literary historian Armine Mortimer, the third listening «makes the listener vulnerable» but also allows the following of «the play of unconscious desire»; music suited to it «does not speak by language or a symbolism⁵¹».

Given the role of Barthes' essay in the early conception of *Un re in ascolto*, it is little surprise to find echoes of it in Berio's libretto. For instance, Prospero expresses a wish that his theatre should «contain listening in all its forms». He himself, however, appears increasingly unable to adopt the perspective of detachment required for the second listening – the «professional engagement with an object of study», as Mortimer puts it⁵² – as evidenced by his distractedness in the presence of the auditioning soloists. Instead, as we have seen, he is overwhelmingly preoccupied with noises that function to dissipate rather than consolidate his sense of self. Yet just as listening reveals the illusoriness of his authority over his environment, so it provides an inkling of the rewards of a new freedom, one released from the compulsion to decodify or master. At the end of his second aria, in perhaps the most Barthesian moment of the libretto, Prospero notes how his anxiety at being «undone» by sound's *signifiance* intermingles with a drive to embrace it:

> *Prospero:* My straining ear receives those sounds as they arrive:
> but different from when they left.
> They are sounds multiplied by the act of listening.
> I search for something that is spoken to me among the sounds,
> and I do not know if I should await it with desire or with fear.

---

50. R. BARTHES, *Listening, op. cit.*, p. 259.
51 Armine Kotin MORTIMER, *Listening to Barthes with Millet: A Loving Overture*, «L'Esprit Créateur», 47/2 (2007), pp. 5, 11, 13.
52 *Ibidem*, p. 5.

'The crises of sense': listening to «Un re in ascolto»

The futility of Prospero's efforts to resist these disintegrative forces is portrayed not only by his own psychological breakdown, but also by the sense in which all of the other characters are little more than half-sketched figments of his own imagination. Preoccupied as they are with enacting their roles and with the endless iterations of the rehearsal process, none of the other figures on stage project a distinct identity. Towards the end of Part One, the «intersubjective mode» of the third listening, «in which the listener is listened to[53]», is thematicised in a duet (Duetto III) between the speaking Friday and the silent Mime. Here, clear distinctions between «you» and «I», between speaker and listener, are entirely eroded:

> *Friday:* You said. I imagined.
> You said there is frenzied activity.
> I imagined a silence.
> You said there is also a king who listens to voices from below the earth.
> You imagined he is alone.
> You said. I said.
> I said he confided only in an exotic and revolting animal like me.
> You said. I said.
> You imagined a creature, delicate and invisible.
> I said. You imagined.
> I imagined that my kingdom is in danger in the tempest, in the revolution.
> Where am I? I am here.
> Where is it? What?
> It escapes me …
> You think. I am lost.
> Perhaps to lose oneself is to find oneself.
> Perhaps the end is already here.
> Perhaps the curtain has fallen and the lights have gone out.
> You imagined.

---

53. *Ibidem*, p. 6.

In light of these echoes of Barthes in the dramaturgy of *Un re in ascolto*, Berio's apparent indifference to the idea of the third listening from a compositional standpoint is remarkable indeed. In imagining the reception of his musical score, as we have seen, Berio identifies not with the free play of *signifiance* but with the «decodifying» of Barthes' second listening. Indeed, he is explicit that his compositional activity for this work revolved around «musical criteria that formed the basis for a representational and expressive *code*[54]». Rather than permit a listener to revel in unstable sounding signifiers – the grain of the music's voice, as it were – Berio requires the work to be deciphered. Where Barthes regards «determined, classified signs» as a mark of «alienation», Berio evidently embraces them. The result, it would seem, is a work where music and scenario are fundamentally at odds.

This evasion of the full consequences of Barthes' essay might be less surprising in the case of other disciples of post-war serialism, for whom it was often self-evident that musical meaning should be located in compositional structure, a structure that had to be accurately 'decoded' by a listener from the sonic trace. But since the mid-1950s Berio distinguished himself from many of his colleagues by engaging intensely with the complexities and ambiguities of both musical and textual meaning. Early vocal works such as *Thema* (1958) and *Circles* (1960) conducted rigorous investigations of the borders of sound and sense in vocalised text, foregrounding precisely the capacity of «each sound» to subvert the code of «construction» (to use terms preferred by Barthes in his characterisation of, respectively, his third and second listening)[55]. Barthes' notion of a text as a «tissue of quotations drawn from innumerable centres of culture» seems to find a direct musical analogue in the third movement of *Sinfonia* (1968–9), where Berio's fondness for disorienting combinations of heterogeneous materials reached a high point. From 1968 also dates an article aggressively critiquing the fetishism that turned Schoenberg's and Webern's

---

54. L. BERIO, *Eco in ascolto, op cit.*, p. 4 (my emphasis).
55. D. OSMOND-SMITH, *Berio, op. cit.*, ch. 5.

«poetics» into «The Twelve-Tone System» : here Berio seeks to «renounce forever the comfortable utopia of a super-code that would guarantee absolutely faultless communication», and stresses that «any significant musical idea is not the result of a neo-positivistic procedure but a system of interrelationships in progress», always conditioned by «a culturally defined time and space[56]». These interests and attitudes received nourishment from Berio's lifelong friendship with Umberto Eco, whose book *The Open Work* (1962) took its point of departure from mobile scores by Berio, Boulez and Stockhausen in which aspects of the performed work remained unfixed. For Eco, serial thought as expounded in writings by Boulez and Pousseur presented a «hypothesis of an oriented production of open possibilities, of an incitement to experience choice, of a constant questioning of any established grammar», and thus formed «the basis of any theory of the 'open work'[57]». Specifically, serial thought rejected the notion of an «Ur-code» that «constitutes, by itself, the real structure of all communication», and instead «calls the code into question[58]». This was the very conception that Berio's essay on twelve-tone music presented as having been betrayed in subsequent rigid formulations of serial method. The idea of the open work found compositional as well as essayistic expression in 1968, with Berio's *Questo vuol dire che* (*This means that* ..., 1968) which offered a tape part containing electronic treatments of Eastern European folk music as a «frame ...

---

56. Luciano BERIO, *Meditation on a Twelve-Tone Horse* (1968), in *Classic Essays on Twentieth-Century Music*, Richard Kostelanetz and Joseph Darby eds., New York, Schirmer, 1996, pp. 168–171.
57. Umberto ECO, *The Open Work* (1962), translated by Anna Cancogni, Cambridge, Mass., Harvard University Press, 1989, p. 218. In other words, for Eco mobile scores comprised only one kind of 'open work'. In more general terms, the open work is one that «establishes a potentially infinite network of relationships that are only weakly governed by convention»; see Edward VENN, *Proliferations and Limitations: Berio's Reworking of the* Sequenzas, in *Berio's Sequenzas: Essays on Performance, Composition and Analysis*, Janet K. Halfyard, ed., Aldershot, Ashgate, 2007, p. 171-90: 174.
58. U. ECO, *The Open Work, op. cit.*, p. 220.

within which something else has to happen[59]». One early performance of this «strictly organised happening» incorporated a work by Pousseur and a reading by Eco himself.

How, then, are we to understand Berio's attitude to musical listening, as expressed in his conversations about *Un re in ascolto* with none other than Umberto Eco? In the first place, it should be noted that *Eco in ascolto* is not the only place in which Berio encourages the view that listening to his music involves a process of deciphering – the very word that Barthes rejects in his account of the third listening. In an interview with Rossana Dalmonte from 1981, Berio makes the following remark regarding the importance of a clear link between background compositional structure and foreground musical idea: «If the deeper structure is to influence what we hear *structurally*, then there must be many links, a hierarchy of many different signals that can at least potentially be deciphered and recognized[60]». Earlier in the same interview, Berio prefaces a direct mention of Barthes' essay on listening with reflections that indicate both his sympathy with Barthes' conceptualisation, and the limits to this sympathy. «I sometimes feel», he states, «that listening to a performance is like being penetrated and invaded by music, and I have the sensation of an emptiness finally filled[61].» Here Berio recognises precisely the compromising of «the logic of the *ego-cogito*» (to quote Barthes)[62] which Prospero initially finds unendurable – and argues that, thus embraced, such compromising can be pleasurable. Yet this comment is made in the context of a response to a question from Dalmonte about music's possible role in the «cognitive growth of the non-specialist», and consequently it is tempered by a larger (and, here, explicitly gendered) sense that such invasion of the listener's body

---

59. Luciano BERIO, *Two Interviews with Rossana Dalmonte and Bálint Andras Várga*, translated and edited by David Osmond-Smith, New York, Marion Boyars, 1985, pp. 155-6. Berio here recounts several different realisations of this piece.
60. *Ibidem*, p. 103; the telling emphasis is in the original.
61. *Ibid.*, *Two Interviews*, p. 32.
62. R. BARTHES, *Theory of the Text*, *op. cit.*, p. 38.

occurs not in order to «undo» the listener's sense of self, but in order to implant a determinate and edifying authorial meaning:

> I think that listening to music tends to fill an empty space that is continually reforming in [the non-specialist]: not a negative or passive emptiness, but an active one – a sort of feminine space of the spirit that is there to be filled, precisely, by our cognitive growth.[63]

More recently, in the context of a lecture on music theatre Berio has been adamant that it is the robustness of the composer's musical designs that allows a stage work to «organise, to reveal, and indeed to 'direct' narrative and dramaturgical functions», to the extent that, in Berio's view, «musical theatre only seems to take on a deep and enduring meaning once the dramaturgical conception is generated by the music, and is structurally analogous to it, though avoiding a tautological similarity[64].»

This picture is not fundamentally altered by the provision in *Un re in ascolto* of what Berio calls a number of «levels of reading», ranging from simple to complex, which allow the listener to «select his 'system of expectations' for himself from the expressive range that I offer him[65]». Arguably, Eco's generalization (in *The Open Work*) of an aesthetic of multiplicity – as embodied in theoretical reflections upon the structural possibilities of serial composition – into a principle of communication liberated from fixed codes made it easy to overlook the fact that such an aesthetic, as practised by real composers, by no means dispensed with an expectation of decodifying *per se*, nor did it sanction every «choice» of a listener. It must also be recognised that Eco was no uncritical follower of Barthes. Berio's admittance of a strictly circumscribed degree of flexibility to a listener's reception of his work in fact bears some affinity with Umberto Eco's description, in his *Theory of Semiotics* (1977), of aesthetic communication, in

---

63. L. BERIO, *Two Interviews*, op. cit., p.32.
64. L. BERIO, *Of Sounds and Images*, op. cit., pp. 295–6.
65. L. BERIO, *Eco in ascolto*, op. cit., p. 4.

which, crucially (and in contradistinction to Barthes), the addressee's 'collaboration' is conditional upon a grasp of authorial intentions:

> The comprehension of an aesthetic text is based on a dialectic between acceptance and repudiation of the sender's codes – on the one hand – and introduction and rejection of personal codes on the other. ... The addressee ... may believe that he is correctly interpreting what the author meant, or he may decide to test new interpretive possibilities upon the text the author has set out before him. But in so doing, he never wants to completely betray the author's intentions. ... On the one hand the addressee seeks to draw excitement from the ambiguity of the message and to fill out an ambiguous text with suitable codes; on the other, he is induced by contextual relationships to see the message exactly as it was intended, in an act of fidelity to the author and to the historical environment in which the message was emitted.[66]

As this suggests, Eco had by this time become sceptical about the «infinite semiosis» posited by some of his contemporaries – Barthes included[67]. In a footnote to the passage just quoted, Eco took explicit issue with Barthes' contention that art was an empty mould that history «spent its time filling», arguing that the interpretations of an aesthetic text arrived at by addressees never «completely disregard the underlying rule that has constituted it[68]».

In the case of *Un re in ascolto*, Berio seems even less inclined than Eco to countenance a listener's «testing of new interpretive possibilities». The authority of the composer remains fully intact[69]. In

---

66. Umberto ECO, *A Theory of Semiotics*, London, Macmillan, 1977, pp. 275–6. The English version of this text was written in collaboration with the leading Berio commentator David Osmond-Smith.
67. For more on this scepticism see Rocco CAPOZZI, *Interpretation and Overinterpretation. The Rights of Texts, Readers and Implied Authors*, in *Reading Eco: An Anthology*, Rocco CAPOZZI, ed., Bloomington, Indiana University Press, 1997, pp. 220–7.
68. U. ECO, *A Theory of Semiotics*, op. cit., p. 310, note 46.
69. Lest there be any uncertainty on the matter, it is important to recognise that Berio is as dismissive as most other composers of his generation and milieu about

their conversation about the work, the tension between Berio's overriding concern for «musical criteria that form the basis for a representational and expressive code» and Eco's closing paean to «something different from the semantically coherent discourses that obsess the day» is palpable[70]. Notwithstanding these differences, Berio and Eco choose to agree that (in Berio's words) «text and music must each have their autonomy». It may be in this potential for «mutual critique[,] ... the tension between [words and music], rather than their apparent capacity for fusion[71]», that Eco could locate the «unravelling» of sense that his closing remarks celebrate, and that Berio could claim justification for a drama and a musical score that are (as I proposed earlier) fundamentally at odds.

One might justifiably ask: what difference need this make to a listener? Cannot a listener opt for a Barthesian «third listening» regardless of the composer's emphasis upon structure and codes? Massimo Mila proposes essentially just that: having dutifully described the structural principles of Berio's score, he cheerfully claims that «there's no need to recognise anything[72]», even though

---

the idea of ceding aspects of creative responsibility to others. For instance, in his discussion with Eco he briskly dismisses Bertolt Brecht's vision for a theatre that enables the spectator to sing, as well as to watch. Such a situation would, Berio suggests, bring insuperable «musical problems», in which «the role of the music would inevitably be degraded to a dilettantish and mindless collective bawling»; see L. BERIO, *Eco in ascolto, op. cit.*, p. 6. Performers who (as the phrase has it) «take liberties» with the notated score are as little tolerated. Berio has described the exercising of such freedoms as «piratical adaptations», which in the case of *Sequenza 1* for flute led him to revise the original score using what he openly described as a «more authoritarian» notation; see L. BERIO, *Two Interviews, op. cit.*, p. 99.
70. L. BERIO, *Eco in ascolto, op. cit.*, pp. 4, 7.
71. D. OSMOND-SMITH, *Berio, op. cit.*, p. 74.
72. M. MILA, *Un re in ascolto: A True Opera*, n.p.. It should of course also be remembered that many listeners experiencing this work in performance will encounter it as a visual as well as aural spectacle, although the scarcity of staged productions perhaps strengthens the case for an analysis focusing on music over *mise-en-scène*.

this is directly to contradict Berio's clear assertions of the benefits of such recognition. But even for the listener happy to defy the composer's preferences, there remains a problem if we agree with Barthes that certain music «calls upon» a listener to decipher, to recognise. Barthes imputes this property to music of the classical era. But it is revealing that in seeking a music that creates greater space for the third listening, it is Cage to whom he turns, rather than Cage's European contemporaries. He presumably did so because he regarded the preoccupation with authorial designs (of whatever kind) within post-war European modernism as constraining the extent to which the listener could «become active» – to which listening could become dialogic.

But the presence of codes is not a problem for the third listening *per se*. In Barthes' account, the fact that Eisenstein's cinema offers strong symbolic content (or significance) is not an impediment to the emergence of a separate level of 'signifying' (or *signifiance*)[73]. The structuring impulse obscures *signifiance* only where it distracts from a more focussed apperception of a signal's materiality. When and to what extent this happens will likely be a matter of individual judgement. Many will disagree with Barthes that, in classical music, the recuperation of codes occludes meaning that is «sensually produced». The question surely hinges instead on density of information: where a listener is preoccupied with a high level of musical incident, sound's quality *as sound* recedes in prominence. The fact of music's sounding, in other words, isn't sufficient for it to be 'signifying' in a Barthesian sense (and here may be found another distinction between the third listening and Connor's and Nancy's theorising of the principles of aurality in general). The teeming intricacy of parts of Berio's score will undoubtedly be a challenge on this count to many listeners – especially those hearing it for the first time. Such a listener may in fact experience the music as presenting an ironic parallel to what Prospero himself is struggling with: a promise

---

73. See R. BARTHES, *The Third Meaning, op. cit.*.

of aural sense (signification rather than signifying) that lies forever beyond our grasp. But there are moments of relief, too, where harmony or texture settles momentarily, permitting a cessation of the listener's felt urge to recuperate structure. In Duetto III, for instance, whose text was mentioned earlier as offering a penetrating encapsulation of the intersubjective mode of listening, the musical clearing of surface complication in favour of a single long-limbed melody arcing expressively through the widest treble register aptly a more fully interpolatory encounter, one which disencumbers the listener of the burden of authorial expectation and instead permits the «entering, not observing» (as Barthes has it) of musical signifers.

I have argued that Berio asks us to listen to his score as Prospero would wish to: confident in our capacity to master our surroundings; decoding an authorial meaning as a means to bolster the integrity and autonomy of the self. How could a composer, whose very function has traditionally been understood in terms of the retrieval of a semblance of coherence from the unsettling welter of environmental stimuli, be expected to do anything else? How, in other words, could music be conceived expressly to invite the «new listening», other than by renouncing (like Cage) all authorial intention and opting for random processes? Structural conceits are not easily abandoned in composed music; nor is this necessarily what is required. A willingness to accept 'unauthorised readings' of a musical score would instead be a valuable first step. The new listening sports no loyalty to an original meaning: instead, there is, in Barthes' words,

> a disintegration of the Law which prescribes direct, unique listening .... What is listened to ... is not the advent of a signified, object of a recognition or of a deciphering, but the very dispersion, the *shimmering* of signifiers, ceaselessly restored to a listening which ceaselessly produces new ones from them without ever arresting their meaning[74]...

---

74. R. BARTHES, *Listening, op. cit.*, pp. 258–9.

Sound – Connor, Calvino and Barthes all agree – works to a different logic, one that resists recuperation in terms of the transmission of stable meanings between stable subjects. In this light, the «crises of sense» which Berio identifies as an enduring point of creative orientation[75] take on a plural and literally resonant connotation, referring both to the distinctiveness of aurality (the sense of hearing), and its associated consequences for meaning (sense as signification and *signifiance*)[76]. The challenge for the composer is to accept the impossibility of his or her task, in the face of these evident crises of sense.

---

75. «I live out the crises of sense as a musician, part *savant*, part *bricoleur:* trying again and again, as I think Lévi-Strauss said, to formulate projects and create objects that are at once concrete and ideal instruments of knowledge.» See L. BERIO, *Eco in ascolto, op. cit.*, p. 2.

76. Berio's original 'senso' has the same ambiguity of meaning as the English 'sense'. Janus notes that the same is true of the French «sens», but that English translations of theorists such as Nancy frequently lose the intended complexity of the term by translating it as 'meaning'; see A. JANUS, *Listening, op. cit.*, p. 185.

CARLO CICERI

Aspetti del pensiero melodico in *Un re in ascolto*

> «*L'impresario ascolta.*
> *È chiuso nello spazio irreale dei suoi ricordi:*
> *dialoga con le voci del suo passato e con la coscienza della sua fine imminente.*
> *Canta sempre le stesse note.*»
> (Luciano Berio)[1]

Il *corpus* delle arie di Prospero all'interno di *Un re in ascolto* costituisce un argomento d'indagine decisivo per chi desideri approfondire una parte del processo compositivo dell'opera e, più in generale, l'evoluzione del pensiero melodico beriano. Ne sono testimonianza da una parte le relazioni molteplici tra materiali autografi, schizzi, schemi analitici trascritti a posteriori, materiali per le prove, varianti tra i materiali di *Un re in ascolto* e quelli di *Duo*, dall'altra, più intimamente, le proprietà soggiacenti alla formazione ed orchestrazione delle melodie e il loro rapporto con una vocalità che non solo esplicita un testo, ma lo pronuncia come strumento accompagnato da strumenti. Proprio queste proprietà permettono di inquadrare le arie in una prospettiva che abbraccia l'intera opera beriana e che, per analogie tematiche e musicali, trova la sua ultima testimonianza in *Stanze*[2].

---

1. Dalla presentazione di *Duo* riportata nella partitura.
2. Per una trattazione sull'*eterofonia* ed altre tecniche compositive di elaborazione ed orchestrazione melodica in Berio, mi permetto di rimandare a Carlo CICERI, *L'eterofonia nella musica di Luciano Berio*, Tesi di Laurea in Musicologia, Università degli Studi di Pavia, a.a. 2008/2009; in particolare pp. 111-132 per un'analisi del rapporto tra voce e orchestra in *Stanze*.

L'analisi prenderà in considerazione in particolar modo *Aria I, Aria II, Aria III, Aria IV, Aria VI*. Non sarà trattata *Aria V* poiché, oltre ad essere drammaturgicamente molto diversa dalle altre ed essere cantata da Protagonista e non da Prospero, differisce anche nel materiale musicale e nella genesi (è inoltre l'unica aria non presente in *Duo)*. Sarà invece analizzato *Air*, brano orchestrale intimamente legato a tutte le arie e reale manifesto della concezione di *voce* in Berio. La peculiare natura dell'argomento ha reso necessario, in un'ottica di complementarietà e verifica, lo studio dei manoscritti beriani, l'analisi orientata delle partiture e l'interpretazione di alcuni dati attraverso un software di calcolo algoritmico[3].

Le arie nei manoscritti

Tra i materiali di «Un re in ascolto» conservati nel Fondo Luciano Berio della Fondazione Paul Sacher di Basilea[4] vi sono i fogli relativi alle linee melodiche delle arie di Prospero, già nella loro versione definitiva (nove fogli pentagrammati della *Alpheus Musica, Hollywood Calif)*. La grafia veloce, alcune isolate mancanze di segni di gruppi irregolari, metrica e metronomi, la presenza di numerose circolettature in corrispondenza di passaggi vocalmente difficili, salti di registro improvvisi, intervalli di delicata intonazione (spesso coincidenti con note estranee a quelle principali polarizzate attorno alle quali si sviluppa la melodia), fanno pensare ad un uso privato di

---

3. In particolare, è stato il software gratuito PWGL, un linguaggio visuale multi-piattaforma programmato nell'ambiente Lispworks e basato su Common Lisp e OpenGL, specializzato nella composizione assistita e nella sintesi sonora (la documentazione e il download gratuito del software sono disponibili all'indirizzo http://www2.siba.fi/PWGL/). Gli algoritmi utilizzati per le analisi sono stati sviluppati all'interno di una borsa di ricerca presso il Dipartimento Ricerca e Sviluppo del Conservatorio della Svizzera italiana di Lugano, negli anni accademici 2010-2012.
4. Desidero ringraziare la Fondazione Paul Sacher di Basilea, Ulrich Mosch e Angela Ida De Benedictis per l'aiuto e la piena disponibilità di studio di tutti i materiali del fondo Luciano Berio utili alla stesura di questo articolo.

questi fogli, ad esempio materiale per le prove con il cantante. In particolare, i nove fogli possono essere suddivisi in tre blocchi:

- quattro fogli numerati da 1 a 4 con una coppia di pentagrammi di cui quello superiore «I» costituisce la linea melodica integrale di *Aria I*, mentre quello inferiore «II» quella di *Aria II* (solo per i primi due fogli).
- tre fogli numerati da 1 a 3 con una coppia di pentagrammi di cui quello superiore «III» costituisce la linea melodica integrale di *Aria III*, mentre quello inferiore «IV» quella di *Aria IV*.
- due fogli numerati da 1 a 2 con la linea melodica integrale di *Aria VI*, (fino alla parola «ombra», pp. 323-328 della partitura).

Per l'approntamento del programma di sala per la ripresa al Teatro alla Scala del 1986, Berio compilò due quadri sinottici: il primo è relativo esclusivamente ad Aria VI; il secondo è dedicato alla arie di e vi Prospero e sono riportate le altezze polarizzate delle linee melodiche (le note scritte fra parentesi, e quelle più piccole, indicano delle deviazioni locali), i relativi valori ritmici distintivi e precise indicazioni di strumentazione.

Esempio 1: Luciano Berio, "Appunti di viaggio per Un re in ascolto", quadro sinottico delle arie compilato da Berio per la pubblicazione del programma di sala in occasione della ripresa di *Un Re in ascolto* al Teatro alla Scala del 1986 (originale presso la FPS-CLB, pubblicato anche in *Un Re in ascolto*, programma di sala, Edizioni Teatro alla Scala 1986, p. 23)

Ulteriore prova della consistenza del *corpus* delle arie considerate è fornita da una linea melodica scritta su tre fogli, in seguito cancellati e riutilizzati sul recto per la versione "preparatoria" di Duo (vedi oltre nel testo), in cui è annotata una lunga sequenza di altezze, poi cancellata, che ricalca localmente ampi passaggi delle linee melodiche di *Aria I, II, III, IV*. Allo stato attuale della ricerca è solo possibile ipotizzare che si tratti di un materiale precompositivo finalizzato alla stesura delle linee melodiche di Prospero. In particolare:

- nel foglio numerato centralmente «2» in alto è riportata circa a metà pagina l'annotazione «selez. di A» come se il processo compositivo di Berio fosse consistito nel generare una sola macro-linea (sul modello di quella che forma *Points on the curve to find...*) dalla quale attribuire alle singole arie determinate sequenze di altezze; questo spiegherebbe inoltre la natura particolarmente consistente delle linee melodiche delle arie, così come sarà analizzata più avanti.
- nel foglio numerato «1» centralmente in alto è riportata l'indicazione «Celli, Trbn, Clb, Fag (x Sax T ?)» che ricalca la strumentazione di *Aria I* (e *aria 5* di *Duo*) e mostra come alcune scelte di orchestrazione fossero delineate in Berio anche in una fase non avanzata dello sviluppo del materiale musicale[5].

Non potendo risalire con certezza all'individuazione di una matrice generativa comune, è necessaria, e quasi richiesta dallo stesso

---

5. È annotato un testo, con l'indicazione «parlato», che non è presente in nessuna delle versioni delle arie e sulla quale origine al momento non è stata trovata risposta: «(amore) amore (taci) amore taci amore taci il verde (e il bianco) amore taci il verde e il bianco (e canta il rosso) amore taci taci il verde e il bianco e canta il rosso e canta il rosso».

Berio[6], un'analisi multiparametrica e comparativa di ciascuna linea melodica.

Analisi delle linee melodiche

Il calcolo delle occorrenze di ogni singola altezza e il grafico della relativa distribuzione registrica, rivela profonde analogie morfologiche fra le linee melodiche delle arie. In particolare le proprietà più rilevanti sono:

- generale insistenza su un registro medio della tessitura baritonale compreso entro circa un'ottava (Re_3-$Do\#_3$).
- La_3 come altezza più ricorrente, nota perno e corda di recita di tutte le arie.
- esistenza di due zone registriche privilegiate: Re_3-Mi_3 e La_3-$Do\#_4$.
- variabilità dell'estensione registrica, veicolo privilegiato della tensione drammatica del testo cantato: *Aria IV* e, specialmente, *Aria VI* sono quelle in cui gli estremi ($Sol\#_2$ e Mi_4/Fa_4) sono toccati più frequentemente.

---

6. «Le melodie nascono spontaneamente nella collettività e nelle poetiche quando tutti i parametri si mettono a 'cantare'», in Luciano BERIO, *Intervista sulla musica*, a cura di Rossan Dalmonte, Bari, Laterza, 2007, p. 87.

Aspetti del pensiero melodico in «Un re in ascolto»

	E2	F2	F#2	G2	G#2	A2	A#2	B2	C3	C#3	D3	D#3	E3	F3	F#3	G3	G#3	A3	A#3	B3	C4	C#4	D4	D#4	E4	F4
Aria I					5					2	29	22	21	2	4	3	3	67	14	20	20	6			1	
Aria II					4	2			2	3	16	27	14	5	1	1		28	13	20	27	7	1	2	3	
Aria III					6	3					24	31	37	7	5	9	5	55	28	13	26	21	2		4	
Aria IV	1				7					1	17	27	15	2	2	4	3	60	17	28	35	14	3	1	7	1
Aria VI					14	1	1	2		1	35	23	17	5	12	14	2	65	41	23	30	22	1	8		7

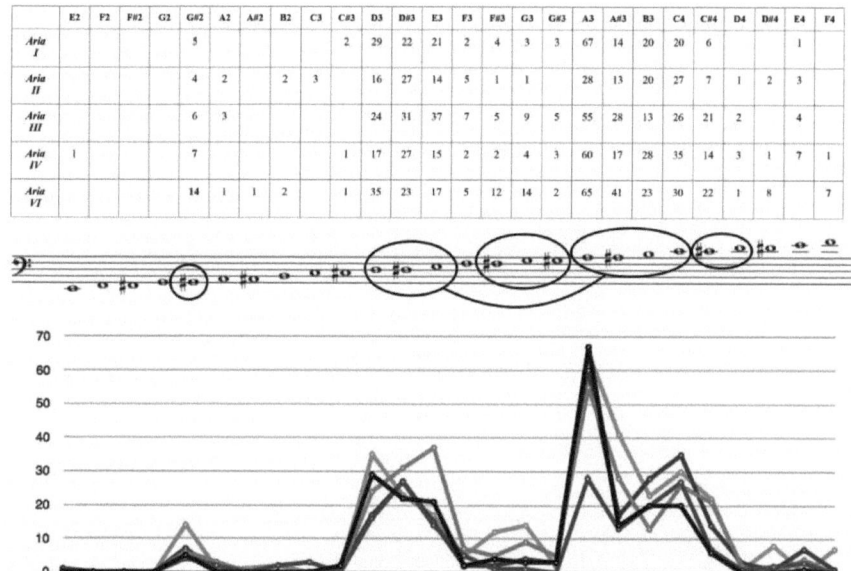

Esempio 2: analisi delle occorrenze delle altezze delle linee melodiche delle arie.

L'analisi intervallare integra tali dati quantitativi rivelando alcuni comportamenti melodici privilegiati:

- l'unisono, tranne in *Aria VI*, è l'intervallo più frequente (a conferma il carattere di corda di recita del La_3) a cui fanno seguito le seconde minori e quelle maggiori, ascendenti e discendenti.

- il tritono caratterizza *Aria I*, *Aria IV* e in misura minore anche *Aria VI*.

- generalmente la melodia si muove per intervalli raramente superiori alla sesta minore; è rara la terza maggiore, così come il salto d'ottava (le note ad una distanza maggiore dell'ottava sono per lo più separate da pause d'articolazione del fraseggio o del testo).

Carlo Ciceri

	-16	-15	-14	-13	-12	-11	-10	-9	-8	-7	-6	-5	-4	-3	-2	-1	0	1	2	3	4	5	6	7	8	9	10	11	12	13	14	16
Aria I								1	1	3	3	6	12	5	2	11	17	25	37	25	26	11	3	4	17	4	2	1	2			
Aria II			2		1			5	2		7	3	4	1	4	13	26	31	25	13	11	2	3	8	3	2	2	2		1		1
Aria III			1					1	3	1	10	8	4	10	17	12	38	51	49	23	11	6	11	13	3			2				1
Aria IV							2	5	6	5	4	11	3	3	9	14	29	40	29	23	7	5	5	13	5	2	5	4		1		
Aria VI	1	1		2				6	5	3	11	17	7	14	10	18	38	43	59	12	11	13	1	25	14	2	1	4	2		3	

Esempio 3: analisi delle occorrenze degli intervalli delle linee melodiche delle arie.

A fronte di una sostanziale unità del materiale, i profili melodici di ciascun'aria presentano sensibili differenze, la cui causa è da cercare, ovviamente, nel nesso che li lega alla drammaturgia del testo. Per usare una terminologia beriana, le linee melodiche delle arie conservano un generale grado medio di tensione sia nella dimensione temporale, caratterizzata da «una distribuzione neutra di valori piuttosto lunghi e di articolazioni piuttosto rapide», sia nella dimensione delle altezze, non spostandosi le note su zone ampie del registro, né su intervalli di maggior tensione, né insistendo su registri estremi, sia, infine, nella dimensione della dinamica, mantenendo, salvo rari momenti, un carattere intimo[7].

---

7. L. BERIO, *Intervista sulla musica*, op. cit., pp. 107-108. È interessante inoltre l'accostamento del pensiero beriano alle caratteristiche della *matrice orale* della melodia formalizzate da Gino Stefani: successioni di suoni (preferibilmente) per grado congiunto e comunque secondo una linea ondulata, occupazione di un registro medio, con un ambito di circa un'ottava, articolazione legata in una velocità (preferibilmente) lenta. STEFANI Gino, *Melody: a popular perspective*, «Popular Music», VI/1 6, Cambridge University Press, 1987, pp. 21-35.

Aspetti del pensiero melodico in «Un re in ascolto»

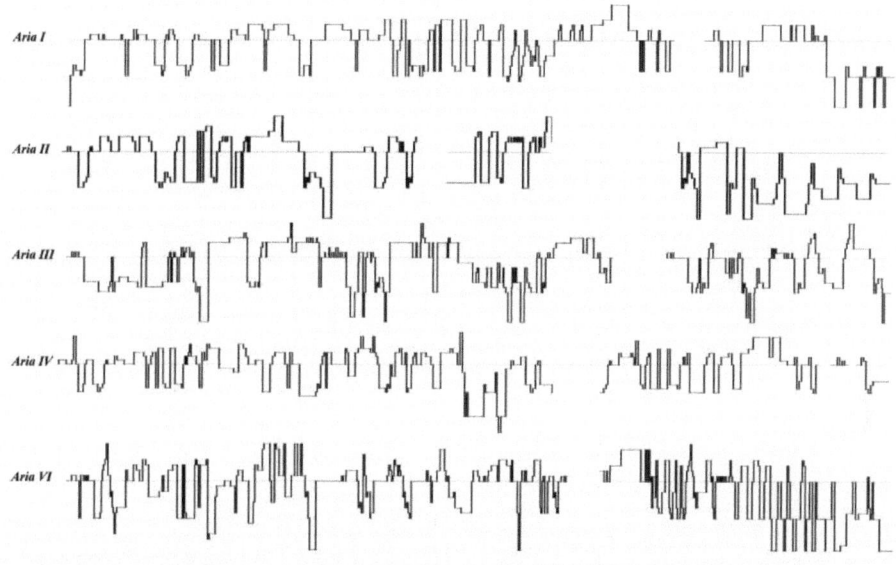

Esempio 4: profili melodici delle arie.

Le proprietà fin qui descritte mostrano da un lato una forte coesione interna di ogni linea melodica, dall'altro una consistenza strutturale trasversale a tutto il *corpus*. Questo è ulteriormente testimoniato dall'analisi del numero di occorrenze delle cellule melodiche più frequenti (i ribattuti su una singola nota non sono presi in considerazione), che evidenzia alcuni insiemi dominanti, trasversali a tutto il corpus. La nota perno La_3, inoltre, è presente in quasi la totalità delle cellule considerate ed in particolare fa parte di quelle formate da quegli intervalli già considerati principali: seconda minore o maggiore e tritono (ascendenti o discendenti).

Esempio 5: tabella dei cinque *patterns* più ricorrenti in ciascuna aria.

Tale tipologia di approccio ed i risultati fin qui ottenuti permettono un'analisi paradigmatica che indaghi il grado di parentela dei profili melodici, quantificando la distanza di edizione di ciascuna linea nei confronti delle altre e misurandone il grado di reciproca dissimilarità. La metodologia adottata si basa sulla libreria *fv-morphologie* scritta da Frédéric Voisin e sviluppata per i software *PWGL* e *OpenMusic*[8]. Il risultato dell'analisi è un grafo che permette di visualizzare la distanza morfologica tra le forme simboliche che lo compongono (in questo caso la sequenza delle altezze delle linee melodiche). Tale rappresentazione permette alcune considerazioni specifiche:

- il *corpus* delle arie presenta un materiale molto consistente (la forma e la grandezza del grafo sono compresse) caratterizzato da un'omogeneità elevata del materiale (i numeri descrivono le distanze morfologiche tra le arie attraverso una quantificazione del numero di altezze differenti).

---

8. La libreria è disponibile in rete all'indirizzo: http://www.fredvoisin.com/spip.php?article113&lang=fr; la documentazione è consultabile all'indirizzo: http://www.fredvoisin.com/spip.php?article114&lang=fr. Per la presentazione della metodologia d'analisi, si rimanda a Frédéric VOISIN, *Dissemblance et espaces compositionells*, in *Actes des Journées d'informatique musicale*, Saint-Etienne 2011, disponibile in rete all'indirizzo: http://jim2011.univ-st-etienne.fr/html/actes/25_41_jim2011_fredvoisin7.pdf.

- *Aria I*, *Aria III*, *Aria IV* hanno fra loro un alto tasso di somiglianza e al contempo evidenziano un forte potere descrittivo del *corpus* (intessono stretti legami a breve raggio fra loro e con *Aria VI* e *Aria II*).
- *Aria I* e *Aria IV* presentano, com'era già apparso dall'analisi dei profili melodici, una somiglianza molto marcata (la loro distanza d'edizione è la più bassa); *Aria II* e *Aria VI* sono quelle che differiscono maggiormente.

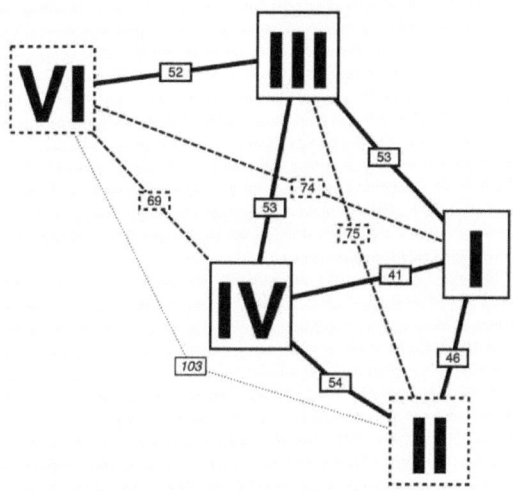

Esempio 6: grafo delle distanze d'edizione delle arie.

Intorno melodico delle linee vocali tra Un re in ascolto e Duo

Le molteplici relazioni tra *Un re in ascolto* e *Duo*, sul piano drammaturgico e su quello più espressamente musicale, sono numerose e non ancora analizzate completamente. Tra queste, quelle che riguardano il *corpus* delle arie sono decisive, in particolar modo per l'approfondimento dello studio delle tecniche compositive beriane di formazione e orchestrazione della melodia. Non permettendo le fonti di determinare con certezza una precisa gerarchia cronologica delle date di composizione, l'analisi si sposta dall'indagine sulla genesi allo studio delle differenze, ritenendo, tuttavia, che ad un grado di elaborazione maggiore del materiale musicale corrisponda uno stadio più avanzato del processo compositivo. All'interno di questa comparazione, saranno considerati inoltre cinque fogli, tra cui i tre precedentemente citati, che riportano una versione di alcune arie nominate 'B', 'C', 'D'. Si tratta della partitura delle arie che Berio scrisse in previsione della registrazione del materiale per la composizione di *Duo* e che, in un secondo tempo, vennero fotocopiate e ritagliate per approntare la partitura definitiva di *Duo*[9].

Lo schema riassuntivo seguente mette a confronto le posizioni delle arie connotate dal medesimo materiale musicale all'interno della drammaturgia delle rispettive opere (l'orchestrazione degli intorni melodici delle singole arie non muta sostanzialmente). Mancando in *Duo* le definizioni per ciascuna sezione, è stata adottata arbitrariamente la dicitura di *aria* per le sezioni che sono cantate dal baritono e che trovano il proprio corrispettivo in *Un re in ascolto*.

versione *preparatoria*	***Duo***[10]	***Un re in ascolto***
D1, D2	*aria 1* (p. 4)	*Aria III*
	aria 2 (p. 9)	*Aria VI*
C2, C3	*aria 3* (p. 19)	*Aria II*
B5	*aria 4* (p. 26)	*Aria IV*
	aria 5 (p. 36)	*Aria I*

---

9. I fogli in questione riportano numerosi segni di direzione ed annotazioni utili a fini esecutivi che ne testimoniano l'uso pratico, come ad esempio circolettature di cambi metrici, entrate di strumenti, raddoppi strumentali della linea vocale. A lato delle indicazioni strumentali sono inoltre riportati dei numeri da 1 a 8, probabilmente annotazioni delle assegnazioni microfoniche, utili in sede di montaggio. Ringrazio Angela Ida De Benedictis e Renata Scognamiglio per le preziose indicazioni e il fertile dialogo a riguardo.
10. Per la numerazione delle pagine si fa riferimento alla partitura fotostatica conservata presso gli Archivi RAI e presso la Musikbibliothek della Hochschule der Künste di Berna.

Aspetti del pensiero melodico in «Un re in ascolto»

I fogli *preparatori* sono stati scritti, dunque, in una successione diversa da quella che troviamo in *Duo*, fatto che può dipendere dalla necessità di Berio di riordinarli in funzione di esigenze drammaturgiche durante il lavoro di montaggio del nastro. L'ulteriore variazione dell'ordine di successione in *Un re in ascolto* (tranne *Aria IV - aria 4*) rivela come il carattere uniforme delle arie, intimo, solitario, riflessivo, non sviluppi una trama o il personaggio di Prospero, ma, al contrario, ne testimoni un'interscambiabilità drammaturgica affermando l'immobilità, la ricerca centripeta ed autodistruttiva di sé al di là di una vita-teatro forse già vissuta, comunque dimenticata, agognata, l'attesa angosciante nel «grande porto del teatro orecchio» di una percezione contemporaneamente presente futura passata e dunque indicibile, inudibile.

La comparazione delle linee melodiche di *Duo* e *Un re in ascolto* mostra come Berio oscilli liberamente tra riproposizione letterale e variazione locale, stabilendo così un campo di esistenza, chiameremo *intorno melodico*, all'interno del quale il canto possa svilupparsi senza perdere le proprie caratteristiche identificative. Lo slittamento del criterio d'identità dal dominio dell'*uguaglianza* a quello della *somiglianza morfologica* avviene attraverso due tecniche compositive principali: *microvariazione ritmico-melodica* ed *espansione della linea melodica*.

Le *microvariazioni ritmico-melodiche*, generalmente determinate dall'interrelazione tra testo e linea melodica, costituiscono la tipologia di variazione più ricorrente nella comparazione tra le stesure. Le differenze di sillabazione del testo possono dipendere da scelte prosodiche (ad esempio valorizzazione di un accento metrico o di una sincope) o retoriche (anticipazione o posticipazione del testo, articolazione sillabica e/o cantillazione su una corda di recita, ripetizione enfatica del testo). Le differenze di altezze sono determinate da inserimenti di note di passaggio tra intervalli ampi, locali tropature del profilo melodico con note appartenenti al campo armonico peculiare di ciascun'aria, ridondanza di brevi cellule melodico-sillabiche a fini espressivi. Le microvariazioni costituiscono dunque una tecnica compositiva funzionale all'espressività del testo cantato e non ne alterano in maniera sostanziale l'intorno melodico.

L'*espansione della linea melodica* di Prospero è anch'essa determinata dalla necessità di rendere musicalmente lo stato emotivo del personaggio; può riguardare raramente solo poche cellule melodico-sillabiche, mentre più spesso interessa intere frasi (evidenziate negli esempi) che, in questo modo, sviluppano musicalmente incisi che in *Duo* sono solo recitati, articolando il passaggio da una *melodia del linguaggio* ad una *melodia musicale*[11].

---

11. Eleonora ROCCONI, *La formazione del concetto di melodia nel mondo greco*, in *Storia dei concetti musicali*, a cura di Gianmario Borio *III: Melodia, Stile, Suono*, Roma, Carocci 2009, p. 32.

Aspetti del pensiero melodico in «Un re in ascolto»

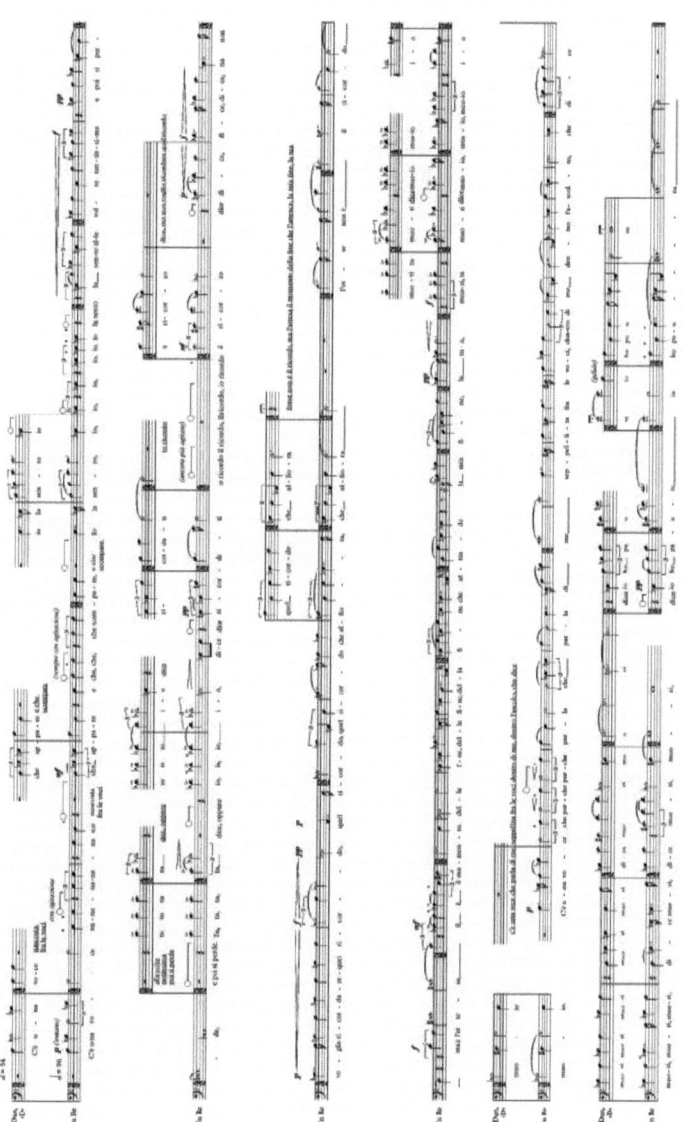

Esempio 7: confronto tra la linea vocale di *aria 1* (uguale a «D») e *Aria III*.

Questa tecnica, adottata estensivamente in *Aria III,* si ritrova anche nelle battute finali di *Aria II* e *Aria IV* (cfr. Esempio 9). In particolare nel foglio *preparatorio* «C3» Berio annota, in corrispondenza del testo recitato, alcune cellule ritmico-melodiche di cui, allo stato attuale della ricerca, è difficile stabilire l'occasione, ovvero se siano state fatte durante le fasi di registrazione di *Duo* oppure se siano degli appunti posteriori e preliminari alla stesura di *Aria II.* Tali modifiche, tuttavia, appaiono contestuali ad una progressiva scrittura e fissazione di dettagli che troveranno in *Un re in ascolto* la loro stesura definitiva.

Aspetti del pensiero melodico in «Un re in ascolto»

Esempio 8: Luciano Berio, *Un re in ascolto*: riproduzione del foglio «C3» (FPS-CLB, particella. Per gentile concessione).

L'espansione della linea melodica, infine, può occasionalmente generare scelte di orchestrazione particolari. Ad esempio, nel primo dei tre momenti individuati di *Aria IV* in cui la melodia è dilatata, il canto è incorniciato tra un intervento improvviso degli archi, legni e tastiera e successivamente del flauto e clarinetto: il *sustain* della tastiera e dei trilli (in particolare quelli di viole e violoncelli), possibile rimando al «fiume che scorre», 'annegano' Prospero nella sonorità orchestrale.

Aspetti del pensiero melodico in «Un re in ascolto»

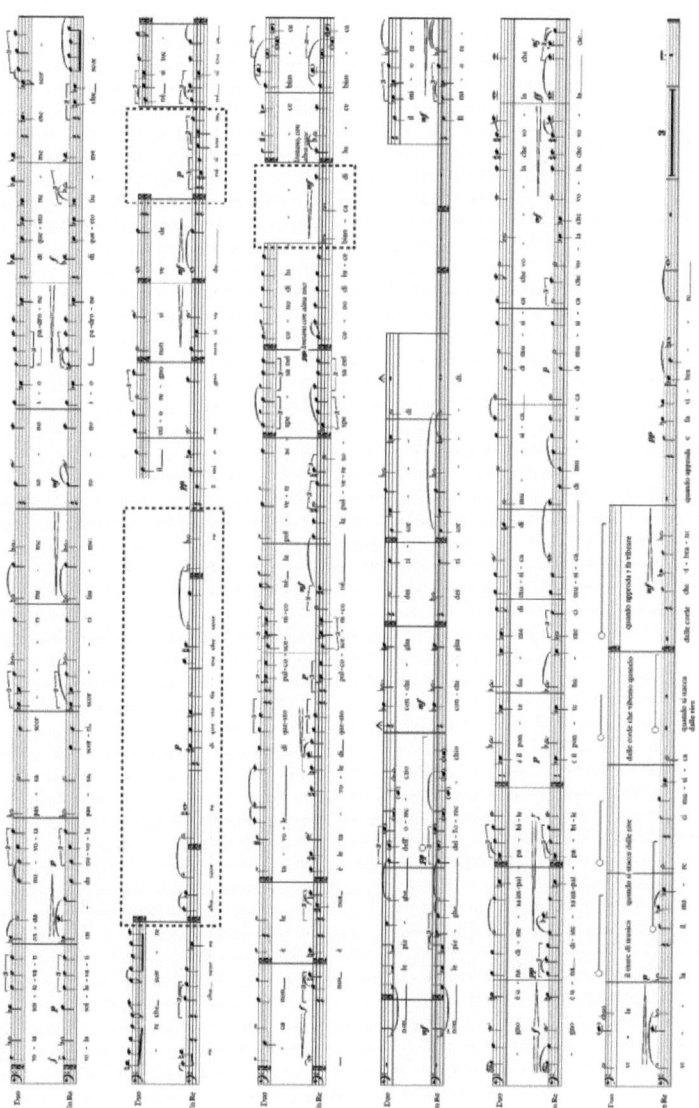

Esempio 9: confronto tra la linea vocale di *aria 4* e *Aria IV*.

Esempio 10: *Aria IV*, orchestrazione della prima espansione della linea melodica (Universal Edition A.G., Wien/UE 33221, pp. 265, 266; per gentile concessione).

In concomitanza con la seconda dilatazione, l'orchestrazione muta improvvisamente e la melodia viene messa in risonanza progressivamente dagli archi e quindi dai clarinetti (p. 266 della partitura, numero 41). All'inizio del passaggio, i contrabbassi, i violoncelli ed i violini II anticipano le entrate delle note della melodia, le viole la posticipano, i clarinetti ed violini I, infine, sono sincroni. Le viole ed i violoncelli, inoltre, si emancipano dal ruolo di semplice *sustain* fino a proporre una melodia dall'atteggiamento eterofonico abbastanza articolato che prelude all'entrata accordale degli altri strumenti (cfr. Esempio 16).

Intorno timbrico delle linee vocali

Dal punto di vista dell'orchestrazione, due sono gli argomenti principali che si riscontrano in tutte le arie e che ne rendono consistente l'intero *corpus*: l'intorno timbrico, ovvero l'individuazione delle tecniche di scrittura e dei ruoli che riguardano gli strumenti che condividono con la voce il medesimo intorno melodico, e la relazione tra voce ed orchestra. Nel foglio riprodotto nell'Esempio 1 è segnata per ciascun'aria la rispettiva strumentazione, di cui si riporta, così come appare in partitura, quella relativa all'intorno timbrico della linea vocale:

- *Aria I*: clarinetto basso, sax tenore, fagotto, corno, trombone, violoncelli, contrabbassi.
- *Aria II*: 3 clarinetti, sax tenore, 3 corni, 3 trombe, 3 tromboni, tuba.
- *Aria III*: archi soli.
- *Aria IV*: 2 flauti, clarinetto, clarinetto basso, tastiera e archi.
- *Aria VI*: tutta l'orchestra.

L'intorno timbrico melodico più omogeneo è quello di *Aria III* ed è anche quello meno elaborato, non dialettico nei confronti della voce: gli strumenti che lo sviluppano, gli archi, si limitano infatti a mettere in risonanza le note del canto attraverso locali relazioni eterofoniche, raddoppi, anticipazioni, posticipazioni e prolungamenti. L'orchestra (considerando anche la tastiera) svolge un ruolo di sfondo, ottenuto con una dinamica generale *pianissimo*, l'uso della sordina negli archi e una generale staticità delle linee strumentali, ed articolato attraverso un timbro mobile derivante da frequenti spostamenti degli archi *al ponticello*, da quasi impercettibili cambi dinamici e da trilli; in questo senso, la locale ottavazione dei contrabbassi può essere letta come una messa in prospettiva registrica dell'intorno. Il grafico delle linee che compartecipano all'intorno timbrico descrive un intorno melodico ben delineato e riconoscibile[12], la cui analogia visiva con gli studi topologici di *linee* di Vasilij Kandinskij e Paul Klee costituisce ben più di una suggestione[13].

---

12. Nei grafici la linea della voce è in grassetto.
13. Per un approfondimento si rimanda a: Luciano BERIO, *Disegnomusica*, in *Scritti sulla musica*, a cura di A.I. De Benedictis, Torino, Einaudi, 2003, pp. 165-166

Esempio 11: *Aria III*, intorno timbrico, bb. 1-11.

(commento al testo a pp. 515-16). Angela CARONE, *Forma e formazioni nella musica strumentale di Luciano Berio*, Tesi di Dottorato in Musicologia e Scienze Filologiche, Università degli Studi di Pavia, a.a. 2007/2008, pp. 46-50; C. CICERI, *L'eterofonia nella musica di Luciano Berio*, op. cit., pp. 38-47; Luciano BERIO, *Intervista sulla musica*, op. cit., p. 27.

Aspetti del pensiero melodico in «Un re in ascolto»

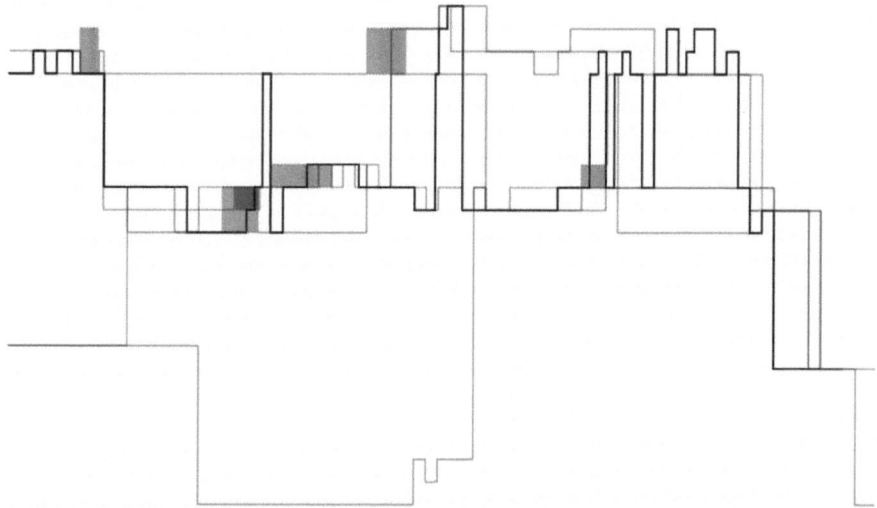

Esempio 12: *Aria III*, grafico dell'intorno timbrico, bb. 1-11.

In *Aria I* la necessità di uniformare l'intero tessuto orchestrale, e piegarlo alle condizioni prospettiche che la presenza della voce impone, porta a soluzioni simili ad *Aria III*: gli strumenti sono scritti con un'escursione dinamica limitata, gli archi suonano con la sordina così come il trombone, che usa la sordina *plunger*, alternativamente aperta e chiusa, per variare il timbro. Gli strumenti espongono incisi melodici più elaborati (in particolar modo il fagotto e il clarinetto basso, a cui si aggiungono il trombone e il sax tenore) ed intessono con la voce relazioni melodiche complesse e frammentarie, articolando in maniera libera eterofonie più o meno reali, saltuari anticipazioni e posticipazioni, raddoppi con funzione di *sustain*. L'orchestra non è dunque solo un'ampia cassa di risonanza del canto, del quale varia di volta in volta alcune cellule, le mette in risonanza, ne confonde il profilo, ma, attraverso le rare ma pur presenti anticipazioni, ha anche un ruolo attivo, non subordinato, consapevole delle possibilità che l'intorno melodico principale può sviluppare.

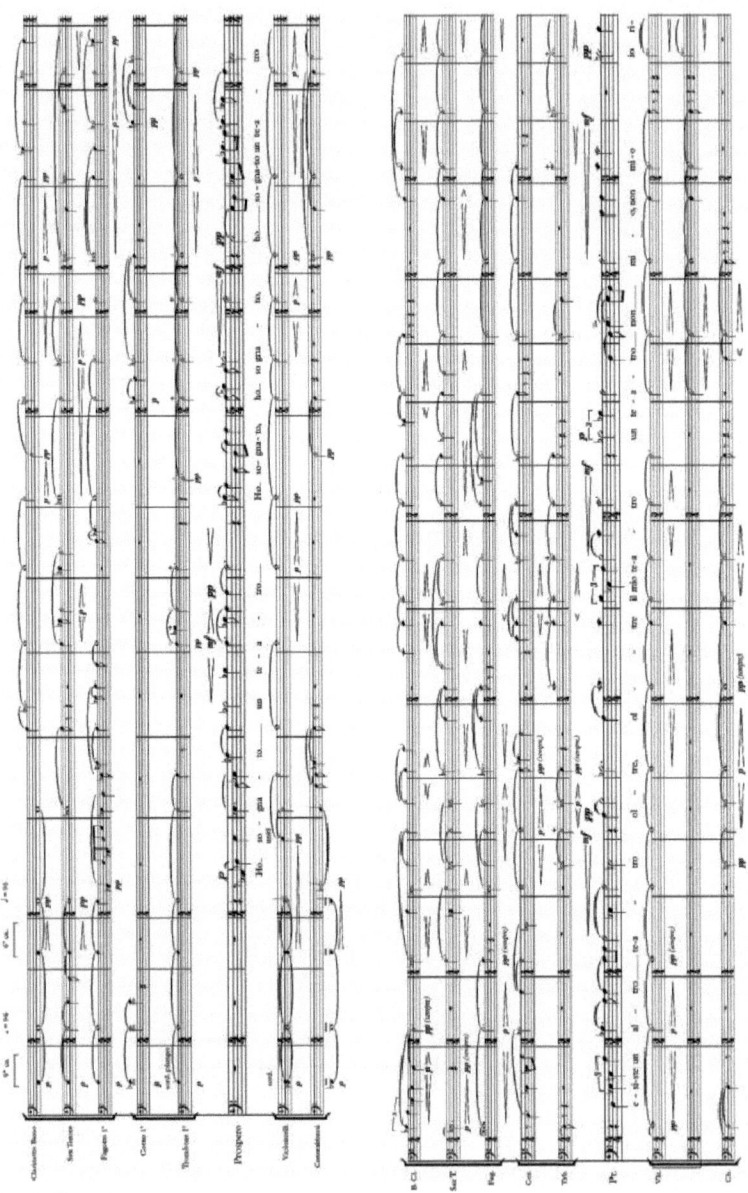

Esempio 13: *Aria I*, intorno timbrico, bb. 1-30.

Aspetti del pensiero melodico in «Un re in ascolto»

In *Aria IV* il rapporto tra la voce e gli strumenti, come testimonia l'analisi della relazione privilegiata tra Prospero e il clarinetto basso, si fa più complesso. Se da un lato le attribuzioni dinamiche stabiliscono un rapporto che, per la maggior parte del tempo, rende il clarinetto basso *obbligato* nei confronti della voce, dall'altro tale rapporto è reso più dialettico dall'uso delle seguenti tecniche compositive: scrittura eterofonica tra le parti ottenuta attraverso numerose reciproche anticipazioni e posticipazione delle altezze; locali prolungamenti del clarinetto basso di note del canto, con funzione di *sustain* (distinti, nell'esempio, da un riquadro tratteggiato); articolazione di incisi parzialmente autonomi (riquadro a linea continua).

Esempio 14: *Aria IV*, relazione eterofonica tra Prospero e il clarinetto basso.

Aspetti del pensiero melodico in «Un re in ascolto»

Esempio 15: *Aria IV*, grafico della relazione eterofonica tra Prospero e il clarinetto basso.

Il dialogo tra Prospero ed il clarinetto basso è inserito all'interno di un'orchestrazione nella quale altri strumenti sviluppano relazioni melodiche precise. Considerando le prime battute di *Aria IV*, l'intorno melodico di Prospero e del clarinetto basso è condiviso dai violoncelli (all'inizio la *prima metà*, poi *tutti*) e tocca saltuariamente nel registro acuto lo stesso intorno riproposto dalla prima metà dei violini II e dal clarinetto I (che si emancipa a partire dall'ottava battuta), con minime variazioni all'ottava superiore; il contrabbasso, infine, sostiene all'ottava inferiore prima la nota perno La3, poi l'intorno melodico del clarinetto basso e dei violoncelli. La voce è dunque posta in primo piano non solo per la dinamica più sonora, ma perché il suo intorno melodico, e le parti che lo condividono, si muove in un ambito non saturo di altri strumenti.

Esempio 16: *Aria IV*, ottavazione dell'intorno melodico, bb. 2-12.

Esempio 17: *Aria IV*, grafico dell'ottavazione dell'intorno melodico, bb. 2-12.

Aspetti del pensiero melodico in «Un re in ascolto»

Questo accorgimento tecnico emerge anche all'analisi della totalità delle linee strumentali dell'orchestra, che si muovono in maniera parallela, quasi come un *harmonizer*, occupando uno spazio registrico esteso.

Esempio 18: *Aria IV*, linee strumentali parallele, bb. 2-8.

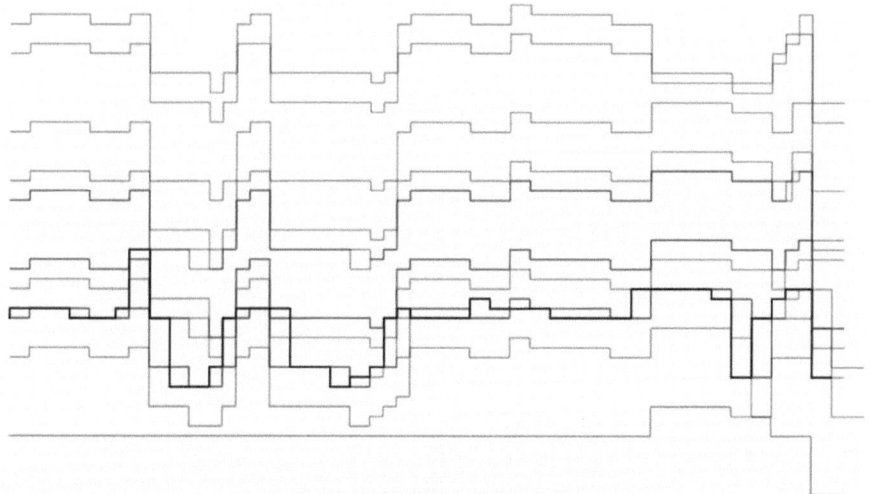

Esempio 19: *Aria IV*, grafico delle linee orchestrali, bb. 2-8.

In *Aria II* la complessificazione delle possibilità di relazione tra voce e strumento permette a quest'ultimo di potersi rendere quasi completamente autonomo, sviluppando drammaturgicamente un ruolo che non solo dialoghi ma approfondisca il personaggio Prospero. Il sax tenore, che nell'*aria 3* di *Duo* è ancora relegato a strumento obbligato, nel finale di *Aria II* articola infatti frasi sempre più elaborate e dialetticamente autonome da quelle di Prospero, passando da strumento 'accompagnatore' a voce comprimaria, capace di interagire in maniera dialettica sia con la voce sia con altri strumenti (ad esempio i corni). Il suo suono è dunque quello della voce stessa di Prospero che torna da dove era partito («qui tornano i suoni partiti da qui»), è il medium musicale grazie a cui è possibile percepire la contemporaneità dell'emettere e dell'ascoltare («i suoni con in più l'ascolto dei suoni»), il ritorno del suono nell'«orecchio teatro».

Aspetti del pensiero melodico in «Un re in ascolto»

Esempio 20: *Aria II*, emancipazione del sax tenore da *Duo* a *Un re in ascolto*.

Di conseguenza, l'orchestrazione di *Aria II* non articola più un rapporto univoco voce-strumenti, come in *Duo*, ma una relazione interdipendente tra voce, sax tenore e orchestra in cui il basso tuba ed i tromboni mettono in risonanza alcune note della linea vocale e muovono lo sfondo attraverso microvariazioni timbriche ottenute grazie alla sordina *plunger*, mentre i tre corni con sordina sviluppano una linea molto elaborata che raccorda la linea vocale e il sax tenore.

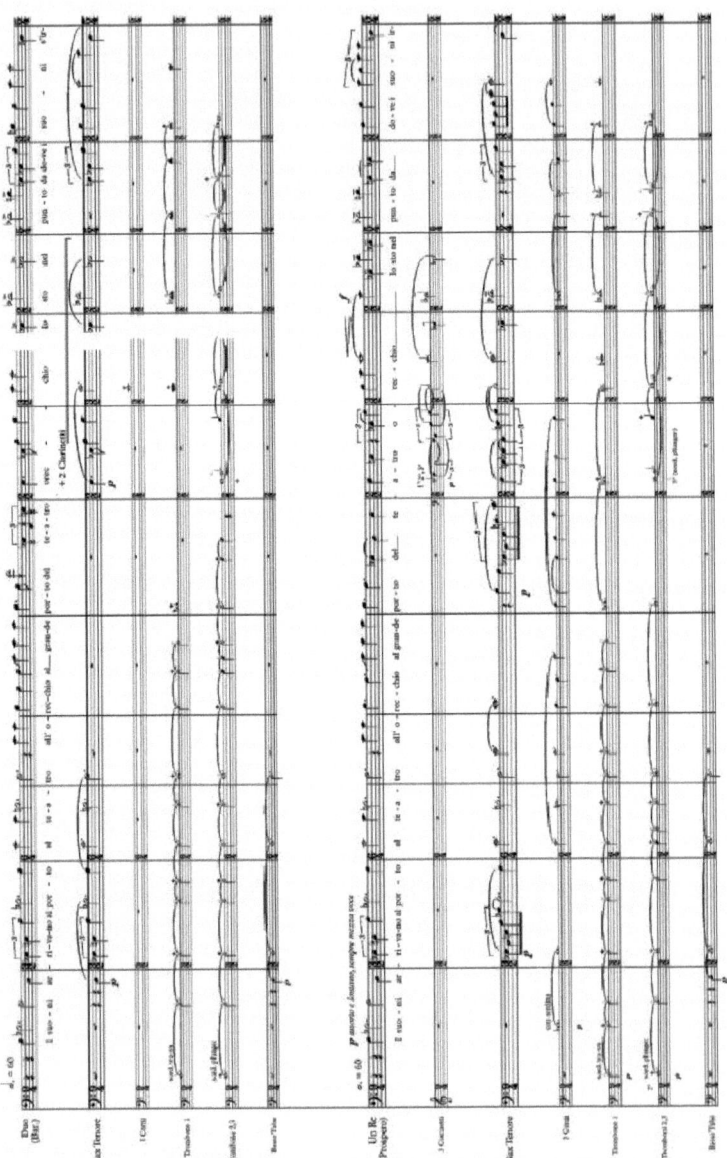

Esempio 21: *Aria II*, intorno timbrico in *Duo* e in *Un re in ascolto*, bb. 1-12.

Aspetti del pensiero melodico in «Un re in ascolto»

In *Aria VI* questa interdipendenza tra linee strumentali e voce, ottenuta attraverso le ormai consuete tecniche di variazione melodica (eterofonie più o meno parziali, raddoppi, *sustain*, linee parzialmente indipendenti che condividono l'intorno melodico) è totale e il processo di *personificazione strumentale* esplicito: l'intera orchestra articola una densità strumentale scritta attraverso frasi autonome estese che si emancipano fin quasi a sostituirsi al canto di Prospero, *strumento tra strumenti*, «voce nascosta fra le voci».

Air
La personificazione strumentale è l'argomento principale di *Air*, ed in particolare della parte aggiunta in occasione della prima rappresentazione italiana al Teatro alla Scala[14], (corrispondente alle pp. 246-254 della partitura, da 3 battute prima di 30A fino alla fine). L'organizzazione del materiale è riportata in una particella di quattro fogli relativa alle pp. 248-254 della partitura, (da 3 battute prima di [30B] alla fine), e mette in luce i ruoli orchestrali principali[15]:

- sfondo accordale eteroritmico discendente (presente solo all'inizio del passaggio).
- cellula acuta Do-Mib affidata a violini, tastiera, flauti, ottavino (e a volte oboe).
- scale ascendenti e discendenti, assegnate con libertà a famiglie diverse di strumenti (distinti, negli esempi, da un riquadro tratteggiato).

---

14. Su questo punto si rimanda all'articolo di Renata SCOGNAMIGLIO, *Sulle tracce di «un altro teatro»:* Un re in ascolto *di Luciano Berio. Introduzione critica e documentaria,* all'interno del presente volume, pp. 5-51.
15. Alcuni ruoli provengono dalle battute precedenti (da tre battute prima di 30A a tre battute prima di 30B), di cui la particella 34-026 riporta, su tre pentagrammi, un'organizzazione molto simile dei materiali (elementi melodici, gesti e campi armonici).

- orchestrazione del palinsesto di materiale derivante da *Duett,* brano per due violini che avrebbe dovuto comparire in un secondo volume di duetti mai pubblicato (la cui partitura è custodita presso la FPS-CLB), utilizzato estensivamente in *Duo* e già presente in *Aria I* (riquadro punteggiato).
- esposizione dei temi delle arie di Prospero intrecciati in contrappunto libero e attraverso delle note in comune, considerati a volte solo nelle relative teste, altre volte sviluppati per più misure, sottoposti, infine, a processi di microvariazione melodico-ritmica (ribattuti eteroritmici, *sustain,* espansione attraverso la ripetizione di brevi incisi). Il tema principale è quello di *Aria I,* che viene esposto quattro volte e che assume il ruolo di *trait d'union* tra gli altri temi (nell'Esempio 23, distinti da un riquadro a linea continua).

Aspetti del pensiero melodico in «Un re in ascolto»

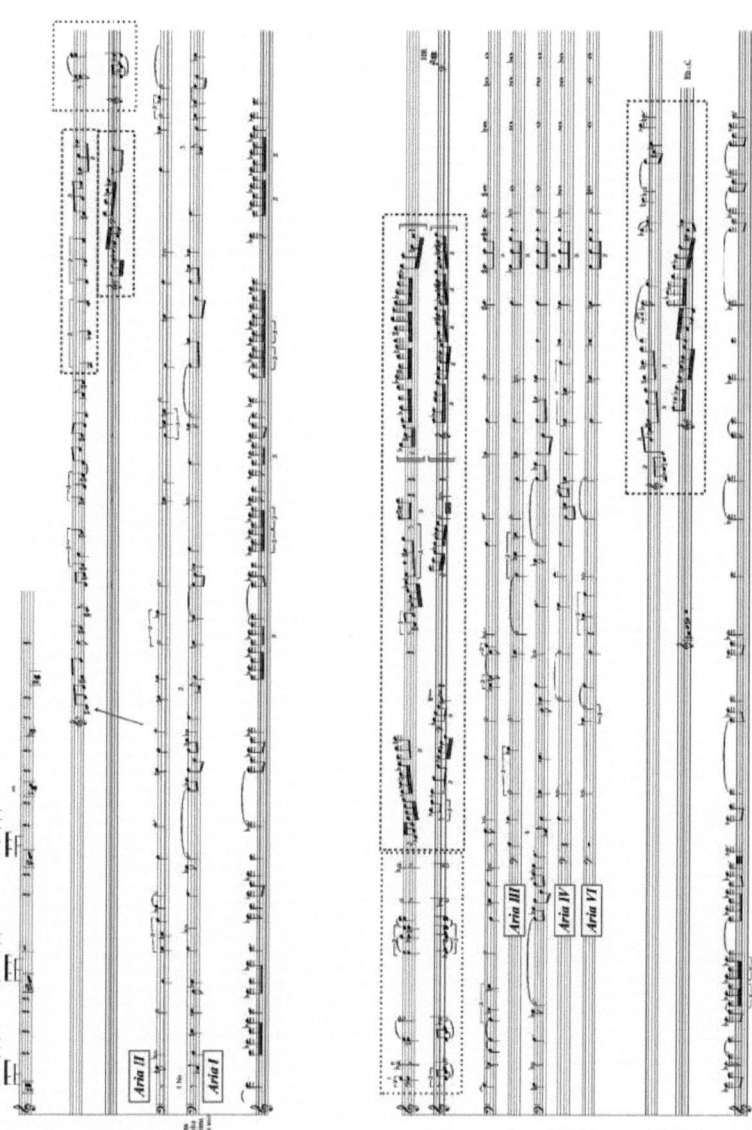

Esempio 22: trascrizione della particella presente nei materiali di *Un re in ascolto* (FPS-CLB, per gentile concessione).

Berio fa esplodere la voce di Prospero affidando i temi delle arie all'orchestra, che diffraziona le linee melodiche in incisi di diversa lunghezza, cellule locali, note ribattute, note tenute con funzione di *sustain*; la consistenza del *corpus* delle arie permette un utilizzo duttile del materiale melodico che ne fa emergere l'auto-similarità delle proprietà costitutive. La strumentazione dei temi delle arie è affidata, accanto ad interventi del corno inglese, del basso tuba, delle viole e dei contrabbassi, principalmente al clarinetto basso, al sax tenore, al trombone ed ai violoncelli. Questi sono gli strumenti (insieme al fagotto) che articolano anche l'intorno timbrico melodico di *Aria I* e di *Stanze*, e tentano una compenetrazione tra l'essere-voce e l'essere-strumento che con-fonda la pronunciazione e che accompagni e sostenga il cammino del baritono, voce in Berio quasi autobiografica, fino a, inevitabilmente, sostituirlo, perché la sua voce possa continuare a risuonare[16].

Air è, dunque, *summa* delle arie e contemporaneamente «commiato»[17], perché Prospero la abita *in absentia*, ovvero solamente attraverso ciò che di lui abbiamo udito (*Aria I, II, III*) e udiremo (*Aria IV, VI*). La posizione drammaturgica stessa che assume *Air* all'interno dell'opera rivela, quindi, il cortocircuito temporale proprio di Prospero, il «ricordo al futuro»: *Air* non parla di Prospero, ma *è* Prospero.

---

16. «Vale la pena notare come le prime espressioni atte a concettualizzare l'idea di melodia [...] si trovino in effetti proprio in alcuni passi poetici che descrivono l'andamento sonoro attraverso questa immagine della 'via'.[...] Tale immagine [...] pare aver giocato un ruolo assai importante, considerata la sua persistenza, nella formulazione del concetto di melodia», in E. ROCCONI, *La formazione del concetto di melodia nel mondo greco, op. cit.*, p. 34.
17. Laura COSSO, *"Un re in ascolto": Berio, Calvino e gli altri* in AA. VV., *Berio*, a cura di E. Restagno, Torino, Edt 1995, p. 128.

Aspetti del pensiero melodico in «Un re in ascolto»

Esempio 23, *Air*, individuazione dei ruoli orchestrali (Universal Edition A.G., Wien/UE 33221, p. 251; per gentile concessione

TOMMASO POMILIO

Scrittura dell'ascolto: Calvino in Berio

Il paradigma, il complesso e tumultuoso, autodecostruente intreccio iper-autoriale – su cui si fonda il testo verbale di *Un re in ascolto* e la sua stessa costruzione, – così come l'arco cronologico, su cui esso si compie, è, qui ormai, materia ben nota. Ricapitoliamo, per ora assai sommariamente (omettendo passaggi intermedi). Dal '77, quando Italo Calvino, impressionato dalla lettura delle pagine di Roland Barthes sulla nozione di ascolto (firmate con Roland Havas, per l'Enciclopedia Einaudi)[1], ne propone la suggestione a Luciano Berio, da cui era stato intanto convocato per quel progetto di riscrittura/decostruzione del *Trovatore* e degli statuti del melodramma, che vedrà la luce solo nell'82 come *La vera storia* (per il progetto, il compositore si era già rivolto a Sanguineti, poi ritraendosi); poi all'agosto dello stesso anno, quando il compositore, recatosi a Salisburgo, riceve commissione per un' 'opera' da rappresentare al Festspiele; al successivo autunno, con la stesura del soggetto; al '79 (la prima parte dell'anno, verosimilmente), quando lo scrittore proverà a sviluppare il soggetto in un primo libretto, in tre atti, cui già è assegnato il titolo che sarà definitivo; quindi, a partire dall'anno successivo, fino alla totale riformulazione del soggetto e, progressivamente, alla radicale decostruzione del progetto iniziale, col

---

1. Roland BARTHES – Roland HAVAS, *Ascolto*, poi incluso in R. BARTHES, *L'ovvio e l'ottuso. Saggi critici III*, trad. di Carmine Benincasa et al., Torino, Einaudi 2001, pp. 237-251.

disegnarsi, nell'80, di un trattamento rutilante e multiplanare[2], destinato a seguire ormai non più la paranoia verosimile di un re-usurpatore prigioniero del suo «palazzo-orecchio», imbrigliato nelle maglie di congiure che sono presupposto e conseguenza del suo medesimo esercizio del potere (o forse i fantasmi stessi dell'essere, nella prigionia d'un «mondo che non *gli* appartiene, che forse non esiste»), ma invece, i labirintici circuiti mentali di un «padrone della musica», un direttore di teatro d'opera «in preda a un'angosciosa crisi interiore», perduto nel suo proprio «labirinto» (tema questo topicamente calviniano, come è noto). In parallelo, il trattamento dell'80 vede lo sviluppo di altri due livelli (accolti in parte nel lavoro finale): quello in cui seguiamo un'opera (tradizionale) non dal punto di vista della platea ma dalla prospettiva del palcoscenico, e infine quello relativo al *backstage*, il lavoro materiale durante l'esecuzione dell'opera, tra le quinte e il retro del fondale.

Azzerato il primo soggetto e di conseguenza il primo libretto, la sola struttura del trattamento dell'80 resisterà nel risultato finale – il testo o canovaccio geniale, che serà ancora, nominalmente, a firma da Calvino, ma in realtà pastiche integralmente ascrivibile alla volontà di Berio (nel frattempo, come sappiamo, era caduta la testa di un altro candidato 'librettista', Wolfgang Fleischer): frutto di ulteriori riadattamenti e 'caoticizzazioni', rispetto all'idea di (ri)partenza (quella del trattamento dell'80 appunto), e arricchito per l'inserzione di riverberi shakespeariani (nel direttore di teatro andrà a cortocircuitarsi, crepuscolarizzato, il Prospero della *Tempesta* o ancor meglio del finale della *Tempesta*, mediato da suoi riscrittori – Auden e Gotter segnatamente) così come di schegge che riportano, quasi in circolo, situazioni ed energie di lavori immediatamente passati (da *Opera*, o da *La vera storia*).

---

2. Italo CALVINO, *Per* Un re in ascolto *di Berio: Trattamento 1980*, in Id., *Romanzi e racconti*, ed. diretta da C.MILANINI, vol.III, *Racconti sparsi e altri scritti d'invenzione*, a c. di M.BARENGHI – B.FALCETTO, intr.. C.MILANINI, Milano, Mondadori 1994, pp.755-757. Dallo scritto sono tratte le brevi citazioni che seguono.

Scrittura dell'ascolto: Calvino in Berio

Nel testo verbale conclusivo, confluiranno materiali elaborati da Calvino in vista di uno sviluppo del trattamento progettato nell'80, in particolare quelle «arie» che verranno infine intitolate a Prospero, in realtà già utilizzate da Berio nel «teatro immaginario» di *Duo*, per baritono, due violini, coro e orchestra, in onda su Rai Radiouno nel settembre dell'82, nell'ambito del XXIV Premio Italia: ove è in scena, in a-solo, l'impresario del Trattamento dell'80, dialogante con se stesso («con le voci del suo passato e con la coscienza della sua fine imminente», leggiamo nella *Nota dell'autore*)[3], a «sognare un suo teatro [...] chiuso nello spazio irreale dei suoi ricordi»: mentre, a duettare concretamente, od oniricamente, sono i violini; i vari passaggi, dal trattamento a *Duo* e poi al testo finale, implicheranno ulteriori smembramenti, prima nella ridisposizione delle varie «arie» calviniane in *Duo* e quindi nella loro distribuzione nella logica del testo dell'84.

Non troverà invece posto nel 'libretto' definitivo il bizzarro *Coro di congiurati da un libretto d'opera* (che Calvino aveva pubblicato nel giugno dell'81 su «Il Caffè»), ancora memore dei temi del primo, ripudiato (da Berio) libretto del '79, ma ormai proiettato sul progetto attuale: al punto che il «libretto d'opera» enunciato nel titolo, non è più, certo, quello del primo *Re in ascolto*, ma piuttosto quello dell'ipotetica opera «tradizionale» messa in scena dall'impresario del trattamento dell'80... (o dovremo forse immaginare una sovrapposizione fra l'opera mancata del primo libretto, e l'ipotetica 'opera tradizionale' citata nel trattamento dell'80? del resto, il *Coro* si pone in linea di continuità, o contiguità, anche col lavorìo sui/dei tòpoi, svolto ne *La vera storia*). È un testo, questo, filastroccante ai limiti del puro gioco verbale, fitto di bisticci e calembours, che può riportarci da un lato ai toni del primo, pop anziché no testo per Berio

---

3. La nota beriana per *Duo*, in occasione del Premio Italia (in cui il musicista parla, peraltro, di "teatro virtuale"), è riportata fra l'altro da Claudio VARESE, *Calvino librettista e scrittore in versi*, in Luigi BALDACCI [et al.], *Italo Calvino. Atti del Convegno internazionale (Firenze, Palazzo Medici-Riccardi, 26-28 febbraio 1987)*, Milano, Garzanti 1988, pp. 349-368 (la citazione è alla p. 360 del saggio).

(*Allez-hop*, del lontano '59), così come a un nonsensical intimamente combinatorio, in un arco teso fra Carroll e Queneau, ma con un sorprendente quasi-montalismo in explicit («L'ombra zebra la brina di settembre», con memoria, di certo non involontaria, della «prima belletta di Novembre»)[4]: omaggio forse, o sberleffo?, al più grande librettista mancato della nostra letteratura, o forse indizio lasciato a bella posta a illuminare il coro d'una luce polifonica e pur centralmente novecentesca di *mottetto*.

Benché promettentissimo, negletto dové restare, peraltro, un secondo progetto di trattamento, stilato dallo scrittore in un 'trattamento-riassunto' in tre pagine dattiloscritte a data 6 agosto 1981 (omettevo di citarlo, qui in apertura, perché scivolato via dalla materia dell'*azione musicale* senza lasciare ahimé la più pallida traccia)[5]: qui il protagonista è un uomo che non riesce a parlare con una donna incontrata lungo la strada, isolata com'è, questa, dalle sue cuffie di walkman; che è gadget, ricordiamolo, dalla Sony introdotto giusto nel '79, al tempo della stesura del primo 'libretto'. E non sarebbe troppo azzardato, ma solo ulteriormente labirintico, ipotizzare in questa diavoleria della casa giapponese, che fu vera e propria rivoluzione tecnologica della scena dell'ascolto e in ciò che ne deriva (nel regime d'una metamorfosi e persino 'finzionalizzazione' della realtà esterna, ridisegnata in toto da una colonna sonora interminabilmente pulsata dalgi auricolari... il ridisegnarsi, elettrificarsi, per l'ascoltatore, in *set* – mobile, continuo, interminabile – dei neutri scenari dell'esperienza

---

[4]. Mi riferisco naturalmente al verso con cui si chiude *Non recidere, forbice, quel volto*, il più fatidico forse dei *Mottetti* di Eugenio Montale, sezione-chiave de *Le occasioni* (1939). Ma non è certo l'unico omaggio al grande corregionale, nella materia del *Re in ascolto*; un riferimento assai trasparente (stavolta a uno dei più fatidici componimenti degli *Ossi di seppia*, 1925 – *Forse un mattino andando*) si trova all'atto secondo del libretto originale del 79, per la precisione nel *Coro di ribelli*: «Forse un mattino livido / vedrà gli ultimi incendi» (in Italo CALVINO, *Romanzi e racconti*, vol.III, *op. cit.*, p. 742).
[5]. V. la nota di Cesare MILANINI per i *Materiali per «Un re in ascolto»* di Berio, nei *Romanzi e racconti* calviniani, edizione da lui diretta per i Meridiani Mondadori: vol. III, *op.cit.*, pp. 1292-1295.

quotidiana, quasi un infinito piano-sequenza mentale... l'accesso quindi a una qualità, assordata e risonante, di solipsismo di massa, che è poi la chiave prescelta da Calvino per quel trattamento abortito... ecc.), una fonte di quell'invenzione del «palazzo-orecchio», alla base del primo libretto («il palazzo del re è una conchiglia all'orecchio in cui i silenzi si dilatano e gli echi si avvolgono a spirale»), e del suono, o voce, che risuona «per ponti e vicoli e cortili[6]».

*

Come pare evidente ormai *drammaticamente* (uso un'espressione di Berio – che virgoletta, spingendo su una valenza, piuttosto, drammaturgica, intrinseca all'avverbio)[7], la costruzione del testo verbale si presenta quale un corpo a corpo titanico, agonico e scintillante di effetti speciali, fra due entità autoriali, due stregoni dei linguaggi (il materializzarsi della figura di Prospero nemmeno in

---

6. Le citazioni sono tratte dal libretto originale (1979) di *Un re in ascolto*, in I. CALVINO, *Romanzi e racconti*, vol.III, *op.cit.*, pp. 730-754 (rispettivamente, alle pp. 738 e 744). Rimando volentieri al bell'intervento di Robert Adlington nel corso della giornata di studio presso la Fondazione Cini (qui raccolto), specie nel punto in cui questi si riportava a *The Fall of Public Man* di Richard Sennett, saggio pubblicato dalla newyorkese Knopf giusto nel 1977 (anno peraltro topico per il nostro Ascolto – all'indomani della focalizzazione barthesiana – e anno, poi, dell'invenzione dello «stereobelt», immediato antesignano del walkman), nella considerazione dell'ascoltatore, sorta di 'spettatore interiore', teso a isolarsi dalle forze disintegrative del circostante (e del silenzio di lui, quale forma di difesa dall'esperienza di relazioni sociali, e dalla sua stessa, profonda insicurezza).
7. Mi riferisco a un passo (che citeremo meglio più avanti), dell'86, poi pubblicato nell'88, in cui il compositore parlerà delle ragioni della «mancata convergenza finale» con gli intenti dello scrittore. Si tratta della memoria da Berio resa al Convegno sullo scrittore che si tenne a Sanremo il 28-29 novembre dell'86, a un anno dalla sua scomparsa, e pubblicata poi ben tre volte nel corso dell'88, in prima battuta, su «l'Unità» del 12 gennaio 1988 col titolo *Le note invisibili*, poi, col titolo *La musicalità di Calvino*, in «il verri», ottava serie, n.5-6, marzo giugno 1988, pp.9-12; in Giorgio BERTONE (a c. di), *Italo Calvino. La letteratura, la scienza, la città. Atti del Convegno nazionale di studi di Sanremo*, Genova, Marietti 1988, pp.115-117. Il testo è incluso ora in Luciano BERIO, *Scritti sulla musica*, a c. di A.I. De Benedictis, intr. G. Pestelli, Torino, Einaudi, 2013, pp. 328-331.

questo è casuale) animati da negromanzie, certo divergentissime, a soddisfare una propria aspirazione alla totalità la quale si dà analoga e insieme, forse, opposta e incompatibile a quella dell'altro. Se parallela e ad intensità altissima si svolge la ricerca sulle forme e i sensi (eventualmente, i *cinque sensi*) dell'espressione, tesa all'attingimento di un assoluto-testuale – e magari metatestuale se poi soprattutto avviene, in entrambi i casi, per via di prassi tendenzialmente «traduttorie», a scostare le pieghe dei testi e del proprio testo, – profondamente sembra divergere il livello, lo strato (direi, per suggestione geologica e speleologica) in cui l'uno e l'altro artista s'inoltra a operare il sondaggio suo proprio. Pur incrociandosi negli snodi del progetto in cui si finalizzano, i percorsi si discostano a fondo: e assai meno, forse, in ragione dei principii che sovrintendono ai due specifici ambiti espressivi, che per il differente grado di coinvolgimento entro la materia espressiva[8]; e potremmo dire che, dalla parte dello scrittore (di colui che opera nella lingua) agisce una resistenza a depotenziare il *logos* onde favorire l'erompere anche *insensato*, alogico (o alter-logico), del *melos*,

Certo è che per Berio, a differenza di Calvino, ciò che conta è la «polifonia di livelli espressivi» (così nella importante memoria

---

8. Berio nel '58, in *Poesia e musica – Un'esperienza* (ora in *Scritti sulla musica, op.cit.*, pp. 253-266) definiva con esattezza le differenze di fruizione delle due forme espressive, ossia tra «una condotta percettiva di tipo logico-semantico (quella che si adotta di fronte a un messaggio parlato) e una condotta percettiva di tipo musicale, cioè trascendente e opposta alla precedente sia sul piano del contenuto che sul piano sonoro», e la necessità di abbandonare «i più semplici schemi formali della percezione» in nome di una forma più totalizzante di «adesione creatrice» in cui «tutti i nostri sensi sono chiamati ad apprendere e consumare l'oggetto estetico»; è forse pleonastico, in questa sede, di ricordare anche in questo scritto Berio mirava alla possibilità di uno spettacolo «totale», il cui scopo più autentico sarebbe non «di opporre o anche di mescolare due diversi sistemi espressivi, ma di creare invece un rapporto di continuità tra di loro, di rendere possibile il passaggio da uno all'altro [sic] senza *darlo a intendere*» (cito da pp. 254 ss.). Pare singolare, e significativa, la quasi assoluta coincidenza temporale di questo scritto con il fatidico *Mare dell'oggettività* calviniano, che contempla un'analoga pulsione, ma da un'angolatura opposta (almeno apparentemente).

dell'86, qui citata in nota). L'assoluto musicale di Berio ci appare impulso all'espressione (anche a quella linguistica e culturale), portato oltre i linguaggi, e ancor più, oltre il logos; eventualmente, e senza nessun empito estatico-irrazionalistico, nel cuore stesso di quel magma sul cui limite Calvino (pur sporgendosi) si ritraeva inorridito: lì dove – dirà il compositore nella memoria dell'86 circa la sua collaborazione con Calvino – «testo e musica perd*ano* la loro autonomia» in nome di «una compenetrazione più ricca, organica e addirittura inestricabile». È appunto quella *compenetrazione* che rischia di spalancare un accesso a quel mare o magma dell' «oggettività», che lo scrittore mai vorrà spingersi ad attraversare: a dismettere cioè il potere del logos: a cessare di riconoscere, anzi, nel logos, la struttura di un ethos irrinunciabile; mai sciogliendo la lingua o la testualità medesima in possibilità di contatto, anche ustorio, con la materia, ma piuttosto optando per una resistenza/centralità del discorso in quanto dominio dell'astrazione e, diremmo col Berio del '59, della dimensione logico-semantica. In questo, pare ovunque emergere (persino nello sguardo «fanciullesco» e poetico dell'esordio neorealista, del '47 – si pensi al personaggio, in gran parte autobiografico, del partigiano Kim)[9] la insopprimibile vocazione saggistica della parola calviniana; la quale convive tuttavia con la fiducia nelle versatilità della letteratura, della sua capacità (a citare una pagina del '62) di «stare in mezzo ai linguaggi diversi e tenere viva la comunicazione tra essi[10]». La pur strenua Sfida al Labirinto o

---

9. I. CALVINO, *Il sentiero dei nidi di ragno* (1947), in Id., *Romanzi e racconti*, ed. diretta da C. MILANINI, vol.I, a c. di M. BARENGHI-B. FALCETTO, pref. J. STAROBINSKI, Milano, Mondadori 1991, pp. 3-147; ci riferiamo, qui, al capitolo IX.
10. La citazione, contenuta in una parentesi, è sulla conclusione della importante testimonianza di Calvino nel volume collettivo *La generazione degli anni difficili*, a c. di E.A. ALBERTONI et al., Bari, Laterza 1962, pp. 75-87 (l'intervento è ora incluso in I. CALVINO, *Eremita a Parigi. Pagine autobiografiche*, Milano, Mondadori 1994); riportiamo qui il passo che precede, lì dove lo scrittore manifesta la sua «passione per una cultura globale» e il suo «rifiuto della incomunicabilità specialistica per tener viva un'immagine della cultura come un tutto unitario, di cui fa parte ogni aspetto del conoscere e del fare, e in cui i vari discorsi d'ogni specifica ricerca e

(per altri versi, diversamente interlocutorii) al Mare dell'Oggettività, al magma, annunciata a cavallo fra anni '50 e '60[11], sarà destinata ad aver luogo non nei termini di un loro attraversamento, ma in quelli di una loro descrizione, dall'esterno sempre, seppur vertiginosa e attratta/atterrita dalle loro vertigini (del Labirinto; dell'Oggettività): nei panni, sempre più astratti, del regista patente/occulto di celibi macchine narrative, cristalli o geodi – fino all'esemplarità di *Se una notte d'inverno un viaggiatore*. È in questo, forse, che il processo descritto nel primo libretto di *Un re in ascolto*, e poi nel racconto omonimo – punta estrema anche cronologicamente del percorso calviniano, scritto alla vigilia della prima salisburghese[12] – assume un valore quasi proiettivo, autorivelatorio: come riassume Falcetto, «se, a un certo punto, [al re] sembra di ritrovare in sé un canto che non conosceva è solo per scoprire che quella nuova voce non è la sua ma quella di un sé cui non ha concesso di esistere[13]» (del resto, nel trattamento dell'80 lo scrittore parlerà esplicitamente di «doppio»).

Ma su punti come questi, Berio stesso, 'stregone' piuttosto del magma (seppur variegato e stratificatissimo, persino multiplanare, specie di magma – dalla natura non troppo diversa infatti da quella di tanto Sanguineti, che del compositore fu forse alter elettivo), ebbe a pronunziarsi, nella medesima testimonianza dell'86/88; sottolineando, certo, la resistenza dello scrittore all'immersione nella dimensione

---

produzione fanno parte di quel discorso generale che è la storia degli uomini» (la cit. si trova a p.86).
11. I saggi celeberrimi che citiamo (rispettivamente del '62 e del '59) si trovano in I. CALVINO, *Una pietra sopra. Discorsi di letteratura e società*, pubblicato per la prima volta nel 1980; citiamo dalla ristampa del 2011 negli Oscar Mondadori con uno scritto di C. MILANINI, dove si trovano alle pp.101-119 e 48-56.
12. Precisamente, nel mese di luglio, come è testimoniato da una nota su un taccuino dello scrittore. Una selezione del testo (circa la metà del totale) venne poi pubblicato su «La Repubblica» il 12-13 agosto, cinque giorni dopo la prima dell'*azione musicale;* da essa, Calvino, nel presentare il proprio scritto, prende elegantemente le distanze, di fatto disconoscendo il proprio ruolo di coautore.
13. Bruno FALCETTO, *«Cantare mentre tutto il resto non canta»*, in «Riga», n.9, 1995, pp. 246-252 (la cit. si trova a pp. 251 ss.).

totalizzante e appunto *magmatica* della musica (Berio, nella sua memoria, lo fotografa come «intimidito dalla musica»), ma anche rilevando nell'opera calviniana la natura di «un processo musicale in continua trasformazione». – Di fatto, su tanto intrecciarsi e deliberato fraintendersi, dové comporsi (tra le mani dis-organizzative o iper-organizzative di Berio, despota e demiurgo e autodecostruito Prospero della sua propria rappresentazione), un ircocervo testuale ramificatissimo, un 'libretto' o meglio (iper)testo risultante da una serie di sovrapposizioni e progressive, decise revisioni. Fino a includere passaggi d'una corrispondenza di Calvino a Berio, in cui lo scrittore (comprendendo, nelle sue lettere, anche la voce dell'altro) con lucidità sottolinea la natura del loro disaccordo.

Com'è noto, e come già accennavo, l'intreccio va esteso, oltre che ai due soggetti in gioco, almeno a un terzo: se è vero che l' 'azione musicale' risulterà da modi diversi d'intendere (o appunto fraintendere) il timbro e i sensi della voce barthesiana sull'ascolto; e incorporarne, comunque, le suggestioni. Ma ancora (dalla parte di Berio), all'ipotesi calviniana dovrà subito sovrapporsi una presenza ulteriore, decisiva quanto tremendamente impegnativa – quella dell'ultimo Shakespeare – mediata, come sappiamo, in maniera quanto meno duplice. Da un lato, tramite il Singspiel *Die Geisterinsel* – *L'isola degli spiriti* – che Friedrich Wilhelm Gotter nel 1791 trasse dalla *Tempesta*, con la collaborazione di Friedrich Hildebrand von Einsiedel (pubblicandolo in rivista nel 1797), e che in soli tre anni, fra il 1796 e il 1799, in un habitat culturale di Romanticismo incipiente (nel '98 uscirà il primo numero della rivista «Athenaeum»), venne musicato più volte (cinque, per la precisione); in questo Singspiel, Berio avverte echi dal *Flauto magico*, quasi il suo «misterioso profumo». Del resto, una leggenda (più volte confutata, ma da Berio accolta) vuole che il testo fosse passato fra le mani dello stesso Mozart poco prima della morte[14]: e non è da escludere, in questo, che –

---

14. A tale questione Berio fa riferimento peraltro nel fondamentale *Dialogo fra te e me* pubblicato nell'84 nel programma di sala di Salisburgo, ora in *Scritti sulla musica*, *op. cit.*, pp. 273-279.

triangolata fino all'inverosimile – nel 'libretto' deciso da Berio s'includa l'ombra mozartiana... Dall'altro lato, *La tempesta* irrompe nel testo verbale dell'*azione* tramite il commentario in versi, *The Sea and the Mirror*, che Wystan Hugh Auden scrisse in un altro momento topico e furente della storia e della cultura occidentale, fra il 1942 e il '44. Come l'ascolto si spezza in una folla di percezioni o meglio in una sorta di follia percettiva, che confluisce tutta nella cassa di risonanza di un mega-orecchio protervo e quasi ubuesco (quello che troverà espressione soprattutto nel racconto...), così la situazione testuale espressa nel risultato finale (*operato*, di fatto, interamente da Berio) è estremamente tormentata e diffratta; un gioco di specchi spezzati, portato giusto nel cuore dell'esperienza secondonovecentesca, ma per giungere alla chiave stessa del canone occidentale tutto: lo Shakespeare più totalizzante, quello appunto della *Tempesta*, e (soprattutto) il Prospero specie dell'explicit (quando i suoi «incanti son tutti spezzati» e «su tre pensieri uno *è* per la *sua* tomba»), qui assunto come assoluto mago e demiurgo d'ogni possibile Teatro, ormai preda dello suo stesso teatro (di cui, in *Un re in ascolto*, è l'impresario) così come dei suoi propri individuali fantasmi.

Fatto sta che, proprio nelle settimane antecedenti la prima di Salisburgo, Calvino – rassegnatosi ormai alla caduta del progetto da lui immaginato – si dedicherà alla stesura finale del racconto, destinato a trovar spazio nel progettato libro sui cinque sensi; e si affretterà a pubblicarne, sulle pagine de *la Repubblica,* una versione rimaneggiata, qualche giorno dopo la prima, elegantemente benché non del tutto esplicitamente ritirando la sua il quale viene (ma di questo già dicevamo in nota).

*

È toccando i vari fili di questo ordito, ossia su questo stesso risonante disaccordo, che varrà la pena adesso muoversi, per tentare di seguire la brusca metamorfosi subita dal concetto calviniano nella *violenza* (e quasi, brutalizzazione) su esso portata dal trattamento beriano: arrestandosi giocoforza alle soglie di ciò che se ne trasporrà nel quadro di un progetto di scrittura puramente narrativa, ormai sottratta al caos scenico e sonoro perseguito con tal forza da Berio, parallela e ormai alternativa ad esso; alle soglie insomma del racconto, che nella sua interezza uscirà soltanto postumo (nell'incompiuta raccolta sui cinque sensi, il cui scopo era, a detta dell'autore, di «rendere possibile al mondo non scritto di esprimersi»...)[15]: labirinto ulteriore ed estremo, in cui, in questa sede, non sarà il caso di inoltrarsi.

Partirei, intanto, dal piano più produttivo, ovvero dinamizzante la fabbrica del testo verbale (non avremmo difficoltà a chiamarlo *libretto*, se non fosse per l'uggia provata da Berio per questo termine) così come, alla sua base, l'*azione* medesima elettrificante la scena: quel livello propriamente agonico, ossia del fruttuoso conflitto fra le due identità autoriali sottilmente unite l'una all'altra da almeno una ventina d'anni (dai tempi di *Allez-hop*) per un legame che appare inscindibile non meno che retto su di un consapevole equivoco intorno al concetto stesso di opera d'arte (e più in particolare di musica e di musicalità) in quanto, diciamo, forma critica di totalità.

Della natura conflittuale, ai limiti (dicevamo) dell'agonico, caratterizzante i rapporti fra Berio e Calvino, dové testimoniare il compositore stesso, nella breve e densissima memoria, che citavamo, resa al Convegno di Sanremo, a un anno dalla scomparsa dello scrittore, e che non possiamo evitare adesso di percorrere nel suo spessore. Qui, il rapporto fra i due autori, da Berio è riassunto scherzosamente (forse nemmeno troppo) nella chiave del 'soffrire', in base al fatto che essi «perseguiva*no* una ricerca comune alla quale si giungeva però da premesse e da direzioni diverse» che, nel caso del nostro 'libretto', dové giungere a una *divaricazione sostanziale* nella «visione del lavoro». Fra le ragioni della «mancata convergenza

---

15. Così nel testo di una conferenza newyorkese dell'83, *Mondo scritto e mondo non scritto,* poi pubblicata nella primavera-estate del 1985 su «Lettera internazionale» (traggo la notizia dalle note di Milanini, nel succitato vol.III dei *Romanzi e racconti* calviniani). La raccolta, com'è noto, verrà pubblicata come *Sotto il sole giaguaro,* traendo il titolo dalla novella sul senso del gusto.

finale» (ossia del non «riconoscersi completamente», da parte dello scrittore, nel «risultato finale» – parlando ancora di *Un re in ascolto*), il compositore indica il fatto che Calvino, nella sua scrittura per musica, «tende*sse* ad ancorarsi a una storia e a svilupparne un percorso narrativo che entrava irrimediabilmente e spesso 'drammaticamente' in conflitto con quello che invece sottintende*va lui* [Berio]: cioè un percorso e uno sviluppo musicale che poco avevano a che fare con la narratività». Se è vero che nel concetto beriano di musica vocale, testo e musica sono destinati «a perdere la loro autonomia», ciò accade per dar vita a una «compenetrazione [...] organica e addirittura inestricabile», a una «dimensione significativa di grande spessore espressivo»; in Calvino invece questo processo sembra suscitare resistenze – *timidezze*, a dire di Berio («intimidito dalla musica» il sanremese di Santiago di Cuba), o forse persino timori, scettico come questi era circa il fatto che «anche la musica potesse manifestare e mescolare assieme diversi *livelli di realtà*» (il riferimento è naturalmente al saggio del '78, posto a conclusione di *Una pietra sopra*)[16], o respinto dal fatto che essa non fosse «razionalizzabile e verbalizzabile in tutti i suoi livelli». Berio rileva quanto refrattario lo scrittore fosse alla dimensione musicale («la musica suscitava in lui un po' d'interesse solo quando c'erano parole da capire»): ma appunto la «esterna non-musicalità» di Calvino è elemento da cui Berio si dichiara attratto (in quanto predilige «testi che vengono «da regioni non musicali» e diventano musica solo attraverso un «lungo e complesso percorso»). Ma soprattutto, il compositore coglie, nella scrittura di Calvino, una forma intrinseca e assoluta di musicalità, «in virtù di quella moltitudine, di quella polifonia di elementi espressivi che lui aveva difficoltà a percepire nell'esperienza musicale». Sì che, «con la mobilità dei suoi livelli di realtà» (l'allusione è sempre, un po' libera, allo scritto del '78), la testualità calviniana risulta infine qualcosa come «un'architettura musicale: come una costruzione di frammenti internamente partecipi

---

16. I. CALVINO, *I livelli della realtà in letteratura*, in *Una pietra sopra, op. cit.*, pp. 376-392.

di un processo musicale in continua trasformazione», o infine «come una progressiva sublimazione di forme musicali[17]».

Dalla parte dello scrittore, è possibile intendere in tutta la sua portata questa forma tanto generativa di conflitto (conflitto ai limiti di una reciproca 'sofferenza')[18], nella curiosa corrispondenza, per così dire ricapitolatoria (a cui già alludevamo), che Calvino indirizzò a Berio, consistente in due lettere, l'una datata alla fine dell'81, in dicembre (quando ormai il primo libretto era stato accantonato, le «arie di Prospero» erano state scritte e attendevano di essere realizzate nel futuro *Duo*, e si lavorava sulla base del trattamento multiplanare dell'80), l'altra ai primi mesi dell'82, probabilmente in aprile, pubblicate entrambe da Enzo Restagno nel '95 volume per i settant'anni di Berio[19]. In questa fantomatica 'corrispondenza', lo

---

17. Come specificato a inizio capoverso, le citazioni sono tratte dall'intervento, precedentemente citato, di Luciano Berio, per gli Atti del convegno di Sanremo (*La musicalità di Calvino, op.cit.*).
18. Nel *Dialogo fra te e me*, dell'84 (*op.cit.*, p. 276), Berio sottolinea peraltro il valore (il paradosso?) di una complessiva «instabilità di rapporto» a rendere «l'unità dell'insieme».
19. La corrispondenza in forma di pseudo-dialogo è riportata in Enzo RESTAGNO (a c. di), *Berio*, Torino, EDT 1995, pp. 135-141, col titolo *A proposito di «Un re in ascolto» (due lettere inedite di Italo Calvino a Luciano Berio)*: la data della prima di essa, 10 dicembre 1981, sembra acclarata, mentre alla seconda è dubitativamente attribuita una datazione riferibile all'aprile 1982. Il volume a cura di Restagno contiene diversi saggi e materiali preziosissimi per la comprensione della nostra *azione musicale*: dal testo di Massimo MILA pubblicato nel programma di sala della prima alla Scala *(«Un re in ascolto»: una vera opera)*, all'intervista dell'86 a Umberto ECO (*Eco in ascolto*), all'ampio e assai ben concertato studio di Laura COSSO (*«Un re in ascolto»: Berio, Calvino e altri*); ed è un rammarico non riprendere e discutere a dovere, in questa sede, una così ricca e varia messe di stimoli. A questi, andrebbe aggiunto almeno il contributo di Peter SZENDY, *Punto d'ascolto*, in Angelo SOMAINI (a c. di), *Il luogo dello spettatore: forme dello sguardo nella cultura delle immagini*, Milano, Vita e Pensiero, 2005; e, per quel che riguarda Calvino o meglio la sua attività di scrittore per musica, quello di C. VARESE, *Calvino librettista e scrittore in versi*, citato in precedente nota, e Salvatore RITROVATO, *«Un re in ascolto». L'ultimo «tragico» Calvino librettista*, in M. MESCHINI – C. CAROTENUTO (a c. di), *Tra note e parole: musica, lingua,*

scrittore si faceva carico anche della voce dell'interlocutore o contraddittore, nelle parti di un Io e di un Tu (ricorderà Berio, nel '95, in una testimonianza orale, che ciò avvenne per una sorta di 'sceneggiatura' programmata da Calvino stesso)[20]. Si tratta di pagine che sorprendentemente il compositore – lo abbiamo detto – deciderà di annettere, almeno in parte, nell'ircocervo del 'suo' testo verbale (firmato comunque dallo scrittore, per quanto questi pochi giorni dopo la prima salisburghese si affrettasse poi a prenderne le distanze, come sappiamo); pagine che dovettero colpire e divertire così profondamente il compositore, da stimolare in lui la stesura di una non meno fondamentale autointervista, inserita nel programma di sala della medesima prima dell'84 (il succitato *Dialogo fra te e me*). Per quanto reinventate ed evidentemente 'sceneggiate' da Calvino, queste battute di dialogo, reinventate nella corrispondenza, valgono a render conto con una certa precisione del dibattito avvenuto fra i due, svelando il ruolo avuto dal compositore nella progettazione del trattamento del 1980.

Nel 'falso' dialogo ricomposto da Calvino,, si tratta, innanzitutto, della caduta del primo libretto: alla situazione drammatica ideata dallo scrittore, il personaggio «Tu», ossia Berio nella ricostruzione di Calvino, risponde: «Questo va bene come situazione, in senso generale, però adesso dovresti trasportare tutto in un altro ambiente,

---

letteratura, Ravenna, Longo 2007, pp.117-130 (oltre al contributo di Falcetto, che abbiamo invece avuto modo di citare più diffusamente; e a quelli, illuminanti veramente tutti, di questa giornata, che non ho modo di citare nella loro forma compiuta, e a cui rimando).

20. La testimonianza di Berio venne raccolta il 19 settembre 1995 nel quadro della diretta radiofonica (Radiotre Suite, per l'esattezza) di una serata di rievocazione della figura di Calvino, al Piccolo Regio di Torino, a dieci anni dalla morte dello scrittore; il compositore ricorda che, nel «programmare» lo «scambio» epistolare (unidirezionale e a due voci), Calvino avesse annunciato a Berio che il loro sarebbe stato un dialogo fra un compositore e un librettista; e che, in questa prospettiva, lui «sarebbe stato» Boito, e l'altro, Verdi... Nei suoi dettagli, la vicenda è riportata giusto in questa sede da Renata Scognamiglio (che ha reperito il prezioso documento audio), al cui intervento rimando, e che ringrazio (cfr. nota 27 a p. 18).

con un altro linguaggio... Non puoi mica fare un libretto da vecchio melodramma, non ha senso, capisci...». In secondo luogo, la nuova chiave esplicitamente metatestuale e metateatrale, ma ancor prima metamusicale, che Berio impone rispetto al progetto inizialmente tutto narrativo di Calvino: «bisognerebbe far sentire la musica dentro la musica, è per questo [che] pensavo che la scena deva venir fuori nella scena, dentro la scena». Nel concetto beriano, il direttore d'un teatro d'opera si sovrappone dunque al re, in quanto «immagine del potere contemporanea»: al punto che «tutta l'azione potrebbe svolgersi in un teatro» e sul primo piano risalirebbe «tutto quello che avviene dietro lo scenario, tra le quinte, la sera d'una prima» e «nello stesso tempo in quel teatro ci dev'essere l'opera che viene rappresentata sulla scena, e dev'essere un'azione diciamo così omologa alla scena fuori del teatro»; il teatro stesso diviene, al limite, l'inconscio dell'impresario, di colui che «ha fatto un sogno», e che diverrà Prospero nel testo definitivo e già nel concetto calviniano delle *Arie* ma solo, per Calvino, per via d'una triangolazione con il claustrofobico onirismo kafkiano (il passo dal Diario di Kafka, «L'ho sognato l'altroieri. Tutto era teatro» ecc, del 5 novembre 1911, da Calvino riportato nella prima delle due epistole-dialogo, viene implicitamente dichiarato all'origine della prima delle *Arie* – «Ho sognato un teatro, un altro teatro, esiste un altro teatro oltre il mio teatro», ecc.)[21].

Nelle parole del Tu (Berio) ricostruite dall'Io-mittente (Calvino), il punto di vista da privilegiare resta quello portato «dall'interno del palcoscenico, mostrando il rovescio d'una rappresentazione d'opera

---

21. Per quanto non espressamente praticata, fin dalla prima ideazione è decisiva l'impronta del Kafka più claustrofobico e concentrazionario, e al limite benthamiano (alla dominante di un Panopticon acustico si richiama anche Szendy, nella succitata interpretazione): trasmessa al nostro «duo» dal Barthes di *Ascolto*, in un passo dei *Diari* (del 5 novembre 1911) che Berio opportunamente riporterà in una testimonianza dell'84 (dal programma di sala della prima salisburghese di *Un re in ascolto*), ripubblicata poi nel programma di sala per l'allestimento dell'86 alla Scala di Milano (*La nascita di un re*, ora in *Scritti sulla musica*, *op. cit.*, pp.270-272): «Sto seduto in camera mia, nel quartier generale del chiasso di tutto l'appartamento: odo sbattere tutte le porte...»

[...] un'agitazione reale che fa da contrappunto alla tensione drammatica irreale». Ancor più, le battute reinventate nella corrispondenza rendono conto della dialettica fra i due autori circa la nozione di silenzio (un silenzio interno all'ascolto, e viceversa); «d'improvviso, senza preludio [...] una voce fortissima, come un'esplosione», per Berio, «un po' come se dentro la musica ci fosse il silenzio»: mentre Calvino pensa a «un effetto-silenzio» in quanto «attesa del suono», a «un fruscio che occupa tutto lo spazio sonoro», o ancora (sulla traccia di Blanchot citato da Barthes) al canto delle sirene come «canto dell'abisso: che, inteso una volta, apriva in ogni parola un abisso e invitava con forza a sparirvi dentro». Si tratta qui, a ben vedere, di due diversi modi di ricezione delle note barthesiane sull'ascolto; l'uno che punta sull'attesa, sul vuoto (è di Calvino, naturalmente), l'altro (quello di Berio) che ruota su un concetto totale di Teatro in quanto «luogo dell'ascolto», tale da poter «rappresentare attivamente l'atto d'ascoltare, contenere l'ascolto in tutte le sue forme».

Da notare, infine, che la corrispondenza, o almeno la prima delle due lettere pubblicate da Restagno (quella del 10 dicembre 1981, da cui citavamo quest'ultimo estratto), è del tutto contemporanea all'acquisizione del secondo (e definitivo) 'detonatore' (il primo essend il saggio di Barthes, naturalmente), che dové scoccare in Berio per l'ideazione del testo e dell' 'azione': mi riferisco alla messa in onda televisiva della *Tempesta* nella regia di Strehler, che avvenne appunto in quel dicembre '81. E sarà da sottolineare che, a quel punto, le cinque arie poi assegnate a Prospero, erano già state scritte, in tutto o in parte, e sicuramente lontane da qualsiasi suggestione shakespeariana: così almeno testimoniano le battute dell'Io-Calvino, in quella lettera. Una materia insomma concepita prima di Prospero e senza Prospero, e che (al pari del medesimo pseudo-epistolario) verrà subito 'cannibalizzata' nel nuovo concetto che, da quel dicembre, per *Un re in ascolto*, prenderà corpo nell'ispirazione di Berio. Dati, tutti, che convergono sul conformarsi di un'azione testuale che pone al suo proprio centro, non tanto un soggetto, ma un processo, in linea di principio interminabile: o, a dirla con le parole del compositore, di «un lavoro musicale che racconta il suo diventare opera[22]».

Com'è noto (e come ho appena ricordato), stralci dai punti di maggior rilievo della corrispondenza vennero poi 'importati' da Berio (ulteriore 'backstage', stavolta puramente testuale) nel 'libretto' dell'84: ci riferiamo al duetto II, fra il regista e l'impresario/Prospero, e poi (ulteriormente decostruiti in parodia) al duetto III, fra il mimo e Venerdì (che, al pari di *Duo*, è di fatto un a-solo, e lo straniato duetto ha luogo sinesteticamente fra la parte canora – assegnata al Venerdì/Calibano, shakespearedefoesco – e la parte mimica). Il duetto II ruota intorno alla vorticosa dialettica di agitazione e silenzio/attesa (dove la musica «dentro alla musica» della lettera diviene «un silenzio che vuol farsi udire»), ovvero di udire e ascoltare, riportandosi ai passi in cui nella corrispondenza Calvino riassumeva il soggetto e libretto del '79 in cui «lo spettacolo è la storia di un re che tende l'orecchio»: unica traccia, e quanto indiretta, del progetto iniziale. C'è da dire che le persone dell'Io e del Tu (Calvino vs. Berio) della corrispondenza, qui si confondono: o meglio, in Prospero si riassumono entrambe le posizioni espresse nel bizzarro testo epistolare a due voci...

*

Soprattutto nella fabbrica di *Un re in ascolto* si rivela, come in una sorta di lucido acting out, il disaccordo necessario, su cui si fonda il patto stesso di collaborazione fra lo scrittore e il compositore. Fra musica e scrittura. Un disaccordo fecondo, come testimonia, non ultimo, il concetto (tratto da un passaggio delle «arie di Prospero» o già di *Duo*) su cui ruoteranno le lezioni da Berio tenute a Harvard fra il '93 e il '94: *Un ricordo al futuro*, e che verrà apposto come titolo

---

22. In *Dialogo fra te e me*, cit. (p.276). Nell'intervista resa ad Angelo FOLETTO, *Storia di un'opera senza una storia*, in «La Repubblica», 14 gennaio 1986 Berio – parlando del lavoro come di un «processo musicale e teatrale», – lo definirà «un'opera sull'impossibilità di scrivere un'opera».

nella pubblicazione (postuma) in volume[23]; il titolo cita invero uno dei versi che Calvino distillò per le cosiddette «arie di Prospero», e precisamente quello con cui Berio avrebbe scelto di chiudere l'*azione musicale*, e il suo testo: e vale a indicare «una costruttiva revisione o, addirittura [...] una sospensione del nostro rapporto col passato e [...] una sua riscoperta sulle tracce dei percorsi futuri», nella convinzione che un testo, per individuo irripetibile che sia, di per sé «implica una pluralità di testi». Quella pluralità in nome della quale si gioca e si fonda lo stesso produttivo disaccordo fra i due autori; e che nel modo più tormentato trova una sua forma irripetibile nell'*azione* (non *opera*, nella visione beriana) – risultato di una tensione forse inconciliabile ma propulsiva fra le due convergenti/divergenti visioni, nel segno denso e ossimorico d'un indistricabile «ricordo al futuro».

Ma è possibile, anche, che il musicista in realtà non facesse, per via di provocazioni, che incitare lo scrittore a 'liberare', attualizzare, nel modo più letterale e concreto, il groviglio complesso del suo concetto di testo – e non semplicemente definirlo nel quadro di una letteratura eminentemente concettuale, capace di designare (illuminare) il labirinto necessario, e però sempre assai più per via discorsiva, illuministicamente persino, che non lungo tragitti occulti e più interni al profondo del linguaggio. Non è il caso qui di *sfidare* a nostra volta la voragine che sembra aprirsi sull'intera testualità calviniana: quella scissione saggistica che la determina – la inabissante vertigine di vis riflessiva e autoriflessività che attrae i suoi lettori nel momento stesso in cui induce lui, Calvino, ad aborrire il salto nel gorgo necessario, in cui, *alter* il primo Sanguineti, Berio a fondo s'era addentrato. Un «maelstrom» mulinante nel *mare* concreto e *oggettivo* della *scrittura* (concetto, per contro, a Calvino assai caro, nella mediazione di Barthes e in genere della cultura francese) – e non necessariamente il gorgo di un *pensiero* della scrittura portato, insieme, dentro e fuori la scrittura medesima, che esso (pensiero) è in atto di immaginare e conformare. È questo il lato più affascinante e forse inestricabile della

---

23. L. BERIO, *Un ricordo al futuro. Lezioni americane*, a c. di T. PECKER BERIO, Torino, Einaudi 2006.

questione-Calvino; ché nelle sue pratiche e macchine testuali, pur intellettualmente vorticose e labirintiche, lo scrittore sembra arrestarsi al livello dell'enunciazione o ancor più della definizione: lasciando emergere la vertigine dei possibili, da cui il suo dire è assediato (la quale coincide, anche, con l'impossibile d'un assoluto-testuale, col mare-magma dell'*écriture* appunto, o magari del nulla), ma ritraendosi un passo di qua dal limite: contemplandone il ribollìo calamitante ma senza cedervi, e ancor meno sognando di addentrarvisi. (Che è poi la doppia, discordante tensione su cui si regge il saggio capitale – siamo al '59, all'altezza della prima collaborazione con Berio – su *Il mare dell'oggettività*, che citavo; un saggio scritto in gran parte ad argine di quelle tensioni che, fra emergenza dell'Es e istanze de opera aperta, già in quegli anni lievitavano tra i futuri protagonisti della neoavanguardia). Questo mare – o per altri versi, mobile labirinto – Calvino vorrà rispecchiare ma appunto descrittivamente, restando di qua dal suo fluido (ritrattosi dal tuffo, non troppo diversamente dal primo Montale), alla larga dalle tensioni materico-linguistiche forse necessarie per attraversarlo o appunto *sfidarlo*. Non diversa, anche se condotta su altro piano, e altra tensione (politico-sociale, per riassumere), sarà per lo scrittore l'esperienza del *labirinto*. E soltanto l'accesso alla dimensione combinatoria (portato della sua esperienza francese) saprà indicargli una via diversamente agibile, lucidamente in abbandono, per il dominio del labirinto, e delle sue ipnotiche geometrie.

Il punto-limite del concetto letterario che scaturisce da tale movimento, risiede forse in quel testo saggistico, insieme esemplare e dedaleo, così fortemente autoriflessivo, sui *Livelli della realtà in letteratura* – ultimo fra quelli inclusi in *Una pietra sopra* – che Berio echeggiava a Sanremo nella memoria su cui ci dilungavamo. La data, il 1978, non è priva di significato: dopo la proposta del soggetto, siamo nel punto dell'ideazione e quindi della stesura dell'*azione musicale*, anzi delle due 'azioni' (è il momento, ricordiamolo, anche de *La vera storia*): e siamo, poi, all'indomani della pubblicazione, sull'Enciclopedia Einaudi di quelle pagine barthesiane, che subito colpirono lo scrittore – al punto che egli si affrettò a proporle a Berio come lo spunto di un lavoro possibile. Proprio su una suggestione tratta dalla voce barthesiana (il rimando alle sirene omeriche), e nel segno dell'ascolto, andrà a chiudersi l'intervento del '78; perché qui ciascuno dei concentrici, labirintici «livelli di realtà» implicati dall'atto del narrare, sembra dover precipitare nel ricettacolo dell'ascolto: non solo il potere magico-evocativo del narrare e la sua domanda di ascolto (su cui ruotavano, di fatto, due interventi capitali e pur fra loro distantissimi dei medi anni '60, la prefazione al *Sentiero dei nidi di ragno* e il saggio *Cibernetica e fantasmi*)[24], quel dire intrecciato o sia inabissato fittamente nel dire (non così diverso, forse, dalla «musica dentro la musica» del Tu-Berio della prima lettera 1981); quell'enunciazione insomma, composta di una soggettività plurima e al limite autoazzerantesi, che in letteratura è per Calvino condizione stessa di realtà (*io scrivo / io scrivo che Omero racconta / Omero racconta che Ulisse / Ulisse dice: / io ho ascoltato il canto delle Sirene*): ovvero di una realtà che al suo proprio limite scompare, lasciando che lo spazio letterario mallarmeanamente «s'affacci sul nulla»; non solo, dunque, questo potere che, come l'ago d'una bussola, punta al suo proprio svanimento: ma in definitiva, la liturgia ultima e germinale d'un ascolto (già kafkiano, certo) del silenzio.

Ovvero, l'evocazione della possibilità che la pura lirica, sia essa o poesia, conferisce al raccontare: quella di spingersi «ai confini dell'ineffabile».

Il saggio sui *livelli della realtà* si chiude allora con un canto/silenzio come pura «esperienza lirica, musicale» posta «al di là dell'espressione»: il luogo «da cui Ulisse, dopo averne sperimentato l'ineffabilità, si ritrae, ripiegando dal canto al racconto sul canto». Ed è esattamente lo stesso luogo (qui a parlare è di nuovo, in quella di Barthes, la voce di Blanchot) in cui il canto diventa un abisso

---

24. Quest'ultimo, in I. CALVINO *Una pietra sopra, op. cit.*, pp. 201-221. Per la prefazione (datata giugno 1964), v. il succitato vol.I di *Romanzi e racconti*, pp. 1185-1204.

Scrittura dell'ascolto: Calvino in Berio

(«apr*endo* in ogni parola un abisso e invit*ando* con forza a sparirvi dentro»): che è quanto Calvino ricorda a Berio, in citazione diretta, chiudendo la sua programmatica «corrispondenza» intorno al *Re in ascolto*. Verosimilmente, è sul punto di questa ritrazione, di questo *ripiegarsi*, che il compositore implicitamente pungola lo scrittore: tornare a un'espressione assoluta, posta *al di là dell'espressione* ma carica di ogni espressione; dal racconto sul canto, tornare all'abisso d'un canto capace di azzerare il racconto, e, assieme a esso, i vari «livelli» delle sue mediazioni verbali.

Il fatto è che, nella sua stessa paradossale astrattezza ed *esprit de géométrie*, nella sua impagabile ritrosìa nei confronti della dura *oggettività*, possiamo intendere Calvino come autore acutamente sensoriale, pur se 'cerebralmente' sensoriale; sì che al limite estremo della sua esistenza, deciderà di eleggersi apertamente quale scrittore dei cinque sensi, nel progetto destinato a rimanere incompiuto. Ma resta singolare che il suo percorso così acutamente visivo (la vista resta, per lui, fra i sensi, quello privilegiato) si suggelli, di fatto, sulla dominante dell'ascolto; mentre il racconto sulla vista, per quel volume sui cinque sensi, dopo una lunga progettazione rimarrà irrealizzato. Il fatto è che fin dall'esordio fulminante della sua vasta, polifonica narrativa, la voce e dunque l'udito (che – a dirla con Barthes – non è l'ascolto, ma di certo ne è la condizione) rivela la propria forza germinale, capace di creazione e trasformazione; ci riferiamo al diffondersi del canto/grido di Pin, generante una folla di voci alle prime righe del *Sentiero*, e in grado di articolarsi, più avanti, in una vera e propria, violentissima canzone, dal potere demonicamente dinamizzante nei confonti dello stesso plot (*Chi bussa alla mia porta, chi bussa al mio porton*, cap.VII); e la pratica del suono sul finire degli anni '50 si approfondirà nella scrittura di varii testi per canzoni nell'ambito dell'esperienza ben *engagée* di *Cantacronache*, specie con Sergio Liberovici (ideatore di quel progetto)[25], oltre che nella stesura

---

25. Sul tema è possibile riferirsi a Emilio JONA – Michele L. STRANIERO (a c. di), *Cantacronache: un'avventura politico-musicale degli anni Cinquanta*, Torino, DDT

di libretti, ancora per Sergio Liberovici (per *La panchina*, già nel '56)[26] e poi per Berio stesso (*Allez-hop*, del '59), ruotando perlopiù sulla materia di Marcovaldo.

La pratica «librettistica», in quiescenza per circa tre lustri, riprenderà più strutturalmente nella nuova collaborazione con Berio per *La vera storia* (ma per il compositore, già nel '68, Calvino era tornato a scrivere alcuni brevi testi, per *Prière*, dedicata a Stockhausen per i suoi quarant'anni). Nel frattempo, però, almeno *sulla carta* il suono continuava a vibrare (e in modo assai più profondo di quanto non era stato fra libretti e canzoni); mi riferisco soprattutto alla straordinaria cosmicomica del '68 *Cielo di pietra*, uscita nel volume *La memoria del mondo*. Il racconto, giusto nel 'nostro', topico 1980, venne ripubblicato in rivista[27], col titolo *L'altra Euridice* e alcuni stringenti ritocchi ma soprattutto con la sostituzione di Qfwfq (l'eroe delle *Cosmicomiche*) col dio Plutone (oltre all'esplicitazione di Rdix, compagna in fuga dal lui e dal suo regno, come Euridice, e alla «messa in chiaro» circa una presenza dello stesso Orfeo). Si tratta di una terrificante quanto atterrita riflessione del potere del puro suono, nel conflitto fra «il canto» sovraterreno «prigioniero del non-canto che massacra tutti i canti» e la «musica silenziosa degli elementi», risonanti sotto il manto terrestre. Che sono, fra le altre cose, due fra le possibili accezioni di quella misteriosa musica occultata dentro la musica, a cui (assegnando la battuta a Berio) Calvino alludeva nella prima lettera dell'81; e che, mutata ulteriormente di segno e direzione, troverà posto nell'Aria IV del testo finale: «Dietro i suoni. I suoni hanno un rovescio» (ma anche, poi, nell'Aria II, dove si parla, come di entità nuove, di suoni che contengono in sé «l'ascolto dei suoni»).

& Scriptorium 1995 (la prima ed. è del '66); ma anche al filmato a c. di M. BENTINI et al., *Cantacronache 1958-1962: politica e protesta in musica* (2011, in versione dvd, promosso dall'Università degli studi di Bologna e dall'Istituto storico Parri Emilia-Romagna).
26. Su questo testo, si è soffermata Maria CORTI in un saggio *(Un modello per tre testi. Le tre «Panchine» di Calvino)* incluso *Il viaggio testuale*, Torino, Einaudi 1978, pp.201-220.
27. In «Gran Bazaar», settembre-ottobre 1980.

Scrittura dell'ascolto: Calvino in Berio

*

Abbiamo appena riconosciuto, come il momento più significativo in questa messa in rilievo dell'udito, la chiusa del saggio 1978 sui *Livelli della realtà in letteratura,* con l'irruzione esplicita seppur indiretta del tema dell'ascolto; ma ormai decisivo è il *livello* di interpolazione con la voce di Barthes, e con la sonorità di Berio. Sarebbe eccedere, ormai, i limiti del nostro intervento, provare a procedere a una verifica inevitabilmente incerta di quali livelli del denso saggio barthesiano[28] (di cui Calvino subito rileva «la bellezza e l'importanza») siano sfiorati dalle dita lievi e sensibili dello scrittore nel libretto '79 e nel racconto '84, e quali invece finiranno per intrecciarsi con la materia di Prospero, in *Duo* e nel testo dell'*azione* realizzata: se si l'ascolto sia lo spazio d'una ipersorveglianza legata a una salvaguardia del proprio sistema territoriale, come «un imbuto orientato dall'esterno verso l'interno» (così sicuramente nel '79 e nel racconto – orientato verso un interno claustrofobico e sempre più infero); o se, piuttosto, sia atto di creazione, legato alla «riproduzione intenzionale di un ritmo» (ciò che ci condurrebbe piuttosto dalla parte della composizione, presumibilmente); o come decifrazione, invece, ricerca del «di sotto» (o del *di dentro*) del senso (o del testo – musica o letteratura che sia); o se si tratti, infine, dell'ascolto psicanalitico, lì dove «l'ascolto parla» o (diremmo allora con Calvino-Berio) i suoni sono «diversi da com'erano partiti», sono «i suoni con in più l'ascolto dei suoni»: implicando, questo tipo di ascolto, il dispiegarsi di un'intersoggettività complessa – quella giocata fra l'Io e il Tu delle lettere (o della quinta aria di Prospero), o fra Prospero e il Regista (e Venerdì e il Mimo) dei duetti che citavamo, o magari, frai i concentrici enunciatori del saggio sui *Livelli della realtà...* – e comunque implicanto l'aprirsi della scena (iperteatralizzata) dell'Inconscio, simile a quella quella del Prospero bericalviniano (più Berio che Calvino, certo...) Andrebbero almeno stralciati, però, due passaggi dalla pagina conclusiva della voce barthesiana, e che ci

---

28. R. BARTHES – R. HAVAS, *Ascolto, op.cit.*

riportano dritti nel cuore magmatico-disperso di quell'intrico di testi e sottotesti e ritorni e cancellature che riconosciamo ormai nel nome di *Un re in ascolto*: dove Barthes sottolinea come «l'ascolto si apra a tutte le forme di polisemia, di sovradeterminazione, di sovrapposizione, disgregando la Legge che prescrive l'ascolto diretto, univoco […] in tal modo […] tor*nan*do alla concezione di un ascolto *panico*, nel senso greco, dionisiaco»; e dove egli ricorda che «ciò che viene ascoltato […] non è la presenza di un significato, oggetto di riconoscimento o di decifrazione, ma la dispersione stessa, il gioco di specchi dei significanti, senza sosta riproposti da un ascolto che ne produce continuamente di nuovi, senza mai fissare il senso». Ma, finalmente: l'ascolto può presentarsi, in Barthes, come «un piccolo teatro in cui si affrontano due moderne deità: il potere e il desiderio» (entrambe attive, nel testo finale di Berio-Calvino, nel nome del re del teatro)...

Resta del tutto pacifico che non vi sia nessun automatismo possibile, nello scivolare libero del senso (o dei sensi) dalla sublimissima 'sonata' saggistica di Barthes al laboratorio denso e conflittuale del nostro impagabile e in parte improbabile 'duo'; per cui (e tanto più per Berio) la 'voce' barthesiana resta unicamente un 'detonatore'. E però forse a un altro passaggio barthesiano dovremmo, ancora, riferirci: lì, dove, nel segno della voce che canta, si fissa invece la fascinazione ipnotica e corporea legata all'atto dell'udire: «la voce non è soffio, bensì la materialità del corpo che sgorga dalla gola, là dove si forma il metallo fonico». È questo insieme il punto da cui si diparte la narrativa calviniana (la voce-canto di Pin, di cui dicevo, e poi quella sua canzone demoniaca, *Chi bussa alla mia porta*, che avrà una forza tale da alimentare l'incendio del casale, chiave di volta del romanzo, e determinerà lo scioglimento della picaresca brigata partigiana), e da cui pure atterrita sembra ritrarsi, non diversamente dallo Qfwfq-Plutone del *Cielo di pietra*; ed è qui che invece irrompe, con tutta la sua sapienza selvaggia e iper-stratificata, il *metallo fonico* e orfico di Berio, quasi a ordire, almeno per una volta, attorno alla rapinosa vis concettualizzante dell'amico scrittore, la trappola *materica* del corpo, non meno che il suo proprio, sonoro «gioco di specchi[29]».

*

Ma proprio questa traccia della voce ci offre un elemento ulteriore e ultimo (per questa occasione), per seguire le labirintiche onde del pensiero testuale calviniano. Appunto «inseguendo una voce», il re del primo libretto (e quindi del racconto) finirà per depotenziarsi, dimettendo l'ascolto-attenzione (l'ascolto-potere) per abbandonarsi invece a un ascolto-desiderio, e fatalmente dispersione. È il punto in cui il dispotico e paranoico re di Calvino si muterà nell'introverso, elegiaco Prospero in dialogo con se stesso, in ascolto del suo proprio ascolto, in cerca di «una voce nascosta fra le voci» e del «rovescio dei suoni nell'ombra», il quale rimarrà il soggetto delle cinque *Arie* sopravvissute dal *Duo* fino all'84: un demiurgo morente, che nutre ormai un'idea di ascolto come forma di (finale) abbandono, nella cassa di risonanza di un «vuoto da cui vengono i suoni», entro lo spazio di un teatro dove «un io che non conosco canta / la musica che non ricordo». Eppure, nel primo e irrealizzato libretto (ma racconto infine realizzato), la voce inseguita dal re ha un'identità precisa: si tratta di un personaggio femminile in maschera, che intona manierati e insieme criptici endecasillabi, brandelli di canzone i quali ci suonano intrinsecamente librettistici: «Una luna che splende ed una luna... [...] ...Bocca che morde e bocca che sorride...». Sembra risuonare, qui, un'eco del sonetto che Fenton intona nel III atto del *Falstaff* verdi-boitiano, trovando, al suo culmine, una corrispondenza nella voce di Nannetta: e non tanto, non solo, per la rispondenza su cui il sonetto s'impernia, e che è, mutata radicalmente di segno (in senso non più comico, ma quasi diremmo preraffaellita), citazione diretta boccacciana – «bocca baciata non perde ventura, anzi rinnova come fa

---

29. «L'ascolto come sintomo, come selezione e come collocazione di suoni nello spazio, nel tempo e nella nostra coscienza, implica sempre e comunque un universo di codici diversi che interagiscono come in un gioco di specchi». L. BERIO, *La nascita di un re*, *op.cit*, p. 270.

la luna» (*Decameron* II, 7); quanto per la intera situazione d'un *inseguimento* di due voci, espressa nella prima quartina del sonetto – «Dal labbro il canto estasiato vola / Pe' silenzi notturni e va lontano / E alfin ritrova un altro labbro umano / Che gli risponde colla sua parola», – che appare qui parafrasata: ulteriore «situazione» melodrammatica che Calvino riformula, parallelamente al lavoro che andava svolgendo per il libretto de *La vera storia*[30]. Sul sonetto boitiano gioca peraltro, triangolata su Boccaccio, e riverberata quindi (per quel che ci riguarda) sul Calvino di *Un re in ascolto* primo e ultimo e *hors-texte* (libretto rimosso e racconto), una duplice memoria shakespeariana. Memoria non solo della materia di Falstaff – che, per il nostro *Re*, assai più che quella delle *Allegre comari di Windsor*, sarà quella dell'*Enrico IV,* – possibile architesto, almeno nella situazione base (col nodo di usurpazioni uccisioni congiure, che ruota attorno alla figura del sovrano), del primo libretto e del racconto. Ma memoria, anche, del corpus dei sonetti shakespeariani, che – come dimostrò Wolfgang Osthoff giusto nel '77 in un saggio apparso nella collettanea per Mila *Il melodramma italiano dell'Ottocento*, il quale non dové certo essere ignoto al nostro duo[31], – incide sul sonetto boitiano di Fenton per almeno due esemplari, l'8 (soprattutto) e il 128 (forse apocrifo), entrambi ad argomento «musicale», entrambi centrati sul tema di una musica risonante dentro la musica (dove il contenente è, alla lettera, epiteto del soggetto adorato): nel primo caso una «musica all'ascolto» (di altra, ed effettiva musica), nel secondo caso una «musica» che «trae musica» da uno strumento, il virginale. È qui forse che trova uno dei suoi punti d'origine, tanto indiretto quanto vertiginoso, quel misterioso tema della «musica dentro la musica», su cui verteva il dibattito Calvino-Berio, e che si riverbererà nelle 'arie'

---

30. Abbiamo riferito, in precedente nota (e meglio di noi, Renata Scognamiglio), come Calvino avesse annunciato al compositore che quello che avrebbe svolto nella corrisponenza «sceneggiata» dell'81-82 sarebbe stato un dialogo un Boito e un Verdi...
31. Wolfgang OSTHOFF, *Il sonetto nel Falstaff di Verdi*, in G. PESTELLI (a c. di), *Il melodramma italiano dell'Ottocento: studi e ricerche per Massimo Mila*, Torino, Einaudi 1977, pp. 157-183.

poi incluse nell' 'opera' finita³². Il sogno della «duplice azione», che Boito attribuiva a Shakespeare e che si avvera (nel suo sonetto dal *Falstaff*) nella virtù propria del canto di «tender sempre ad unir chi lo disuna», ovvero (come notava Osthoff) di «unificare la duplicità che genera l'accordo e al tempo stesso lo scinde», si avvera e moltiplica nel sogno di Prospero sognato da Berio e Calvino *triangolandolo* e rescindendolo ulteriormente su Gotter e Auden, e poi sullo Shakespeare sonettistico ancora; che è, tradotto nell'*indistricabilità* d'un concetto portato oltre la letteratura e anche oltre la musica, la fusione di ogni «livello di realtà» reso possibile dall'arte, nel solo, oniroide paradosso d'un «ricordo al futuro». Ossia, – dalla parte di Calvino nei *Livelli della realtà*, – dell'ineffabile puro, mallarmeano, o di un frastornante tacere kafkiano di sirene: d'un luogo insomma della «pura esperienza lirica, musicale» finalmente posta «al di là dell'espressione». Musica-dentro-la-musica, suo abisso e silenzio.

---

32. Peter Szendy, nell'acuto saggio che citavamo, dà una suggestiva interpretazione del concetto di questa *musica dentro la musica*: «Il *la* e il *si* bemolle rappresentano [...] una specie di perno intorno al quale la melodia sembra avvitarsi, proprio come il testo si arrotola nelle sue iterazioni [...] con queste due note, tutto si svolge come se la melodia stessa aderisse, nella scrittura musicale, alla forma di una conca o di un labirinto a spirale. Come se essa tentasse di tracciare, nello spazio sonoro, il disegno di un orecchio. Un orecchio all'interno stesso della musica. Un orecchio ordito di suoni, a partire dal quale è possibile ascoltare la musica nella musica».

BJÖRN HEILE

Prospero's Death: Modernism, Anti-humanism and *Un re in ascolto*[1]

> But this rough magic
> I here abjure, and, when I have requir'd
> Some heavenly music, which even now I do,
> To work mine end upon their senses that
> This airy charm is for, I'll break my staff,
> Bury it certain fathoms in the earth,
> And deeper than did ever plummet sound
> I'll drown my book.
>
> *Solemn music.*
> Prospero in William Shakespeare, *The Tempest*, V/1, 50-57[2]

> Yet, at this very moment when we do at last see ourselves as we are, neither cosy nor playful, but swaying out on the ultimate wind-whipped cornice that overhangs the unabiding void – we have never stood anywhere else,– when our reasons are silenced by the heavy huge derision,–There is nothing to say. There never has been,– and our wills chuck in their hands–There is no way out.
> *Caliban to the Audience*, W. H. Auden, *The Sea and the Mirror*[3]

Luciano Berio was riven by anxiety about opera and theatre. In an interview with Umberto Eco, *Eco in ascolto*, held in 1986 not long after the premiere of *Un re in ascolto*, he insists that the work should

---

1. I would like to thank Carnegie Trust for the Universities of Scotland for funding some of the research undertaken for this article.
2. William SHAKESPEARE, *The Tempest: Sources and Contexts, Criticism, Rewritings and Appropriations*, New York, London, W.W. Norton, 2004, p. 67.
3. Wystan Hugh AUDEN, *Collected Poems*, Rev. and reset ed., London, Faber and Faber, 1991, p. 444.

be considered a «musical action» (*azione musicale*), a concept he associates with Wagner's *Tristan and Isolde* and in which «musical process steers the story». This he contrasts with opera, which, according to him, is «sustained by an 'Aristotelian' type of narrative, which tends to take priority over musical development[4]». His rejection of opera takes a vehement form:

> I don't believe you can produce operas nowadays – stories to be told through singing. I've never written any, and I can't think of any instance during the last thirty years where anything worthwhile has been conceived of within the framework of that definition…[5]

In his lecture *Of Sounds and Images*, held in 1995 during the composition of *Outis*, his views have, if anything, hardened, making him sound like the composer Flamand in Richard Strauss's *Capriccio* squabbling with the poet Olivier over the primacy of music vis-à-vis poetry. Again, his reference point is Wagner, claiming that:

> in an opera as coherent in its expressive intensity as Wagner's, what is seen on stage may, given its emblematic nature, actually be replaced by music. Music will tend to govern all the different elements of the performance, and may indeed take their place[6].

He further cites Wagner's idea of «deeds of music made visible» (*ersichtlich gewordene Taten der Musik*)[7], although Osmond-Smith's unusual translation as «musical action made visible[8]» somewhat obscures that reference.

---

4. Luciano BERIO (conversation with), *Eco in ascolto* (1986), in «Contemporary Music Review», 5 (1), pp.1–8, 1989.
5. *Ibidem*, p. 2.
6. Luciano BERIO, *Of Sounds and Images*, translation by D. Osmond-Smith,«Cambridge Opera Journal», 9(3), 1997, pp. 295-299: 265.
7. Patrick CARNEGY, *Wagner and the Art of the Theatre*, Yale University Press, 2006, p. 118.
8. Luciano BERIO, *Of Sounds and Images, op. cit.*, p. 295.

Prospero's Death: Modernism, Anti-humanism and «Un re in ascolto»

In a further step, Berio extends the general principle to all opera, mentioning Mozart, Debussy and Berg by name:

> In the great tradition of musical theatre, music is almost always in charge. It tends to organise, to reveal, and indeed to 'direct' narrative and dramaturgical functions that it has itself generated. ... Musical theatre only seems to take on a deep and enduring meaning once the dramaturgical conception is generated by the music[9].

We are in familiar territory of course. In the wake of modernism's crisis of representation, renouncing the mimetic apparatus of opera became *de rigueur* among composers who wanted to be taken seriously. Examples are not hard to find, from the experimental music theatre of Cage, Kagel and others to Boulez's infamous demand to blow up the opera houses. But we don't have to look to opera's many detractors; Herbert Lindenberger finds anti-theatrical conceptions at the heart of seminal twentieth-century operas, specifically Debussy's *Pelléas et Mélisande* (1902), Schoenberg's *Moses und Aron* (1932), Stravinsky's *The Rake's Progress* (1951) and Messiaen's *St François d'Assise* (1983)[10]. For my purposes, perhaps the most telling parallel to Berio's idea of *azione musicale* is Helmut Lachenmann's *Das Mädchen mit den Schwefelhölzern* (1997), which the composer insists on calling «Music with Images» (*Musik mit Bildern*), thereby not only denying any generic connection with opera but also with theatre and the stage tout court. And sure enough, Lachenmann does his utmost to undermine the linearity of Andersen's fairy tale, by collaging it with other texts (by Leonardo da Vinci and Gudrun Ensslin) and by avoiding any dialogue or scenic action in favour of static tableau-vivant-like scenes and defamiliarized recitation. Despite many differences, the parallel to Berio's treatment of Friedrich Einsiedel and Friedrich Wilhelm Gotter's *Die*

---

9. *Ibidem*, pp. 295-296.
10. Herbert LINDENBERGER, *Anti-Theatricality in Twentieth-Century Opera*, in *Against Theatre: Creative Destruction on the Modernist Stage*, A. L. Ackerman & M. Puchner eds., Basingstoke, Palgrave Macmillan, 2006, pp. 58–75.

Geisterinsel, which provided one strand for the libretto of *Un re* as Andersen's *Little Match Girl* did for Lachenmann's *Mädchen*, is hardly coincidental.

There seems to be an obvious parallel here with the idea of 'medium specificity', one of the central ideas in the history and aesthetics of modernist art, whose importance for musical modernism has not been sufficiently recognised. It is worth quoting Clement Greenberg's (1982, pp.5–6) classic formulation at length:

> The essence of Modernism lies, as I see it, in the use of characteristic methods of a discipline to criticize the discipline itself, not in order to subvert it but in order to entrench it more firmly in its area of competence. ...
> What had to be exhibited was not only that which was unique and irreducible in art in general, but also that which was unique and irreducible in each particular art. Each art had to determine, through its own operations and works, the effects exclusive to itself. By doing so it would, to be sure, narrow its area of competence, but at the same time it would make its possession of that area all the more certain.
> It quickly emerged that the unique and proper area of competence of each art coincided with all that was unique in the nature of its medium. The task of self-criticism became to eliminate from the specific effects of each art any and every effect that might conceivably be borrowed from or by the medium of any other art. Thus would each art be rendered 'pure,' and in its 'purity' find the guarantee of its standards of quality as well as of its independence. 'Purity' meant self-definition, and the enterprise of self-criticism in the arts became one of self-definition with a vengeance[11].

It is easy to see in Greenberg's idea of medium specificity the flipside of the insistence on autonomy in the aesthetics of modernist music, from the idea of absolute music onwards. Yet, in his superb commentary on *Un re in ascolto*, Arman Schwartz rejects the notion

---

11. Clement GREENBERG, *Modernist Painting* (1965), in *Modern Art and Modernism: A Critical Anthology*, F. Frascina & C. Harrison, eds., London, Harper and Row, 1982, pp. 5-6.

that Berio (along with his most prolific commentator, David Osmond-Smith) relied «on an entrenched modernist view of opera, portraying language (and by extension, staging and performance) as a detriment to, or detritus of, pure music» as «suspect», without however quite explaining why[12]. To be sure, Berio is not known as a defender of music's autonomy against contamination by other forms and media: on the contrary, earlier works such as *Passaggio* and *Opera* seemed directed against the self-enclosed hermeticism of much of the post-war avant-garde. Nevertheless, there is a noticeable gap between Berio's rhetoric and his artistic practice, one which, beholden as they typically are to the composer's stated intentions, critics have been reluctant to subject to critical scrutiny.

We might wonder with Schwartz why *Un re* got written at all. He considers the contradiction between the fear of sound expressed by Kafka in a text that would become foundational for the work with Berio's own denigration of writing. We might go further and ask what is the point of entering the operatic stage only on condition that music's primacy remains unquestioned. Berio's reference to Wagner here is not without its problems, given that the latter's idea of the «visible deeds of music» is dependent on the philosophy of Schopenhauer[13], whose metaphysics Berio would be unlikely to accept wholesale. More confusingly still, his second major reference point is Brecht, as anti-Wagnerian a thinker as one could imagine. Moreover, to charge conventional opera with being 'Aristotelian', as Berio does, seems odd, to say the least, given that any half-decent Aristotelian accuses opera of undermining the primacy of plot and character through melody and spectacle, which in Aristotle's hierarchy are relegated to the very bottom[14]. Indeed, an opera reformer

---

12. Arman SCHWARTZ, *Prospero's Isle and the Sirens' Rock*, «Cambridge Opera Journal», 15(1), 2003, pp. 84-85.
13. Patrick CARNEGY, *Wagner and the Art of the Theatre*, op. cit., pp. 118-121.
14. Cf. Josef KERMAN, *Opera as Drama: Fiftieth Anniversary Edition*, University of California Press, 2005.

such as Wagner could, like Gluck before him, be regarded as Aristotelian in his attempt to put the form on a rational footing.

By contrast, Berio's insistence on the primacy of music itself embraces an aspect of the Aristotelian legacy, namely the belief that the different constituents of the theatrical presentation need perforce to be governed by a strict hierarchy. This puts him at odds with more recent developments in theatre. Hans-Thies Lehmann's influential concept of postdramatic theatre, which is arguably realised in the work of Cage, Kagel and Goebbels, among others, and which seems to be at least relevant for some of Berio's own earlier work, is not least characterized by 'parataxis', a non-hierarchical simultaneity of different strands, theatrical means and media[15].

This is not to measure Berio's work by an aesthetic that is alien to it, but to highlight how, as Massimo Mila, Eco and Schwartz suggested, his insistence on a clear hierarchy of theatrical means aligns *Un re* with the very operatic tradition that he is ostensibly distancing himself from. For, although, in relation to the spat between Flamand and Olivier in *Capriccio* (itself a knowing nod to the infamous *querelle des bouffons*, the dispute between the proponents of Italian and French opera during the mid-eighteenth century), it is not always clear which reigns supreme in opera – words, music or 'drama' – it seems to matter deeply to all concerned that one of them *should*.

It goes without saying that composers were not the only ones to react against realism and dramatic representation. As Martin Puchner has argued, «a suspicion of theatre plays a constitutive role in the period of modernism, especially in modernist theater and drama[16]». More specifically, Martin Harries has drawn attention to the persistent modernist utopia of banning human beings from the stage, the

---

15. Hans-Thies LEHMANN, *Postdramatic Theatre*, 1st ed., Routledge, 2006, pp. 84-88.
16. Martin PUCHNER, *Stage Fright: Modernism, Anti-theatricality, and Drama*, Johns Hopkins pbk. ed., Baltimore, MD, Johns Hopkins University Press, 2002, p. 1.

culmination of which he finds in Heiner Goebbel's *Stifters Dinge*[17]. While Berio doesn't get rid of human beings, or at least something like human beings, in *Un re in ascolto*, the specifically modernist tradition of anti-humanism which Harries's examples epitomise, certainly resonates with the work and with Berio's thinking at the time. Here's Treplyov from Chekhov's *The Seagull* (Act I, scene 1), laying into actors:

> these great talents, acolytes of the religion of art, act how people eat, drink, make love, walk, wear their jackets; ... they talk cheap, vulgar plots and cheap, vulgar speeches and try to extract a moral – not too big a moral, easy on the digestion, useful around the house; when in a thousand different ways they serve up the same old leftovers, again and again and again[18].

And here's Artaud, in *The Theater and its Double* (1976, p. 235):

> All the preoccupations above [whether we will make love well, whether we will make war or be cowardly enough to make peace, how we can learn to live with our little anxieties etc.] stink unbelievably of man, transitory and physical man, I will even go so far as to say *carrion man*. These preoccupations with personal matters disgust me, they disgust me to the highest degree, as does almost all contemporary theater, which is as human as it is anti-poetic and which, with the exception of three or four plays, seems to me to stink of decadence and pus[19].

---

17. Martin HARRIES, *Deadness*, in *Perceptual Tensions, Sensory Resonance*, University of Toronto, 2012. I would like to thank Harries for providing me with a script of his conference paper.
18. Anton CHEKHOV, *The Seagull (Stage Edition Series)*, W. W. Norton & Company, 2010, p. 77.
19. Antonin ARTAUD, *Antonin Artaud, Selected Writings*, University of California Press, 1976, p. 235.

Admittedly, Berio's language is more measured, but his distrust of the theatre comes from the same source. Note too how Berio's model, Wagner figures, however ambiguously, in the history of modernist anti-theatricalism and anti-humanism, not least by inspiring Nietzsche's *Birth of Tragedy*, which so memorably describes the character on stage as «an obtrusively alive person ..., distinguished from the otherwise identical vision of a painter only by the fact that it continually goes on living and acting[20]».

There are characters in *Un re in ascolto* of course, but only one of them, Prospero, seems 'real' or 'alive' in any way. As for Berio's views on acting and actors, the *concertati* scenes, a classic 'play-within-a-play' device featuring many of the figures from the Preface to Auden's *The Sea and the Mirror*[21], paint a picture of the theatre as inherently grotesque and ridiculous, something that Chekhov's Treplyov would have recognised. Over and above his brilliant insight into the parallels between Calvino's king and Shakespeare's, Berio's choice of *The Tempest* as primary intertext is telling in this context: a play explicitly linking theatrical illusion, magic, music and the supernatural, and which features a host of either super-human (Ariel) or sub-human (Caliban) characters. It is worth noting too that Prospero has traditionally, albeit problematically, been read as Shakespeare's self-portrait, an authorial alter ego that Berio in turn seems to claim for himself in *Un re*.

This is not to deny that it is possible to read *Un re* in a conventionally humanist fashion: nothing is more human than dying, and we can feel empathy with, even compassion for the dying Prospero. The three auditions and the Protagonista's aria also give voice to an insistence on human dignity in the face of Prospero's instrumentalising control. It is these traditionally humanist elements which lead Osmond-Smith, in his entry on the work in the *Grove*

---

20. Friedrich NIETZSCHE, *The Birth of Tragedy and The Case of Wagner*, Random House LLC, 2010, p. 63.
21. W. H. AUDEN, *Collected Poems*, op. cit., p. 403.

Dictionary of Opera, to read the conclusion as a redemption in traditionally operatic terms (something he avoids in his book):

> left to his own meditations [Prospero] finally realizes that the 'other' theatre towards which he has aspired is not that created by lighting and scenery, but that of music. As if summoned by this moment of truth, the female Protagonist (soprano) for whom he has been searching materializes before him. She sings an aria that sums up both music and words of the auditions, giving final form to the strangely intimate message that Prospero has heard in the singing of all the other women who aspired to her role: there is an irremediable gap between the world of the desirer and that of the desired. Her person, her will and her voice are her own. With these hard truths confronted, Prospero is free. His players bid him farewell, and left alone on the stage of his theatre, he dies[22].

This is quite a banal interpretation, one that totally ignores the different dramatic levels between realism, representation, and illusion as well as the intricate intertextual games being played in favour of a realistic plot with a neat conclusion. In particular, it overlooks the fact that the Protagonista's reproaches are taken from the supporting cast's monologues in Auden's *The Sea and the Mirror*. Not only do Auden's characters emphatically refuse reconciliation with the overbearing, patronising and ultimately ineffectual Prospero, but the latter dies in failure and resignation[23]. Furthermore, in the Shakespeare, music is an instrument of magic, primarily used to lead people astray or put them

---

22. David OSMOND-SMITH, *Re in ascolto, Un*. *The New Grove Dictionary of Opera. Grove Music Online. Oxford Music Online*. Oxford University Press, accessed October 6, 2014, http://www.oxfordmusiconline.com/subscriber/article/grove/music/O904301.

23. To be fair, Auden's Prospero at one stage utters «To-day I am free and no longer need your freedom» (W. H. AUDEN, *Collected Poems, op. cit.*, p. 407), but the meaning of this is unclear. At any rate, any hope of redemption is proved delusional by the remainder of the text, if not by Prospero's own admissions, then by the supporting cast's speeches and Caliban's audience address. Cf. Edward O'SHEA, *Modernist Versions of The Tempest: Auden, Woolf, Tippett*, in *The Tempest: Critical Essays*, New York, London, Routledge, 2001, pp. 543–560.

to sleep, and thus inherently problematic[24]; indeed, in the passage cited at the outset, Shakespeare's Prospero renounces music. Berio's does the exact opposite. Although this reversal could be intentional on Berio's part, similar to the transformation of Ariel from an invisible but audible spirit to a mime who can be seen but not heard (except, it seems, by Prospero), to regard *Un re* as an unproblematic encomium to music seems naïve, whether on Berio's part or on Osmond-Smith's.

Even if we take Osmond-Smith's reading at face value, the consolation it seems to offer is more apparent than real: what are we to make of an opera that in its final, potentially most effective and moving scene proposes a complete renunciation of the stage in favour of something like absolute music? Note too that this eschewal of opera is not an isolated gesture: I have already mentioned the *concertati*, which are in many ways the most truly operatic and brilliantly realised scenes, and which are indeed based on a genuine opera libretto (Einsiedel and Gotter's *Die Geisterinsel*). Yet they have nothing to do with the actual dramatic conflicts of the work which are played out between Prospero and the auditionees as well as the Protagonista, and, to a lesser extent, between Prospero and his various assistants and underlings, the Regista, Venerdí and the mime. They are mere distractions, providing light relief on one hand while symbolically dispatching the operatic stage on the other. From that perspective, Berio's somewhat dismissive remark that of the «various levels of reading» elaborated by *Un re*, that of opera is perhaps «the simplest», only there, as he goes on to state, «to make the going easier[25]» is certainly justified.

Thus, whatever solace is offered by the ending comes at a price: it is not only Prospero who is dying but the theatre. Note too that even at this moment of renunciation and after having been repeatedly

---

24. Cf. David LINDLEY, *Music, Masque, and Meaning in The Tempest*, in *The Tempest: Sources and Contexts - Criticisms - Rewritings and Appropriations*, New York, Norton, 2004, pp. 187–200.
25. Luciano BERIO, *Eco in ascolto, op. cit.*, pp. 4-5.

rebuked by the auditionees, who reclaim their own subjectivity, Prospero's idea of theatre (and potentially that of Calvino and Berio too) is one devoid of actors: Osmond-Smith speaks of a «theatre ... created by lighting and scenery». The lyrics here are more poetic and allusive, mentioning «le tavole di questo palcoscenico,/... le polvere sospesa del cono di luce bianca,/ ... le pieghe dell'orecchio conchiglia di/ricordi» («the boards of this stage/the dust caught in the cone of white light/the folds of this ear shell of/memories»). Whatever this refers to in concrete terms, what has no place in either the old theatre that Prospero used to dream of and the new one that he envisions at the moment of death, are actors – human beings, with flesh and blood, on stage. We have reached a concrete embodiment of Ortega y Gasset's ideal of the «de-humanisation of art[26]».

It is worth quoting Berio's own account of Prospero's death here:

> When the 'king' dies the spectator must in some way be able to understand that the music is dying structurally alongside him. It's like a discourse that has become familiar, and when it peters out for reasons internal to itself, it helps to transcend an elementary identification with a character who is perhaps real in appearance, but not in substance[27].

This is noticeably pitiless, devoid of the redemptive gloss that Osmond-Smith felt the necessity to apply: even Prospero never was real. What then are we left with?

An opera that rhetorically renounces opera, while deriving its considerable attraction and fascination from operatic conventions and techniques. As contradictions go, it's an interesting one, and, ironically, one that is rather typical for the aporias of an inherently problematic genre. After all, interrogating the genre is a sine qua non

---

26. José Ortega y GASSET, *The Dehumanization of Art and Other Essays on Art, Culture, and Literature* Revised., Princeton University Press, 2012.
27. Luciano BERIO, *Eco in ascolto*, op. cit., p. 7.

of any new addition to it that demands to be taken seriously. What drives *Un re* above all else is the pleasures of formalized spectacle: the regular sequence of arias, ensembles and the occasional chorus or orchestral interlude, in keeping with what Martin Kaltenecker (Kaltenecker 2011, p. 20), following Richard Taruskin, has called an anti-sublime aesthetic which prioritises juxtaposition over development and prizes artifice[28]. More than that, as many commentators, Berio himself among them, have pointed out, there are large-scale musical developments that cut across the neat overall structure, such as the motivic links between the auditions, arias and *concertati*.

Berio is right, therefore, to highlight the musical basis for the work's dramatic structure (although that by no means guarantees music's conceptual or perceptual primacy). He is arguably misguided, though, in naming Wagner as his model: *Un re* is a lot closer to number opera, even the ostentatious formalism of *opera seria* – but seen from a critical perspective, and, as Schwartz correctly observed, re-envisioned as fantasy, literally so. Like number opera, *Un re* derives much of its interest from the conflict between the dramaturgic structure and the demands of the plot, rather than trying to resolve it like Wagner sought to. The role of traditional operatic dramaturgy is to provide justifications for the set pieces – a motivation why the soprano is beside herself with rage or overcome with grief, and the tenor is madly in love – whether these reasons are believable or contrived and whether the singers' hugging the limelight advances the plot matters little. Let's face it: *Un re* works rather like that.

Specifically, it is sustained by the most operatic of pleasures: the allure of the female voice *qua* voice. The Protagonista's aria is clearly the most breathtaking moment, well prepared by the preceding auditions. Indeed, the plot itself, what little there is, revolves around the finding of that perfect female voice, a voice that proves – of course

---

28. Martin KALTENECKER, *Allez-hop*, in *Le théâtre de Luciano Berio*, vol. I, pp. (15-46)

– an illusion. As Schwartz points out, the rationale for the auditions is far from clear since it is uncertain for which role these singers are auditioning[29]. He is wrong, however, both in suggesting that the words are inappropriate for Miranda, «Prospero's obedient daughter» as he calls her, and in stating that in the Auden they are spoken by Antonio. Regarding the first point, Miranda's repression in the original – and she does have a will of her own even there; indeed, in Shakespeare's time she would have been regarded as dangerously head-strong – makes such a revisionist re-staging desirable. The continuing fascination that *The Tempest* exerts is hardly due to our blithe acceptance of its implicit ideologies and hierarchies. As numerous rewritings, Auden's among them, have demonstrated, it is precisely its contentious, pre-modern aspects that exercise modernist commentators. As regards the second point, the various assertions of independence in the Protagonista's aria are not taken from Antonio's speech alone as Schwartz claims, but are a cobbled together from the whole range of supporting characters – Ferdinand, Antonio, Master and Boatswain and Alonso (if we assume that the latter's 'empire' has been transformed to 'theatre' by Berio); the earlier auditions included lines from Gonzalo's, Master and Boatswain's and Sebastian's monologues – she thus represents a composite character, something like a Fury seeking revenge. Be that as it may, the nature of the character and the auditions and why the singers are addressing Prospero, seemingly without stepping out of character, is unclear. Like so many aspects within the piece, they subtly blur dramatic levels, inside and outside perspective, reality and illusion.

Maybe the best explanation is that the auditions are not really happening or at least not in that way but are a figment of Prospero's imagination. If so, can we therefore regard them and consequently much of *Un re in ascolto* as we perceive it as the embodiment of the theatre Prospero is dreaming of? Such a reading would be consistent with the blurred boundary between reality and fantasy in *The Tempest*.

---

29. A. SCHWARTZ, *Prospero's Isle and the Sirens' Rock*, *op. cit.*, p. 94.

Not only is Shakespeare's play full of magic and fantasy, there is also an influential interpretation, first advanced by the scholar D. G. James and later made the basis of Peter Greenaway's film *Prospero's Books*, according to which the entire plot only takes place in Prospero's mind, the latter never having left Milan[30]. His final monologue, in which he explicitly equates the *character* Prospero's magical power with the *actor's* craft in impersonating him, is conventionally regarded as an address to the audience after the play has ended, i.e. out of character, but *in* character it calls into question what we have just seen.

> Now my charms are all o'erthrown,
> And what strength I have's mine own,
> Which is most faint: now, 'tis true,
> I must be here confined by you,
> Or sent to Naples.
> (Epilogue)

Such an interpretation could be seen to be backed up by Prospero's most famous monologue.

> Our revels now are ended. These our actors,
> As I foretold you, were all spirits and
> Are melted into air, into thin air:
> And, like the baseless fabric of this vision,
> The cloud-capp'd towers, the gorgeous palaces,
> The solemn temples, the great globe itself,
> Ye all which it inherit, shall dissolve
> And, like this insubstantial pageant faded,
> Leave not a rack behind. We are such stuff
> As dreams are made on, and our little life
> Is rounded with a sleep.
> (IV, 1)

---

30. Patrick M. MURPHY, *Interpreting The Tempest: A History of Its Readings*, in *The Tempest: Critical Essays*, New York, London, Routledge, 2001, pp. 35-36.

Prospero's Death: Modernism, Anti-humanism and «Un re in ascolto»

The boundary between reality and illusion is similarly shifting and permeable in *Un re*. At the centre of the paradox is, once again, the figure of Prospero, who, if only by virtue of his name, is both a *character* (not an actor playing a character) in the play that is rehearsed in *Un re* and the impresario of the fictional theatre in which it is performed, in other words both within and outwith the action. As already alluded to, these shifting realities are acted out in the auditions and the Protagonista's aria. These enact another time-honoured, indeed foundational, convention of opera, namely stage song, what in film music is called 'diegetic music', and what Carolyn Abbate has called 'phenomenal' (as opposed to noumenal) song[31]. Schwartz is right to call attention to the importance of such phenomenal song for *Un re*, in both quantitative and qualitative terms. Its special status is only heightened by our doubts about its reality: do the auditions actually take place or are they only happening in Prospero's feverish mind; are they happening but not in the way we see them, but is what we see Prospero's version of events who only imagines the singers addressing and reproaching him? Do they in fact reproach him or the Prospero of the play that is being rehearsed; does he identify with the latter?

These questions are also enacted musically, without being resolved. Schwartz has pointed to the rehearsal pianists, whose playing, like the singing, should be regarded as on-stage, 'phenomenal' music. It certainly alludes to traditional accompanimental patterns in terms of texture and gesture, but there is an unmistakable parodic element in some of the piano-writing, and at times it «goes off the rails», an equally cartoonish and nightmarish version of an operatic piano rehearsal. Interestingly, the piano is always, more or less prominently, complemented by the pit orchestra. Where, ontologically speaking, is this music coming from? Furthermore, the piano tends to enter surreptitiously before the actual audition starts. In this way, there is an unbroken stream of music,

---

31. Carolyn ABBATE, *Unsung Voices*, Princeton University Press.

subtly slipping between and mixing the phenomenal and noumenal levels. Does that not seem like a parallel to the blending of different levels of reality and illusion of the plot, or indeed a representation of Prospero's mind slipping in and out of consciousness?

One of the most subtle moments of such play comes at the end of the first audition. The soprano sings 'addio'. Given that she had earlier addressed Prospero, we assume that she is bidding farewell to her auditioners after the audition proper has finished. But the Regista picks up her line, transposing the last two notes, «emphatically correcting the Soprano», as the score has it, whereupon she repeats – verbatim – the Regista's line, only to be in turn corrected by Prospero, albeit 'tenderly', with a third, more radically different, version of the motive (see example 1). This game continues a little while, with the three of them finally singing different versions of the motive heterophonically. What are we to make of this? While, despite the continuing piano accompaniment, most of us would probably have heard the first 'addio' as a direct address to the listeners out of character, the fact that the Regista corrects the soprano suggests that it is part of the aria that is being auditioned for – but, then, without seeing the stage direction, how can we be certain that these are corrections and not an affectionate display of leave-taking? And why is the pianist enraged, unmistakably so even for an audience without access to the score, given that he or she storms out with the soprano in tow, after having played a couple of fortissimo forearm clusters, which are, however, answered by the orchestra, thereby once again breaking the phenomenal/noumenal divide?

We might literally ask what is being played here, and although, compared to the death of Prospero, this is an innocuous scene, it goes to the heart of the nature of the operatic metaphysics that are enacted throughout *Un re in ascolto*.

ÁLVARO OVIEDO

Outis
Introduction critique et documentaire

Outis[1] est une action musicale en deux parties, projet dont l'origine remonte à 1991 et dont la composition musicale date de 1995-1996. Le titre renvoie à l'une des ruses d'Ulysse dans l'*Odyssée* d'Homère, lorsqu'il se présente sous le nom d'Outis, qui veut dire « personne » en grec, au cyclope Polyphème qui le retient prisonnier dans son île, identité qui lui permettra par la suite de s'en échapper. Pourtant, l'œuvre de Berio ne raconte pas cette historie ni d'autres aventures d'Ulysse. Bien que, tout le long de l'œuvre, de manière intermittente, transparaissent des allusions à l'épopée d'Ulysse[2], il ne s'agit pas ici d'une nouvelle paraphrase de L'*Odyssée*.

---

1. Je tiens à remercier Ulrich Mosch et Sabine Hänggi-Stampfli pour leurs indications et conseils lors de mes recherches dans la collection Luciano Berio de la Fondation Paul Sacher de Bâle. Je tiens aussi à remercier Talia Pecker Berio et Angela Ida De Benedictis d'avoir partagé de nombreuses informations sur *Outis* que j'ai intégrées à ce texte.
2. Certaines thématiques de l'œuvre musico-théâtrale renvoient à l'*Odyssée* : le voyage, la mer, le retour à la maison, etc. Des personnages chez Berio rappellent ceux de l'Odyssée : Emily, femme d'Outis, renvoie à Penelope, Marina à Nausicaa, Olga et Samantha à Circé et Calypso. Les fils d'Outis rappellent aussi ceux d'Ulysse : Steve à Télémaque ; Isaac, l'autre fils d'Outis, à Télégone, le fils d'Ulysse avec Circé dans une autre tradition de l'*Odyssée*, où Télégone ayant rencontré Ulysse ne le reconnaît pas et le tue, comme au début de chaque cycle de l'œuvre de Berio. Enfin certains textes utilisés dans la composition du livret rappellent aussi l'*Odyssée* : l'*Ulysse* de Joyce, le poème *Ulisse* de l'italien Umberto Saba, ou encore *Le retour d'Ulysse* de Bertolt Brecht.

Le livret est presque entièrement composé de citations ou de paraphrases de citations de divers auteurs, en différentes langues (anglais, italien, allemand, latin, etc.)[3]. Il s'agit d'un montage de citations qui ne raconte pas une histoire, mais qui se compose de fragments d'histoires, qui ne contient aucun dialogue entre les personnages et ne se réfère de manière directe aux actions sur scène que très rarement. Le livret est représentatif de l'un des principes du théâtre musical de Berio, à savoir le refus d'une narration linéaire et orientée de manière téléologique.

Selon l'helléniste italien Dario Del Corno, qui collabore avec Berio dans la composition du livret, *Outis* constitue presque l'antithèse de l'*Odyssée* d'Homère qui représente pour lui le prototype du récit, voir l'ancêtre même du roman. *Outis*, selon Del Corno, « entend nier la convention narrative de la tradition lyrique [...] en éliminant totalement le récit du territoire du théâtre musical : son tracé réfute la continuité et la linéarité du temps et de l'action, se soustrait à l'enchaînement programmé de la trame[4] ».

La structure de l'œuvre, qui renvoie à l'élément mythique dans l'épopée, à la temporalité cyclique du mythe, contredit le temps d'une narration linaire et continue. L'œuvre se compose de cinq cycles, chaque cycle ayant comme arrière fond un même schéma narratif composé de cinq situations paradigmatiques, cinq fragments d'histoires entre lesquels il n'y a cependant presque pas de corrélation de cause à effet. Ce schéma apparaît dans l'ordre dans les deux premiers cycles et puis est modifié dans les trois derniers :

---

3. Le texte, de Dario Del Corno et Luciano Berio, fait appel à des citations de James Joyce, Umberto Saba, Bertolt Brecht, Paul Celan, Sergueï Essenine, W. H. Auden, Friedrich Hölderlin, William Shakespeare, Edoardo Sanguineti, Silvia Plath, Catulle, D. H. Lawrence, e. e. cummings, Samuel Beckett, Carlo Bernardini, Herman Melville, une ancienne complainte funèbre, une comptine et des chants de la guerre 14-18.
4. Dario DEL CORNO, « Personne », dans *Outis*, programme du Théâtre du Châtelet, novembre 1999, p. 45.

«Outis», Introduction critique et documentaire

A : Une situation initiale qui correspond au meurtre d'Outis ;
B : un danger, un conflit, une persécution ;
C : le dépassement ou la résolution de ce conflit ;
D : un retour virtuel ;
E : le voyage.

Première partie :
Cycle I   A B C D E
Cycle II A B C D E
Cycle III A B C B

Deuxième partie :
Cycle IV A D B C E
Cycle V   A E B C D E

La répétition de ce même schéma instaure un temps cyclique qui est souligné notamment par la scène du meurtre d'Outis qui revient au début de chaque cycle de manière toujours reconnaissable. Ce temps cyclique se manifeste aussi au travers des éléments musicaux, notamment la note de *si* bémol sur laquelle commence et finit chaque cycle. Cette structure basée sur des fonctions narratives qui reviennent sous une forme particulière dans chacune des 5 parties de l'œuvre fut l'une des conséquences, signale Berio, de sa lecture de l'ouvrage *Morphologie du conte* de Vladimir Propp et du débat avec Claude Levi-Strauss à partir de cet ouvrage.

Or, ce qu'intéresse Berio dans la *Morphologie du conte* de Propp est moins la construction d'un récit que la génération d'une organisation modulaire, qui est « formellement et dramaturgiquement traversée par des *variables* et par des *constantes*, et qui s'appuie sur une incessante mobilité de fonctions et de contenu[5] ». Les *variables* et les *constantes* auxquelles se réfère Berio ici ce sont les fonctions narratives, toujours les mêmes, mais qui se manifestent de manière

---

5. L. BERIO, « Morphologie d'un voyage », dans *Outis, op. cit.*, p. 16. Voir aussi l'original en italien publié dans Luciano BERIO, *Scritti sulla muisica*, A.I. De Benedictis, Turin, Einaudi, 2003, pp. 301-303 et note de commentaire pp. 524-525.

spécifique dans chaque cycle, non seulement en ce qui concerne le texte et l'action mais aussi l'écriture musicale elle-même, mis à part les scènes du meurtre d'Outis qui sont assez similaires musicalement. Or, toujours selon Berio, malgré la référence à des fonctions narratives précises, « il n'y a pas à proprement parler ni d'intrigue ni d'histoire racontable[6] ».

L'ensemble de ces déterminations renvoie à l'idée chère à Luciano Berio d'un métathéâtre dans le sens « d'un théâtre conscient de se faire, dans ses moindres détails et à chaque instant ; d'un théâtre habité par des figures absolues et non par des personnages ; d'un théâtre fait d'actions interchangeables, où les mots dits ou chantés n'ont pas un effet évident et immédiat sur les autres parce que la structure musicale l'emporte et que l'effet est déjà organisé par le temps des processus musicaux[7] ».

Genèse de l'œuvre

On peut reconstituer la genèse de l'œuvre, et notamment celle du livret, grâce à un ensemble très important de documents conservés à la Fondation Paul Sacher de Bâle : des manuscrits musicaux, des segments de la correspondance de Berio, les brouillons et les différentes versions du livret.

Le texte d'*Outis* est co-signé par Dario Del Corno et Luciano Berio, mais à l'origine du projet, Berio a fait appel à Paul Carter, universitaire anglais travaillant en Australie. Berio rencontre Carter, alors âgé de 40 ans, à Rome en 1991 et lui propose de travailler à un projet autour de la figure d'Ulysse. La première lettre que Berio adresse à Carter (un fax daté du 27 octobre 1991) nous apprend davantage sur l'origine de l'œuvre. Berio explique qu'il s'agit d'une commande de la Scala de Milan ; Cesare Mazzonis, alors directeur

---

6. *Idem.*
7. *Ibid.*, p. 17.

artistique de la Scala, lui avait demandé la partition pour juillet 1993, de manière à ce que la création ait lieu en avril 1994. Or, des difficultés notamment dans l'écriture du livret vont retarder la création de l'œuvre. Berio signale qu'il avait envisagé dans un premier temps la possibilité de travailler une nouvelle fois avec Edoardo Sanguineti, mais, ce dernier n'était pas disponible à l'époque, il s'est alors adressé à Carter. Le compositeur semble déjà avoir en tête le concept global de l'œuvre. En effet, dès 1991 Berio fait référence à sa lecture de Propp et prévoit une structure en plusieurs cycles, chaque cycle suivant des variations autour d'un même schéma narratif qui commence toujours par le meurtre d'Ulysse. Enfin, dès les premiers échanges avec Carter, Berio songe à l'utilisation de citations pour la construction du livret.

Le musicien et le librettiste vont se rencontrer à plusieurs reprises pour travailler ensemble à l'écriture du texte. Une première réunion a lieu en Italie entre le 28 novembre et le 12 décembre 1991. Suite à cette rencontre, Carter envoie à Berio le premier brouillon du livret en janvier 1992. Le texte est structuré en six cycles (ce sera le cas tout au long du processus de création, ce n'est qu'à la toute fin de celui-ci que Berio réduit le nombre de cycles à cinq). Le titre du document est *Ulysse* et les personnages se réfèrent explicitement à ceux de la mythologie grecque : Poséidon, Athéna, Télémaque, Pénélope, Calypso, Circée, Polyphème, etc.

Dans ses lettres, Berio se montre insatisfait du travail fourni par Carter. Le compositeur trouve le texte de 98 pages trop long. Il demande à son collaborateur de réfléchir à une nouvelle version, évoque l'idée d'abandonner les références directes à l'*Odyssée* et insiste sur le fait d'utiliser de nombreuses citations, notamment d'Homère et James Joyce. Carter fait un deuxième séjour en Italie pour travailler au livret du 31 mars au 13 avril 1992. Il produit ensuite un nouveau texte, beaucoup plus ramassé (il ne fait désormais que 25 pages) mais qui ne correspond toujours pas au projet de Berio. Une troisième version va suivre en octobre 1992, qui serait, selon Carter et à la demande du compositeur, plus traditionnelle, plus proche d'un livret d'opéra classique. Cette troisième version, porte comme titre *Outis*. Désormais, les noms des personnages tirés de l'*Odyssée* tendent à s'estomper au profit de noms qui évoquent l'*Ulysse* de Joyce et dont certains, comme Rudy, resteront dans la version finale. Berio, dans une lettre qui n'est pas datée mais qui ferait suite à cette troisième version du livret, n'est toujours pas convaincu par un texte composé, selon lui, de mots et de phrases déconnectées :

> J'ai besoin d'un texte qui fasse sens théâtralement […] je ne peux pas m'en sortir avec des phrases et des mots déconnectés, dans un langage qui n'a rien à voir avec la musique, parce que parmi d'autres choses, il n'évoque pas une polyphonie de significations et n'a pas de structure. Ton texte doit avoir une structure dramatique et littéraire propre et chaque moment du texte doit renvoyer à d'autres parties du développement. Cela doit faire sens globalement, sur différents niveaux[8].

De nouvelles versions du livret vont suivre en décembre 1992, en janvier et en mai 1993, des textes qui posent toujours des difficultés pour le compositeur qui, finalement, décide de ne pas donner suite à cette collaboration.

On apprend davantage sur l'idée que Berio se fait de son œuvre en ces années-là dans un schéma conservé dans les archives de la Fondation Paul Sacher. Le manuscrit n'est pas daté mais, en le comparant avec les brouillons successifs du livret, on peut déduire qu'il remonte à la fin de la collaboration avec Carter ou au début du travail avec Del Corno, c'est-à-dire autour des années 1993-1994.

On observe que l'œuvre est composée de six cycles (A, B, C, D, E, F), qui commencent toujours avec la scène du meurtre d'Outis. Chaque cycle présente les cinq fonctions narratives que l'on connaît, mais, à la différence de la version définitive, elles apparaissent toujours dans le même ordre et avec, comme deuxième fonction, après

---

8. Lettre non datée de Luciano Berio à Paul Carter, Fondation Paul Sacher (FPS), Collection Luciano Berio (CLB), à titre gracieux (trad. de l'anglais par A. Oviedo).

le meurtre d'Outis, celle du voyage, fonction qui est reprise à la fin de chaque cycle sous la forme du départ (*partenza*). Signalons aussi la présence déjà de certaines idées concernant l'écriture musicale. Par ailleurs on reconnaît des éléments qui seront présents dans la version finale : la référence aux fables, le dédoublement des personnages, la tempête, le jeu des trois chaises, le « war game », le spectacle pour enfants qui prendra la forme de la musique jouée sur scène par les trois clowns, etc. Les noms de personnages renvoient aux deux sources principales de l'inspiration de Berio à ce moment-là, c'est-à-dire *L'Odyssée* d'Homère et *L'Ulysse* de Joyce.

	1 morte	2 viaggio	3 pericolo	4 vittoria/vendetta	5 a casa	6 partenza
A	Nella lontananza Telemaco uccide Ulisse Orchestra -- : linee lentissime e limpide. Si aggiunge una lunga nota di Telemaco	Riappare Ulisse che canta col coro a poco a poco invade la scena : quasi "cantata", anche si il coro cambia atteggiamento e colore. Verso la fine del suo canto, Ulisse diventa aggressivo	Come sa una grande scacchiera si illuminano punti diversi (in maniera discontinua e in durate diverse) : favole raccontate rapidamente. ------- atteggiamenti ----, scene grottesche.	Animali anche strani, diavoli, alberi, tipi umani molto diversi, paesaggi, oggetti strani, fuochi, ladri, fate, principi azzurri. Il tutto è trattato come frammenti di una antologie di fiabe. Sviluppare il senso del catalogo ma anche dell'accumulazione ansiosa. Riappare il coro che inventa suoni e rumori di animali e riappare Ulisse	dove lo si era lasciato a A1. Breve ripresa de la "cantata" di A2. Ulisse si sdoppia (1) e si allontana da se stesso e lo si ritrova a B1
B	Nella lontananze Telemaco uccide Ulisse. Sviluppo-trasformazione di A1	Sul canto, breve e semplice di Telemaco, Ulisse si sdoppia (2) e diventa un capitano di nave. La scena è un'isola dove si parlano lingue diverse (lotofagi, Calipso, Eolo). Come nel sonno	Ulisse canta ostinatamente due parole. Col coro, che canta solo due note, si scatena una tempesta linguistica. Il mare è infuriato – Lampi e fulmini. Lo spazio si restringe STORM	Il sonno delle voci diventa rumore di mare – Ulisse è solo sulla spiaggia. Ritorna sulle due parole di B2 che diventano l'inizio di una lunga frase cantata, sul pianto	I lampi diventano regolari e si colorano. Rainbow Appare Penelope, evocata da Ulisse. Duetto. Intanto la scena si è trasformata. Ulisse e Penelope sono in una stazione (o altro)	Valigie, -------, pubblicità – riferimento al jazz – Ulisse e Penelope separano. Ulisse si sdoppia (3) e va al C1 dove verrà ucciso. Penelope si allontana.
C	Nelle lontananze Telemaco uccide Ulisse, sempre in maniera diversa	Ulisse riappare in una stanza: è vestito con giacca e cravatta Molly – L'uomo cieco [tap-tap]	Bloom – Lydia ------- Orgia – Molly vs Penelope	Orgia 3 sedie ?	Uomo cieco (tap-tap)	Penelope – Molly (yes yes) Rudy
D	Ulisse è già stato ucciso à a terra. Telemaco fa alzarsi lo- --. Al proscenio, nella semi-oscurità un barbone balbetta .	------- ed elabora nomi di Ulisse. -------- --------- ---------	Coro intermittente, come Ulisse e Telemaco. Ulisse si trasforma sdoppiandosi, 3 volte (4)	(6)	Duetto Ulisse Telemaco (in chiaro riferimento a M. Bloom e Stephan). Si aggiunge Penelope (Molly). Il "trio" verrà interrotto da una	esplosione totale, molto breve. Il trio si ricompone. Ulisse si allontana (va all'E1) / Penelope / Telemaco / cantano la / stesa cosa lontano da Ulisse
E	Nella lontananza si vedono Ulisse e Telemaco abbracciati. Ulisse scivola a terra, come colpito	Suono orchestrale continuo siamo sul ponte di una nave ------, mare, gabbiani. Passeggeri che leggono o prendono il sole. Si organizza uno spettacolo per (con) bambini.	Entra il "burattinaio" (babbo) Fino a E6 la scena tra il ponte di una nave e campagna – I rumori naturali segnano e rinforzano questi cambiamenti di paesaggio	"War games"	I bambini si abbracciano. Anche gli adulti si abbracciano ------- -------Il lungo repertorio d'abbracci si conclude con l'abbraccio di	Penelope e Telemaco.
F	Decidere si Omero ?	Su una processione continua di silhouette nere, sullo sfondo, Telemaco canta una lunga "aria" (si pone le stesse domande del padre) (------ pianoforte)	Aria di Penelope mentre Ulisse si trasforma (7) (8) (9)	Quartetto Penelope – Ulisse Telemaco – "Burattinaio" (Il canto di Penelope è spesso rinforzato dalle due ragazze)	La scena si riempie di tutte le figure precedenti, come un quadro di Brueghel	Il palcoscenico "muore", esausto

Structure d'*Outis* – Transcription d'un document manuscrit préparatoire non daté, conservé dans les archives de la Fondation Paul Sacher, CLB, « Formplan », à titre gracieux. (Les numéros ici entre parenthèses, à l'intérieur d'un triangle dans le document original, renvoient aux dédoublements des personnages. Les tirets remplacent des mots illisibles).

Sur la base du schéma reproduit ci-dessus, le contenu du livret lui-même commence à se définir avec la collaboration de Dario Del Corno, s'ouvrant à d'autres sources littéraires que celles de Joyce et d'Homère, ce dernier ayant été écarté du texte définitif. Dario Del Corno était un helléniste italien reconnu, professeur à l'université de Milan, qui a étudié et traduit le théâtre antique. Le fait de le convoquer pour la réalisation du livret indique l'importance du monde grec et du mythe dans la conception de l'œuvre, même si cette influence ne se manifeste pas de manière directe et immédiate en ce qui concerne les noms des personnages, les textes ou l'action.

Les premières traces d'une correspondance entre Berio et Del Corno datent du mois de mars 1994. Au mois d'octobre de cette même année, Del Corno fait parvenir à Berio les brouillons des premiers cycles de l'œuvre. Cet échange semble porter ses fruits assez rapidement, car ces premiers essais sont déjà très proches de la version finale du livret.

La correspondance nous permet par ailleurs de reconstituer les différents procédés mis en place dans l'écriture du texte à partir de sources externes. Dans une lettre du 21 janvier 1995 Del Corno se réfère au rôle de la traduction et à la fonction des textes conservés en langue originale : « les citations sont pour ainsi dire recyclées et travesties dans les traductions. Il reste des sections en dialecte (il me semble que cela te plaisait) et des passages de la tempête en grec et en allemand, de manière à offrir des sonorités 'non descriptives'[9] ».

Plus tard, le 26 juillet 1995, Del Corno fait parvenir à Berio une série de photocopies de textes poétiques, dont vont être extraits certains fragments. Il s'agit notamment du poème de Sergeï Essenine *Je ne reviendrai pas à la maison où je suis né*, que le personnage d'Ada chante au début du Ier cycle et du texte *Malédiction du général Mladic*, un texte inédit de Carlo Bernardini qui est récité par les voix enregistrées à la fin du IVe cycle. Parmi les documents envoyés par

---

9. Lettre de Dario Del Corno à Luciano Berio, datée du 21 janvier 1995, FPS-CLB à titre gracieux (trad. de l'italien par A. Oviedo).

Del Corno on trouve aussi d'autres textes, plus ou moins liés à la thématique de l'*Odyssée*, qui ne seront pas retenus : le poème de John Keats *En ouvrant pour la première fois l'Homère de Chapman* ou encore le poème *Finisterre* de Sylvia Plath.

Le travail à partir des textes originaux consiste en l'extraction de fragments qui peuvent être plus ou moins retravaillés. Par exemple, le chant des vocalistes au milieu du II cycle a été composé à partir d'extraits légèrement modifiés du poème *The Applicant* de Sylvia Plath, tandis que le texte chanté par Samantha à la fin du même cycle combine des extraits de trois textes différents : les poèmes *here's to opening and upward* et *kiss me* de e. e. cummings et le poème *Hyde Park at night, before the war* de D. H. Lawrence.

Un autre type de procédé dans la composition du livret est évoqué dans un fax daté du 25 février 1996 ; Dario Del Corno fait parvenir à Berio ce qu'il appelle un « pastiche autografo da varie fonti », c'est-à-dire un pastiche de sources diverses, mais cette fois-ci complètement transformées par le travail d'écriture de Del Corno. Ce texte correspond au chant d'Outis dans le Ier cycle : « Il mare annega i pegni della memoria. Vano cercare i segni tra l'ombra e la luce. Sfugge la prova che dica l'origine, se non il rifiuto della nostalgia ». (La mer noie les gages de la mémoire. Il est vain de chercher des traces entre l'ombre et la lumière. La preuve s'enfuit qui dirait l'origine, si ce n'est le refus de la nostalgie).

Les différents brouillons permettent de suivre l'évolution du projet, et notamment, au tout dernier moment, la fusion du Ve cycle (autour de la tempête sur un paquebot) et du VIe cycle (autour des doubles d'Outis et d'Emily), en un seul cycle, le Ve cycle tel qu'on le connaît aujourd'hui.

Un entretien de Berio avec Paolo Petazzi du journal *L'Unità*, à l'occasion de la reprise d'*Outis* en 1999 à la Scala de Milan, nous apprend que le compositeur commence l'écriture musicale avant même l'achèvement du livret. Cet entretien confirme par ailleurs des conclusions que nous avons tiré de l'observation des documents :

Berio a eu une idée très claire de son œuvre dès le départ, mais c'est la collaboration avec Del Corno qui a permis l'aboutissement de ce projet. Petazzi demande : « Dans la *Vera storia* vous aviez composé une partie de la musique avant même que Calvino n'écrive le texte en suivant vos indications. Dans *Outis* est-il arrivé quelque chose de similaire ? ». Et à Berio de répondre :

> Beaucoup plus. L'architecture globale de l'œuvre avait déjà été définie, de même une partie de la musique avait été écrite avant même l'achèvement du texte. J'ai eu le privilège de rencontrer une personne merveilleuse comme Dario Del Corno, qui a tout compris immédiatement ; on a travaillé très bien ensemble et naturellement je me suis, moi aussi, adapté à beaucoup de choses proposées par lui ; mais le projet général était déjà assez établi[10].

En effet certains éléments de la musique auraient été composés dès 1991 et leur origine renvoie à un projet qui date de cette époque, *Musical*, projet abandonné, et qui aboutira ensuite dans *Outis*. A la fondation Paul Sacher on peut consulter depuis le mois d'août 2012 quarante-sept pages d'esquisses pour *Musical*. Les liens entre les deux projets restent encore à étudier dans le détail.

Si certains éléments de la partition proviennent de *Musical*, la plus grande partie du travail d'écriture date des années 1995-1996 ; Berio commence l'écriture en ne disposant pas encore de la totalité du livret mais seulement des premiers extraits, résultat du travail avec Del Corno. De très nombreuses esquisses liées directement au processus de composition d'*Outis* ont été conservées. On distingue plusieurs types de brouillons manuscrits. D'abord des pages de préparation du matériau, notamment en ce qui concerne les constructions harmoniques et leurs enchaînements. Aussi, sur certaines pages, on distingue des sortes de réservoirs rythmiques qui servent à la construction des parties vocales, c'est le cas par exemple de la partie chantée par le personnage d'Ada sur le texte « Dove

---

10. Paolo PETAZZI, entretien à Luciano Berio, *L'Unità,* 25 septembre 1999, p. 20 (traduit de l'italien par A. Oviedo).

vivere, dove morire » dans le Ier cycle. On trouve plusieurs pages qui, dans un état plus avancé de l'écriture, correspondent à des parties vocales de l'œuvre, avec un accompagnement soit à peine esquissé soit déjà assez abouti. Dans la plus part des cas, il est aisé d'identifier les parties de l'œuvre auxquelles ces pages correspondent, soit grâce au texte qui est déjà inscrit sous la ligne mélodique, soit grâce à l'indication du personnage qui chante, ou à des annotations qui renvoient à un cycle ou à une section à l'intérieur d'un cycle.

Par ailleurs, parmi les documents préparatoires d'*Outis* on trouve aussi la photocopie de la partition *Albumblatt*, une petite pièce non publiée que Berio avait composée à l'occasion du 70ème anniversaire de Mauricio Kagel en 1992. Écrite à l'origine pour petit violon, accordéon, trombone et contrebasse, le compositeur réalise une transcription sans contrebasse qui correspond à la pièce jouée par les trois clowns sur la scène à la fin du IVe cycle.

Enfin, la dernière section du troisième cycle, sur le texte « Die Posaunenstelle » de Paul Celan, donna lieu à la pièce *Hör*, l'apport de Berio au *Requiem de la réconciliation,* œuvre collective à l'occasion des cinquante ans de la fin de la Seconde Guerre mondiale, où participèrent quatorze compositeurs. Une version de cette pièce apparaît dans le catalogue de Berio aussi comme une œuvre indépendante sous le nom de *Shofar*.

Création, mises en scènes et accueil de la presse

En 1995, un an avant la création de l'œuvre, Luciano Berio fête ses soixante-dix ans. Une année plus tard, en 1996, on célèbre cet anniversaire en Italie en consacrant à sa musique la 5ème édition du festival *Milano Musica*, du 2 au 14 octobre. Le point fort des dix concerts dédiés à Berio était la création mondiale de sa nouvelle pièce de théâtre musical *Outis*, programmée au Teatro alla Scala le 2 octobre 1996.

Or, quelques jours plutôt, le 28 septembre, tous les journaux italiens se font écho d'une grève qui pourrait annuler la création d'*Outis*. Le personnel de La Scala avait appelé à la grève, réclamant la ratification d'une convention collective signée 10 mois plutôt. Malgré les intenses négociations engagées pour essayer de débloquer la situation, les deux premières dates seront annulées. La grève sera enfin levée, la création aura lieu le 5 octobre et les deux dates perdues seront récupérées. Ces complications lors de la création d'*Outis* déclenchent dans la presse un vaste débat sur l'état de la culture en Italie, avec, notamment, une lettre ouverte du pianiste Maurizio Pollini publiée dans le journal *La Repubblica* le 3 octobre 1996.

La presse et le public réservent un accueil très favorable à *Outis*. Les journaux sont unanimes concernant la subtilité de l'écriture musicale, la pertinence de la mise en scène ou encore la qualité des interprètes. Citons par exemple, l'article de Paolo Isotta publié dans l'édition du 6 octobre 1996 dans *Il Corrierre della Sera* :

> Le metteur en scène Graham Vick, le scénographe Timothy O' Brien, le chorégraphe Ron Howell, inventent un spectacle presque à partir de rien, si l'on tient compte qu'il s'agit dans *Outis* d'une négation programmatique de l'action, et que les images sont autonomes vis-à-vis de la conception de la partition. Les changements de scène, l'usage virtuose des masses et des mimes contribuent à la création d'un mouvement perpétuel pour le plaisir des yeux. Très compliqué à dominer, en particulier la scène de la Banque-Bordel et du supermarché, leur travail peut être défini comme un organisme dominé d'une main de fer pour donner l'apparence du chaos. David Robertson dirige avec compétence et délicatesse une partition qui, riche en détails, se révèle aussi très difficile à l'écoute[11].

En 1999, année de la création de *Cronaca del luogo* au festival de Salzbourg, *Outis* est repris à la Scala avec la même direction musicale, la même mise en scène et le même casting de chanteurs, le

---

11. Paolo ISOTTA, *Il Corrierre della Sera*, 6 octobre 1996 (trad. de l'italien par A. Oviedo).

21, 22, 23, 25 septembre. Pour cette nouvelle représentation, le compositeur a réalisé des nombreuses modifications dans la partition électronique. Deux mois plus tard, *Outis* est joué en France, au théâtre de Châtelet à Paris, dans le cadre du Festival d'Automne dans une nouvelle production, le 15, 17, 19, 21 novembre 1999. À cette occasion, la musique est toujours sous la direction de David Robertson, le casting de chanteurs est presque le même, tandis que la mise en scène est signée Yannis Kokkos.

Créé il y a moins de vingt ans, *Outis* a suscité l'intérêt de plusieurs chercheurs. Deux récents ouvrages en lange allemande sur le théâtre musical de Luciano Berio, ceux d'Ute Brüdermann et de Claudia Di Luzio[12], réservent une place importante à *Outis*, l'ouvrage de Di Luzio partant de recherches très approfondies dans les archives de la Fondation Sacher.

David Osmond-Smith avait publié un bref essai dans le programme de concert de la création, développé plus tard en 2000. *Outis* est présenté comme l'aboutissement des recherches menées par Berio pendant trente ans autour du théâtre musical ; il s'agit, selon l'auteur, de l'œuvre la plus radicale de Berio (avec *Cronaca del luogo*) dans sa rupture avec la narrativité linéaire traditionnelle du genre de l'opéra. Désormais, affirme Osmond-Smith, le théâtre ne s'appuie même pas sur un squelette narratif : « Il s'agit plutôt d'un flux d'images théâtrales construit avec soin et tenu ensemble par la partition mais dans une juxtaposition, de manière à permettre aux potentielles interconnexions de proliférer[13] ».

Ivanka Stoïanova, pour sa part, considère *Outis* comme une « réaction au genre de l'opéra, comme négation de la stratégie

---

12. Ute Brüdermann, *Das Musiktheater von Luciano Berio*, Frankfort am Main, Peter Lang, 2007, pp. 171-194. Claudia Di Luzio, *Vielstimmigkeit und Bedeutungsvielfalt im Musiktheater von Luciano Berio*, Mainz, Schott, 2012, pp. 141-155 ; 349-400.
13. David Osmond-Smith, « Here comes nobody: a dramatical exploration of Luciano Berio's *Outis* », *Cambridge Opera Journal*, Vol. 12 No 2, Juillet 2000, p. 167 (trad. de l'anglais par A. Oviedo).

narrative de l'opéra traditionnel[14] ». C'est dans ce sens qu'elle affirme qu'« à la place de l'évolution linéaire narrative des événements sur scène, *Outis* de Berio propose une succession de situations qui annulent complètement la relation de cause à effet et, de ce fait, toute directionnalité, toute téléologie[15] ». Or, il intéressant de signaler avec Stoïanova que Berio « reste tout de même fidèle à la narrativité proprement musicale agissant avant tout à travers les répétitions différentes à grandes distances[16] ». C'est le cas notamment des cinq assassinats d'Outis, lesquels reposent sur un même matériau musical.

Enfin, Maxime Joos, dans un article publié en 2006, affirme que si Berio et Del Corno font appel au mythe, où le temps se fait réversible, comme condition du dépassement du récit orienté, « cela ne veut pas dire qu'*Outis* nie en bloc la catégorie du narratif[17] ». C'est là en effet le paradoxe central d'*Outis*, celui d'une œuvre que par son caractère cyclique nie le temps et qui, cependant, ne peut ne pas s'inscrire dans le temps. Joos signale ce paradoxe qui contribue à la richesse de l'œuvre : « Si l'action de l'œuvre cyclique tend à créer une situation achronique, on ne peut nier [...] le fait qu'elle s'inscrit néanmoins dans le temps linéaire de la représentation[18] ».

---

14. Ivanka STOÏANOVA, *Entre déterminisme et aventure. Essais sur la musique de la deuxième moitié du XX siècle*, Paris, L'Harmattan, 2004, p. 249.
15. *Ibid.*, p. 205.
16. *Ibid.*, p. 258.
17. Maxime JOOS, « *Outis* : morphologie du mythe », *Omaggio a Berio*, sous la direction de Danielle Cohen-Levinas, Paris, L'Harmattan, 2006, p. 99.
18. *Ibid.*, p. 113.

Álvaro Oviedo

Outis. Action musicale en deux parties. (1995-1996)

Texte de Dario Del Corno et Luciano Berio (d'après des citations de James Joyce, Umberto Saba, Bertolt Brecht, Paul Celan, Sergueï Essenine, W. H. Auden, Friedrich Hölderlin, William Shakespeare, Edoardo Sanguineti, Silvia Plath, Catulle, D. H. Lawrence, e. e. cummings, Samuel Beckett, Carlo Bernardini, Herman Melville, une ancienne complainte funèbre, une comptine et des chants de la guerre 14-18).

Personnages :
Emily – soprano ; Outis – baryton ; Ada – mezzo-soprano ; Steve – ténor ; Marina – soprano ; Olga – soprano léger ; Samantha – soprano léger ; Guglielmo – contre-ténor ; Pedro – basse-baryton ; Le metteur en scène – baryton ; Un prêtre – ténor ;
L'ancien combattant – ténor ; Double d'Outis – baryton ; Double d'Emily – soprano ; Le souffleur – comédien ; Isaac – mime ; Rudy – mime.

Groupe vocal : 2 sopranos, 2 contraltos, 2 ténors, 2 basses.
Chœur : sopranos, contraltos, ténors, basses.

Composition de l'orchestre :
- 3 flûtes (la 3° aussi piccolo), flûte en *sol*, hautbois, cor anglais, clarinette en *mi* bémol, 3 clarinettes en *si* bémol, clarinette basse, quatuor de saxophones (soprano, contralto, ténor, baryton), basson, contrebasson.
- 4 trompettes en *do*, 3 cors en *fa*, 3 trombones, Tuba basse
- 3 percussionnistes : 1) tambour à fente, petit timbale, güiro, 2 klaxons, 4 woodblocks, 2 bongos, triangle, flûte à coulisse, flexaton, glockenspiel, crécelle. 2) 4 rototoms, 2 grelots, crécelle, 2 klaxons, caisse claire, fouet, flûte à coulisse, sirène, maracas. 3) 3 tam-tams, caisse claire, 2 grelots, triangle, flûte à coulisse, tambourin basque, claves, grosse caisse).

- piano, célesta, harpe, accordéon (dans le IV cycle joue sur scène), clavier (sampler)
- violons I, violons II, altos, violoncelles, contrebasses.
- Instruments sur la scène : trompette en *do*, cymbales et grande caisse, petit violon, accordéon, trombone, 2 pianos.

Durée : ca 120 min.
Partition : Milan, Casa Ricordi, 1996.

Création : 5 octobre 1996, Teatro alla Scala, Milan. 6 exécutions : le 5, 7, 8, 9 et 10 (x2) octobre 1996.

Direction musicale : David Robertson
Mise en scène : Graham Vick
Décors : Timothy O'Brien
Chorégraphie : Ron Howel
Costumes : Janice Pullen
Lumière : Wolfgang Goebbel

Interprètes : Tatiana Poluektova (Emily), Alan Opie (Outis), Luisa Castellani (Ada), Luca Canonici (Steve), Monica Bacelli (Marina), Yelda Kodally (Olga / double d'Emily), Elena Brilova (Samantha), Dominique Visse (Guglielmo), Roy Stevens (Pedro), Donald Maxwell (le metteur en scène / double d'Outis), Peter Hall (un prêtre / l'ancien combattant), Paolo Calabresi (le souffleur), Franco Reffo (Isaac), Teodoro Zeller (Rudy), Aldo Bennici (petit violon) - Claudio Jacomucci (accordéon) - Michele Lo Muto (trombone) (Trois clowns), Folco Vichi et Massimiliano Murrali (pianistes).

Groupe vocal : Swingle Singers
Orchestre et chœur du Teatro alla Scala, Milan
Projection du son et live electronics : Centro Tempo Reale (Florence)

Autres productions :
- Teatro alla Scala, Milan, 21, 22, 23, 25 septembre1999. Même mise en scène que lors de la création.
- Théâtre du Châtelet, Paris, dans le cadre du festival d'Automne, 15, 17, 19, 21 novembre 1999. Nouvelle mise en scène de Yannis Kokkos.

Documents d'archive :
Documents conservés dans le Fondation Paul Sacher, Bâle :

- Enregistrements vidéo des mises en scène Teatro alla Scala (1996 et 1999) (Document Archive Teatro alla Scala)
- Enregistrements audio des exécutions Teatro alla Scala (1996 et 1999) (Document Archive Teatro alla Scala)
- Enregistrements audio de l'introduction à l'œuvre lors de la création par Luciano Berio et Dario Del Corno (documents non consultés)

- Esquisses pour *Musical* (34 p. + 13 p.) (1991, projet qui aboutira en *Outis*) (documents non consultés)
- Esquisses et brouillons pour *Outis* (115 p.) (+ 46 p. récemment déposées non consultées)
- Plan formel (3 p.)
- Partition incomplète avec des corrections (47 p)
- Partition (photocopie) d'*Albumblatt* (Violon piccolo, accordéon, trombone, contrebasse) avec des corrections pour *Outis*, (5 p.)
- Partition d'une version écartée d'*Albumblatt* (3 p.)
- Partition du live-electronics (24 p.) (documents récemment déposés, non consultés)
Concernant l'évolution du livret d'*Outis* :
- Projet de livret initial par Paul Carter (esquisses et brouillons : manuscrits, documents dactylographiés de Paul Carter, en partie des photocopies avec inscriptions manuscrites de Luciano Berio) (419 p.)
- Livret de Dario Del Corno (esquisses et brouillons : manuscrits, documents dactylographiés de Dario Del Corno, en partie des

photocopies, en partie avec des inscriptions manuscrites de Luciano Berio) (159 p.)
- Livret de Dario Del Corno (dernières versions : documents dactylographiés avec des inscriptions manuscrites de Luciano Berio et d'une autre main) (77 p.)

- Correspondance Luciano Berio / Paul Carter
- Correspondance Luciano Berio / Dario Del Corno

Dossier de Presse de la création en 1996 au Teatro alla Scala (Document Archive Teatro alla Scala).

Brochures publicitaires et d'information concernant les exécutions en 1996 et 1999 à Milan et à Paris. Certains de ces documents peuvent être consultés aussi sur les sites internet :
http://www.milanomusica.org et
http://www.festival-automne.com

Des affiches et des photos des exécutions et mises en scène au Teatro alla Scala de Milan en 1996 et 1999 (200 images) peuvent être consultées sur le site internet : http://www.archiviolascala.org

Le Centro Studi Luciano Berio conserve d'autres documents, le catalogue peut être consulté sur le site http://www.lucianoberio.org

Bibliographie sur Outis *:*
Programme de la création d'*Outis* de Luciano Berio, Teatro alla Scala, Milan, octobre, 1996.

Outis de Luciano Berio, textes en italien et en anglais de Luciano Berio, Dario Del Corno et Paolo Gallardi, Milan, Ricordi, 1996.

Programme *Outis* de Luciano Berio, Théâtre du châtelet, novembre 1999 (livret, textes de Luciano Berio, Dario Del Corno, David Robertson, David Osmond-Smith, et autres).

BERIO Luciano, *Morfologia di un viaggio*, dans Id., *Scritti sulla musica* ; A.I. De benedictis (dir.), Turin, Einaudi, « PBE 608 », pp. 301-303. Ce texte avait été publié en italien dans le programme de la création au Teatro alla Scala, puis avec traduction en anglais dans *Outis* (Milan, Ricordi, 1996), et en français dans le programme du Théâtre du Chatelet de 1999.

BRÜDERMANN Ute, *Das Musiktheater von Luciano Berio*, Frankfort am Main, Peter Lang, 2007, pp. 171-194.

DI LUZIO Claudia, *Vielstimmigkeit und Bedeutungsvielfalt im Musiktheater von Luciano Berio*, Mainz, Schott, 2012, pp. 141-155 ; 349-400.

JOOS Maxime, « *Outis* : morphologie du mythe », *Omaggio a Berio*, sous la direction de Danielle Cohen-Levinas, Paris, L'Harmattan, 2006, pp. 97-117.

OSMOND-SMITH David, « Here comes nobody: a dramaturgical exploration of Luciano Berio's *Outis* », *Cambridge Opera Journal*, Vol. 12, No. 2 (Jul. 2000), pp. 163-178.

STOÏANOVA Ivanka, *Entre déterminisme et aventure. Essais sur la musique de la deuxième moitié du XX siècle*, Paris, L'Harmattan, 2004, pp. 243-259.

THOMAS Sylvand, « Douce beauté, lumière verdâtre, du soleil rayonnant sur la mer. *Outis* de Berio à Paris », *Dissonance* n° 63, Bâle, 2000, pp. 26-27.

SUSANNA PASTICCI

Dynamiques du temps et de la forme dans *Outis* de Luciano Berio

Outis est un opéra complexe et énigmatique, ouvert à une extraordinaire prolifération de clés de lecture. Il s'agit d'une « action musicale » en 2 actes et 5 cycles de Luciano Berio sur un texte de Dario Del Corno et du compositeur, qui repose sur le mythe d'Outis – l'autre nom d'Ulysse. Comme il me fallait faire un choix devant les divers parcours d'interprétations possibles, j'ai décidé de concentrer mon attention sur quatre aspects principaux :
1) le rapport entre la dimension représentative et la dimension narrative ;
2) la caractérisation musicale des personnages ;
3) la structure harmonique ;
4) les dynamiques qui règlent le rapport entre l'articulation de la forme et la perception du temps.

Je ne m'attacherai pas à des questions philologiques ni à une analyse du processus de création ; je m'intéresserai en revanche uniquement au texte que Berio livre à la réception du public et qui se réalise dans l'acte de la performance.

Selon la définition qu'en donne Berio lui-même, *Outis* est une « action musicale » qui se réalise dans l'espace scénique. Dès lors, le spectateur est invité à écouter et à voir une action qui se déploie non seulement dans le temps, mais aussi dans l'espace visible. L'espace scénique est résolument bondé : sur la scène évoluent 17 personnages principaux, un petit groupe vocal et un grand chœur. La multiplication des sollicitations visuelles est accentuée par l'incessante mobilité du dispositif scénique, réalisé entre autres par la projection d'images et de films sur de grands écrans[1].

La discontinuité de la dimension visuelle correspond à une grande mobilité de la dimension acoustique que l'on doit à une écriture musicale dense, riche et articulée, ainsi qu'à l'emploi du *live electronics*. Berio utilise le *live electronics* notamment pour intensifier la mobilité du son naturel que produisent les voix et les instruments. Les sons de l'orchestre sont enregistrés et transmis au moyen d'une série de haut-parleurs disposés dans l'espace frontal, de manière à ce que les auditeurs puissent percevoir au mieux toutes les nuances de l'articulation musicale, alors que l'emploi de techniques de spatialisation et de *delay* permet d'amplifier la mobilité et l'instabilité de la scène sonore. Dans certains passages de l'opéra, le son des instruments est intensifié grâce à l'utilisation de l'*harmonizer*, ce qui permet tantôt de multiplier les parties réelles, de manière à créer un effet d'hétérophonie, tantôt d'augmenter la densité verticale des structures harmoniques complexes[2].

Le spectateur d'*Outis* se trouve en définitive submergé par un flux de sollicitations acoustiques et visuelles tellement mobile, multiforme et complexe, au point de stimuler, comme le suggère Berio dans le programme de salle pour la première représentation donnée en 1996, « le désir d'écouter avec les yeux et de regarder avec les oreilles. Des yeux capables d'écouter des choses différentes dans la

---

1. La fonction du concept 'd'espace dramaturgique' dans l'écriture musicale de Berio – considéré dans ses déclinaisons d'espace sémantique, expressif, théâtral et culturel – est approfondie par Giordano FERRARI, « Berio e lo spazio drammaturgico », in Angela Ida DE BENEDICTIS, *Luciano Berio. Nuove prospettive / New perspectives*, Firenze, Olschki 2012, pp. 445-457.
2. Voir Francesco GIOMI, Damiano MEACCI et Kilian SCHWOON, « Live Electronics in Luciano Berio's Music », dans *Computer Music Journal*, 2003, n° 27/2, pp. 30-46 : 40-43 ; Francesco GIOMI, « Musical Technologies in Luciano Berio's *Outis* », dans Maria Cristina DE AMICIS (éd.), *Atti del XIII Colloquio di Informatica Musicale*, L'Aquila, AIMI/Istituto Gramma, 2000, pp. 105-107.

même perspective et des oreilles capables de voir une seule chose mais dans des perspectives différentes[3] ».

N'ayant pas eu l'occasion d'assister à une représentation d'*Outis* en direct, tout ceci je ne peux hélas que l'imaginer. En 1996, j'ai en revanche écouté la retransmission radiophonique en direct de sa première création à la Scala de Milan[4]. Par ailleurs, j'ai vu des extraits vidéos et analysé la partition à partir des enregistrements de deux créations différentes, celle de Milan en 1996 (Teatro alla Scala) et celle de Paris (Théâtre du Châtelet) en 1999. J'ai étudié la fonction du *live electronics* avec l'aide de Francesco Giomi, le directeur de Tempo Reale, qui a travaillé avec Berio à l'occasion des deux dernières créations de cet opéra et qui m'a été d'un grand secours pour comprendre divers aspects techniques, ainsi que des questions esthétiques liées à la réalisation de l'espace sonore.

À mesure que je progressais dans l'analyse d'*Outis*, mon désir d'« écouter avec les yeux et de regarder avec les oreilles » devenait de plus en plus fort et de plus en plus intense. Ce n'est en effet qu'en acceptant de bousculer nos habitudes perceptives que l'on peut se confronter avec l'extraordinaire complexité d'un opéra qui soumet le spectateur à un certain nombre d'aspects fort problématiques.

Le premier concerne le choix du texte verbal. Comme nous le savons, le livret d'*Outis* se présente comme une mosaïque de citations empruntées aux sources les plus disparates : des fragments de réminiscences littéraires, des chants populaires et des litanies qui alternent avec d'autres textes spécialement écrits par Luciano Berio et

---

3. « il desiderio di ascoltare con gli occhi e di guardare con le orecchie. Con occhi che sappiano ascoltare cose diverse in una stessa prospettiva e con orecchie che possano vedere anche una sola cosa, ma in prospettive diverse » ; voir Luciano BERIO, « Dei suoni e delle immagini », dans Id., *Scritti sulla musica*, A.I. De Benedictis dir., Turin, Einaudi, 2003, pp. 158-164: 163, et note de commentaire p. 515.
4. La première exécution de cet opéra a eu lieu le 5 octobre 1996 et a été diffusée en direct par RAI RadioTre.

Dario Del Corno[5]. Ces fragments ne nous racontent pas de toute apparence une histoire linéaire, une *fabula*, une intrigue compréhensible. Le problème est en réalité à la fois plus complexe et plus délicat.

D'une manière générale, un texte écrit pour le théâtre n'est pas un texte qui *raconte* une histoire, mais plutôt un texte destiné à *représenter* une histoire. Il s'agit là d'une différence non négligeable, qui remonte à la distinction opérée par Aristote et Platon entre la *diegesis* (narration), qui caractérise les genres littéraires de type narratif – comme l'*epos* antique et le roman moderne – et la *mimesis* (représentation), qui caractérise les genres littéraires de type représentatif, comme la tragédie ou la comédie. Au théâtre, on assiste à la représentation d'une histoire déterminée par les actions et les propos des personnages mis en scène, d'autant plus efficace que l'auteur est capable de se 'cacher' lui-même. Au contraire, dans le roman comme dans l'épopée, c'est l'auteur qui raconte, sélectionne et commente les événements narrés, pour les recréer dans notre imagination[6].

Normalement, l'opéra en musique, destiné à la représentation scénique, devrait être considéré comme un genre de type représentatif. En réalité, dans le répertoire de tradition, cela n'a jamais été complètement vrai. Les travaux sur la dramaturgie musicale de Carl Dahlhaus ont mis en évidence que le théâtre musical a toujours été un

---

5. Pour une description détaillée du livret d'*Outis* et de ses sources littéraires je renvoie aux études principales publiées sur ce sujet : David OSMOND-SMITH, « Here Comes Nobody: A Dramaturgical Exploration of Luciano Berio's *Outis* », dans *Cambridge Opera Journal*, 2000, n° 12/2, pp. 163-178; Ivanka STOIANOVA, « Dallapiccola-Berio : esthétiques et stratégies opératiques dans *Ulisse* et *Outis* », in NICOLODI Fiamma (èd.), *Luigi Dallapiccola nel suo secolo* (Atti del convegno internazionale, Florence 10-12 décembre 2004), Florence, Olschki 2007, pp. 367-393 ; Claudia DI LUZIO, « Reverberating history. Pursuing voices and gestures in Luciano Berio's music theatre », dans A.I. DE BENEDICTIS, Angela Ida, *Luciano Berio. Nuove prospettive / New perspectives, op. cit.,* pp. 267-289.
6. Luca ZOPPELLI, *L'opera come racconto. Modi narrativi nel teatro musicale dell'Ottocento*, Venise, Marsilio, 1994, pp.11-24.

genre hybride : la présence de la musique, et en particulier la présence esthétique du compositeur, sont des éléments qui éloignent l'opéra en musique du théâtre parlé, tout en le rapprochant du roman et de l'épopée[7]. La musique agit sur les temps dramatiques, elle fournit des informations, elle suggère des points de vue particuliers, elle révèle ce qui n'est pas visible sur la scène. Autrement dit, la musique *raconte*, tout en introduisant un niveau de fonctions narratives qui se superpose, presque avec arrogance, au plan de la représentation scénique, révélant de la sorte la présence esthétique d'un compositeur-narrateur qui domine et oriente le déroulement des événements[8].

Tout ceci, évidemment, Luciano Berio en avait parfaitement conscience. Au point de vouloir porter la vocation narrative du théâtre musical à ses conséquences les plus extrêmes, jusqu'à en annuler complètement la composante dramaturgique et représentative. *Outis* est l'aboutissement de ce pari : un opéra qui renonce à la possibilité de *représenter* une histoire afin d'appuyer l'accélérateur sur la possibilité de *raconter* quelque chose. Cette clé de lecture nous permet d'interpréter *Outis* moins comme une opération de négation ou de refus de l'opéra traditionnel que comme la tentative de valoriser les éléments épiques et narratifs qui, dans une perspective historique, ont permis au théâtre en musique de se constituer comme genre à part entière, distinct du théâtre parlé.

Dans cette optique, il est aisé de comprendre pourquoi Berio a pris pour modèle de référence la *Morphologie du conte* de Vladimir Propp[9] :

---

7. Carl DAHLHAUS, « Zeitstrukturen in der Oper », dans *Die Musikforschung*, 1981, n° 34/1, pp. 2-11.
8. Carl DAHLHAUS, « Drammaturgia dell'opera italiana », dans Lorenzo BIANCONI et Giorgio PESTELLI (éd.), *Storia dell'opera italiana*, vol. 6 (*Teorie e tecniche, immagini e fantasmi*), Turin, EdT, pp. 77-158 : 81-84 ; 116-123.
9. Vladimir Jakovlevič PROPP, *Morfologija skazki* (Leningrad, 1928) ; trad. franç. de Marguerite Derrida, Tzvetan Todorov, Claude Kahn, *Morphologie du conte*, Paris, Seuil, 1970.

On peut s'étonner que j'utilise la terminologie de l'ethnologue russe Vladimir Propp – le grand ethnologue spécialiste de narrativité orale – pour expliquer les fondements d'un récit qui n'existe pas. Je me souviens de mon émotion à la lecture du livre *Morphologie du conte* (et du débat avec Claude Lévi-Strauss). Certains aspects du projet *Outis* dans sa globalité me sont devenus clairs en tant que réaction à cette lecture. Ce livre m'a permis de préparer le terrain, plutôt accidenté, de mon désir d'aller vers un idéal de méta-théâtre musical[10].

Le concept de dramaturgie, par rapport duquel Berio veut prendre ses distances, repose sur la centralité des personnages mis en scène : en effet, ce que l'on voit au théâtre, c'est la représentation d'une histoire fondée sur les relations interpersonnelles que tissent les personnages. Propp n'analyse pas le théâtre, mais la structure des contes. Ce que mettent toutefois en évidence ses analyses, c'est exactement ce dont Berio a besoin pour pouvoir imaginer un code expressif susceptible de redéfinir le rôle et la centralité des personnages.

L'analyse de Propp repose sur le concept de 'fonction narrative'. Ce qui caractérise la structure du conte, ce n'est pas l'identité des personnages mais leur action, voire la fonction qu'ils sont appelés à assumer dans l'économie générale du récit. En d'autres termes, les personnages ont un rôle uniquement en fonction des *choses* qu'ils font : *ce qu'*ils sont et *comment* ils agissent, ce sont là des aspects tout à fait accessoires. Partant de ce présupposé, il devient alors possible de décrire la structure du conte comme une succession de fonctions

---

10. « Può sembrare curioso che io insista nel fare ricorso alla terminologia di Vladimir Propp – il grande etnologo, studioso della narratività orale – per spiegare le ragioni di una storia che non c'è. Ma ricordo l'emozione che aveva suscitato in me la lettura della sua *Morfologia della fiaba* (e del dibattito con Claude Lévi-Strauss): alcuni aspetti del progetto *Outis*, nel suo disegno generale, mi si sono chiariti come reazione a quella lettura. Questo libro mi ha permesso di preparare il terreno, piuttosto accidentato, del mio desiderio di perseguire un ideale di metateatro musicale » ; voir Luciano BERIO, « Morfologia di un viaggio », dans Id., *Scritti sulla musica, op. cit.*, pp. 301-303: 302, et note de commentaire pp. 524-525.

narratives marquées par un substantif qui définit la typologie de l'action (éloignement, interdit, violation, investigation, etc.).

Berio lui-même organise son action musicale selon une séquence de fonctions narratives. Dans le programme de salle lors de la première création d'*Outis*, l'auteur explique à ses spectateurs que la structure de l'opéra s'appuie sur la succession de 5 fonctions narratives :
a) assassinat d'*Outis*
b) danger, conflit ou persécution
c) solution ou refoulement du conflit
d) retour virtuel
e) voyage[11].

Ces cinq fonctions sont présentes dans toutes les sections de l'opéra qui s'articule en cinq cycles. Dans les deux premiers cycles uniquement, la séquence des fonctions se présente selon sa forme de base, tandis que dans les trois autres cycles l'ordre des fonctions est modifié selon le schéma suivant :
cycle 1 : a b c d e
cycle 2 : a b c d e
cycle 3 : a b c b
cycle 4 : a d b c e
cycle 5 : a e b c d e

Le choix de modifier l'ordre des fonctions narratives s'inscrit parfaitement dans le cadre de la pratique de composition de Berio qui souvent utilise des techniques de permutation pour élaborer aussi bien le matériel musical que la forme de ses opéras. Dans le cas d'*Outis*, le compositeur précise que ce choix vise à réaliser une conception du récit qui repose sur « la mobilité et l'interchangeabilité des fonctions et qui permet de susciter une dramaturgie non linéaire, c'est-à-dire une dramaturgie qui n'est pas constituée de causes narratives et de

---

11. L. BERIO, « Morfologia di un viaggio », *idem*.

conséquences musicales, mais de causes musicales qui peuvent aussi produire des effets narratifs[12] ».

Cependant, ce que je tiens à souligner est que par ce choix Berio s'éloigne de manière radicale de la théorie de Propp. Selon Propp, en effet, dans un conte, les fonctions narratives sont toujours disposées selon un ordre fixe qui n'est jamais modifié. Ce qui définit une fonction narrative, ce n'est pas uniquement la qualité de l'action, mais c'est aussi sa position au sein de la séquence narrative. Les fables évidemment n'utilisent pas toutes les fonctions possibles : certaines peuvent être omises, à condition de respecter un ordre de succession qui est unique et immuable.

En modifiant l'ordre des fonctions narratives, Berio 'trahit' le modèle de Propp et revendique de la sorte un espace de forte autonomie. En réalité, plus qu'un modèle structurel préétabli, susceptible d'être transposé dans le domaine musical, Berio recherche avant tout chez Propp la confirmation d'une possibilité d'imaginer une narration qui soit à même de redéfinir le rôle des personnages. Berio a parfaitement conscience de l'objectif qui est le sien, lequel consiste à mettre en scène une action musicale où ce ne sont pas les personnages qui déterminent les situations, mais où inversement ce sont les situations qui déterminent l'action des personnages.

En renonçant à la dramaturgie, Berio finit par renoncer aux personnages eux-mêmes. En réalité, comme nous le rappelions plus haut, l'espace scénique d'*Outis* fourmille de personnages qui chantent, parlent et évoluent sur scène. Le problème est que ces personnages n'agissent pas en tant qu'individus pourvus d'une caractérisation psychologique ou d'une personnalité intime. Il s'agirait plutôt de personnages dépersonnalisés, réduits au rang de figures emblématiques ou allégoriques : « comme tous les signes, les

---

12. « [Un teatro] caratterizzato dalla mobilità e intercambiabilità delle sue funzioni e capace di suscitare una drammaturgia non lineare, cioè non fatta di cause narrative ed effetti musicali, ma di cause musicali che possano anche produrre effetti narrativi ». *Ibid.*, p. 303.

emblèmes également sont arbitraires et remplaçables[13] ». Non pas tant pour *ce* qu'ils disent que pour *comment* ils le disent, ou mieux comment ils le chantent. Et c'est là qu'intervient la musique. Car, dans un opéra comme *Outis*, l'importance narrative de la musique se manifeste en premier lieu au niveau de la caractérisation stylistique des rôles vocaux.

D'une manière générale, l'élément qui incontestablement émerge le plus de l'écoute de la musique d'*Outis* est la présence d'une forte continuité stylistique. Cette impression de continuité est entre autres déterminée par la reprise de certains épisodes musicaux, quand bien même avec des variantes, dans les diverses sections de l'opéra. Mais c'est là un aspect qui relève de l'organisation formelle globale, dont je compte parler plus loin. Je souhaiterais d'abord m'arrêter sur les lignes vocales des personnages. La lecture du livret ne permet pas de recueillir beaucoup d'informations sur les personnages. Ce qui ouvre à toute une série d'interrogations sur leur identité et leur caractérisation psychologique. Au lieu de lever ces interrogations, la musique contribue à les amplifier davantage. En effet, en maints endroits de l'opéra, des personnages différents chantent des mélodies assez semblables du point de vue de leur profil linéaire et de leur structure d'intervalles.

De nombreuses lignes vocales sont caractérisées par une forte récurrence de l'intervalle de quarte augmentée (ou de quinte diminuée). C'est le cas dans de nombreuses mélodies chantées par Outis, de même que dans les mélodies confiées à d'autres personnages. Les exemples suivants présentent quelques-unes de ces mélodies, chantées respectivement par Guglielmo (contre-ténor) dans le premier cycle (Ex. 1)[14], par Outis (baryton) dans le trosième cycle

---

13. « Come tutti i segni, anche gli emblemi sono arbitrari e sono tutti sostituibili con tutto ». L. BERIO, «Dei suoni e delle immagini», *op. cit.*, p. 158.
14. L. BERIO, *Outis*, 2 vol., Milano, Ricordi 1996, vol. I, p. 24. Nous remercions l'éditeur Ricordi pour avoir gracieusement autorisé la reproduction des exemples musicaux tirés de la partition imprimée qui reproduit l'autographe du compositeur.

(Ex. 2)[15] et par Samantha (soprano léger) dans le quatrième cycle (Ex. 3)[16].

Ex. 1 : Guglielmo, premier cycle, vol. I, p. 24 partition Casa Ricordi, Milan, 1996 (par gracieuse autorisation de Hal Leonard MGB, Italie).

Ex. 2 : Outis, trosième cycle, vol. I, pp. 174-175 de la partition (par gracieuse autorisation de Hal Leonard MGB, Italie).

Ex. 3 : Samantha, quatrième cycle, vol. II, p. 17 de la partition, (par gracieuse autorisation de Hal Leonard MGB, Italie).

L'hypothèse que l'intervalle de quarte augmentée puisse être interprété comme une sorte d'indice associé au personnage d'Outis est confirmée par deux lignes mélodiques chantées par Marina (soprano) dans le quatrième cycle (Ex. 4) et dans le cinquième cycle (Ex. 5). Il

---

Les signes analytiques mettent en évidence les occurrences de l'intervalle de quarte augmentée.
15. L. BERIO, *Outis*, op. cit., vol. I, pp. 174-175. Les signes analytiques mettent en évidence les occurrences de l'intervalle de quarte augmentée ou de quinte diminuée (à l'intérieur d'un cercle), ainsi que les occurrences de quarte juste (à l'intérieur d'un rectangle).
16. L. BERIO, *Outis*, op. cit., vol. II, p. 17. Les signes analytiques mettent en évidence les occurrences de l'intervalle de quarte augmentée ou de quinte diminuée.

Dynamiques du temps et de la forme dans «Outis» de Luciano Berio

s'agit des deux seuls passages du livret où apparaît le mot « nessuno » (personne). Au début du quatrième cycle Marina – qui rappelle à bien des égards le personnage homérique de Nausicaa - apparaît sur l'avant-scène dans un cône de lumière en chantant une mélodie lente et douloureuse sur le texte suivant :

Solo.
Venuto dal mare.
Forse.
Ombra di un viaggio al tramonto.
Pensiero di case -
Perduto il ricordo.
Forse.
Nessuno.
Nei sogni, negli occhi il profumo del mare.
Perché solo?
Forse.

Dans le cinquième cycle, par contre, après une tempête, Outis se retrouve seul sur une plage et dort, épuisé. Marina apparaît et s'approche de lui jusqu'à le caresser, chantant une lente mélodie soutenue par une structure orchestrale impalpable mais constamment fluctuante. Dans les deux cas, ici reproduits dans les exemples 4 et 5, le mot « personne » est chanté sur un intervalle de quarte augmentée. La présence de ce 'madrigalisme' est tout à fait significative, car elle suggère une clé de lecture fondamentale pour l'interprétation de l'œuvre.

Ex. 4 : Marina, quatrième cycle, vol. II, p. 4 de la partition, (par gracieuse autorisation de Hal Leonard MGB, Italie).

Ex. 5 : Marina, cinquième cycle vol. II, p. 111 de la partition, (par gracieuse autorisation de Hal Leonard MGB, Italie).

L'intervalle de quarte augmentée est en effet non seulement un indice associé au nom d'Outis, mais aussi et surtout un élément qui caractérise toute la structure harmonique du morceau. Du point de vue de l'organisation des hauteurs, *Outis* est un opéra marqué par une forte continuité harmonique qui se manifeste principalement par la prédominance de la note *sib* au début et à la fin de chaque cycle, comme s'il s'agissait d'une sorte de 'note pôle'. En réalité, au-delà de la prédominance de la note *sib*, la continuité harmonique est garantie par un ensemble d'intervalles que l'on retrouve dans divers passages de l'œuvre. Il s'agit de l'ensemble (0, 5/6, 11)[17], formé d'un triton plus une quarte juste (ou inversement, une quarte juste plus un triton) qui forment dans l'ensemble une septième majeure. Cet ensemble est exposé sous une forme linéaire au début du morceau.

L'exemple suivant (Ex. 6)[18] reproduit la première page de la partition, où ont été mises en évidence les deux premières répétitions de l'ensemble : la première dans sa forme originale (sur les notes *si-fa-sib*), la seconde sous sa forme inversée (0, 5, 11, sur les notes *re-sol-do#*). Si au début de l'œuvre cet ensemble est utilisé sous une forme linéaire, dans d'autres passages Berio recourt à diverses transpositions de l'ensemble en superposition, de façon à créer des structures harmoniques très complexes. D'une manière générale, cet ensemble offre des possibilités de combinaison s'intervalles très limitées, exprimées par le vecteur intervallique [000011][19]. En réalité,

---

17. La notation chiffrée des exemples suivants est reprise de la *Pitch-Class Set Theory* ; voir Allen FORTE, *The Structure of Atonal Music*, New Haven, Yale University Press 1973.
18. L. BERIO, *Outis*, op. cit., vol. I, p. 1.
19. Le vecteur intervallique est une succession de 6 chiffres qui exprime le 'contenu intervallique total' de l'ensemble : le premier chiffre représente le nombre

en transposant diverses formes de l'ensemble, on peut obtenir un répertoire de hauteurs et d'intervalles beaucoup plus riche et parvenir ainsi au total chromatique.

Du fait de la répétition – et de la fonction structurelle que celle-ci joue au sein de l'œuvre – on peut considérer cet ensemble comme une sorte de 'cellule fondamentale' du morceau. J'aime assez rappeler que cet ensemble joue une fonction analogue dans de nombreux chefs d'œuvre du XXe siècle. On le retrouve dans *Le sacre du printemps* de Strawinsky, au début d'*Erwartung* de Schönberg et dans de nombreuses compositions de Béla Bartòk et Anton Webern.

---

d'occurrences de la classe d'intervalle 1 (demi-tons et septièmes majeures), le deuxième, le nombre d'occurrence de la classe 2 (tons et septièmes mineurs) et ainsi de suite. Voir Allen FORTE, *Pitch Class Set Theory*, Yale University Press, New Haven 1973 ; Susanna PASTICCI, *Teoria degli insiemi analisi della musica post-tonale*, Rivista di Analisi e Teoria Musicale (numero monografico), 2/1, 1995.

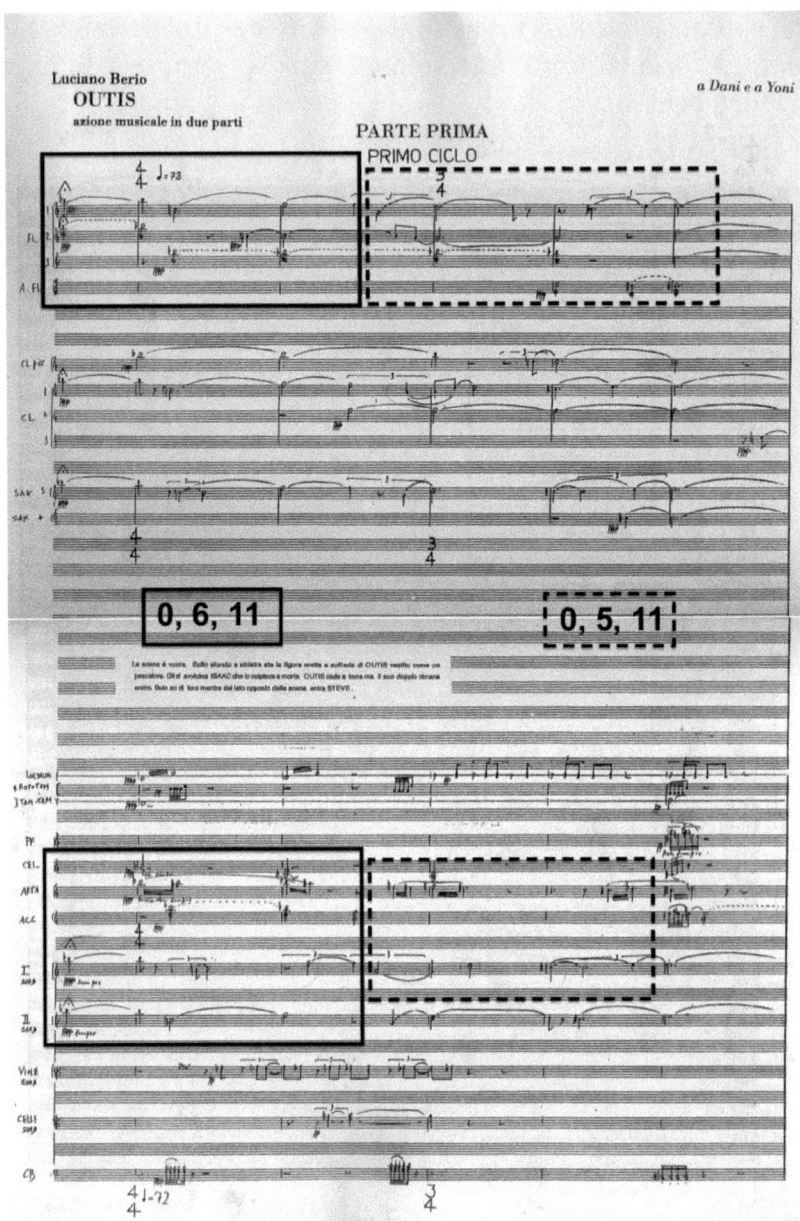

Ex. 6 : début du premier cycle, vol. I, p. 1 de la partition (par gracieuse autorisation de Hal Leonard MGB, Italie).

Dynamiques du temps et de la forme dans «Outis» de Luciano Berio

L'exemple suivant (Ex. 7) présente un passage confié à la section des cordes au début du troisième cycle, où Berio réalise une structure polyphonique complexe grâce à la superposition et à la succession de diverses formes de cette cellule fondamentale[20].

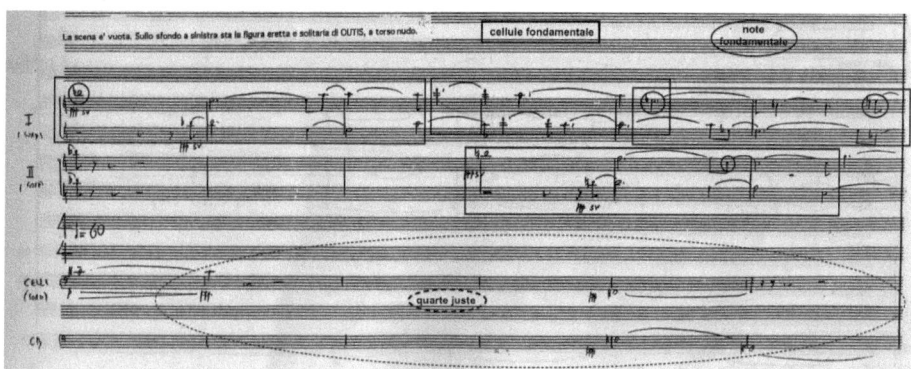

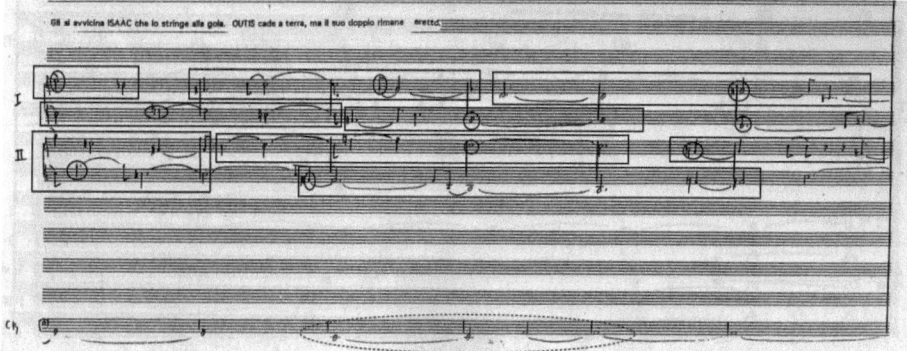

Ex. 7 : début du troisième cycle, vol. I, pp. 145-146 de la partition, seulement les instruments à cordes, (par gracieuse autorisation de Hal Leonard MGB, Italie).

---

20. L. BERIO, *Outis, op. cit.*, vol. I, pp. 145-146. Dans la première partie des premiers et des seconds violons, les rectangles mettent en évidence les différentes occurrences de la cellule fondamentale, tandis que la note fondamentale de chaque cellule est à son tour indiquée par un cercle. Dans la partie des violoncelles et des contrebasses ont plutôt été mis en évidence les intervalles de quarte juste.

Dans le début du deuxième cycle où Berio explore une autre potentialité expressive de la cellule fondamentale. Des instruments exécutent des accords formés par la superposition de quartes justes, tandis que d'autres exposent la cellule fondamentale sous une forme linéaire, complète ou incomplète. La superposition de quartes justes détermine une sonorité qui produit un effet 'consonant' par rapport à la superposition de toute la cellule de base qui contient aussi le demi-ton et le triton. Dans de nombreux passages de l'œuvre, Berio joue justement sur cette opposition entre des sonorités de diverses valeurs expressives pour parvenir à une dialectique entre les plans harmoniques, qui est ultérieurement accentuée par l'emploi de l'*harmonizer* et du *live electronics*.

Du point de vue de l'écoute, la présence de la cellule fondamentale représente assurément un élément de continuité important. D'autre part, comme je l'ai rappelé plus haut, cette impression de continuité tient également au fait que certains épisodes musicaux sont repris dans diverses sections de l'opéra. La première fonction narrative, liée à l'assassinat d'Outis, représente sans aucun doute l'élément de continuité le plus fort. Dans tous les cycles, il occupe toujours la même position, au début du cycle, et à chaque fois est reproposé le même matériel musical, même s'il est élaboré de manière toujours différente.

De même, dans un même cycle, l'impression de continuité est si forte qu'elle remet en cause la possibilité du spectateur de percevoir réellement le passage d'une situation narrative à une autre. Rappelons aussi l'importance de la composante visuelle, par laquelle le spectateur est constamment sollicité « à regarder avec les oreilles et à écouter avec les yeux ». Les changements opérés dans le dispositif scénique deviennent un élément déterminant pour souligner la discontinuité entre les diverses fonctions narratives. On remarquera néanmoins que dans de nombreux cas Berio ne confie pas ce rôle exclusivement à la composante visuelle. Dans le premier cycle, par exemple, le passage de la situation initiale à une situation de 'conflit' est annoncé par une série de coups de trompette accompagnée du son des cymbales et de la grosse caisse[21]. C'est là un indice ostensiblement explicite qui contribue à marquer la discontinuité de manière absolument efficace. De même, le passage à la troisième situation narrative (la « solution du conflit ») est annoncé par une autre série de coups de trompette[22].

L'exemple suivant (Ex. 8) présente un graphique de l'ensemble formel, montrant la succession des fonctions narratives, les principales indications scéniques (en italique) et les personnages concernés[23]. Les dynamiques de perception de la forme sont déterminées par divers facteurs. Tout d'abord, par l'efficacité des éléments de segmentation auditive et visuelle qui permettent de percevoir avec plus ou moins de clarté le passage d'une situation à une autre. Ensuite par la caractérisation expressive des fonctions narratives. Une situation de 'conflit', par exemple, devra être réalisée de manière complètement différente par rapport à une situation de 'retour virtuel'. En réalité, cette caractérisation n'est pas toujours aussi marquée et aussi explicite. Alors que la situation de 'conflit' est toujours clairement identifiable grâce à une série d'indicateurs musicaux tout à fait explicites – agitation rythmique, densité harmonique, polyphonie vocale –, les différences entre une situation de 'voyage' et une situation de 'retour virtuel' ne sont pas particulièrement marquées sur le plan auditif. Le spectateur sera donc là encore sollicité à « regarder avec les oreilles et à écouter avec les yeux ».

---

21. *Ibid.*, pp. 16 et suivantes.
22. *Ibid.*, pp. 39 et suivantes.
23. Le graphique a été réalisé à travers l'analyse de la partition, en tenant compte les indications fournies par le compositeur dans le programme de la création de l'œuvre ; voir L. BERIO, « Morfologia di un viaggio », *op. cit.*

Premier cycle	Deuxième cycle	Troisième cycle	Quatrième cycle	Cinquième cycle
A ASSASSINAT Scène vide, obscurité Outis, Isaac, Double d'Outis, Steve	**A** ASSASSINAT Scène vide, obscurité Outis, Isaac, Double d'Outis, Souffleur	**A** ASSASSINAT Scène vide, obscurité Outis, Isaac, Double d'Outis, Souffleur, Steve, Outis	**A** ASSASSINAT Scène vide, obscurité Outis, Isaac, Double d'Outis	**A** ASSASSINAT Scène vide, obscurité Outis, Isaac, Double d'Outis
B CONFLIT Lumière sur la scène, jonchée d'objets disparates Pedro, Ada, Guglielmo, choeur, Emily, Rudy, Outis Fables sur les écrans	**B** CONFLIT Lumière sur la scène (banque) Metteur en scène, choeur, vocalistes, Prêtre, Ada, Guglielmo Images sur les écrans; éclairs et explosions. Outis La scène représente un bordel Marina, Olga, Samantha	**B** CONFLIT Lumière sur la scène (supermarché grotesque). Sur les écrans documentaires sur la guerre et la déportation Vocalistes, Outis, Steve	**D** RETOUR VIRTUEL Cône de lumière Marina, Outis, Souffleur, Samantha, Olga, Metteur en scène, Emily	**E** VOYAGE Le pont d'un bateau de croisière; sur les écrans: mer et paysages exotiques. Outis, Steve, Emily, Samantha, Olga, Guglielmo, Ada, Pedro, Metteur en scène, Ancient combattant, Vocalistes, Vocalistes, Souffleur
C SOLUTION Obscurité dans le fond Souffleur	**C** SOLUTION Un tunnel s'ouvre dans le mur Emily	**C** SOLUTION Le supermarché disparaît Outis	**B** CONFLIT L'avant-scène s'illumine. Rudy, Enfants, Outis, Metteur en scène, Guglielmo, Ada Scène de guerre et courtes images de paix sur les écrans Voix Enregistrées, Ancien combattant	**B** CONFLIT Le bateau est en danger: tempête sur les écrans Pedro, Ancient combattant, Ada, choeur, vocalistes et voix éparses
D RETOUR VIRTUEL [Lumière] Outis, Ada, Emily	**D** RETOUR VIRTUEL	**B** CONFLIT Intense lumière sur la scène; séquence des yeux sur les écrans Choeur de déportés	**C** SOLUTION Un groupe de Clowns entre en scène et commence à jouer	**C** SOLUTION La tempête s'apaise; l'espace se referme sur Outis Marina
E VOYAGE Obscurité, constellations sur les écrans. Choeur (derrière la scène)	**E** VOYAGE Outis		**E** VOYAGE Outis	**D** RETOUR VIRTUEL Sur les écrans une forêt et des paysages marins Outis, Souffleur
				E VOYAGE Sur les écranes images de villes et de pays divers. Deux pianos au centre de la scène. Emily, Outis, Double d'Emily, Double d'Outis

Ex. 8 : graphique de l'ensemble formel.

La durée de chacune des sections constitue également un élément important pour la perception de la forme. Le schéma reporté dans le document suivant (Ex. 9) met en évidence les rapports de proportion entre la durée des diverses situations narratives, calculés à partir de l'exécution parisienne d'*Outis* en 1999. La donnée la plus significative mise en évidence par ce schéma est le fait que, dans

Dynamiques du temps et de la forme dans «Outis» de Luciano Berio

presque tous les cycles, la situation de 'conflit' prévaut sur les autres situations, alors que la 'solution du conflit' a presque toujours une portée très limitée.

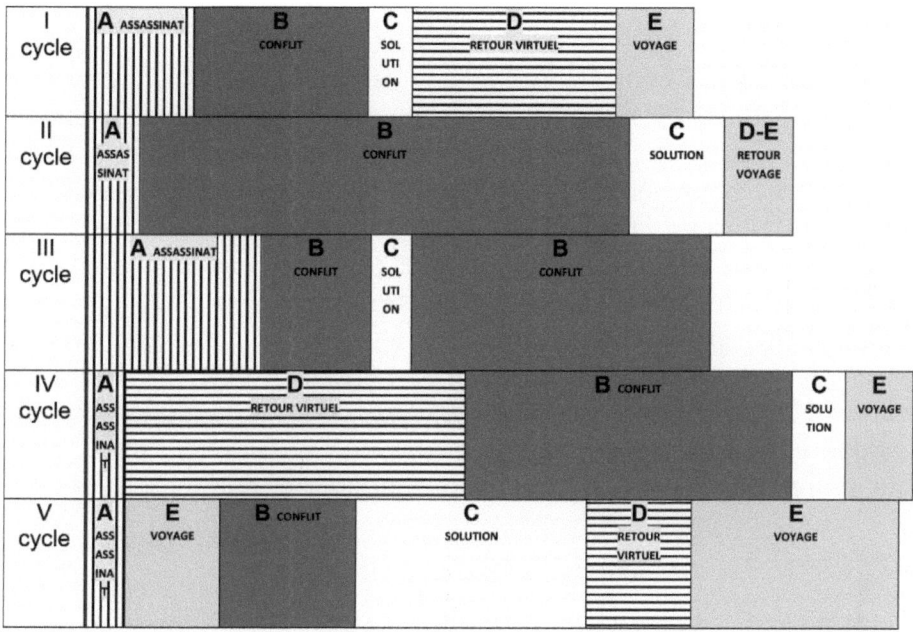

Ex. 9 : dynamiques du temps et de la forme

Les résultats de cette analyse nous permettent de tirer quelques conclusions générales, liées au choix du sujet de cet opéra. Au cours des siècles, de nombreux artistes ont été fasciné par le mythe d'Ulysse. Toutefois, l'attraction du mythe chez Berio ne se joue pas tant au plan du contenu qu'au plan de la forme. L'*epos* d'Homère se caractérise par l'absence d'une perspective centrée sur le personnage d'Ulysse, de même que sur sa dimension psychologique. Le poète épique n'est jamais la proie d'états d'âme. Comme l'a observé Emil Steiger, Homère émerge du flot de l'existence et affronte sans faiblir le cours des choses de la vie[24]. Outre à Propp, Becket et Brecht, que

---

24. Emil STAIGER, *Grundbegriffe der Poetik*, Zurich, Atlantis 1946.

Berio reconnaît comme ses principaux modèles pour la réalisation d'*Outis*[25], je crois qu'à l'origine de la plupart de ses choix expressifs il faut surtout mentionner Homère. Homère n'est pas un inventeur, mais le recréateur d'un patrimoine commun partagé par les auditeurs qui participent de son univers de valeurs et de l'usage qu'il en fait.

Ainsi que l'écrit Georg Lukàcs dans la *Théorie du roman*, le monde de l'*epos* d'Homère est un monde homogène, et même la séparation entre l'Homme et le Monde, entre le moi et l'autre, ne peut miner son homogénéité[26]. Annuler l'orgueil et l'arrogance de l'individu, puiser à la source d'un patrimoine de mémoires partagées, en exalter les éléments de continuité tout en tenant compte des différences : tel est l'héritage d'Homère que l'on peut lire dans l'Outis. Un opéra dont la référence à l'*epos* se conjugue avec la profonde vocation à l'*éthos* qui caractérise toute la recherche expressive de Berio[27], animée par une conception dialectique du rapport entre l'individu et la collectivité, entre le sujet et l'autre, entre son propre univers et d'autres univers, cultures et traditions.

---

25. L. BERIO, « Morfologia di un viaggio », *op. cit.*, pp. 301-303.
26. Georg LUKACS, *Die Theorie des Romans. Ein geschichtsphilosophischer Versuch über die Formen der großen Epik*, Berlin, Paul Cassirer, 1920 ; trad. franç. La Théorie du roman, Paris, Gallimard, 1989.
27. Susanna PASTICCI, « 'In the meantime, we'll keep translating': the strength of the ethical dimension in the creative thought of Luciano Berio », dans A.I. DE BENEDICTIS, *Luciano Berio. Nuove prospettive / New perspectives*, *op. cit.*, pp. 459-475.

JONATHAN CROSS

How Do You Make an Opera Without a Narrative? Journeying with Ulysses and Outis

> Tell me, Muse, the story of that resourceful man who was driven to wander far and wide after he had sacked the holy citadel of Troy. He saw the cities of many people and he learnt their ways. He suffered great anguish on the high seas in his struggles to preserve his life and bring his comrades home. But he failed to save those comrades, in spite of all his efforts. It was their own transgression that brought them to their doom, for in their folly they devoured the oxen of Hyperion the Sun-god and he saw to it that they would never return. Tell us this story, goddess daughter of Zeus, beginning at whatever point you will [1].

This invocation to the Muses forms the opening words of Homer's epic Greek poem the *Odyssey*. It is the sequel to the *Iliad*, and is generally believed to have been composed towards the end of the 8th century BC. Set during the Trojan War, the *Iliad* had told the story of the ten-year siege of the city of Troy. The *Odyssey* begins ten years after the end of the war and recounts the story of the return of Odysseus (or Ulysses as he became known in Latin) from captivity in Calypso's island home back to his wife Penelope and his son Telemachus on the island of Ithaca. As the oldest surviving works of Western literature, the influence of the *Iliad* and the *Odyssey* on the formation of later narratives across almost thirty centuries cannot be underestimated.

---

1. HOMER, *The Odyssey*, trans. E.V. Rieu, London, Penguin, 2003, p. 3. First published 1946; revised translation first published 1991.

Jonathan Cross

There are many key aspects of the *Odyssey* that help frame an understanding of the work of Luciano Berio and Dario del Corno in *Outis*. First, there is the so-called 'Homeric question', that is, the debate surrounding the identity of the figure known as Homer. There is no certainty about who he was, when he lived, or even whether he was just one person. Homer might well be a fictitious name the Greeks gave to the author of these works[2]. It is clearly relevant that one of the source texts of *Outis* was written by a figure one might indeed choose to call 'Outis[3]', 'no-one', a man (or even more than one man) «without qualities[4]», whose identity is not fixed but which is continually in dispute or reinvention. Since the emergence of Renaissance Humanism, the quest to fix the identity of Homer has come to matter to scholars in a way that was of little import to the Ancient Greeks. Only recently, since the beginnings of the collapse of the project of modernity in the hands of key figures such as Freud, Woolf, Joyce and Beckett, have we come to question the apparent need for a singular or fixed identity. Such questioning has echoed out across opera and music theatre in the 20th century and into the 21st century, which has often been concerned with the exploration of this crisis of identity: the nameless 'Frau' of Schoenberg's expressionistic monodrama *Erwartung*; the shifting central figure in Berg's opera *Lulu*, who takes on the identity of those who gaze on her; the fragmented identity of the Mad King in Maxwell Davies's *Eight Songs*; the multiple identities of the eponymous hero of Birtwistle's *The Mask of Orpheus*, who is represented in triplicate and who dies many times and in different ways during the course of the opera; in

---

2. Berio was certainly well aware of these issues, as he discussed them in the Charles Eliot NORTON Lectures given at Harvard University in 1993–4, published as *Remembering the Future*, Cambridge, MA, Harvard University Press, 2006, pp. 32–33.
3. In the Greek of Homer, Outis (Οὖτις), meaning 'nobody', is the name Ulysses gives himself in order to outwit the Cyclops Polyphemus.
4. This allusion to the title of Robert Musil's *The Man Without Qualities* (*Der Mann ohne Eigenschaften*) would not have been lost on Berio, who makes reference to the novel in *Remembering the Future*, op. cit., p. 13.

How Do You Make an Opera Without a Narrative?
Journeying with Ulysses and Outis

the destruction of the identity of Hamlet in Rihm's *Die Hamletmaschine*; in the absence of identity in Nono's 'azione scenica' *Prometeo*; and in the kaleidoscope of characters who pass through Berio's operas *La vera storia*, *Un re in ascolto* and *Outis*.

Secondly, there is the question of when the text of the *Odyssey* was written. While scholars dispute the details, the written text dates from at least 400 years after the events of the Trojan War it depicts. They are not first-hand accounts. They are literary constructions, not historical documents. Written so long after the event, they are, one might say, an attempt to construct a memory. The possibility always remains open for the events to be re-told in other ways. This is connected with the fact that the written texts emerged only after many generations of oral transmission of the stories. In other words, the *Odyssey* existed long before Homer in the form of continually evolving extemporized songs and poems, whose formulae (conventional language and structures) enabled their memorization and whose traces remain in the texts of Homer. Thus, while one might argue that the text of Homer is essentially fixed, it nonetheless offers a window onto a tradition of story-telling about the heroic Ulysses that was in a state of flux, where the events of history were continually being re-interpreted depending on the teller, his context and his audience. Homer's *Odyssey* is a telling that is in dialogue with many other tellings, past and future. Berio must thus have had Ulysses in mind when he took a line from Calvino's text for *Un re in ascolto* as the title for his Charles Eliot Norton lectures at Harvard in 1993–4, «[un] ricordo al futuro», *Remembering the Future*. In fact, he refers directly to the *Iliad* and the *Odyssey* in the lectures, written at just the same time he was beginning work on *Outis*. Noting that «Ulysses narrates his adventures, adapting them to suit the expectations and conventions of those to whom he speaks», Berio asks the pertinent question: «Was he [Ulysses] a liar?[5] » In other words, Berio is

---

5. L. BERIO, *Remembering the Future, op. cit.*, p. 33.

concerned with the veracity of narrative. Is it ever possible to find the true story, he appears to be asking. Where is *'la vera storia'*?

Thirdly, there is the organization of the *Odyssey*, namely, the way it is presented as a non-linear narrative, beginning *in media res*, punctuated by memories and flashbacks, and incorporating parallel narratives. It possesses a linear plot only *in absentia*, in that it is concerned with a geographically and temporally linear journey, but this has to be reconstructed by each reader for himself or herself out of the details. This stands in contrast to the archetypical connected, linear, narrative forms of the 19th century (the *Bildungsroman*, the symphony, and so on), which then came under serious challenge in the 20th century as they failed to capture the pluralities of the modern world: its fragmented identities, its new temporalities. In our own post-industrial, post-colonial, post-modern times, it is fascinating that we should choose to look further back to Ancient Greece in order to see a way forward: «[un] ricordo al futuro».

And fourthly, there is the question of the *Odyssey* as myth, to which this chapter will return at its end.

*

The quest for home and the quest for identity are the two interrelated principal themes of the *Odyssey*. In this regard it is a work that is conscious of its own narrative, forms and language. Indeed, the central moment turns on a pun, on wordplay. Ulysses drives a sharpened stick of olivewood through the single eye of Polyphemus, who calls out in pain for help: «O my friends, it's Nobody's treachery, not violence, that is doing me to death[6].» Polyphemus is blinded to the multiplicity of language. Narrative here is driven by language, not the other way round. Again, one is prompted to ask, where is *'la vera storia'*? What reality lies beyond the text? For Jacques Derrida,

---

6. HOMER, *The Odyssey*, p. 120.

famously, there was nothing: «il n'y a pas de hors-texte[7] ». For Derrida, Joyce was the exemplar of the equivocity of language; Joyce opened up language to the maximum of signification. Joyce's reworking of the *Odyssey* as *Ulysses*, full of the most extraordinary textual play, illustrates at one level the modernist crisis of faith in meaning. It is not for Joyce to propose meanings but it is for the reader actively to attempt to find meanings, in which task he or she may succeed or fail, and whose meanings will be different on each occasion. And one might say this is all part of the character of Ulysses for whom Homer provides the adjective '*polytropos*', translated above as 'resourceful', but carrying suggestions of 'much-travelled', 'turning many ways', 'wily' and 'crafty'. But a trope is also a figure of speech in which a word or phrase is used in a sense different from its conventional use (metonymic, metaphoric, allegorical, etc.). Thus '*polytropos*' also suggests from the beginning that Ulysses will play with words and their meanings.

It should be clear, then, why the work of Homer would have been of interest to Berio. In his reading of the *Odyssey* he finds ancient pre-echoes of many of the concerns of his operas: the idea of narrative and narration, telling and re-telling; a preoccupation with voice and text; the foregrounding of the performance itself as performance; and a fascination with the different literary and musical traditions, whose traces are left to varying degrees in his own texts. But his thinking about the *Odyssey* is inseparable from his reading of Joyce's *Ulysses*, with which he had been fascinated for most of his adult life. Its first direct creative consequence was his complex reworking of a reading of the 'overture' of the «Sirens» chapter from *Ulysses* in the tape piece *Thema (Omaggio a Joyce)* (1958). Joyce had already reworked Homer's account of the terrible, seductive singing of the Sirens in an attempt to capture music in words, words initially

---

7. See Jacques DERRIDA, *Of Grammatology*, trans. Gayatri Chakravorty Spivak, Baltimore, Johns Hopkins University Press, 1976, p. 158. First published in French as *De la grammatologie* (1967).

used primarily for their musical effect, devoid of immediate syntactic or narrative sense:

> Bronze by gold heard the hoofirons, steelyringing Imperthnthn thnthnthn.
> Chips, picking chips off rocky thumbnail, chips.
> Horrid! And gold flushed more.
> A husky fifenote blew.
> Blew. Blue bloom is on the
> Gold pinnacle hair […]
>
> I feel so sad. P. S. So lonely blooming.
> Listen!
> The spiked and winding cold seahorn. Have you the? Each and for other plash
>   and silent roar.
> Pearls: when she. Liszt's rhapsodies. Hissss […] [8]

In turn, Berio now reworks Joyce's words into his *Omaggio*. Most of the words are, in fact, lost; they become sonic effects, though the occasional word can be heard, offering new possibilities of signification. And *Outis* displays similar characteristics. One might describe it as a palimpsest, written on top of both Homer's *Odyssey* and Joyce's *Ulysses*, shards of which occasionally show through.

Names play a key role in *Outis*. The names of the opera's characters involve wordplay on names from both the *Odyssey* and *Ulysses*. Outis is self-evidently Ulysses and, by implication, Leopold Bloom (there is assonance in all three names). His wife Emily parallels both Penelope and Molly (here there is alliteration of their three names in English). The third principal character is their son Steve, echoing Stephen Dedalus, who in turn echoes Telemachus as well as referring directly to the Greek figure Daedalus who first appears in the *Iliad*. Samantha is Circe, Olga is Calypso, Marina is

---

8. James JOYCE, *Ulysses*, Harmondsworth, Penguin, 1969, pp. 254–5. First published in Paris in 1922.

How Do You Make an Opera Without a Narrative?
Journeying with Ulysses *and* Outis

Nausicaa. And, as in Joyce, there is an autobiographical element too, in the presence of the names of Berio's own children Stefano (Steve) and Marina, and his mother Ada. There is one direct reference to a Joyce character in the mute role of Rudy, the 11-year-old son of Outis and Emily, referring to Rudy, the son of Leopold and Molly Bloom, who died in infancy at 11 days old. In the First Cycle, Guglielmo sings words from Bloom's sad reminiscence of his dead son in the 'Hades' chapter of *Ulysses*, but Guglielmo parodies them as the words themselves emerge as a distorted echo of the list of fairy-tale characters given by Pedro (the auctioneer), which immediately precedes them:

>
> PEDRO
> Rapunzel
> Superman
> Biancaneve
> e tanti nani
> la Sirenetta
> Faccia di pietra
> Captain Nemo [9]
> L'oca dorata
>
> GUGLIELMO
> Rudy.
> Faccia di nano,
> violetto, grinzosa,
> nella casetta bianca
> Piccolo.
> Povero.
> Bambino.
> Non significava più nulla.

In *Ulysses* the lines read: «Our. Little. Beggar. Baby. Meant nothing[10].» For Joyce, too, Rudy is 'no-one'.

---

9. Captain Nemo, after Jules Verne's *Vingt mille lieues sous les mers* and *L'Île mystérieuse*, is another form of 'Outis': 'nemo' is the Latin for 'no-one'.

As David Osmond-Smith writes, the situation here is of «a frantic auction of images from the fairy stories that constitute an imaginative horizon for childhood». It is a «riotously cynical situation – the first of several demonstrations of the reduction of all human values to commerce[11] ». Myths, even those of childhood, have become mere commodities. «Non significava più nulla. »

The exaggerated vocal style of the high counter-tenor along with the Ligeti-like 'clouds' and *quasi-mecanico* orchestral writing (see Ex. 1), frame Joyce's reworked text in a particular way, suggesting cynicism. This is the music's role, to add another layer of commentary. As Berio observed in 1995, he uses «music as an instrument to analyse the text, to put it in a different light and discover implicit or new meanings from it[12]».

---

10. J. JOYCE, *Ulysses*, *op. cit.*, p. 97.
11. David OSMOND-SMITH, *Here Comes Nobody: A Dramaturgical Exploration of Luciano Berio's* Outis, «Cambridge Opera Journal», 12/2 (2000), p. 168.
12. Theo MULLER and Luciano BERIO, *"Music is not a solitary act": conversation with Luciano Berio*, in «Tempo» (New Series), No. 199 (1997), p. 17.

How Do You Make an Opera Without a Narrative?
Journeying with Ulysses and Outis

Ex. 1 First Cycle, Guglielmo, rehearsal figure 14_1 (wind omitted) (by courtesy of Casa Ricordi, Milan. Hal Leonard MGB. All rights reserved)

Thus through the names of the opera's characters as well as the other names that float through the work from time to time, the audience is drawn into a network of references and associations. The names are richly suggestive ('*polytropos*', turning in many different ways), opening up possible interpretations, without ever fixing them. In any case, so many of the references pass by at such speed that it is often difficult for the listener to grasp hold of them.

In general, one might say that Berio's musical approach to the three principal characters of the opera parallels the approach of Joyce in *Ulysses*, where a particular linguistic style identifies each of *his* three main characters: Leopold Bloom thinks in staccato sentences; Stephen Dedalus thinks in long, complex sentences; Molly Bloom presents a continuous, flowing stream of thought without any punctuation. In the opera, aside from her first entry when she sings words from W. H. Auden's *The Age of Anxiety*, Emily's lines generally have no punctuation and they receive a flowing melodic setting, where the role of the accompanying instruments is to provide continuity across her phrases. This is at its most obvious at the end of the Second Cycle. «Emily lies on her back ... and spreads her legs. On the wall a tunnel appears, as if between Emily's legs. Everyone enters it. In the distance flash advertising billboards.» (Ex. 2a)

How Do You Make an Opera Without a Narrative? Journeying with Ulysses and Outis

Ex. 2a Second Cycle, Emily, rehearsal figure 39_{II} (by courtesy of Casa Ricordi, Milan. All rights reserved)

Just as childhood was shown in the First Cycle to have become inseparable from commerce, so here sex and commerce are intertwined. Emily's situation echoes that of Molly Bloom, a married woman asserting her right to erotic fulfilment; but unlike Molly, Emily seems joyless. Her words – extracted from Auden's poem *Prime* – allude to the idea of Outis 'without a name or history'. The rising erotic tension is represented in the simplest form by the orchestra (Ex. 2a), which traces a chromatic line moving upwards by a minor ninth from A to B-*b*. Outis responds in English (Ex. 2b) with a reworking of the famous closing words from Molly's reverie in *Ulysses*, «Yes – oh yes. You will. Yes.» His characteristic rising fourth figure (F#–B–E) relates to a general motif of a fourth and a tritone found across the opera, which is also later taken up by Emily. This is not an ending, as in Joyce, but swiftly leads to a new beginning, signalled by the B-*b* at the start of the Third Cycle.

How Do You Make an Opera Without a Narrative?
Journeying with Ulysses and Outis

Ex. 2b: Second Cycle, Outis, after rehearsal figure 41_{II} (by courtesy of Casa Ricordi, Milan. Hal Leonard MGB. All rights reserved)

Many of the utterances of Outis open out from or focus on the note C, the 'neutral' note of Western music, the note 'without qualities' ('*ut*' in Guidonian solmization, echoing the name of o-*UT*-is). Outis's first statement (Ex. 3) begins with a C, and his text could be taken to stand for the central concerns of the opera:

> Il mare annega i pegni
> della memoria. Vano
> cercare i segni
> tra l'ombra e la luce.
> Sfugge la prova
> che dica l'origine,
> se non il rifiuto
> della nostalgia.

The musical setting is dark and serious. The sparse scoring is sombre, lending a melancholic *Affekt* (alto flute, bass clarinet, horns, violas, cellos and basses). It is a stylised aria, set apart from the music that surrounds it. Outis's line unfurls slowly, proliferating outwards into the instruments, which weave sustained, slow-moving lines around the voice.

How Do You Make an Opera Without a Narrative? Journeying with Ulysses and Outis

Ex. 3 First Cycle, Outis, rehearsal figure 24_1 (alto flute omitted) (by courtesy of Casa Ricordi, Milan. Hal Leonard MGB. All rights reserved)

There is a long tradition of reading Odysseus as a Christ figure – the wanderer, the outsider, the suffering seer. Bloom, similarly, as an outsider, has been read as Christ-like. Through Berio's Baroque-like musical reading here of the character of Outis, whose death is re-enacted many times, Christ is also suggested as another resonant layer of possible interpretation without this ever becoming definitive. Being 'nobody', Outis can take on whatever qualities we choose to project onto him; being 'no-one' he can see that «vano cercare i segni tra l'ombra e la luce» («we search in vain for the shapes between the shadow and the light»).

The textual web across the work of names, quotations, languages and stylistic allusions – from folk poetry to Hölderlin, from Shakespeare to Celan, from Catullus to Cummings – is complemented by a tantalizing network of allusions to musical styles and techniques. The most obvious of these, as so often in Berio's stage works, are to opera itself, not least in the recognisable forms of recitative, aria and chorus. But unlike a Baroque opera, these formal units are not ordered into a narrative sequence. This is opera about opera, theatre about theatre, performance about performance, as signalled by the direct presence in the *dramatis personae* of the work's director, designer and wardrobe mistress. Further, the presence on the stage of TV screens suggests that everything is representation, everything is a simulacrum. Is anything real? Meaning remains illusory. For the most part even the characters' voices are not their own as they sing the 'found' words of others. Everyone, it turns out, is 'no-one'. At the centre of the opera is discovered an absence. 'Non mi hai mai conosciuto', sings Outis to Emily at the end. The affirmative tone of both the conclusion of the *Odyssey* ('Odysseus obeyed her, and his heart rejoiced. Then Pallas Athene ... established peace between the two sides'[13]) and of Molly's 'Yes' at the end of *Ulysses*, is absent from *Outis*. Everything is pared down, and the stage is left with just Outis, Emily and their doubles, and two pianos. At the very end, Outis is about to start singing again, but the curtain falls. The return of the B-flat two octaves above middle C in the violins suggests that the music could loop round to the beginning again, where a putative Sixth Cycle could become the First Cycle, just as the end of Joyce's *Finnegans Wake* is only completed by a return to its beginning.

---

13. HOMER, *The Odyssey, op. cit.*, p. 324.

How Do You Make an Opera Without a Narrative?
Journeying with Ulysses and Outis

And yet, though the work has no central narrative, the music has a crucial role to play in suggesting some sort of narrative continuity that proceeds in a different way from the multiplicity of textual quotations and allusions. There are certain harmonic connections that extend across the work in, for example, the representation of character, and in the motif (mentioned above) of a perfect fourth plus a tritone[14]. The work's cyclic structure is defined as much musically as it is dramatically, with the return of the B-flat at the start of each new cycle. Such an approach to musical structure is familiar elsewhere in Berio. The second movement of the *Sinfonia* ('O King'), for example, cycles through a gradually expanding set of pitches; in the third movement of the *Sinfonia* the scherzo from Mahler's Second Symphony offers the possibility of a background narrative continuity on top of which a multitude of found musical and textual objects is superimposed. Music here has a function akin to that of myth. The music of *Outis* does not offer a single line, any more than the myth of Ulysses offers the work a 'grand narrative'. But both the myth and the music act as points of reference. The myth and the music here suggest a space in which ideas, their connections and their contradictions can be explored.

In *Remembering the Future* Berio writes about the 'open work', a notion strongly influenced by Umberto Eco's book *Opera Aperta* (*The Open Work*) of 1962 in which Joyce's *Ulysses* and *Finnegans Wake* are discussed at length (they are «open» and «ambiguous» like cities, «animated by a complex and inexhaustible life[15]»). This notion of openness is particularly relevant to *Outis*. Berio writes:

> I believe that the experience of 'open form', of the 'work in progress', of the 'unfinished' may only contribute to recovering an ephemeral, lucid, and transitory dimension of musical experience ... and

---

14. Mentioned in passing by D. OSMOND-SMITH, *Here Comes Nobody*, *op. cit.*, p. 173, and discussed at greater length by Susanna Pasticci in her paper (q.v.) *Dynamiques du temps et de la forme dans* Outis *de Luciano Berio*, pp. 181-217.
15. L. BERIO, *Remembering the Future*, *op. cit.*, p. 83.

educating us instead to think of the work as an agglomeration of events without any prearranged centre; events which nonetheless find, locally and sometimes surprisingly, their connections, their necessities and, occasionally, their beauty[16].

Outis is not an 'open form' in the sense of being 'aleatoric' or 'unfinished'. It is a fixed text. But, to use Berio's term, it has no 'prearranged centre', so that each performer, each listener, is invited on each occasion to enter its space and discover meaning and connections for himself/herself. There are many arresting local moments, such as the powerful 'Chorus of the Deported' at the end of the Third Cycle (Ex. 4), but even here, meaning is far from closed. In others' hands this could have become dangerous and sentimental. But Berio and del Corno do not try to explain the Holocaust; rather, they make it possible for the listener to explore meanings by suggesting connections with other elements in the work, whether they be the deaths of Outis, or the poetry of Celan, or the depersonalization of consumerism.

---

16. *Ibidem*, pp. 97–98.

*How Do You Make an Opera Without a Narrative?
Journeying with Ulysses and Outis*

Ex. 4: Third Cycle, 'Chorus of the Deported', after rehearsal figure 14_{III} (by courtesy of Casa Ricordi, Milan. Hal Leonard MGB. All rights reserved)

*

Myth took on a significant role in the terrible and destructive 20th century as a means of helping to understand the unspeakable. It is especially striking that opera since the Second World War has adopted mythic themes and characters in order to explore difficult questions of identity, death, memory and representation. And the adoption of myth has also allowed opera to explore new modes of presentation; it has freed opera from the representational, from direct story-telling, from single, linear narratives[17].

The journey of Ulysses is a metaphor for the journey of understanding we all need to make. It is a myth that each age has to re-make for itself. It is no longer the myth of the Ancient Greeks. It is our myth. As Neil MacGregor has written:

> ... we have made them [the myths of the Greeks] into the myths we need, the stories through which we seek to understand ourselves ... And though they lead only to an acknowledgement of the bitterness of the human predicament, rather than to any kind of solution that in itself offers some kind of dignity in the face of doom[18].

Outis makes repeated journeys through the debris of the modern world. As 'nobody', as a 'man without qualities', he is able to become 'everyman'. In Outis we recognize a modern figure: he knows the experience of death; he knows what it is to be persecuted; he knows what it is to be homeless. This is made abundantly clear in the Third Cycle when he sings the words of *Chymisch* by Paul Celan, who had himself spent two years in a labour camp and whose parents died at the hands of the Nazis. Names again matter:

> Grande, grigia – tutti i nomi.
> Alle die Namen, alle die mit-
> verbrannten
> Namen.
> Asche – cenere –
> Große. Graue. Schlacken-
> lose.

---

17. See, for example, the exploration of the significance of retellings of the Orpheus myth for the 20th century opera in Jonathan CROSS, *Harrison Birtwistle, 'The Mask of Orpheus'*, Farnham, Ashgate, 2009.
18. Neil MACGREGOR, *Singing to generations yet to come*, in Mark Pappenheim (ed.), *BBC Proms Guide 2003*, London, BBC, 2003, pp. 5–6.

How Do You Make an Opera Without a Narrative?
Journeying with Ulysses and Outis

Outis's journey through the ash echoes outwards through the journeys of Ulysses down the ages. Myth offers a multivalent space in which to try to understand. Music offers a means beyond the text by which we might try to navigate our way around that space.

Homer's Ulysses, «that resourceful man who was driven to wander far and wide», eventually reaches his home. He is reunited with Penelope, he reveals his true identity to her, and peace is restored to Ithaca. Berio and del Corno's Outis, on the other hand, will never reveal his true identity, because it is always changing; he will remain both 'no-one' and 'everyone'. Outis will never reach home: the opera's cycles will always turn (*'polytropos'*). Outis is destined to keep making his journey through a landscape that is always changing. *Outis* is a work without a central narrative. *Outis* is, to repeat Berio's words, «an agglomeration of events without any prearranged centre[19]». But it is not just this. The work – as text, drama and music – encourages all who encounter it to search for their *own* narratives. They may well be surprised by the connections they make.

---

19. See note 12.

DAMIEN COLAS

À propos des structures temporelles dans *Outis*

Pour David Osmond-Smith, *Outis* apparaît comme l'une des œuvres les plus radicales de Berio dans la déconstruction du schéma narratif, ce que l'analyste met en perspective avec les procédés poétiques de *Finnegan's Wake*, analogue littéraire selon lui plus approprié que l'*Ulysses* de Joyce[1]. Dans sa présentation de la structure

---

1. David OSMOND-SMITH, « A Dramaturgical Exploration of Luciano Berio's 'Outis' », *Cambridge Opera Journal*, 12 (2000), pp. 163-178 : 167 : "In *Outis* (1995) he returned, with blazing conviction, to his vision of a musical theatre beyond narrative. Although there is still vestigially a central figure in *Outis*, the work may plausibly lay claim to being a first example of that 'other theatre' which Prospero persistently strives to realize in *Un re in ascolto*. Certainly, it and in the subsequent *Cronaca del luogo* (1998-9) are the most radical embodiment yet of a vision of musical theatre without a skeletal narrative: a carefully constructed flow of theatrical images held together by the score (and for thoses who possess it, by a knowledge of images from the Odyssey), but juxtapose so as to allow potential interconnections to proliferate". En cohérence avec son observation des préoccupations compositionnelles récurrentes chez Berio (cf. Talia PECKER-BERIO, « Introductory note », dans David OSMOND-SMITH, « Two Fragments of 'The Music of Luciano Berio' », *Twentieth-Century Music*, 9 [2013], pp. 29-62 : 40), Osmond-Smith rappelle les œuvres antérieures à *Outis* qui s'inscrivent dans la même remise en question du schéma narratif : *Passaggio* (1962), où le compositeur renonce au concept de personnage, et *Opera* (1980), où il dépasse l'enveloppe narrative pour créer un « théâtre de l'esprit ». Sur le modèle de *Finnegan's Wake*, voir D. OSMOND-SMITH « A Dramaturgical Exploration of Luciano Berio's 'Outis' », *op. cit.*, p. 176 : « It is his most subtle theatrical tribute yet to the labyrinth of images and associations into which Joyce hoped to lead his readers through the multi-layered puns of *Finnegan's Wake*. In the theatre, embraced by music, Joyce's manic textual compression can relax into a broadly paced kaleidoscope of images,

des cinq cycles et de leurs thématiques, Osmond-Smith rappelle également le schéma hérité de l'analyse proppienne, qu'il reprend du compositeur lui-même[2]. Ces trois caractéristiques – déconstruction du schéma narratif, analogue avec *Finnegan's Wake* et modèle proppien – soulèvent un certain nombre de questions épistémologiques :

1) dans quelle mesure la référence aux schémas narratologiques de Propp pour une « histoire qui n'existe pas » ne constitue-t-elle pas un paradoxe ? Le compositeur était conscient qu'on puisse être désorienté par une telle référence[3], et Osmond-Smith s'est montré prudent dans l'usage du schéma proppien pour l'analyse de l'œuvre[4].

2) quel lien peut-on établir entre *Outis*, le manifeste contemporain « Dei suoni e delle immagini », les textes de Propp et de Joyce et, au-delà d'eux, d'autres références culturelles qui ont laissé leur empreinte sur les préoccupations compositionnelles de Berio sans tomber dans le travers méthodologique de réduire l'œuvre d'art à la simple démonstration d'une théorie, c'est-à-dire la forcer à entrer dans des catégories herméneutiques plaquées sur elle[5] ?

---

encouraging the innocent spectator to venture into the maze that lies beyond the empathetic observation of an individual character's fate. »
2. *Ibid.*, pp. 167-170. Cette structure a été dévoilée par Berio dans « Morfologia di un viaggio », publié dans le programme de la Scala, 1996, pp. 37-38 Texte publié et annoté dans Luciano BERIO, *Scritti sulla musica*, A.I. De Bendictis dir., Turin, Einaudi, 2013, pp. 301-303 (dorénavant référence pour les citations) ; traduction française par C. Moiroud, programme du Théâtre du Châtelet, 1999, 16-17).
3. *Ibid.*, pp. 37-38 : « Può sembrare curioso che io insista nel fare ricorso alla terminologia di Vladimir Propp – il grande etnologo, studioso della narratività orale – per spiegare le ragioni di una storia che non c'è. »
4. D. OSMOND-SMITH, « A Dramaturgical Exploration of Luciano Berio's 'Outis' », *op. cit.*, p. 167 : « Berio's celebration of structuralist origins makes no attempt to replicate Propp's analytical adventures amongst the isomorphic structures underpinning differing narratives. »
5. Suivant Hegel, selon lequel l'œuvre d'art est l'incarnation d'une grande idée dans un matériau sensible (*Esthétique*, Introduction, chap. I, I, §3), la principale tâche de la critique d'art est de déceler la grande idée dans l'œuvre d'art. Or, la contextualisation culturelle étant devenue impératif catégorique, depuis quelques

À propos des structures temporelles dans «Outis»

3) est-il seulement légitime de parler de dramaturgie pour une « histoire qui n'existe pas » ?

Ces trois questions constituent le point de départ de l'étude présente, consacrée à l'examen des structures temporelles, en partant de l'analyse de Propp pour se rapprocher des concepts propres à la dramaturgie musicale. Les principes poétiques exposés par Berio dans ses écrits critiques et théoriques contemporains d'*Outis* sont tellement proches du postulat fondamental de la dramaturgie musicale de Dahlhaus que le recours aux concepts de cette dernière discipline semble s'imposer de lui-même[6].

1. Structures temporelles narratives : Propp et Vico

La structure des cinq cycles d'*Outis* est, selon Berio, la suivante :

Cycle 1	a b c d e	$\beta A K \downarrow C \uparrow$
Cycle 2	a b c d e	$\beta A K \downarrow C \uparrow$
Cycle 3	a b c **b**	$\beta A K A$

---

décennies, l'herméneutique court le risque, par analyses externes, de plaquer sur l'œuvre des idées, ou de la faire entrer de force dans le cadre de cette grande idée, alors que celle-ci s'avère parfois minimale, périphérique, voire même extérieure à l'œuvre même.

6. Luciano BERIO, « Dei suoni e delle immagini », dans Id., *Scritti sulla musica*, A.I. De Benedictis dir., Turin, Einaudi, 2003, pp. 158-164: 159, et note de commentaire p. 515 : : « Un senso profondo e durevole del teatro musicale sembra realizzarsi solo quando la concezione drammaturgica è generata dalla musica ed è strutturalmente analoga ad essa senza esserne tautologicamente simile. » Ce texte a été lu par Berio à l'Université de Sienne en novembre 1995 lors de la remise du diplôme de doctorat *honoris causa* ; trad. anglaise par David Osmond-Smith, « Of sounds and images », *Cambridge Opera Journal*, 9/3 (1997), 295-299). Cette pétition de principe est tout à fait conforme à ce que Dahlhaus nomme le postulat fondamental de la dramaturgie musicale (Carl DAHLHAUS, « Dramaturgie der italienischen Oper » [1988], *Gesammelte Schriften*, ed. Hermann Danuser, Laaber : Laaber-Verlag, vol. II, 2001: pp. 467-545 : 467).

Cycle 4	a **d** b c e	$\beta \downarrow A\ K\ C\uparrow$
Cycle 5	a **e** b c d e	$\beta\ C\uparrow A\ K \downarrow C\uparrow$

Les cinq moments *a*, *b*, *c*, *d* et *e* correspondent aux « fonctions des personnages », éléments constants de la structure du récit selon Propp (règle 1)[7]. Or l'analyse proppienne observe que « la succession des fonctions est toujours identique » (règle 3), ce que la structure d'*Outis* ne respecte pas. Comme le remarque Berio, le « paradigme narratif est légèrement modifié » dans le cycle III, pour le texte de Celan, où l'élément *b*, indiqué en gras, réapparaît après c^8. On observe deux autres entorses dans les cycles IV et V, où les éléments *d* et *e*, respectivement, apparaissent avant *b*.

Ce sont précisément ces entorses au schéma narratif des contes qui nous indiquent ce que la genèse d'*Outis* doit à l'analyse de Propp, en faisant ressortir deux caractéristiques. L'importance de l'élément déclencheur est à l'évidence un premier souvenir de Propp[9] : chaque cycle commence invariablement par le meurtre d'Outis par son fils Isaac. Toute aventure humaine est mise en mouvement par une déchirure première, qui arrache l'individu à son milieu naturel. C'est le « départ » (*a* selon Berio, β selon Propp), événement traumatique sans lequel l'être humain ne commencerait pas son parcours dans la vie[10]. Ce parcours est, de par la nature humaine même, destiné à être

---

7. Vladimir Propp, Морфология сказки, Leningrad : Nauka, ²1969, traduction française de Marguerite Deridda, *Morphologie du conte*, Paris, Seuil, 1970, p. 31 : « 1. Les éléments constants, permanents, du conte sont les fonctions des personnages, quelques que soient ces personnages et quelle que soit la manière dont ces fonctions sont remplies. Les fonctions sont les parties constitutives fondamentales du conte. »
8. L. BERIO, « Morfologia di un viaggio », *op. cit.*, p. 302.
9. L. BERIO, « Morfologia di un viaggio », *op. cit.*, p. 302 : « alcuni aspetti del progetto *Outis*, nel suo disegno generale, mi si sono chiariti come reazione a quella lettura. »
10. V. PROPP, *op. cit.*, p. 36 : β = éloignement : « Un des membres de la famille s'éloigne de la maison. » Pour le paradigme β^1, Propp donne l'exemple « Le prince

À propos des structures temporelles dans «Outis»

une pérégrination au travers de l'inconnu. Ici se trouve le deuxième lien étroit entre *Outis* et l'analyse proppienne. Cette dernière fait ressortir, à la suite de l'élément déclencheur que constitue le départ du héros, le séjour aventureux de celui-ci à distance de son univers et de ses proches, ce que l'on retrouve dans la grande majorité des récits, contes et mythes, de l'*Odyssée* au *Petit poucet*. L'arrachement au milieu naturel (*b* selon Berio, *A* selon Propp), qui n'est autre que la condition humaine, pour laquelle l'errance d'Ulysse offre une métaphore universelle, constitue la découverte de l'existence en même temps que sa réalisation[11].

Le milieu étranger, hostile et menaçant, est omniprésent dans *Outis* et occupe le cœur de chacun des cycles, qu'il prenne la forme d'une vente aux enchères puis d'une banque dans les cycles I et II, représentations seulement inquiétantes de ce lieu, ou encore du chœur des déportés ou des souvenirs de la guerre de Troie d'où surgissent les images des pires exactions de l'humanité (esclavagisme, viol, massacre, génocide) dans les cycles III et IV. Dans le cycle III, « la persécution prend le dessus[12] », et la position centrale de ce cycle de même que l'éternel retour de la barbarie – sur laquelle on reviendra plus loin – montrent bien qu'il s'agit là d'un thème majeur de l'œuvre. Il est intéressant de remarquer que c'est l'individu, quel qu'il soit, qui se trouve déplacé, par la destinée humaine, dans un univers étranger.

---

dut partir pour un long voyage, quitter sa femme et la laisser avec des étrangers », dans lequel on reconnaît l'histoire d'Ulysse.
11. Propp, *op. cit.*, 42 : *A* = méfait : « L'agresseur nuit à l'un des membres de la famille ou lui porte préjudice. » Propp ajoute : « Cette fonction est extrêmement importante, car c'est elle qui donne au conte son mouvement. » Les trois autres situations récurrentes dans *Outis* correspondent également à des fonctions proppiennes : le dépassement et la résolution du conflit (*c*) à la « réparation » *K* (« le méfait initial est réparé ou le manque comblé », pour laquelle Propp ajoute : « Cette fonction forme couple avec le méfait ou le manque du moment où se joue l'intrigue [*A*]. C'est ici que le conte est à son sommet ») ; le retour virtuel (*d*) au « retour » ↓ (« le héros revient ») ; le voyage (*e*) à $C\uparrow$ (« le héros repart, recommence une quête »).
12. L. Berio, « Morfologia di un viaggio », *op. cit.*, p. 302.

Cette tragédie existentielle universelle ne peut pas être réduite à celle, particulière, d'un individu « étranger » dans un territoire donné.

Les isomorphies proppiennes entre les cinq cycles, mises en évidence par la présence des mêmes fonctions des personnages, et en premier lieu par l'invariabilité de l'élément déclencheur (*a*) et l'insistance sur un environnement menaçant (*b*), invitent l'auditeur à s'interroger sur la vérité qui leur est commune. Ceci fait écho au « théâtre de l'esprit » appelé de ses vœux par Berio en 1995, à l'époque où il composait *Outis* :

> Noi siamo vicini a un'idea di teatro musicale che è un teatro della mente e della memoria, magari un teatro virtuale, un teatro che invita a un' oscillazione continua della nostra attenzione dall'ascolto allo sguardo e ancora all'ascolto, un teatro che riesce a mettere costruttivamente alla prova chi guarda e chi ascolta e che provoca il desiderio di ascoltare con gli occhi e di guardare con le orecchie. Con occhi che sappiano ascoltare cose diverse in una stessa prospettiva e con orecchie che possano vedere anche una sola cosa ma in prospettive diverse[13].

On est donc en droit de considérer les cinq cycles d'*Outis* comme cinq perspectives différentes sur le même objet[14]. Dans cette

---

13. L. BERIO, « Dei suoni e delle immagini », *op. cit.*, p; 163. C'est moi qui souligne. Ce paragraphe ne figure pas dans la traduction anglaise d'Osmond-Smith (1997). La même idée est reprise dans « Morfologia di una viaggio » : « Era nei miei propositi – ed è la mia speranza – che la coabitazione di elementi e di prospettive musicali diverse potesse contribuire a suscitare la creatività di chi ascolta e di chi guarda spingendolo a immaginare anche cose che nessuno dice o canta. » (L. BERIO, « Morfologia di un viaggio », *op. cit.*, p. 302).
14. On observe ici l'une des préoccupations communes à plusieurs créateurs du XXe siècle, celle de rassembler, dans la même œuvre, plusieurs versions de la même histoire, racontée dans des contextes ou des points de vue différents. C'est de cette façon que fonctionnent les deux parties de *La vera storia* (1982). Cf. David OSMOND-SMITH, « Nella festa tutto? Structure and Dramaturgy in Luciano Berio's *La vera storia* », *Cambridge Opera Journal*, 9/3 (1997), pp. 281-294. Dans *Orlando* de Virgina Woolf (1928), la biographie du personnage principal évolue selon les époques qu'il traverse, de même que ce même personnage est tantôt homme tantôt

optique, et si l'on suit la logique de Propp, l'ordre de présentation des cycles n'aurait pas d'importance, et l'on pourrait les intervertir de façon arbitraire. Or ce n'est pas le cas : même si l'esprit et l'imagination du spectateur-auditeur sont appelés à jouer un rôle actif dans la réception d'*Outis* – ce qui est typique de l'esthétique de l'œuvre ouverte – l'enchaînement des cinq cycles d'*Outis* reste fixé par le compositeur[15].

Il se trouve que l'analyse de Propp, tout éclairante qu'elle soit, ne permet pas d'expliquer certains éléments d'*Outis*. Berio rappelle d'ailleurs que

> *Outis* non voleva dunque configurarsi come una dimostrazione drammaturgico-musicale delle teorie di Propp – cosa d'altronde impossibile – ma come reazione, spero costruttiva, a una concezione del racconto orale caratterizzato dalla mobilità e intercambiabilità delle sue funzioni [...][16]

Tel est le cas du dédoublement de la personne d'Outis, au moment de son meurtre, et de la présence du double d'Outis pendant tout le cycle. Ce qui n'a pas de sens, si l'on considère les cycles comme séparés et indépendants les uns des autres, devient plus explicable si l'on considère les cycles dans leur enchaînement. Au lieu de considérer les cinq cycles d'*Outis* comme cinq perspectives simultanées sur le même objet, les observer dans leur succession fait apparaître l'empreinte de la conception du temps selon Vico. Si Osmond-Smith la mentionne sans s'y arrêter[17], il semble en réalité que

---

femme. Ce procédé met en valeur les relations entre le personnage et son contexte, de même qu'il rend sensible le relativisme le point de vue du narrateur. En outre, comme dans la théorie hégélienne de l'Histoire, la vérité n'apparaît que dans la récapitulation finale des points de vue divergents.
15. Donnée confirmée par Talia Pecker-Berio lors du colloque consacré à *Outis* à la Cité de la musique à Paris, le 8 novembre 2012.
16. L. BERIO, « Morfologia di un viaggio », *op. cit.*, 302-303.
17. Osmond-Smith établit un parallèle entre la vision vichienne du temps et la chaîne de régression infinie de signifiés et signifiants, similaire à la généalogie

les concepts vichiens soient aussi utiles pour éclairer certains aspects d'*Outis* que la référence à *Finnegan's Wake*, dans lequel ces mêmes concepts sont d'ailleurs présents. Trois concepts fondamentaux de l'historiographie de Vico sont en l'occurrence particulièrement éclairants :

1) Le *ricorso*. Le meurtre d'Outis, épisode de chaos au commencement de chaque cycle, constitue un exemple du *ricorso* que Vico décrit dans l'enchaînement des trois âges qui rythme l'histoire de l'humanité. Celle-ci passe successivement par l'âge divin, l'âge héroïque et l'âge humain, au terme duquel un quatrième âge, en réalité une période intermédiaire de chaos et de destruction, mène au commencement d'un nouveau cycle qui reprend à son tour la marche nécessaire du cycle précédent[18]. Que chaque cycle d'*Outis* commence par la fin, comme *Finnegan's Wake*, ne pose pas de problème puisque l'épisode de chaos constitue aussi bien l'achèvement du cycle que son commencement[19]. Toutefois, plus que véritablement cyclique, la conception du temps selon Vico est en spirale : les cycles se succèdent les uns aux autres, mais décrivent toujours la même trajectoire, comme déterminés par les mêmes forces et les mêmes principes de causalité, chaque cycle étant enrichi des événements du cycle

---

nietzschéenne : « every 'signified' is itself a 'signifier', pointing to further signifieds – a process whose dynamic abundance invests the lived present with meaning and substance by turning the arrow of time into a looping meander (a Viconian diagram redrawn by Paul Klee). » (D. OSMOND-SMITH « A Dramaturgical Exploration of Luciano Berio's 'Outis' », 165).

18. Giambattista VICO, *Principj di scienza nuova d'intorno alla comune natura delle nazioni*, Napoli : Muziana, 1744³, traduction française d'Alain Pons, *La science nouvelle*, Paris, Fayard, 2001. La théorie des trois âges y est exposée dans le Livre IV, « Du cours que suivent les nations » ; celle du *ricorso* dans le Livre V, « De la récurrence des choses humaines dans la résurgence des nations ». [Il s'agit de la troisième édition de la *Scienza nuova*, la première datant de 1725.]

19. « I cinque cicli cominciano sempre dalla fine (con l'uccisione del *padre*) e ripercorrono uno stesso paradigma narrativo o parte di esso. » (L. BERIO, « Morfologia di un viaggio », *op. cit.*, p. 301).

précédent dont il conserve la mémoire[20]. Ceci s'accorde avec l'assemblage des « fragments d'histoire » qui composent *Outis*, ces fragments, intégrés au présent, étant avant tout des « fragments d'histoires déjà racontées et de voyages déjà faits[21] ».

Les explications du *suggeritore* – en réalité le narrateur – illustrent directement le concept vichien de *ricorso*. Au cœur du premier cycle, il annonce pour la première fois au public le meurtre d'Outis. Cette première présentation est encore rudimentaire. Elle va être progressivement complétée au commencement de chacun des cycles suivants. Le spectateur garde ainsi en mémoire les cycles précédents avant d'assister au cycle en cours, et sa connaissance des personnages principaux, du meurtre d'Outis et des mobiles d'Isaac s'éclaircit peu à peu, comme dans une intrigue policière.

2) La correspondance entre les âges de la vie humaine et ceux de l'histoire de l'humanité. Cette correspondance est à la base de la structure du *Finnegan's Wake* : lors de la veillée mortuaire, l'échange de souvenirs relatant la vie de l'apprenti Finnegan est l'occasion de retracer l'histoire entière de l'humanité, et les deux échelles de temps se renvoient l'une à l'autre[22]. De même, aussi bien l'absence de nom de l'individu Outis que la présence de son double, lors du meurtre, nous invitent à dépasser l'échelle du particulier pour aborder celle de

---

20. « Autres preuves tirées du tempérament des républiques par le mélange de leur état avec le gouvernement de celles qui les ont précédées », « on montrera que [...] une forme d'État postérieure reste mêlée au gouvernement précédent. Ce mélange est fondé sur la dignité [l'axiome] selon laquelle les hommes, en changeant, conservent un certain temps l'impression de leurs premières habitudes. » (G. VICO, *op. cit.*, Livre IV, [Treizième section], [Chapitre premier], p. 483).
21. L. BERIO, « Morfologia di un viaggio », *op. cit.*, p. 301.
22. Cf. Donald Phillip VERENE, *Knowledge of Things Human and Divine. Vico's New Science and 'Finnegans Wake'*, New Haven, Yale University, 2003. Voir également Margaret CHURCH, *Structure and Theme. "Don Quixote" to James Joyce*, Columbus, Ohio State University, 1983, et plus particulièrement le chapitre VII, « How the Vicociclometer Works: The Fiction of James Joyces », pp. 135-167.

l'universel, comme Osmond-Smith l'a souligné[23]. La survie du double d'Outis lors du meurtre acquiert un sens dans cette correspondance entre les deux échelles de temps : si les hommes meurent, la population humaine continue de vivre, et ceux qui survivent aux morts connaissent à leur tour le même cheminement que ceux qui les ont précédés puisque ce cheminement suit, lui aussi, une « marche nécessaire[24] ». Ceci s'accorde bien avec l'abandon, dans *Outis*, de « personnages » au profit de « figures absolues[25] ». Ce sont les expériences du genre humain dans son ensemble auxquelles nous assistons et ce qui est présenté, par l'approche comparative de Propp, comme étendu à l'humanité entière en un moment donné est déployé, dans la conception vichienne du temps, à l'histoire entière de l'humanité, du premier homme jusqu'à nos jours. L'expérience de l'individu sans nom, c'est-à-dire de tout le monde, est l'expérience de l'humanité tout entière et de tous les temps.

3) Aux trois âges successifs correspondent trois types de perception[26]. Selon l'interprétation crocienne de la philosophie de

---

23. « And if, like Berio's much-loved James Joyce, we are drawn to the cyclic vision of cultural history advanced by Vico, the same applies as much on the epochal scale as within the individual life. » (D. OSMOND-SMITH, « A Dramaturgical Exploration of Luciano Berio's 'Outis' », *op. cit.*, p. 163).
24. Chez Vico, cette correspondance relève à l'origine d'une démarche heuristique. Les « temps obscurs » de l'histoire de l'humanité n'étant pas documentés, le philosophe italien le conceptualise à partir des observations qu'il fait chez l'enfant : « Mais comment expliquer ce premier pas de l'esprit humain, ce passage critique de la brutalité à l'humanité ? [...] Il nous reste heureusement sur l'enfance de l'espèce et sur ses premiers développements le plus certain, le plus naïf de tous les témoignages : c'est l'enfance de l'individu. » (Jules MICHELET, « Discours sur le système et la vie de Vico », *Œuvres choisies de Vico*, Paris, Flammarion, 1894, pp. 9-47 : 24.)
25. L. BERIO, « Morfologia di un viaggio », *op. cit.*, p. 302.
26. Le livre IV de la *Scienza nuova* est entièrement consacré à une série d'extensions du principe des trois âges, chacune étant considérée comme une nouvelle « preuve » du principe. Le raisonnement s'appuie à la base sur une analyse de la « langue » égyptienne, en réalité le système d'écriture, dans ses trois formes successives, le hiéroglyphe, le hiératique et le démotique. Voir G. VICO, *op. cit.*, Livre IV, [Sixième section], « Trois espèces de caractères », pp. 444-446.

Vico, l'enfance – ou l'âge divin pour l'humanité – est caractérisée par la sensation à l'état pur, sans conscience. L'individu-enfant est plongé dans un monde qu'il ne comprend pas, et dans lequel il est submergé par une multitude de stimuli qu'il n'est pas en mesure de traiter[27]. Il est intéressant de noter que ce rapport entre l'individu-enfant et le monde qui l'environne recoupe la fonction d'éloignement de l'analyse de Propp : un univers qui produit un déluge de sensations sur lesquelles on n'a aucune prise est forcément perçu comme un univers menaçant et dans lequel on n'est pas à sa place.

Le deuxième âge est celui de l'émergence de la conscience, encore troublée par l'imagination. La connexion entre l'individu et le monde s'opère par le procédé de la métaphore : les expériences similaires sont reliées entre elles et la conscience naissante se bâtit peu à peu, en induisant des règles universelles à partir de sensations particulières[28].

Le troisième et dernier âge est celui de la raison : il marque l'achèvement de l'autonomie de l'individu par rapport au monde qui l'entoure. La conscience achevée de l'individu lui donne accès à une représentation du monde aussi grande que possible dans son esprit. Non seulement l'individu-adulte n'est plus en situation d'aliénation et

---

27. « De même que l'esprit cognitif passe, de la sensation sans perception, à la perception faite dans des conditions de trouble et d'émotion, puis à la réflexion réalisée au moyen de la raison pure, de même, ou d'une façon analogue, l'esprit volitif passe de l'état de brutalité au certain pratique, et, de là, au vrai. Dans la science empirique correspondante, le passage est à peu près celui de l'état sauvage à l'état héroïque ou barbare, et de l'état héroïque à l'état civilisé. » (Benedetto CROCE, *La filosofia di Giambattista Vico*, Bari, Laterza, 1911 ; traduction française de H. Buriot-Darsiles et Georges Bourgin, 1913, en particulier chap. IX, « L'historicité du droit », p. 110).

28. « L'homme, avant d'être en état de faire des généralisations, forme des images : avant d'employer son esprit à la pure réflexion, il est rendu attentif par les vibrations et les chocs de sa sensibilité ; avant d'articuler, il chante ; avant de s'exprimer en prose, il s'exprime en vers ; avant d'employer des termes techniques, il parle par métaphores » (J. MICHELET, « Discours sur le système et la vie de Vico », *op. cit.*, pp. 51-52).

de faiblesse dans l'univers qui l'entoure, mais ce dernier devient même accessoire, puisque l'individu, par sa conscience, peut continuer à se représenter le monde en faisant même abstraction de celui-ci[29].

Pour l'analyse d'*Outis*, la théorie de l'histoire de Vico s'avère compatible avec le modèle proppien tout en le dépassant. Les déterminismes qui créent la marche nécessaire des trois âges et leur enchaînement dans un ordre invariable rappellent ceux observés par Propp dans l'immutabilité de l'enchaînement des fonctions de la structure narrative. Le *ricorso*, quant à lui, permet d'expliquer simplement aussi bien pourquoi le cycle commence par sa fin, à la manière d'un *flash-forward* au cinéma, et comment les cycles s'enchaînent, racontant inlassablement la même histoire, en en livrant des perspectives différentes, tout en gardant la mémoire, à chaque cycle, des temps révolus.

2. Structures temporelles musicales : l'opposition de deux modes de perception

Le troisième concept vichien cité plus haut, relatif aux trois modes de relation entre l'individu et le monde, a été abondamment débattu dans la réception du philosophe italien, par Michelet en France et Croce en Italie. Il s'avère particulièrement éclairant, et d'un

---

29. Ce qu'illustre l'opposition vichienne entre poésie et philosophie, ainsi reformulée par Michelet : « La poésie, loin d'être une façon de vulgariser la métaphysique, se distingue de la métaphysique et s'oppose à elle : l'une purifie l'esprit de tout ce qui est sensuel, l'autre le plonge dans le flot des sensations et l'y fait perdre pied ; l'une est d'autant plus parfaite qu'elle s'élève aux idées universelles ; l'autre l'est d'autant plus qu'elle s'adapte aux particularités ; l'une affaiblit la fantaisie, l'autre exige une fantaisie robuste ; l'une nous avertit de ne pas faire de l'esprit un corps, l'autre se plaît à donner du corps à l'esprit ; les sentences poétiques sont composées de sensations et de passions, les sentences philosophiques, de réflexions, qui, employées en poésie, la rendent fausse et froide ; aussi, dans tout le cours des âges, le même homme n'a-t-il jamais pu être à la fois grand métaphysicien et grand poète. » (J. MICHELET, « Discours sur le système et la vie de Vico », *op. cit.*, 51-52).

À propos des structures temporelles dans «Outis»

apport tout à fait nouveau par rapport à Propp, pour saisir la diversité des structures temporelles d'*Outis*, observées cette fois sous l'angle de la dramaturgie musicale.

L'âge de la raison et de l'abstraction des sensations apparaît dans le deuxième tableau du cycle V, qui sert de conclusion à l'œuvre après la tempête en mer et le naufrage. La singularité de cette page tient en premier lieu à la disparition de l'accompagnement orchestral, remplacé par deux pianos placés sur le plateau scénique, ce qui constitue une entorse frappante dans l'histoire de l'opéra[30]. Précisément en opposition au matériau vocal, l'orchestre et ses effets ont de tout temps été utilisés par les compositeurs d'opéra pour explorer l'expression ou la représentation de sensations extérieures à la nature humaine, ou non accessibles à la raison. Abstraction de l'orchestre et abstraction des sensations vont ici de pair. Par ailleurs, la référence à l'histoire d'Ulysse devient évanescente. Si l'on peut voir, dans le dialogue de sourds entre Emily et Outis, les retrouvailles entre Pénélope et Ulysse, c'est surtout l'aveu douloureux de leurs malentendus, encore amplifié par les commentaires des doubles d'Emily et d'Outis, qui viennent contredire ce qui vient d'être dit, à la façon d'une voix intérieure que l'on pourrait entendre distinctement. Ce tableau final est enfin un concert, forme de sociabilité située, comme l'académie, au plus haut degré de la civilisation dans la conception vichienne[31].

En dehors de ce singulier tableau final, les cycles d'*Outis* sont tous construits sur une opposition entre deux types de structures

---

30. Quelles que soient les époques, les styles et les lieux de production, l'histoire de l'opéra a toujours été indissolublement liée à la présence d'un orchestre, si bien que l'orchestre, en tant qu'organe instrumental, aussi restreint soit-il, apparaît comme une donnée consubstantielle au genre

31. « [...] les degrés de la civilisation peuvent être ainsi indiqués : *Forêts, cabanes, villages, cités* ou sociétés de citoyens, *académies* ou sociétés de savants ; les hommes habitent d'abord les montagnes, ensuite les plaines, enfin les rivages. Les idées et les perfectionnements du langage ont dû suivre cet ordre. » (J. MICHELET, « Discours sur le système et la vie de Vico », *op. cit.*, p. 27).

musicales, l'ensemble et le monologue lyrique, auxquelles sont attachés les deux modes de perception propres aux âges antérieurs à la raison dans la théorie de Vico, à savoir celui des sensations pures et celui de la conscience encore troublée par l'imagination. L'inintelligibilité et la soumission à la sensation pure, typiques des temps obscurs et de l'origine de l'humanité, caractérisent la représentation de l'univers hostile de la vente aux enchères, de la banque ou du supermarché. Le compositeur prive l'auditeur de la capacité de tirer un sens de ce dont il est témoin. L'auditeur est soudainement plongé dans cette situation d'étrangeté et d'inconfort qui est la même que celle que connaît l'enfant dans un monde qu'il découvre, ou de tout individu déplacé hors de son milieu naturel. En référence aux concepts de Propp, Berio reconnaissait l'importance qu'il accordait au thème de la persécution dans *Outis*. En référence à la théorie de Vico, c'est l'éternel et inévitable retour de la barbarie que l'on observe d'un âge à l'autre.

La conscience troublée par l'imagination caractérise en revanche les monologues lyriques, dans lesquels débouchent toujours les ensembles inintelligibles : c'est « le passage critique de la brutalité à l'humanité », le « premier pas de l'esprit humain[32] » et l'âge de la métaphore, que l'on reconnaît à l'abondance des images poétiques, désormais compréhensibles, même si cette compréhension est voilée et incomplète. En plus de la complainte de Steve, "Evò se meno", que l'on entend dans les cycles I et III, *Outis* comporte treize poèmes lyriques :

Cycle I	Outis "Il mare annega i pegni della memoria"	
	Emily "Se arrossirai"	
	Coro "L'ora della terra"	Hölderlin, Celan
Cycle II	Marina "Vorrei cantarti"	
	Emily "Assieme spontanee"	Auden
	Outis "Yes – oh yes"	Joyce

---

32. J. MICHELET, « Discours sur le système et la vie de Vico », *op. cit.*, p. 24.

À propos des structures temporelles dans «Outis»

CycleIII	Outis "Und du – e tu"	Celan
	Outis "Grande, grigia"	Celan
Cycle IV	Marina "Solo. Venuto dal mare."	
	Emily "Quando avrai vergogna"	Auden
	Outis "Andare"	
Cycle V	Marina "O tu che sei sì triste"	Saba
	Outis "Thalassa"	

Ces pièces produisent un moment d'accalmie après les ensembles et captent l'attention du spectateur-auditeur. En d'autres termes, elles remplissent toutes les fonctions et présentent toutes les caractéristiques dramaturgiques de la traditionnelle aria d'opéra : elles sont le lieu et le moment de l'expression de l'individu, en retrait du monde et en réaction subjective à une expérience vécue dans le monde. Elles marquent le moment de bascule de l'action extérieure – la succession des événements sur scène, compréhensibles ou non – vers l'action intérieure, c'est-à-dire l'exploration des émotions du sujet.

On peut néanmoins s'interroger sur la centralité de cette structure musicale traditionnelle dans *Outis*. Alors que la collaboration de Berio et de Sanguineti, à partir des années 1950, s'était épanouie dans une « fertilisation croisée » des expérimentations parallèles du poète et du musicien[33], Berio s'était avoué déconcerté par la dernière manière des anti-poèmes de Sanguineti, dont la « simplicité » même constituait à ses yeux « l'un des aspects les plus complexes ». Le retour d'« images quotidiennes » et de « stéréotypes sentimentaux » faisaient de ces poèmes une « sorte de chambre d'écho de la mémoire[34] ». Les mêmes termes pourraient être employés pour

---

33. David OSMOND-SMITH, « Voicing the Labyrinth: the Collaborations of Edoardo Sanguineti and Luciano Berio », *Twentieth-Century Music*, 9 (2013), pp. 63-78.
34. « Avvicinarsi musicalmente all'ultima anti-poesia di Edoardo Sanguineti diventa sempre più arduo […]. Uno degli aspetti più complessi della recente produzione di Sanguineti è la sua semplicità. È una poesia abitata da immagini quotidiane, da

qualifier les treize poèmes lyriques, ou arias, qui jalonnent les cinq cycles d'*Outis*. Leur simplicité tranche non seulement avec la radicalité des expérimentations du musicien dans la musique vocale des années 1950, mais aussi avec la complexité des structures d'ensemble, volontairement inintelligibles, voire chaotiques.

On connaît le rapport serein, et en quelque sorte réconcilié, de Berio avec la tradition de l'opéra, en particulier italien, de Monteverdi à Verdi et Puccini, particulièrement originale quand tant d'autres créateurs, depuis le début du XXe siècle, ne cessaient de proclamer leur mépris à l'égard du répertoire lyrique italien[35]. Berio voyait surtout dans ce répertoire national, non pas un musée, mais ce qui avait constitué une *koine* pour la société italienne au XIXe siècle[36]. Pour autant, Berio n'acceptait pas la « manière », c'est-à-dire le stéréotype

---

stereotipi sentimentali, da figure aspre e amare, da invenzioni ironiche, da parodie e da citazioni che si rincorrono in una sorta di camera d'eco della memoria » ([Luciano Berio, cité dans] Edoardo SANGUINETI, *Per musica*, Ricordi/Mucchi, « Le Sfere », Milan/Modène, 1993, p. 218). Voir D. OSMOND-SMITH, « Voicing the Labyrinth: the Collaborations of Edoardo Sanguineti and Luciano Berio », *op. cit.*, p. 77.

35. Voir Guido SALVETTI, « 'Ho detto male di… Verdi'. Saggio di una ricezione negativa », *Rivista italiana di musicologia*, 48 (2013), pp. 105-141 ; Fiamma NICOLODI, « Mitografia verdiana nel primo Novecento », *Verdi Reception*, Turnhout, Brepols, 2013, pp. 33-78. Sur les implications politiques qui façonnèrent l'image de Verdi à cette même époque, voir Vincenza OTTOMANO, « Verdi-Renaissance und die politische Vereinnahmung des Komponisten nach 1918 », *Verdi-Handbuch*, ed. Anselm Gerhard, Metzler, 2014[2], pp. 643-652. [Deuxième édition. La première est parue en 2001].

36. « Questo però non deve farci dimenticare che nel secolo scorso il melodramma, tanto nei suoi momenti più alti e originali quanto nelle sue manifestazioni pù becere, era anche un'espressione popolare, era l'equivalente di un dialetto musicale, era una forma di rituale collettivo, era un punto di incontro culturale e uno strumento, soprattutto emotivo, di consapevolezza sociale, appena più evoluto, a volte, delle canzoni, delle marce, degli inni e dei fuochi d'artificio ». (L. BERIO, « Dei suoni e delle immagini », *op. cit.*, pp. 161-162).

dérivant d'une acceptation facile et paresseuse des conventions théâtrales[37].

Ces deux attitudes de réhabilitation de la tradition et d'exigence de créativité pourraient sembler contradictoires, et elles l'ont été pour plus d'un créateur apôtre de la *tabula rasa* au cours du XXᵉ siècle. Elles sont, dans *Outis*, réconciliées : le recours à des structures temporelles anciennes telles que l'aria et l'ensemble polyphonique trouve sa justification dans une nouvelle dramaturgie grâce à la re-sémantisation de ces structures. Les deux modes de perception de la sensation inintelligible et de l'imagination métaphorique, auxquelles elles se prêtent aisément, renvoient dans *Outis* à des expériences humaines différentes, qui font écho aux fonctions narratives de Propp comme à la théorie cyclique de l'histoire de Vico. À l'éternel retour de la barbarie, auquel on assiste dans des tableaux de plus en plus effrayants, succède la solitude, l'incompréhension de l'être humain.

---

37. « In tempi non lontani, la presenza di una storia da raccontare, con antefatti, conflitti e catarsi, con parole dette o cantate e con l'accettazione di convenzioni teatrali che progressivamente e irrimediabilmente diventavano 'maniera', potevano condizionare pesantemente non solo le funzioni e i caratteri musicali ma anche i rapporti fra occhio e orecchio. L'inesauribile e protettivo supermercato operistico del già fatto, del già visto e del già ascoltato garantiva una facile reperibilità dei materiali con cui assemblare opere. »

TALIA PECKER BERIO

«A lei la parola taciuta».
Testo e subtesto di *Cronaca del Luogo*

La cronaca di *Cronaca del Luogo* ha inizio nei primi mesi del 1994 con l'invito giunto a Luciano Berio dal Salzburger Festspiele a comporre un pezzo che sarebbe stato inserito nella tematica del 'sacro' che l'allora direttore Gerard Mortier prefigurava per una delle edizioni a venire del Festival[1].

Il pensiero del compositore si è subito focalizzato sull'affascinante spazio del Felsenreitschule[2], la scuola di equitazione trasformata in teatro e integrata nel complesso di sale del Festival. Berio aveva in mente 'un edificio sonoro': una composizione per voci e strumenti che avrebbe approfondito la sua esplorazione dello spazio con mezzi musicali, o meglio, parafrasando David Osmond-Smith, della capacità della musica di strutturare il proprio spazio oltre che il

---

1. Cfr. Appendice 1 per una breve cronologia della genesi di *Cronaca del Luogo*. Per un elenco dei materiali autografi relativi alla genesi di *Cronaca del Luogo* si veda l'Inventario interno della Paul Sacher Stiftung (*Sammlung Luciano Berio. Musikmanuskripte*. ultimo aggiornamento agosto 2014); per una versione a stampa precedente cfr. anche *Sammlung Luciano Berio. Musikmanuskripte, 2., überarbeitete Auflage*, a cura di U. Mosch, Inventare der Paul Sacher Stiftung 2, Schott - Paul Sacher Stiftung, Mainz – Basel, 2011, p. 17. I materiali relativi alla genesi del testo sono conservati nell'archivio privato di Talia Pecker Berio.
2. Cfr. Luciano BERIO, *Cronaca del Luogo* (1999), in Id., *Scritti sulla musica*, a cura di A. I. De Benedictis, Torino, Einaudi, 2013, pp. 304-307: 305.

proprio tempo³. Questa esplorazione, che era iniziata presto nella carriera di Berio, ha avuto un impulso importante negli ultimi ani '70 e i primi '80 con le sue sperimentazioni con live electronics, e ha raggiunto una tappa cruciale con la realizzazione di *Ofaním* (1988/ 1992/ 1997) su testi da Ezechiele e dal *Cantico dei Cantici*. Questo lavoro aveva le sue radici in una 'visione' che Berio ebbe alla sua visita alla Torre di David a Gerusalemme nel 1984. Voci di bambini che pronunciano e cantano versi della bibbia avrebbero ruotato in uno spazio che è al tempo stesso un luogo e un non-luogo: aperto e chiuso, storico e inventato, autentico e falso.

La concezione dello spazio in Berio è intrinsecamente legata alla ritualità del gesto musicale. Tale ritualità racchiude un'idea del sacro che a sua volta è segnata da una dialettica tipicamente beriana il cui potenziale di contraddittorietà è anche, paradossalmente, garanzia di lucidità e di chiarezza d'intenti che determinano e attraversano con costanza e coerenza la sua poetica e la sua produzione da *Coro* (1976) in poi. Si tratta di un approccio radicalmente laico che riscatta l'idea di sacralità dalla sfera religiosa e teologica per riproporla in una cifra concettuale, come categoria mentale che può tradursi in azioni:

> [...] quello che mi attrae, dal mio piccolissimo osservatorio di musicista laico, in questo immenso pianeta Bibbia è innanzi tutto la sua impenetrabilità, l'impossibilità di comprenderne il senso universale e di tracciarne il disegno generale come siamo soliti fare con le opere dello spirito e dell'ingegno umano. Si tratta, per me, di una vastità inespugnabile che non offre l'appiglio mistico o il conforto di un moralismo *prêt-à-porter*. E non offre neanche miracoli: Mosè che attraversa il Mar Rosso non è un miracolo ma, mi sembra di capire, è un atto della mente⁴.

---

3. Cfr. David OSMOND–SMITH, *Beyond Narrative. The Musical Theatre of Luciano Berio*, in *Cronaca del Luogo*, programma di sala del Salzburger Festspiele 1999, Salzburg, 1999, supplemento inglese, pp. 6-10: 8.
4. L. BERIO, *Ofaním* [«... Da musicista laico...»] (1990), in Id., *Scritti sulla musica*, *op. cit.*, pp. 280-281: 280.

«A lei la parola taciuta». Testo e subtesto di «Cronaca del Luogo»

Per Berio la musica è specchio della mente e delle azioni umane, e il teatro è il luogo dove queste ultime si trasformano in gesto. La concezione acustica diventa per lui un veicolo di senso (poetico, etico…); l'architettura sonora genera la drammaturgia musicale.

***

Al momento in cui giunse la commissione per Salisburgo, Berio era totalmente immerso nella composizione di *Outis*. Con alle spalle l'esperienza di *Ofaním*, che già mi aveva vista direttamente coinvolta nella scelta dei testi, e di altre occasioni in cui gli sono stata vicina nella risoluzione di problemi testuali (*Un re in ascolto*, per dare un esempio)[5], egli mi affidò il nuovo progetto con poche premesse certe: mi si chiedeva un soggetto affine alla categoria del 'sacro', uno spazio animato con mezzi puramente musicali di cui il testo – altamente gestuale – sarebbe stato al tempo stesso motore e specchio.

Nel giro di qualche mese, dopo un tratto di strada scandito, da parte di Berio, dalla progressione di *Outis* (e quindi da un continuo proliferare di stimoli creativi legati al teatro musicale) e da parte mia dal formarsi di un serbatoio di idee e immagini scaturite prevalentemente dalle scritture sacre della tradizione ebraica e da patrimoni letterari ed artistici ad essa legati, era diventato chiaro a Berio che alla concezione 'oratoriale' stava subentrando quella di una vera e propria «azione musicale» che avrebbe avuto il suo cuore musicale e drammaturgico nella parete murale della Felsenreitschule, con le sue nicchie scavate nella roccia.

Il primo riferimento che ho trovato nei miei appunti dell'epoca in merito a questa trasformazione risale al dicembre del 1994 e accenna ad una connessione tra il nuovo progetto e due precedenti lavori che costituiscono dei veri e propri cardini del pensiero musicale di Berio: *Coro* e *La vera storia*.

---

5. Cfr. «Note bibliografiche e di commento ai testi» in L. BERIO, *Dialogo fra te e me* (1984), in Id., *Scritti sulla musica, op. cit.*, p. 522.

L'idea di un «progetto aperto» (*Coro*)[6] e quella di «uno spazio musicale e drammaturgico aperto ma non vuoto [...] che possa essere abitato da figure e da protagonisti concreti sì ma anche mutabili» (*La vera storia*)[7] trovano infatti un'eco nella concezione di *Cronaca del Luogo* come, per citare le parole di Berio, «flusso continuo» che non è mai «stabilmente centrato su un luogo, su un concetto, su un'idea, su un tipo, su un personaggio ecc.», ma che è invece una «fluttuazione continua che è molto biblica[8].» Il concetto di «muro armonico» che in *Coro* è paragonato a «un paesaggio, una *base* sonora, che genera eventi sempre diversi [...]: figure musicali che si iscrivono come graffiti sul muro armonico della città[9]» ritorna in *Cronaca del Luogo* con le voci e gli strumenti distribuiti verticalmente:

> [...] ho costruito un vero e proprio muro armonico (nel senso strutturalmente più ampio e percepibile del termine) sul quale vengono inscritte (un po' come graffiti, forse) figure diverse e dal quale vengono estratti, dedotti e sviluppati processi musicali di carattere diverso, conflittuale e spesso contradditorio[10].

Il mio lavoro, da quel momento (fine 1994) fino alla consegna del testo al compositore (26 dicembre 1996, circa tre mesi dopo la prima rappresentazione di *Outis*), si svolgeva per lo più in solitudine.

---

6. L. BERIO, nota a *Coro* : http://www.lucianoberio.org/node/1433?77295517=1
7. L. BERIO, *Opera e no* (1982), in Id., *Scritti sulla musica, op. cit.*, pp. 267-269: 268.
8. Quarta e ultima puntata dell'intervista di Michele dall'Ongaro a Luciano Berio e Talia Pecker Berio andata in onda nei giorni 20-21-22-23 luglio 1999 per il programma RAI – Radio3 Suite (per gentile concessione). Per estratti audio dell'inervista cfr. il sito ufficiale di Luciano Berio www.lucianoberio.org alla pagina http://www.lucianoberio.org/intervista-luciano-berio-e-talia-pecker-berio
9. L. BERIO, nota a *Coro, op. cit.*
10. L. Berio, *Cronaca del Luogo* (1999) in Id, *Scritti sulla musica, op. cit.*, p. 306. Cfr. anche la nota 11. Per un diagramma della distribuzione dell'organico nel muro cfr. in questo volume Francesco GIOMI *'Di voce e di vento': il live electronics nel teatro musicale di Luciano Berio*, pp. 269-304. Nel fondo Berio alla Paul Sacher Stiftung sono conservate alcune versioni precedenti di questo diagramma.

«A lei la parola taciuta». Testo e subtesto di «Cronaca del Luogo»

Man mano che procedevo presentavo a Berio le idee portanti e le coordinate lungo le quali si sarebbe sviluppata la drammaturgia. Un documento (in lingua inglese) da me redatto, conservato nel mio archivio, espone lo scheletro del lavoro e una bozza di cast così come li abbiamo presentati in un incontro con Gerard Mortier e Hans Landesmann avvenuto il 7 dicembre 1995 a Milano in presenza di Mimma Guastoni per la casa editrice Ricordi (cfr. Appendice 2). Vi si osservano alcuni elementi fermi che sarebbero rimasti invariati fino alla versione definitiva; altri che si sarebbero stati abbandonati durante la stesura del testo; altri ancora che avrebbero subito modifiche e trasformazioni.

La prospettiva di un 'muro che suona e canta' determinava e condizionava dunque la concezione musicale e drammaturgica del nascente progetto. Questa presenza «ossessiva[11]» – che, oltre ad essere la principale fonte sonora, avrebbe costituito anche un punto di fuga dal quale le diverse situazioni potevano emergere o essere osservate – abbraccia e sollecita molteplici dimensioni dialetticamente opposte e complementari tra di loro: aspetti concreti (pietre, mattoni, mani che lavorano, costruzione e distruzione) e astratti (protezione e pericolo, penetrazione e impermeabilità, storie e Storia ...); aspetti visibili e invisibili; scoperti e nascosti; espliciti e impliciti.

Lo spazio scenico ai piedi della parete del Felsenreitschule fu inteso come spazio d'azione dalle funzioni variabili, in continua interazione con lo spazio verticale del muro; è qui che le 'storie' individuali e i singoli caratteri emblematici sarebbero abbozzati; è qui che, in momenti di massima tensione, si sarebbero irrotte le minacce

---

11. Nella quarta puntata dell'intervista a M. dall'Ongaro (cfr. *supra* nota 8) Berio dice: «La cosa interessante per me era quella di rendere sempre presente in un modo o l'altro il muro, quindi c'è sempre questa presenza quasi ossessiva di note che si articolano [...] Questa presenza ossessiva del muro, con fasce armoniche sempre differenziate che si propagano sopra o sotto, prima o dopo, sopra le quali vengono iscritte figure riconoscibili di grande varietà, che vanno dal più semplice al più complesso.»

esterne; è qui che, al termine dell'azione, il muro avrebbe rovesciato le proprie voci[12].

L'altro perno drammaturgico di *Cronaca del Luogo* è la donna 'R'. Come scrivo nella Premessa al testo: «E' nella mente di R [...] che l'azione è concepita e si genera; è lei a condurci nei luoghi della propria memoria. Ma al contempo R stessa è una figura della memoria: il suo nome allude a Rachab, la prostituta di Gerico, la cui vita fu risparmiata da Giosué per aver protetto le sue due spie[13].» Rachab è una donna dalle radici ambigue. E' di Gerico ma tradisce il suo popolo; vive nel muro e custodisce i suoi segreti, la sua storia, le sue storie; tiene la chiave di tutte le sue derivazioni. Non appartiene al popolo ebraico ma ne abbraccia la fede (come Ruth, moglie di Boaz, anch'essa citata da Matteo assieme a Rachab e a Tamar – altra donna ambigua, peccatrice *malgré soi* – nella genealogia davidica di Gesù). Questa ambiguità e il mestiere di prostituta chiaramente dichiarato la rendono – o meglio l'hanno sempre resa ai miei occhi – una figura complessa, oscura, aperta, libera dai vincoli dell'appartenenza univalente. Ho sempre avvertito anche un nesso virtuale tra lei e la figura della prostituta sacra e di altre donne, al contempo deviate e dotate di poteri divinatori, che costellano la letteratura antica e moderna. Da questi nessi immaginari è nata R che della Rachab biblica conserva simbolicamente solo l'iniziale del nome e un frammento di testo del primo episodio, *L'Assedio*: «All'ora violetta / metterò alla finestra / una luce scarlatta[14]» che rimanda a *Giosué* 2, 18: «[...] Legherai alla finestra questa cordicella di filo scarlatto [...]», ma anche a Empedocle (31 B 93, citato poi da Plutarco nei *Dialoghi delfici*): «Fuso nel lino è il raggio del lucente scarlatto».

---

12. Questa idea si è maturata in una fase successiva a quella documentata nel progetto del 1995.
13. Talia PECKER BERIO, in Luciano BERIO, *Cronaca del Luogo. Testo di Talia Pecker Berio*, Milano, Casa Ricordi, 1999 (collana libretti, n. ed. 138468). pp. 7-10: 8. I seguenti riferimenti a questa edizione del testo saranno abbreviati così: *Cronaca del Luogo* (collana libretti).
14. *Cronaca del Luogo* (collana libretti), *op. cit.*, p. 15.

«A lei la parola taciuta». Testo e subtesto di «Cronaca del Luogo»

In R convivono dunque più donne che sono accomunate da un'aura di mistero e di sregolatezza. Questa connaturata molteplicità del personaggio implica volutamente l'assenza di qualsiasi tratto di riconoscibilità storica, mitologica, psicologica, linguistica e, per certi aspetti e con il senno del poi, persino musicale. Per dirla con un termine squisitamente beriano, R è pura gestualità: una sorta di 'gesto dei gesti' di una protagonista operistica ridotta a emblema: generatrice e testimone, sorgente e vittima di un'azione (una 'cronaca') che sfugge alle categorie del tempo (prima/dopo, lento/veloce, consecutivo/ simultaneo) e dello spazio (verticale/orizzontale, davanti/dietro, visibile/nascosto).

La stesura del testo di *Cronaca del Luogo* coincideva con un periodo in cui ero impegnata nello studio di possibili analogie tra pensiero musicale e pensiero ebraico. In particolare m'interessavano determinati generi e procedimenti dell'interpretazione biblica nelle prime fasi post-scritturali (gli apocrifi e pseudoepigrafi del Vecchio Testamento, Filone di Alessandria, Flavio Giuseppe, i primi *midreshei aggadah* – commenti in forma di omelie, parabole, brevi racconti e favole) in cui l'immaginazione e la libertà esegetica prevalgono sulle implicazioni teologiche e precettive del verso biblico oggetto (o pretesto) del commento[15]. Nel variegato universo del *midrash* ebraico la narrazione non è mai lineare; il testo evolve variandosi e nell'atto di variarsi produce la propria esegesi che si assomma all'esegesi del verso originale e lo trasforma in qualcosa di completamente nuovo che a sua volta può diventare oggetto di ulteriori invenzioni. In questa spirale di ramificazioni, variazioni e rimandi incrociati si osserva un fenomeno che, a mio avviso, rappresenta delle analogie con i processi di significazione messi in atto nella musica d'arte occidentale: un *dire* che anima il *detto* e lo eccede nella costante allusione a una

---

15. Per una ricca antologia rappresentativa di questo genere letterario della tradizione ebraica cfr. Louis GINZBERG, *The Leggends of the Jews*, in 6 volumes, Baltimore and London, John Hopkins University Press, 1938, 1966. Edizione italiana: *Le leggende degli ebrei*, a cura di Elena Loewenthal, in 4 volumi, Milano, Adelphi, 1995-2003.

dimensione *non detta* che aleggia e si nasconde sopra e tra le note (parole, suoni), fungendo come orizzonte o traguardo verso il quale l'autore si orienta lungo la traccia della tradizione. Il senso ultimo di simili processi è destinato a rimanere velato, taciuto, perché esiste sempre un 'oltre', un livello ulteriore e più profondo di comprensione e interpretazione[16].

La volontà di esprimere queste affinità ha inciso innanzitutto sulla concezione deliberatamente non lineare del tempo dell'azione di *Cronaca del Luogo* e sulla natura al contempo aperta e circolare, concreta e allusiva del testo che si rapporta alle proprie fonti con rispetto e libertà.

Nella premessa al libretto edito da Ricordi scrivevo:

> 'Il Luogo', *ha-Maqom*, è uno dei modi di riferirsi a Dio nella tradizione ebraica (*ha-Shem*, 'il Nome', è un altro). Ma si tratta di qualcosa di più di una semplice sostituzione del nome impronunciabile. Il concetto di 'Luogo' conduce la fede oltre i confini della religione e le fa inglobare il mondo materiale, dove gli umani vivono e muoiono, amano e studiano, lavorano e lottano per sopravvivere. *Cronaca del Luogo* è perciò non tanto una cronaca di eventi e di luoghi della storia ebraica, ma piuttosto una visitazione di luoghi e di situazioni mentali che prendono spunto da scene ebraiche, bibliche e no, e prendono forma davanti ai nostri occhi e nelle nostre orecchie, in uno spazio che è definito dall'imponente presenza del muro, delle memorie che contiene, dalle sue voci e dalla musica che in esso risuona[17].

Nell'impianto testuale-drammaturgico di *Cronaca* dimensioni sincroniche di suono e di spazio interagiscono con quella temporale di una memoria collettiva che non si presta a una narrazione lineare e che è permeata dalla costante allusione a una dimensione ulteriore – l'idea

---

16. Cfr. T. PECKER BERIO, *Dire la musica*, Siena, Protagon, 2000, in particolare il primo capitolo «Dire la musica. Ermeneutica musicale e Midrash ebraico», pp. 15-68.
17. T. PECKER BERIO, *Premessa, op. cit.*, p. 8.

astratta di un innominabile *Maqom*. Questa interazione, e la dialettica tra quel che si vede e si ascolta e ciò che è solo accennato, costituiscono la sostanza poetica di *Cronaca*; sono loro il suo vero 'soggetto'. Il titolo (scelto molto tardi nella genesi del lavoro che a lungo si chiamava *R* – il nome/non-nome della protagonista) punta a questa duplice prospettiva e, tramite la maiuscola di Luogo, a quella tra luogo fisico e luogo mentale, ovvero tra *un* luogo (il muro, la piazza, i siti dell'azione), il Luogo (*ha-Maqom*) e l'idea di non-luogo (la dimensione onirica, fluttuante, mutevole e trascendentale).

***

All'interno della cornice concettuale e attorno ai perni drammaturgici esposti sopra, i sei quadri che costituiscono il percorso drammaturgico di *Cronaca del Luogo* (un prologo e cinque episodi) si presentano come situazioni indipendenti, prive non solo di un filo narrativo ma anche di qualsiasi altra traiettoria teleologica. I primi tre episodi *(L'Assedio, Il Campo, La Torre)* sarebbero per certi aspetti drammaturgicamente intercambiabili; la versione originale del testo, fino ad una fase piuttosto avanzata della stesura della partitura, vedeva infatti il terzo episodio al posto del secondo (cfr. Appendice 1). Questa permutabilità non vale per gli ultimi due episodi: *La Casa* che azzerra, per così dire, tutto quanto si è visto prima, e *La Piazza* che ci fa calare in una realtà storicamente vicina. L'assenza di «nessi di causalità tra un situazione e l'altra[18]» è resa palpabile da una «luce frontale abbagliante», prescritta da Berio in apertura dell'azione e tra un episodio e l'altro (con l'eccezione del passaggio tra *Il Campo* e *La Torre*) con l'intento di «far dimenticare quello che si è visto e preparare alle cose successive[19].» Le diverse situazioni sono tuttavia connesse, oltre che dal ritorno delle figure centrali, da un intreccio testuale che per mezzo di rimandi incrociati evoca una polifonia di voci implicite e sviluppa un tessuto di metafore, assonanze, parole

---

18. L. Berio nella seconda puntata dell'intervista a M. dall'Ongaro, *op. cit.*
19. *Ivi*.

chiave e fonemi ricorrenti che, fin dalla prima stesura del testo, presupponevano l'elaborazione musicale. E' principalmente la musica, infatti, con la permeante presenza del muro armonico, le sue mutevoli derivazioni e le sue «zone vuote» che poi vengono colmate[20], a dotare l'opera di una coerenza strutturale che a sua volta incide sulla percezione del senso profondo del testo. La prevalenza della musica nel processo di significazione è un tratto fondamentale della concezione beriana del teatro musicale[21]. E' in questa ottica che si può spiegare la scelta del compositore di rivolgersi – dopo le complesse vicende testuali di *Un re in ascolto* e in seguito alla lunga ricerca di un testo d'autore per quel che sarebbe diventato *Outis* – a collaboratori che, non essendo scrittori di mestiere, erano in grado di prevedere e assecondare le sue esigenze musicali.

Similmente a quanto accade in altri lavori di teatro musicale di Berio (e del secondo Novecento in generale), il 'soggetto' di *Cronaca del Luogo* non si presta ad un riassunto sinottico del genere solitamente presente nei programmai di sala degli enti lirici. Le brevissime schede che, cedendo all'insistenza della direzione del

---

20. Nella seconda puntata dell'intervista a M. dall'Ongaro (cfr. *supra* nota 6) Berio sintetizza così il procedimento costruttivo che è alla base di *Cronaca del Luogo* (e che ha dei punti in comune con quello de *La vera storia*): «[...] sotto c'è una specie di spazio di frequenze, di note, con dei buchi qui e là; non è continuo, [...] non è un cosiddetto totale cromatico; ci sono delle zone vuote e queste vengono rispettate. Solo alla fine, a un certo momento c'è un improvviso rigurgito di queste note assente che vengono ascoltate per la prima volta proprio pochi secondi prima che il lavoro si conclude. Ogni episodio usa questo spazio in maniera diversa, ogni volta vengono estratti certi nuclei armonici con dei caratteri molto precisi e il discorso si blocca su certe situazioni armoniche.» Nel fondo Berio alla Paul Sacher Stiftung sono conservati alcuni schizzi preparatori che documentano diverse versioni della distribuzione delle altezze in *Cronaca*. Per una 'bella copia', l'originale della quale non è rinvenuto, cfr. *Cronaca del Luogo*, programma di sala del Salzburger Festspiele 1999, Salzburg 1999, tra le pp. 24 e 25 (si veda la riproduzione nell'Appendice 3).

21. E' importante ricordare in questo contesto che, dopo l'introduzione dei sopratitoli nei teatri d'opera, Berio si oppose fermamente alla proiezione dei testi durante le rappresentazioni dei suoi lavori di teatro musicale.

«*A lei la parola taciuta*». *Testo e subtesto di* «*Cronaca del Luogo*»

Festival di Salisburgo, abbiamo fornito in occasione della prima rappresentazione, sottolineano la natura 'situazionale' anziché narrativa dell'opera:

> *Cronaca del Luogo* non racconta una storia; non vi è una trama. R, la donna, vive nel muro ed è ossessionata dalle voci che lo abitano. L'azione che si svolge è un viaggio nella sua memoria, come sfogliando le pagine di un libro.
>
> **Prologo**
> Notte. R, la piazza, il muro e le sue voci. Il tempo è immobile. Evocazione di memorie.
>
> **L'Assedio**
> La città è assediata. La gente sta davanti alle mura. R partecipa per ambedue le parti. Un'apparizione, Phanuel, dà istruzioni al Generale. Inizia un rituale, il muro viene distrutto. R, che è l'unica sopravvissuta, piange il destino della non-appartenenza.
>
> **Il Campo**
> Tempi di guerra e di siccità. Come in un sogno, R incontra Orvid, il suo alter– ego poetico. I due si uniscono; amore e lutto s'intrecciano in un canto di attesa. Un Uomo senza Età richiama la pioggia mentre un gruppo di bambini si burlano di lui.
>
> **La Torre**
> Nino convoca la folla, vantandosi dei suoi antichi poteri. Un cantiere viene messo in atto e il suo meccanismo coinvolge più e più persone. Una donna si accinge a partorire ma nessuno se ne cura. La folla si divide in due gruppi, entrambi capeggiati da Nino. R è sopraffatta dagli eventi. La frenesia del lavoro si trasforma in aggressione e panico.
>
> **La Casa**
> La piazza è vuota. Una minaccia è nell'aria. Voci dal muro s'intrecciano e commentano frammenti della memoria di R.
>
> **La Piazza**
> Sulla piazza davanti al muro la vita quotidiana sembra continuare, ma la minaccia prende forma e le forze del male occupano uno spazio sempre maggiore. Figure del passato riappaiono. R avverte la gente

del pericolo, ma le sue forze vengono meno. Orvid è chiamato a cantare la fine. La memoria è sospesa[22].

Una delle conseguenze della natura trasversale del personaggio/non-personaggio di R è stata l'esclusione dalla drammaturgia di altre figure femminili. Le due infrazioni di questa esclusività, diversissime tra loro per peso e natura, sono entrambe significative.

Orvid è un ruolo di giovane uomo cantato da una donna (è esclusa l'opzione di affidare la parte a un controtenore). Il suo nome allude a Orfeo e al Re David. Egli appare per la prima volta nel secondo episodio, *Il Campo*, affiancando R in un duetto (difatti un trio con il suonatore di un flauto in sol sulla scena) che accenna ad un amplesso amoroso che non si materializza. Tra i due si stabilisce un rapporto di complementarietà simbolica, vocale e gestuale che si manifesterà nell'ultimo episodio, *La Piazza*, in maniera più esplicita: Orvid si rivela essere l'alter ego poetico di R; è a lui che lei affida, idealmente, la propria voce quando, alla fine, la sente venir meno:

> Cela il tuo strumento
> ma suonalo
> con dita calme e pesanti
> e canta
> senza muovere le labbra.
> Canta
> l'occhio fisso in alto.
> parla il vero, ombra,
> e canta.
> Siedi sulle rovine,
> E canta[23].

---

22. Cfr. *Cronaca del Luogo*, programma di sala del Salzburger Festspiele 1999, *op. cit.*, p 9.
23. Cfr. *Cronaca del Luogo* (collana libretti), *op. cit.*, p. 55 per i versi, p. 54 per le fonti (*Isaia* 23, 16 e una poesia tratta da Yitzhak KATZENELSON, *Das lid funm oysgeharg'etn yiddish folk*; edizione italiana *Il canto del popolo ebraico massacrato*,

L'altra eccezione all'esclusività femminile di R è la Donna in doglie che, nella confusione del cantiere babelico del terzo episodio, partorisce circondata da un anello di altre donne, e subito riprende il lavoro di fabbricazione dei mattoni. Questa presenza, seppur episodica (non ritorna), anonima («una donna») e quindi di peso decisamente minore rispetto a quello di Orvid, sta tuttavia a sottolineare un altro rovescio della figura di R (e di alcune delle figure bibliche e letterarie che l'hanno ispirata): la maternità. R, un po' come la Kundry wagneriana, è donna di tutti e di nessuno, donna che non essendo madre è paradossalmente più capace delle altre a contenere la Storia con tutte le sue storie e a connettere la sfera del luogo/azione con quella del Luogo/altrove.

Numerose figure maschili si alternano sulla scena mentre R li osserva, per lo più in disparte. Con l'eccezione dell'Uomo senza età, gli uomini in *Cronaca* tendono ad essere agitati e antagonisti oppure ottusi e indifferenti. Diversamente da Orvid che rappresenta l'essenza del canto nella sua forma 'assoluta' (androgina; al di là, ossia, dell'appartenenza di gender), i ruoli propriamente maschili sono verbalmente e vocalmente estremamente caratteristici e finalizzati, spesso con una forte componente comica o ironica. Tra questi spicca, ne *L'Assedio*, la figura del Generale che, ispirata al personaggio biblico di Giosuè, ne restituisce una versione caricaturale di un uomo ottuso e fanatico, protagonista disumano e poco consapevole di una guerra religiosa che non può che finire male; e ne *La Torre* quella di Nino, un derivato 'impazzito' del re Nimrod, discendente di Noah, cacciatore valoroso e grande conquistatore che, secondo una ricca tradizione post–biblica, fu responsabile della costruzione della torre di Babele[24].

---

trad. dallo yiddish di S. Sohn, versione poetica di D. Vogelmann, Firenze, Giuntina, 1995).
24. Per una rosa di citazioni dalle fonti, cfr. *Cronaca del Luogo* (collana libretti), *op. cit.*, pp. 28-31, in particolare la citazione (pp. 30-31) da OVIDIO, *Metamorfosis* IV, 86-89: Ninus (da cui Nino di *Cronaca*) presso il sepolcro del quale Piramo e Tisbe si

***

Il testo di *Cronaca del Luogo* nel suo formato 'libretto' è inseparabile dalle 'glosse' che lo accompagnano[25]. A volte si tratta di una semplice contestualizzazione dei rimandi alle fonti, con citazioni più o meno ampie dalle fonti utilizzate; altre volte le glosse «portano in superficie quelle voci implicite facendole dialogare con le parole messe in musica[26].» Le fonti, che nella fase iniziale del lavoro erano, come dimostrato sopra, prevalentemente bibliche e post-bibliche, sono state individuate durante la definizione dell'impianto drammaturgico, in stretta relazione alle situazioni immaginate, agli elementi simbolici e concreti e alle tipologie dei personaggi. Man mano che procedevo nella stesura, e con la progressiva estensione dell'arco della memoria a tempi più vicini a noi, avvertivo la necessità di distinguere in maniera abbastanza netta tra testi d'azione, affidati di regola ai personaggi secondari ricavati – negli episodi biblici – dalle diverse scritture, e testi che definirei di contemplazione e riflessione, affidati al coro e ai due personaggi principali, R e Orvid, per i quali mi sono rivolta, oltre che a testi di mia invenzione, soprattutto alle voci poetiche di Paul Celan e Marina Cvetaeva.

Il Prologo, con la prima apparizione della luce abbagliante, accende l'azione introducendone al contempo l'elemento notturno («Notte / Accendi la memoria»)[27] e quindi anche onirico, che nel secondo episodio diventerà esplicito nel canto di R («Ho sognato»)[28] e nella replica di Orvid («Non è giorno né notte»)[29]. Il rimando nelle

---

danno un appuntamento, è identificato con il Nimrod di Genesi 10, costruttore tra altre della città di Nineveh.
25. Cfr. per la versione italiana: *Cronaca del Luogo* (collana libretti), *op. cit.*, pp. 8-55 (alcuni estratti sono riprodotti nell'Appendice 4); per le traduzioni tedesca e inglese: *Cronaca del Luogo*, programma di sala del Salzburger Festspiele, cit., pp. 33-79 (tedesco con testo originale a fronte, trad. di Susanne Siegel-Mocavini); supplemento, pp. 16-27 (inglese, trad. di S. Wilder).
26. T. PECKER BERIO, *Premessa*, *op. cit.*, p. 9.
27. *Cronaca del Luogo* (collana libretti), *op. cit.*, p. 13.
28. *Ivi*, p. 23 e 25.
29. *Ivi*, p. 25.

glosse è ad un brano della *Haggadah di Pessach* (il libro che si legge durante la cena della vigilia della Pasqua ebraica) la cui vena poetica, assieme suggestiva e ambigua, è emblematica dei procedimenti testuali messi in atto in *Cronaca del Luogo*:

> All'inizio delle vigilie di questa notte [...]
> Avvicina il giorno che non è giorno né notte [...]
> Custodi per la tua città per tutto il giorno e tutta la notte [...][30]

I primi tre episodi sono basati, con vari gradi di libertà, su scene bibliche e i rispettivi testi sono ispirati per lo più da fonti antiche. *L'Assedio*, dei tre quello più aderente all'origine biblica, abbonda di riferimenti alla conquista di Gerico così com'è descritta nei capitoli 2 e 6 del libro di Giosuè, con frequenti riferimenti alla relativa letteratura *midrashica*.

La prima parte del secondo episodio, *Il Campo*, rimanda alla tragica fine del regno di Saul. I gesti e le parole di R alludono vagamente alla strega (o negromante) di En Dor, alla quale il re si rivolse per ottenere consigli di guerra (capitolo 28 del primo libro di Samuele), mentre nelle parole di Orvid echeggia la memoria dell'ultima battaglia di Saul e la morte del suo figlio Jonathan, amico fraterno del futuro re David (capitolo 1 del secondo libro di Samuele). Lo struggente lamento di quest'ultimo, che condanna alla siccità le colline su cui fu consumata la strage («O monti di Ghilboa, non più rugiada né pioggia su di voi, né campi di primizia»)[31] funge come anello di connessione alla seconda parte de *Il Campo* che ruota attorno all'Uomo senza età, una figura immaginaria generata da un libero innesto tra il tracciatore dei cerchi Honi ha-M'agel, saggio della Giudea del primo secolo a.C. noto per le sue rituali preghiere per la

---

30. *Ivi*, p. 12.
31. *2 Samuele*, 1: 21.

pioggia[32], e il profeta Elisha che fu deriso da un gruppo di bambini (capitolo 2 del secondo libro dei Re).

La Torre è una parodia-fantasia sulla costruzione della torre di Babele, il perno della quale è il personaggio di Nino che nel corso dell'azione si sdoppia per assumere il commando di due schieramenti antagonisti[33]. Questo episodio fa esplodere il concetto di commento su tutti i piani della rappresentazione: parole in più lingue, azione frenetica, confusione logica e allusioni enigmatiche si intrecciano in un crescendo di intensità che culmina in un vortice finale di decostruzionismo babelico.

Nel quarto episodio, *La Casa*, l'azione si arresta. Schegge di memoria antica e recente si mescolano in un caleidoscopio di frammenti. Il muro mormorante è diventato la facciata di un edificio abitato da donne e uomini indistinti che appaiono e scompaiono nelle 'finestre' interrogandosi e commentando la vera natura di R e gli eventi degli episodi precedenti. Il testo messo in musica non contiene citazioni; le glosse nel libretto stampato riportano tuttavia alcune fonti che in maniera indiretta ma profonda hanno ispirato la mia scrittura: una poesia di Dalia Rabikovitch (poetessa israeliana morta nel 2005) composta assieme ad altre poesie di protesta durante la sanguinosa guerra in Libano del 1982; *La terra desolata* di T. S. Eliot; due poesie di Paul Celan, che non appaiono altrove nel testo (cfr. Es. 2 nell'Appendice 4).

L'ultimo episodio, *La Piazza*, il più lungo e complesso, evoca vagamente l'interno di un ghetto in procinto di essere smantellato mentre gli abitanti sono via via deportati. Sparisce quasi del tutto il riferimento alle scritture; alcuni dei personaggi dei primi tre episodi ritornano trasformati. Il testo è costituito da rimandi frammentari alla

---

32. Cfr. *Mishna Ta'anit* 3:8, 19, 23a; Flavio Giuseppe, *Antichità giudaiche*, 14.2.1, 21.
33. Nella prima versione del testo, uno dei due schieramenti era capeggiato da Abramo, in adesione a numerosi commenti post-biblici. Cfr. Es. 1 nell'Appendice 4 per la riproduzione delle relative pagine del libretto.

letteratura della Shoah, significativamente i racconti di Ida Fink sui rastrellamenti delle SS nel ghetto di Varsavia[34] e le poesie yiddish di Yitzhak Katzenelson[35].

***

La Piazza si apre con R che accenna con termini vaghi ed enigmatici alla propria origine («ampio letto», «amante che non c'è», «il brivido della pietra») e prevede quanto sta per accadere («Ascoltate il fragore dei carri che ci vengono incontro»)[36]. Nel corso dell'episodio i suoi interventi puntano alla catastrofe e, di conseguenza, al silenzio, che è esso stesso la sua più eloquente testimonianza. Il tacere (in ebraico *healmut*) è generato dalla sparizione (*he'almut*), dal non esserci che è una componente costante della presenza di R in scena. Il suo personaggio, fin dai primi abbozzi del testo, si delineava come una presenza evocatrice la cui forza risiede al di là della parola. R conserva ed emana il rovescio della parola ispirandola al poeta, a colui che è in grado di cantare. Eppure, sul palcoscenico, doveva cantare pure lei...

Nella ricerca di una voce adatta a R, il mio dialogo interiore con Marina Cvetaeva, poetessa che conoscevo e amavo da tempo, è stato decisivo. La poesia della Cvetaeva rappresenta per me l'essenza della condizione di donna in tempi di sconvolgimento: esistenziale, sociale, politico. La necessità cvetaeviana di proclamare la verità in prima persona non è mai moralistica, né sfocia mai in un gesto autoriflessivo e tanto meno autobiografico. La persona che di volta in volta parla-canta-recita nelle sue poesie non coincide mai con la poetessa Marina, anche quando ci sono chiari indizi e appigli che sembrano riferirsi alla sua vita privata e pubblica. L'oscillazione della voce poetica, talvolta all'interno della stessa poesia, tra enunciazioni

---

34. Ida FINK, *Frammenti di tempo*, trad. dal polacco di L. Quercioli Mincer, Feltrinelli, Milano, 1995.
35. Y. KATZENELSON, *Das lid funm oysgeharg'etn yiddish folk*, op. cit.
36. *Cronaca del Luogo* (collana libretti), *op. cit.*, p. 47; cfr. p. 46 per il rimando ad una poesia di Maria Cvetaeva.

rivolte all'esterno, spesso sull'orlo dell'urlo, e riflessioni introspettive, tra rimandi alla storia e al mito e lo sguardo su un presente segreto e intimo, è una qualità intrinsecamente femminile elaborata dalla Cvetaeva con un rigore che può sembrare virile. Si tratta di un rigore espressivo, prima e più che formale, che si manifesta nella concisione dell'enunciato, nella precisione parsimoniosa delle metafore, nell'implacabilità del ritmo e delle assonanze, nella plasticità gestuale del verso[37]. Dall'insieme del corpus poetico (e per certi aspetti anche di quello saggistico) emerge un emblema di donna che vede e lotta, che sa, ma al contempo conosce il mistero e la rinuncia.

L'altra voce poetica che costella l'intero percorso di *Cronaca del Luogo* è quella di Paul Celan, il poeta che più di chiunque altro ha saputo dare voce al silenzio puntando all'indicibile senza mai dotarlo di un nome. Ogni sua parola è una pietra scavata dal e riposta nel paesaggio della memoria. L'atto della pronuncia in Celan costituisce un passo carico di significato e di soggezione nel viaggio a ritroso attraverso un tempo che può essere redento soltanto per mezzo della parola: la parola che sopravvive alla lingua, che infrange il linguaggio e al contempo lo salva. Per Celan, la lingua madre, e la madre vera e propria che è il primo tramite del linguaggio, sono state l'una annientatrice l'altra annientata dalle atrocità del secolo breve. Al poeta sopravvissuto restava cogliere i cocci senza tentare di ricomporli. La poesia di Celan è segnata da una domanda alla quale non esiste una risposta. E' probabile che in questo, oltre che nella forza para-verbale della sua testimonianza storica ed esistenziale, risieda il fascino che la sua poesia esercitava su Berio (come su altri compositori suoi contemporanei) che, a partire dai primi anni Novanta, ne attinse più

---

37. Ringrazio Igor Polesitsky per le indimenticabili ore che mi ha dedicato durante la stesura del testo di *Cronaca*, con una paziente e appassionata lettura a voce alta delle poesie di Marina Cvetaeva in russo (lingua che non possiedo, sebbene ne avevo assimilato il suono nella casa dei miei nonni materni). Le edizioni italiane curate da Serena Vitali, veri capolavori di traduzione e penetrazione poetica, sono state per me molto di più di una semplice fonte testuale. Per una bibliografia completa cfr. il sito ufficiale della traduttrice http://www.serenavitale.it/biblio.htm.

volte testi e ispirazione[38]. In un'intervista ad Antonio Gnoli per «la Repubblica», pochi mesi prima della morte, Berio cita l'ultima proposizione del *Tractatus* alla quale aveva fatto ricorso, trasformandola, anche in conclusione delle sue *Lezioni americane*[39], «Ciò di cui non si può parlare si deve tacere», e osserva che nell'invito al silenzio di Wittgenstein «c'è a un tempo Dio e la musica», dove il concetto di Dio è da intendersi, ebraicamente, come «una verità da conquistare[40]».

Nel paesaggio cangiante e mobile di *Cronaca del Luogo* ci sono tre momenti di totale immobilità, affidati al coro, che potrebbero essere intesi come espressione musicale di questa inafferrabile idea di verità: il coro iniziale, cantato dalle voci nel muro e sulla piazza («Notte / Accendi la memoria [...]»); il coro nel muro che chiude *Il Campo* («Sui campi non c'è pioggia / Sangue sulla pietra») e il coro finale, nel quale i due gruppi si uniscono sulla scena in un canto frontale, con il direttore d'orchestra che diventa visibile per la prima volta. Il testo di quest'ultimo coro[41] affianca a versi di Paul Celan altri che evocano uno degli episodi più misteriosi della Bibbia, la salita in cielo del profeta Eliah:

> Ci fu un vento grande e forte da spaccare i monti e spezzare le rocce davanti al Signore, [ma] non nel vento il Signore; e dopo il vento un terremoto, [ma] non nel terremoto il Signore; e dopo il terremoto un

---

38. Esergo a *Notturno*, 1993; *Hör*, 1995; *Outis* (terzo ciclo), 1995-1996; *Cronaca del Luogo*, 1999; *Stanze* (prima parte), 2003.
39. Cfr. Luciano BERIO, *Un ricordo al futuro. Lezioni americane*, Torino, Einaudi 2006, p. 110.
40. Luciano BERIO, intervista ad Antonio GNOLI, «la Repubblica», 20 dicembre 2002, pp. 46-47.
41. «"Flauto / doppio flauto della notte" / accendi la domanda / nella notte / nessuno risponde / nel vento della notte / poi viene il fuoco / e dopo il fuoco / la voce di un lungo silenzio. / "Metti a mezz'asta la tua bandiera, / memoria. / A mezz'asta / per oggi e per sempre."» *Cronaca del Luogo* (collana libretti), cit., p. 55. Si portano tra virgolette alte i versi di Celan tratti dalla poesia *Schibboleth*, trad. it. di G. Bevilacqua, in Paul CELAN, *Poesie*, a cura di G. Bevilacqua, Milano, Mondadori («I Meridiani»), 1998, pp. 222-225.

fuoco, [ma] non nel fuoco il Signore; e dopo il fuoco la voce di un sottile silenzio[42].

Qol demamah daqah: così suona l'originale ebraico dell'ossimoro «voce di un sottile silenzio» che è stato oggetto di innumerevoli traduzioni, interpretazioni e commenti. L'etimo *Demamah* (uno dei numerosi etimi ebraici per designare il silenzio) è intimamente legato a *dom* che significa la sospensione di movimento oltre che di suono[43]. La musica è capace di captare tali attimi di sospensione in cui ci sembra poter vedere la voce e ascoltare il silenzio. Ed è allora che

> la musica sembra [...] diventare il più potente intermediario fra l'occhio e l'orecchio, fra i punti mobili ed estremi di uno spazio che è sempre da esplorare e da interrogare. Uno spazio che sembra talvolta condurci alle soglie di un mistero. Uno spazio che – con scene, luci, costumi, voci e strumenti – tentiamo insistentemente di secolarizzare, ma che in effetti sembra sempre contenere un nucleo intangibile e, forse, sacro[44].

---

42. *1 Re* 19: 11-12. Mia la traduzione volutamente letterale.
43. Cfr. Talia PECKER BERIO, *'Teofonie' ovvero Suono e silenzio nella Bibbia*, in *Sequenze per Luciano Berio*, a cura di E. Restagno, Milano, Ricordi 2000, pp.183-194, in particolare pp. 192-194.Appendice
44. L. BERIO, «Vedere la musica», in *Un ricordo al futuro, op. cit.*, pp. 94-95.

«A lei la parola taciuta». Testo e subtesto di «Cronaca del Luogo»

APPENDICE 1

Breve cronologia della genesi di *Cronaca del Luogo*

Inverno 1994: Il Festival di Salisburgo, nella persona del Direttore Artistico Gerard Mortier, invita Luciano Berio a comporre un pezzo vocale su un «tema sacro». Berio affida a Talia Pecker Berio l'impostazione tematica e la stesura del testo.

Estate-autunno 1994: Berio decide di orientarsi verso una vera e propria «azione scenica». La data della *création* viene fissata per l'inaugurazione dell'edizione 1999 del Festival.

1995: elaborazione dell'impianto drammaturgico.

Fine 1995: presentazione del progetto a Gerard Mortier e Hans Landesmann in un incontro a Milano il 7 dicembre 1995 (cfr. Appendice 2).

1996: stesura del testo (inizio datato 1 gennaio 96)

Fine 1996: Pecker Berio consegna al compositore la prima versione del testo (datata 26 dicembre 1996)

Marzo 1997: seconda versione del testo

Aprile-maggio 1997: Ulteriori elaborazioni del testo precedenti all'inizio della stesura della partitura

Estate (?) 1997: inizio della stesura della partitura

Inversione di posizione fra *La Torre* (II poi III) e *Il Campo* (III poi II): **tra settembre e dicembre 1998**

Talia Pecker Berio

1 febbraio 1999: consegna della partitura alla Ricordi

24 luglio 1999: Prima esecuzione assoluta al Felsenreitschule di Salisburgo (repliche: 27, 31 luglio, 3 agosto)

«A lei la parola taciuta». Testo e subtesto di «Cronaca del Luogo»

APPENDICE 2

Sintesi del progetto drammaturgico (1995). Documento conservato nell'archivio di Talia Pecker Berio, per gentile concessione.

TPB

A PROJECT FOR A MUSIC-THEATRE WORK BY LUCIANO BERIO

Salzburg Festspiel 1999

(presented in Milan 7/12/95 to Gerard Mosher Hans Landesmann + Mimma & L.)

The work is conceived for the Salzburg Felsenreitschule. Other productions will require a few changes and adaptaions.

The action takes place in the "windows" of the "wall" and in the open space in front of it.

There is no orchestra pit nor a visible conductor. A "concertatore" will prepare and coordinate the performers.

45 choir singers and 45 players will be distributed in the colonnades and will occupy 45 windows: a pair of one singer and one player in each.

The front scene will involve singers, a few solo instruments, mimes and figureheads ("comparse").

With the exception of occasional simple accessories, there is no real scenery. A sophisticated system of light and projection will provide the necessary elements.

The sound of the 45 couples of singers/players will be subject to "live electronics", transformations and sound-location in real time.

Talia Pecker Berio

CAST

[NOTE: "R" is the only female character. Each of the other singers, unless otherwise indicated, is assigned two roles in two different scenes.]

"R" (Innkeeper, prostitue, fortune-teller)	Mezzo-soprano
A King / An Industrialist /or a mayor (or both in one)	Baritone
A Warrior / A Police Officer	Baritone
A Prophet / A Judge	Bass
A Shepherd / A Street Singer	Contralto
A Leper / A Clochard	Tenor
Spy I / Terrorist I	Tenor
Spy II / Terrorist II	Baritone
A Hunter / A Student	Countertenor
A Possessed Farmer / A Hassid	to be decided
A Story-teller / A Scholar (Hebrew speaking?)	Actor

Masons

3 Children

A Klezmer Group (Yiddish Singer, Violin, Clarinet, Accordion, Double-bass)

«A lei la parola taciuta». Testo e subtesto di «Cronaca del Luogo»

The work is conceived around two central emblems: a Wall and a Woman. Both have a double potential of myth and human reality: the myth becomes a metaphore of reality, reality is presented as a metaphore of the myth.

The hidden roots of the work are in the Hebrew Bible. They grow from the scene of the wall of Jericho and gradually spread from a biblical context to recent history. The image of the wall shifts from a symbol of power and oppression, to an element of construction and peace, and vice versa. A faint trace of an intricate story emerges through this alternation: the story of a land and its peoples, their homes and their exiles.

The key to the wall and to its derivations (a brick tower, a battle field, living quarters, a ghetto, a refugee camp, etc.) is in the hands of a woman, "R", who is loosely based on two biblical figures: Rahab, the Prostitute of Jericho (Joshua 2 and 6); and the Medium of Endor (1 Samuel, 28). It is "R" who evokes the events; she watches them evolve, and her shifting point of view becomes our own interpretation of what we hear and see.

****

The action is divided into seven episodes with a Prologue and an Epilogue. Duration: about 80 minutes. There is no intermission.

[NOTE: The titles in the following scheme are provisional]

Prologue: "R", alone on the empty stage, introduces herself in a long monologue.

1. **The Siege**
2. **The Tower**
3. **The Field**
4. **The Home**
5. **The Transfer**
6. **The Ghetto**
7. **The Revolt**

Epilogue: Empty stage. "R"'s concluding monologue is a farewell and an opening, a dirge and a chant of hope.

3

APPENDICE 3

L. BERIO, sintesi delle altezze del Prologo e dei cinque episodi di *Cronaca del Luogo*, pubblicata come «Arbeitskizze» in *Cronaca del Luogo*, programma di sala del Salzburger Festspiele 1999, Salzburg 1999, tra le pp. 24 e 25. Originale non rinvenuto. Per gentile concessione del Salzburger Festspiel e di Talia Pecker Berio

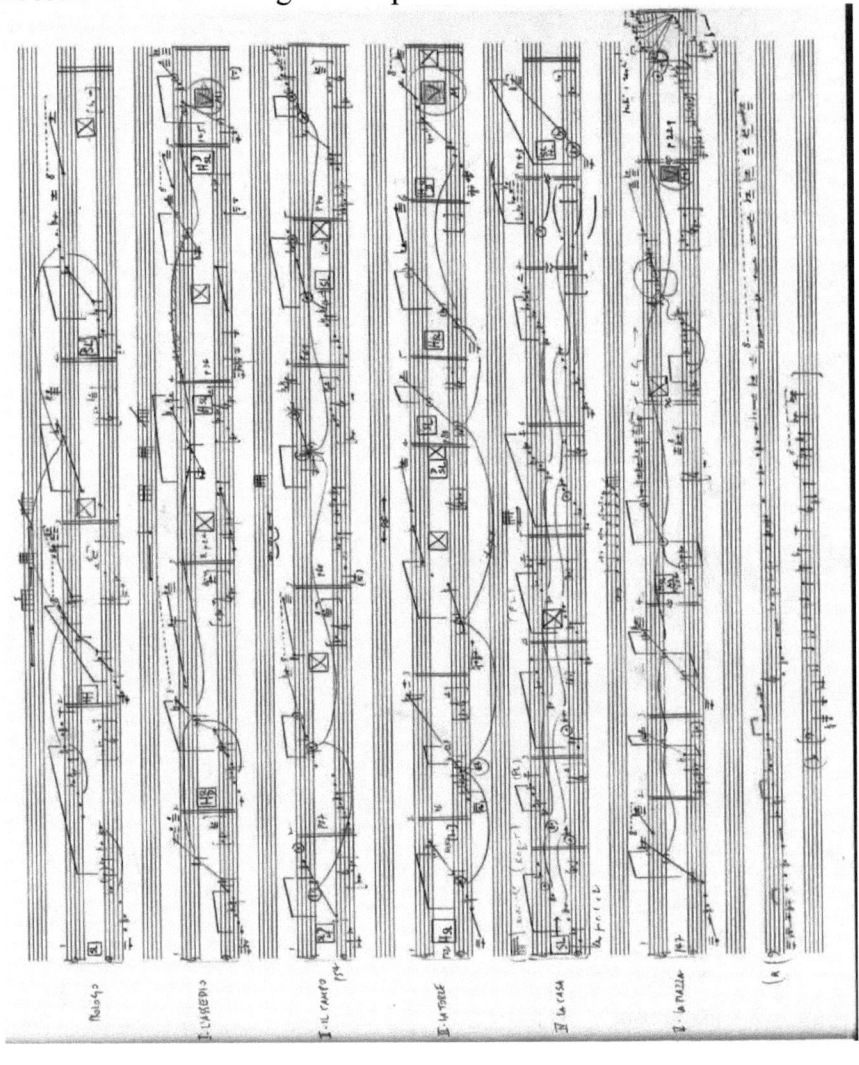

«A lei la parola taciuta». Testo e subtesto di «Cronaca del Luogo»

APPENDICE 4

Estratti e glosse dal testo di *Cronaca del Luogo*
L. BERIO, *Cronaca del Luogo*, testo di T. Pecker Berio, Milano, Ricordi (collana libretti) 1999, per gentile concessione di Hal Leonard MGB, Italia.

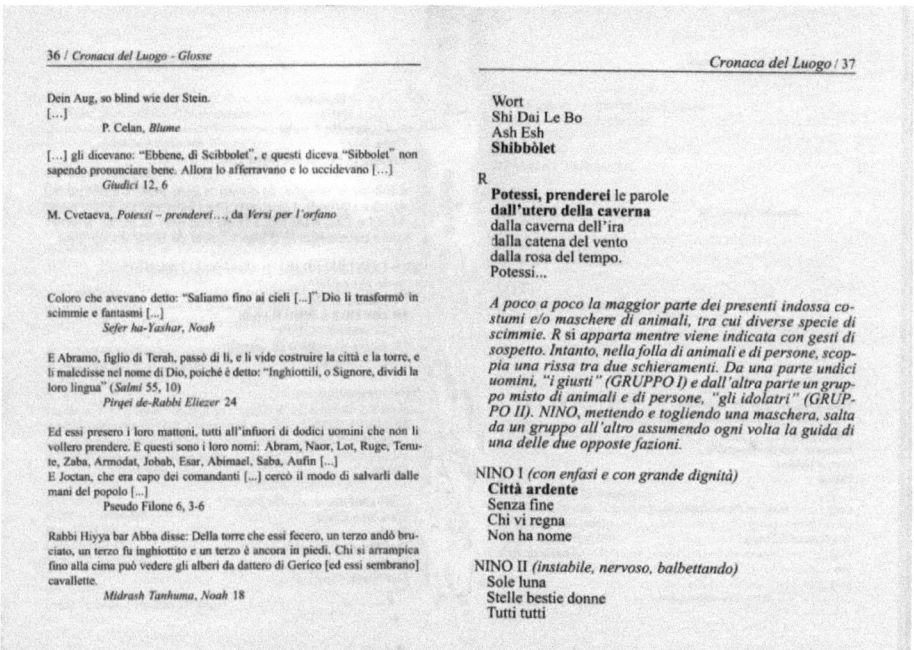

Es. 1: pp. 36-37 (*La Torre*)

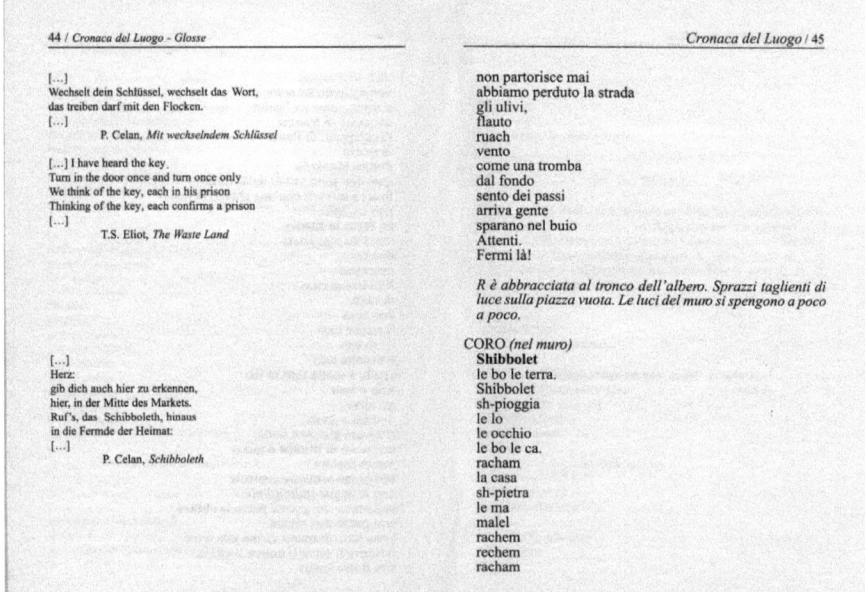

Es. 2: pp. 42-45 (*La casa*)

FRANCESCO GIOMI

Di voce e di vento[1]: il live electronics nel teatro musicale di Luciano Berio

Dalla fine degli anni Ottanta Luciano Berio ha dedicato una parte del suo lavoro compositivo alla musica elettronica dal vivo, il così detto *live electronics*. Lo ha fatto primariamente attraverso la scrittura di alcune importanti partiture musicali che prevedono l'uso di strumenti tecnologici per l'elaborazione del suono ma anche attraverso la fondazione di una istituzione per la ricerca su questi temi: il centro Tempo Reale[2] di Firenze, costituito nel 1987 e da lui diretto fino al 2000[3]. Un utilizzo ampio e strutturato del live electronics caratterizza le due ultime opere di teatro musicale: *Outis* e *Cronaca del Luogo*.

Dagli anni Settanta ad oggi il significato del termine live electronics si è molto evoluto, assumendo accezioni e connotazioni anche molto diverse; una buona definizione è la seguente: «insieme di

---

1. Frammento tratto dal testo sia di *Cronaca del Luogo* che di *Altra voce*, entrambi di Talia Pecker Berio.
2. Informazioni su questa istituzione si possono trovare su Wikipedia: it.wikipedia.org/wiki/Tempo_Reale; o direttamente sul suo sito web www.temporeale.it; a proposito di Tempo Reale può essere interessante leggere il testo scritto dallo stesso compositore: Luciano BERIO, *Centro Tempo Reale,* in Id., *Scritti sulla musica,* a cura di A.I. De Benedictis, Torino, Einaudi, 2013, pp. 232-234.
3. Nel 2000 Berio lascia la direzione di Tempo Reale per il sopravvenuto impegno all'Accademia Nazionale di Santa Cecilia e viene nominato presidente onorario del centro.

apparecchiature e strumenti per l'elaborazione dal vivo di suoni generati da fonti acustiche o elettroniche; tale eleborazioni avviene in *tempo reale* ovvero in un tempo inferiore alla soglia percettiva umana, al pari degli strumenti musicali convenzionali[4]». Questa definizione non solo si adatta bene all'utilizzo fattone da Berio ma contiene già una chiave di lettura utile alla comprensione delle sue modalità di lavoro con questi mezzi: attraverso le tecnologie, le strategie creative con il live electronics possono essere assimilate a quelle con gli strumenti acustici, il cui suono può essere esteso, ingrandito, modulato, ma mai sostituito[5].

Oggi il significato del termine live electronics indica in realtà una pluralità di approcci e di tecniche differenziati, cresciuti negli ultimi anni di pari passo con lo sviluppo tecnologico dei mezzi digitali. Ma la sua applicabilità alla musica continua ad essere condizionata dalla capacità o meno di inserirlo all'interno di un pensiero artistico strutturato e di una conoscenza consapevole della materia acustica. Nel caso di Berio il compositore lavora a stretto contatto con i suoi interlocutori tecnologici al fine di produrre strumenti il più possibile rispondenti alle sue esigenze musicali, strumenti che gli permettano, ad esempio, la creazione di quegli spazi sonori immaginari che caratterizzano tutti gli ultimi lavori: ancora una

---

4. Tale definizione parafrasa quella proposta nel testo di Nicola BERNARDINI, *Live electronics*, in *Nuova Atlantide. Il continente della musica elettronica 1900-1986*, a cura R. Doati e A. Vidolin, La Biennale di Venezia, 1986. Per maggiori approfondimenti sul live electronics si può far riferimento al testo divulgativo Francesco GIOMI e Andrea CREMASCHI, *Rumore bianco. Introduzione alla musica digitale*, Bologna, Zanichelli, 2008, oppure ai più estesi Peter MANNING, *Electronic and Computer Music*, Oxford, Clarendon Press, 1985-2013 e Simon EMMERSON, *Living Electronic Music*, Aldershot, Ashgate, 2007.
5. Cfr. Francesco GIOMI, Damiano MEACCI E Kilian SCHWOON, *Live electronics in Luciano Berio's music*, «Computer Music Journal», XXVII/2, 2003.

volta, è l'articolazione di un pensiero musicale forte alla base di tutto, come egli non si stancava di ripetere in tutte le occasioni possibili[6].

Il tempo di Cronaca del Luogo

L'azione musicale *Cronaca del luogo* è l'ultimo lavoro di teatro musicale di Berio, andato in scena la prima volta il 24 luglio 1999 per l'inaugurazione del Festival di Salisburgo di quell'anno. L'allestimento è completamente incentrato sulla grande struttura architettonica della Felsenreitschule, una sorta di grande piazza coperta racchiusa da un muro pieno di «stanze» scavate nella roccia. L'orchestra e parzialmente il coro sono collocati verticalmente all'interno delle nicchie del muro; per Berio questa idea di verticalità è centrale per tutta l'opera:

> Posso solo dire che ho costruito un vero e proprio muro armonico (nel senso strutturalmente più ampio e percepibile del termine) sul quale vengono inscritte (un po' come graffiti, forse) figure diverse e dal quale vengono estratti, dedotti e sviluppati processi musicali di carattere diverso, conflittuale e spesso contraddittori[7].

Già inizialmente la volontà del compositore è quella di usare un'importante struttura tecnologica. Per questo, tra il 1998 e il 1999, Berio conduce a Tempo Reale[8] un intenso e fruttuoso periodo di

---

6. A tal proposito sono illuminanti i concetti di Berio in Andrea SCAZZOLA, *La tecnica è un mezzo, la musica una ragione, Intervista con Luciano Berio*, «Telèma», 6, 1996, p. 67.
7. Michel LAMBERT, *La nuovelle chronique de Luciano Berio*, «Opéra International», n. 237, 1999. Pubblicato in italiano (*La nuova cronaca di Luciano Berio*) e in inglese in *Cronaca del Luogo* (brochure stampata in occasione della prima assoluta dell'opera), Milano, Ricordi, 1999, pp. 12-15.
8. Sia negli storici locali di Villa Strozzi a Firenze che presso lo Studio C della Sede Regionale della RAI per la Toscana, luogo quest'ultimo che era in quegli anni in uso al centro al fine di condurre sperimentazioni più ampie e attività pubbliche di vario genere.

ricerca e sperimentazione[9], finalizzato alla realizzazione delle parti elettroniche dell'opera.

Durante le numerose sessioni di lavoro la ricerca si concentra su alcuni temi specifici:

I. Lo sviluppo di tecniche di spazializzazione frontale del suono. Questa scelta è fortemente influenzata dalla soluzione innovativa di Berio di sfruttare appieno la particolare forma del teatro di Salisburgo, non solo per quanto riguarda i musicisti ma anche per i dispositivi di diffusione del suono il cui inserimento nel muro è previsto già dall'inizio. La correlazione delle tecniche di movimento del suono tra punti distinti con le particolari caratteristiche dello spazio scenico è dunque al centro della sperimentazione e conduce alla definizione di un ambiente esecutivo[10] capace di recepire l'esigenza di sviluppare traiettorie di suono di diversi gradi di lunghezza e velocità.

II. La messa a punto di nuove tecniche di elaborazione del suono. Anche in questo caso le ragioni specifiche dell'opera muovono gli obiettivi della ricerca, che si concentra primariamente sulle possibiltà di trasformazione della voce di uno dei protagonisti, Nino, e in generale del suono strumentale.

III. La sperimentazione di nuove tecniche di interazione gestuale e di cattura trasparente del movimento: ne vengono fuori un *giacchetto sensibile* per il personaggio Nino e una serie di tentativi per localizzare la sua posizione sul palcoscenico così da farle corrispondere trasformazioni diverse del suono di voce, come già evidenziato dalla partitura e descritto più avanti.

---

9. Parzialmente documentato anche all'interno del film-documentario di Reuven HECKER, *Luciano Berio, A Contemporary Maestro*, Belshir International/ORF Noga Communications/ZDF/Arté, Israel, 2000.
10. L'ambiente esecutivo è lo strumento musicale dell'esecutore di live electronics e lo si può costruire ogni volta con diversi gradi di complessità. Esso comprende l'insieme dei diversi tipi di dispositivi hardware e software oltre alle interfacce per la loro gestione.

IV. Inventare un nuovo ed efficace sistema per fissare la notazione della parte elettronica nei suoi tratti principali, sia come metodo finalizzato a *Cronaca del Luogo* che successivamente per tutti gli altri lavori.

Questa lunga stagione di *rinnovamento* delle conoscenze beriane sulle tecnologie di live electronics ha non solo un valore circoscritto all'ultima azione di teatro musicale, bensì si riverbera sostanzialmente su tutta l'ultima produzione con elettronica. I risultati ottenuti e applicati in *Cronaca del Luogo* porteranno Berio, a partire dall'estate 1999, a rivedere profondamente le partiture elettroniche degli altri suoi lavori, come *Outis*[11] e *Ofanìm*[12] nonché a comporre, sempre per il Festival di Salisburgo, un lavoro originale intitolato *Altra voce*, per mezzosoprano, flauto contralto e live electronics[13], la cui parte elettronica troverà una definizione finale tra Firenze e New York nel marzo 2001.

Durante questa fase una delle figure chiave con cui Berio interagisce prevalentemente è il tecnologo francese Thierry Coduys[14] con il quale studia una serie di nuovi concetti tecnologico-musicali e sviluppa, come abbiamo visto, un sistema di notazione relativamente preciso per la parte elettronica, sistema che sarà poi successivamente perfezionato con il successivo gruppo di lavoro di Tempo Reale[15] e

---

11. Revisione avvenuta nell'estate 1999 in vista delle riprese dell'opera a Milano e Parigi.
12. *Ofanìm* è una composizione per per due cori di bambini, due gruppi strumentali, voce femminile e live electronics (1988–1997); la completa revisione della parte elettronica è avvenuta nell'estate 2000 in vista dell'esecuzione del pezzo a Milano durante un concerto organizzato il 2 ottobre di quell'anno da Milano Musica e dal Teatro alla Scala, con l'Orchestra della Toscana diretta dall'autore.
13. La prima di questa composizione è avvenuta a Salisburgo subito dopo le recite di *Cronaca del Luogo*, ovvero il 22 agosto 1999.
14. Berio conosce Coduys alla fine del 1997 chiamandolo, insieme ad altri tecnici francesi, a lavorare a Tempo Reale per l'esecuzione della parte elettronica della sua composizione *Ofanìm* e collaborando con lui fino alla fine del 1999.
15. Composto da Francesco Giomi, Damiano Meacci e dal compositore tedesco Kilian Schwoon.

che porterà, nel tempo, alla definizione di partiture indipendenti dai dispositivi e dall'obsolescenza tecnologica.

Non tutti i risultati ottenuti durante il lungo periodo di ricerca trovano una risposta nella definizione finale della parte elettronica di *Cronaca del Luogo* e certamente alcuni problemi tecnici rimangono, in quella fase, irrisolti[16]. Ma la stagione 1998/99 rimane uno dei momenti più significativi del percorso di Berio nell'universo dell'elettronica, probabilmente il più importante dopo le esperienze iniziali di molti anni prima a Milano e prelude alla definitiva consacrazione di una serie di sue composizioni al repertorio storico della musica con live electronics.

Uno dei principali terreni di sperimentazione sonora di quei mesi è la preparazione del personaggio Nino, interpretato a Salisburgo dal vocalist americano David Moss[17]. Moss è uno straordinario e «storico» performer della voce, valente improvvisatore capace di lavorare su registri vocali estremi con timbriche inusuete e originali. Berio scrive pensando a lui la parte di Nino e si concentra sulle possibilità di usare un'elettronica specificamente concepita. Nino compare nell'episodio[18] *La torre*[19], monopolizzandone quasi interamente l'economia musicale: il suono vocale viene catturato con un radio-microfono *headwarn* e trasformato con algoritmi di

---

16. Come per esempio l'uso efficace in situazione scenica delle tecnologie di rilevamento del gesto oppure la mancanza di tecniche di ridonandanza tecnologica per favorire la sicurezza di una performance, aspetto quest'ultimo che verrà ulteriormente studiato a Tempo Reale con grande energia già a partire dai mesi immediatamente successivi.
17. Berio ha l'opportunità di apprezzare personalmente le qualità di Moss durante un concerto alla Stazione Leopolda di Firenze in cui, insieme all'Orchestra della Toscana, interpreta lavori del compositore tedesco Heiner Goebbels (12 ottobre 1997); successivamente ritorna ad assistere ad un suo concerto in solo tenuto al Teatro Studio di Scandicci il 16 febbraio 1998.
18. Il termine *episodio* è introdotto proprio dagli autori dell'opera nei vari scritti introduttivi e per questo utilizzato diffusamente nel presente testo.
19. *La Torre* è il terzo episodio tra i cinque più un prologo in cui è divisa l'azione musicale.

elaborazione elettronica. Ma la peculiarità più evidente è la presenza di un *costume sensibile*, un giacchetto dotato di sensori piezoelettrici capaci di rilevare il tocco o lo sfioramento delle dita e di restituire parametri numerici per controllare la partenza di suoni percussivi da abbinare alla voce e/o per modulare i valori dell'elaborazione vocale. Ad un certo punto della partitura[20] la parte di Nino si sdoppia e il personaggio si divide in due, Nino I e Nino II, che l'interprete deve alternare nella recitazione. E' lo stesso Berio che li caratterizza in maniera descrittiva nella parte musicale: «Con enfasi e con grande dignità, prolungando le vocali, nel registro medio-grave» (Nino I); «Instabile, nervoso, balbettando ad lib, nel registro medio-acuto» (Nino II). Nino corre quindi linearmente da sinistra a destra del palcoscenico (e viceversa) dialogando con un due strumenti e passando quindi da un personaggio all'altro: tale passaggio è accompagnato dall'eleborazione dal vivo della voce che trasforma il suono attribuendole tratti timbrici diversi nei due casi, assecondando quindi ed espandendo le indicazioni verbali della partitura.

Nino è certo un caso emblematico dell'elettronica, ma essa si avvale anche di ulteriori elementi tecnologici:

a) Gli strumenti e il coro collocati nel muro sono completamente amplificati, con una modalità di amplificazione organizzata *per nicchie*: ciascuna di esse diventa quindi una sorgente sonora polifonica unica, ancora una volta sottolineando lo stretto rapporto con lo spazio scenico.

b) La proiezione del suono nello spazio è completamente frontale e non sono previsti altoparlanti intorno al pubblico. In questo senso Berio riprende una situazione acustica già sperimentata tre anni prima in *Outis* al Teatro alla Scala dove, anche in quell'occasione aveva chiesto l'adattamento dei sistemi audio al palcoscenico del teatro. Ma nel caso di Salisburgo la collocazione dei diffusori, come vedremo, è certamente più strutturata con la sede teatrale, così come il

---

20. Dalla lettera I$_{iii}$ fino al termine dell'episodio; i riferimenti sono alla partitura di *Cronaca del Luogo*, Ricordi (138324).

loro utilizzo è maggiormente articolato, sia come possibilità di diversificazione dello spazio che di parametri di movimento dei suoni.

c) L'elettronica dal vivo ha un carattere 'strumentale', ovvero è basata prevalentemente sulla rielaborazione di singoli strumenti o su piccoli gruppi di strumenti, il cui timbro è esteso soprattutto in senso armonico.

d) Sono presenti alcuni casi isolati di live electronics 'collettivo', ovvero caratterizzato da una singola modalità di elaborazione estesa a tutti gli strumenti e le voci. In tutta l'opera due di questi momenti sono in *ff* e contribuiscono a veicolare un senso di sorpresa e di forte energia sonora, che l'elettronica espande rispetto alla scrittura già estremamente efficace.

	AZIONI PRINCIPALI DEL LIVE ELECTRONICS
PROLOGO	flauti / tromboni, archi piccoli gruppi omogenei (sax, clarinetto, fagotto)
L'ASSEDIO	piccoli gruppi omogenei (archi, violoncelli, viole, clarinetti, violini) o strumenti singoli (trombone, percussioni) **tutti (ff)**
IL CAMPO	fagotto / percussioni (1 & 2) / altri strumenti singoli
LA TORRE	vari strumenti singoli / piccoli gruppi omogenei / gruppo ampio (solo una volta) / **Nino**
LA CASA	ampia struttura con sei voci registrate **tutti (ff)**
LA PIAZZA	**quasi senza elettronica** (amplificazione sola) parte finale: tutti (pp), altri gruppi (pp)

FIG. 1 : Riepilogo schematico dei principali interventi dell'elettronica in *Cronaca del Luogo*, suddivise secondo gli episodi dell'azione musicale.

Lo schema precedente fornisce un'idea di massima della dislocazione dei principali interventi elettronici per ciascuno degli episodi. Se nei primi tre ricorrono le modalità elettroniche descritte sopra, così come ne *La torre* si impone la presenza di Nino, il quarto episodio (*La casa*) è da segnalare per la presenza quasi continua di una lunga sequenza di voci registrate. Tutta la partitura dell'episodio ruota intorno a questo elemento, articolando modalità espressive diverse di recitazione, frammenti testuali, relazioni sincroniche e diacroniche[21], correlate al resto della vicenda musicale e vero e proprio tessuto strutturale dell'episodio. Infine l'ultimo episodio: quasi interamente senza elaborazioni, quest'ultime appaiono solo nella parte finale con tutti elementi in *pp*: un epilogo dunque dove dopo le numerose e sorprendenti azioni elettroniche si giunge ad un rilassamento di tutti i parametri verso un *paesaggio sonoro* in allontanamento.

Sul piano tecnico gli strumenti utilizzati da Berio sono piuttosto tradizionali[22] e possono essere riassunti nel seguente schema:

a) amplificazione selettiva di strumenti e voci

b) riverberazione

c) spazializzazione del suono

d) harmonizer (cromatico e microtonale)

e) delay (linee di ritardo)

f) campionamento dal vivo e riesecuzione di frammenti strumentali/vocali

g) altri algoritmi di elaborazione (filtri, modulazione di ampiezza)

h) uso di strutture pre-registrate (voci)

---

21. Un tale tipo di organizzazione può inevitabilmente richiamare altri momenti della ricerca vocale di Berio, come *a-ronne* per esempio, il documentario radiofonico per cinque attori del 1974 su testo di Edoardo Sanguineti.

22. Il termine si riferisce al fatto che si tratta di quasi tutti algoritmi notevoli della computer music, utilizzati però in maniera molto profonda e connessa con la scrittura. In questo senso Berio agisce con l'elettronica come con gli strumenti: li conosce bene e li usa al massimo delle possibilità.

i) uso di campioni fissati eseguiti dal vivo tramite tastiera in orchestra

Tra le varie tecniche Berio fa particolare e regolare ricorso agli *harmonizer:* sono degli algoritmi che variano l'altezza del segnale d'ingresso di un determinato intervallo, aggiungendo quindi all'originale uno o più segnali trasposti. In questo caso è possibile definire delle sequenze temporali di trasposizione indicando per ogni passo l'intervallo e la durata: questa modalità di definizione dei percorsi di armonizzazione piuttosto che l'uso dell'algoritmo in sé costituisce una delle peculiarità di maggiore originalità nella scrittura elettronica di Berio[23]. L'uso dell'harmonizer è quasi interamente regolato da intervalli cromatici ma in *Cronaca del Luogo* troviamo, caso unico nella sua produzione con elettronica, l'utilizzo di una trasposizione microtonale: intervalli di 120 e 250 centesimi di semitono fanno la loro comparsa rispettivamente sul gruppo degli archi del *Prologo* e sul clarinetto secondo de *L'assedio*.

Il campionamento dal vivo (*freeze*) è costituito dalla registrazione in tempo reale di frammenti dell'esecuzione e di una loro riproposizione ciclica in istanti successivi: il compositore definisce il frammento e lo strumento da 'congelare' e indica il momento di inizio e fine della successiva riproduzione. Questa è una tecnica che Berio sperimenta proprio in maniera profonda per la preparazione di *Cronaca del Luogo* e che riapplicherà con notevole densità negli altri due lavori concertistici *Ofanìm* e *Altra voce*[24].

Un ruolo fondamentale nell'opera è quello svolto dalla spazializzazione del suono: attraverso algoritmi specifici si realizza il movimento dei suoni strumentali in uno spazio artificale che viene definito dal compositore attraverso sequenze di configurazioni di altoparlanti che si susseguono una dopo l'altra seguendo

---

23. Come vedremo più avanti descrivendo *Altra voce*.
24. Per una indagine generale sui lavori di Berio con elettronica si veda ancora l'articolo Francesco GIOMI, Damiano MEACCI E Kilian SCHWOON, *Live electronics in Luciano Berio's music*, op cit.

temporizzazioni stabilite. La configurazione di altoparlanti della partitura prevede otto punti di diffusione, a Salisburgo inseriti nel muro nelle nicchie lasciate libere dai musicisti.

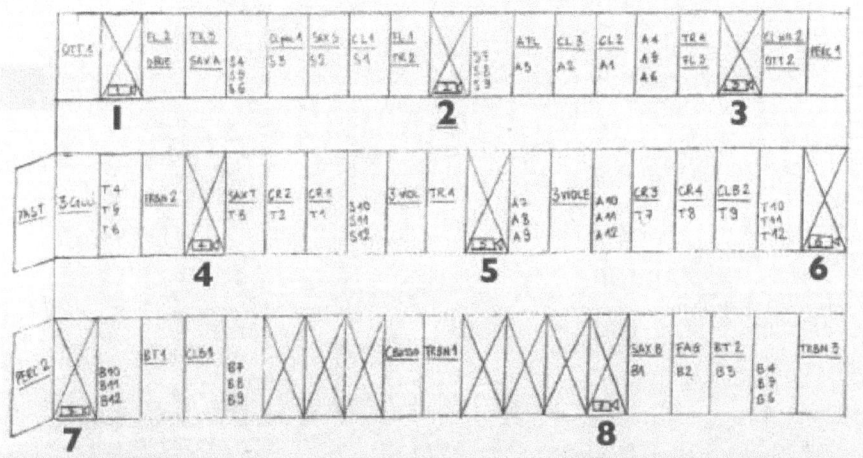

FIG. 2 : Distribuzione degli strumenti, del Coro A e degli altoparlanti nel muro [del Felsenreitshcule], in L. Berio, *Cronaca del Luogo*, partitura, Milano, Ricordi, 1999, per gentile concessione di Hal Leonard MGB, Italia. Alcune versioni precedenti di questo diagramma sono conservate nel fondo Berio alla Fondazione Paul Sacher di Basilea.

Su questi altoparlanti Berio sviluppa una serie di traiettorie: movimenti verticali (alto-basso e viceversa), movimenti orizzontali (sinistra-destra e viceversa), movimenti tra tutti i diffusori o gruppi di essi con percorsi brevi oppure lunghi e articolati, traiettorie casuali su tutti i diffusori o gruppi. In quest'ultimo caso il suono si muove casualmente da un punto ad un altro ma viene quasi sempre definita una 'priorità', ovvero uno dei punti di diffusione diventa più probabile degli altri: questo causa un senso di 'gravitazione' come se il suono ritornasse costantemente nella sua zona di origine. Tutti i movimenti avvengono secondo sequenze temporali il più delle volte irregolari, con una logica di costante variazione dei parametri di velocità, organizzati comunque per famiglie (lente, medie, veloci, ecc.)

Per alcune particolari necessità di amplificazione trasparente[25] (come quella per il personaggio Nino e degli altri musicisti sulla scena) una serie di sistemi di diffusione stereofonica sono aggiunti agli otto punti del muro, secondo una logica di completo adattamento allo spazio scenico complessivo.

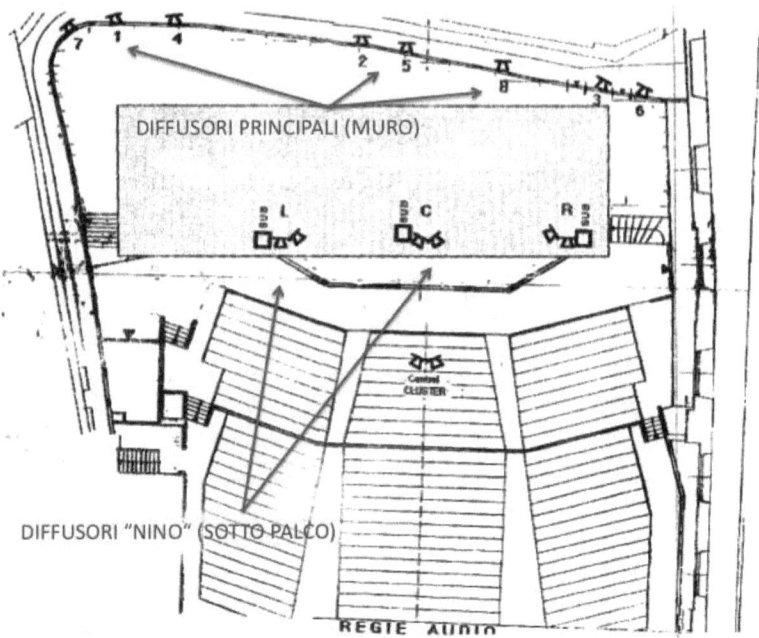

FIG. 3 : Configurazione tecnica dei vari altoparlanti progettata da Tempo Reale per le recite al Festival di Salisburgo dell'estate 1999 (Archivio Tempo Reale). In particolare sono evidenziati gli altoparlanti collocati nel muro per la spazializzazione del suono e quelli destinati all'amplificazione trasparente del personaggio Nino.

Da Cronaca del Luogo *ad* Altra voce

Nella stagione creativa del 1999 Berio riserva al suo catalogo un'ulteriore sorpresa e, immediatamente dopo la produzione di *Cronaca del Luogo,* compone un nuovo lavoro cameristico. *Altra voce*

---

25. Una modalità secondo la quale si amplifica il segnale di una sorgente preservandone la provenienza e la sensazione di naturalezza del suono.

è una composizione per flauto contralto, mezzosoprano e *live electronics*[26], che sviluppa a partire dall'episodio *Il campo*. Durante la scena il flauto contralto dell'orchestra si muove sul palcoscenico seguendo Orvid[27], alter ego poetico della protagonista 'R' e interpretato da un mezzosoprano. Sulla base di queste due parti Berio compone le pagine del nuovo lavoro, ampliandole ed elaborandole per la costruzione di una struttura musicale autonoma. È lo stesso compositore ad indicarci una chiave di lettura, quella dello stretto rapporto tra voce e strumento che, pur mantenendo le reciproche autonomie, sviluppano un fitto intreccio di linee i cui percorsi cambiano continuamente pur all'interno di una logica di inseparabilità strutturale :

> In un episodio (*Il campo*) della mia azione musicale *Cronaca del Luogo*, c'è un duetto d'amore virtuale. Due voci e alcuni strumenti «si amano» e si seguono l'un l'altro in un rapporto costantemente rinnovato[28].

Berio aggiunge due nuove parti – un prologo ed un epilogo – al frammento centrale estratto da *Cronaca del Luogo*. Tale frammento (da B_{II} a G_{II}) corrisponde alla sezione di *Altra voce* che inizia cinque

---

26. La partitura è datata 1999, ma nel 2001 (in occasione dell'esecuzione durante un ciclo di concerti della Carnegie Hall di New York) Berio effettuò numerosi cambiamenti della parte elettronica: pertanto le descrizioni fanno comunque riferimento a quest'ultima versione. Per una descrizione approfondita del live electronics dell'opera cfr. Francesco GIOMI e Kilian SCHWOON, *Il continuo mutevole. Altra voce di Luciano Berio*, in *Il suono trasparente*, a cura di A. Cremaschi e F. Giomi. *Rivista di Analisi e Teoria della Musica,* Lucca, Gatm/LIM, 2005.
27. Il nome del personaggio Orvid è un incrocio tra Orfeo e David, come si capisce dal testo accompagnatorio del libretto di Talia PECKER BERIO, *Cronaca del Luogo*, Festival di Salisburgo, Salisburgo, 1999. Vedere anche Id., *«A lei la parola taciuta». Testo e subtesto di Cronaca del Luogo*, in questo volume a p. 252.
28. Luciano BERIO, nota dell'autore alla composizione, www.lucianoberio.org/node/1318?990689160=1.

misure dopo la lettera B e termina quattro misure dopo la lettera G[29]. Il prologo sviluppa un processo che potremmo definire di *morfogenesi*: nasce infatti da una singola lunga nota di *fa* in pianissimo dalla quale si forma gradualmente il discorso musicale in tutte le sue dimensioni. Un processo speculare si riscontra nell'epilogo che, con l'eccezione di una serie di sporadiche accentuazioni, ripercorre un ritorno altrettanto graduale alla situazione iniziale. La parte estratta dall'azione musicale risulta suddivisa in due sezioni (che possiamo chiamare CdL/a e CdL/b), che vengono separate da una forte cesura musicale (lettera E) che sostituisce un'unica battuta orchestrale di *Cronaca del Luogo* (sesta misura prima di D_{II}) con un breve solo del flauto.

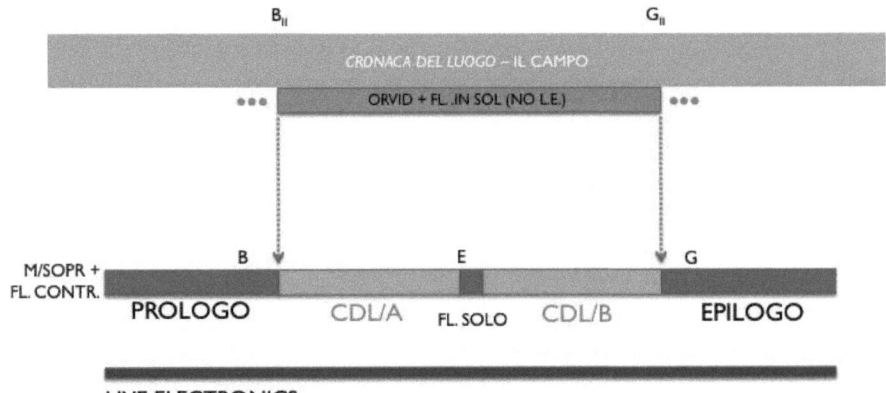

FIG. 4 : Schema ricapitolativo del passaggio dalla partitura di *Cronaca del Luogo* a quella di *Altra voce*.

Caratterizzato da un'apparente semplicità, il testo di *Altra voce* è già parzialmente presente in *Cronaca del Luogo*[30] e contiene chiari riferimenti al mondo del sonoro, proponendosi quasi come una sorta di 'commento' alla musica:

---

29. I riferimenti sono, rispettivamente, alla già citata partitura di *Cronaca del Luogo* e di *Altra voce*, Universal Edition (UE31492).
30. Da una battuta prima di B_{II} fino a F_{II}.

Altra voce (testo di Talia Pecker Berio)

>Non è giorno né notte
>Un suono di tromba, quasi
>Un suono di flauto, quasi
>Di voce e di vento,
>Vieni.
>Apri gli occhi
>Ascolta
>Il vecchio piange
>Padre e figlio
>Sono caduti sui monti.
>Sento un'altra voce
>Vieni.

L'elettronica riveste un importante ruolo strutturale ed è caratterizzata da tre tipi di elaborazioni: il campionamento dal vivo di vari frammenti, l'uso di harmonizer e la spazializzazione dei suoni.

Tutti gli interventi di *live electronics* sono fissati da Berio con un duplice sistema: la partitura principale viene arricchita da una serie di puntatori che indicano i momenti di inizio e fine delle così dette *cues*[31], ovvero delle fasi di intervento dell'elettronica, e la parte di volta in volta interessata.

---

[31]. Liste codificate di istruzioni riguardante gli algoritmi utilizzati in un certo istante della partitura.

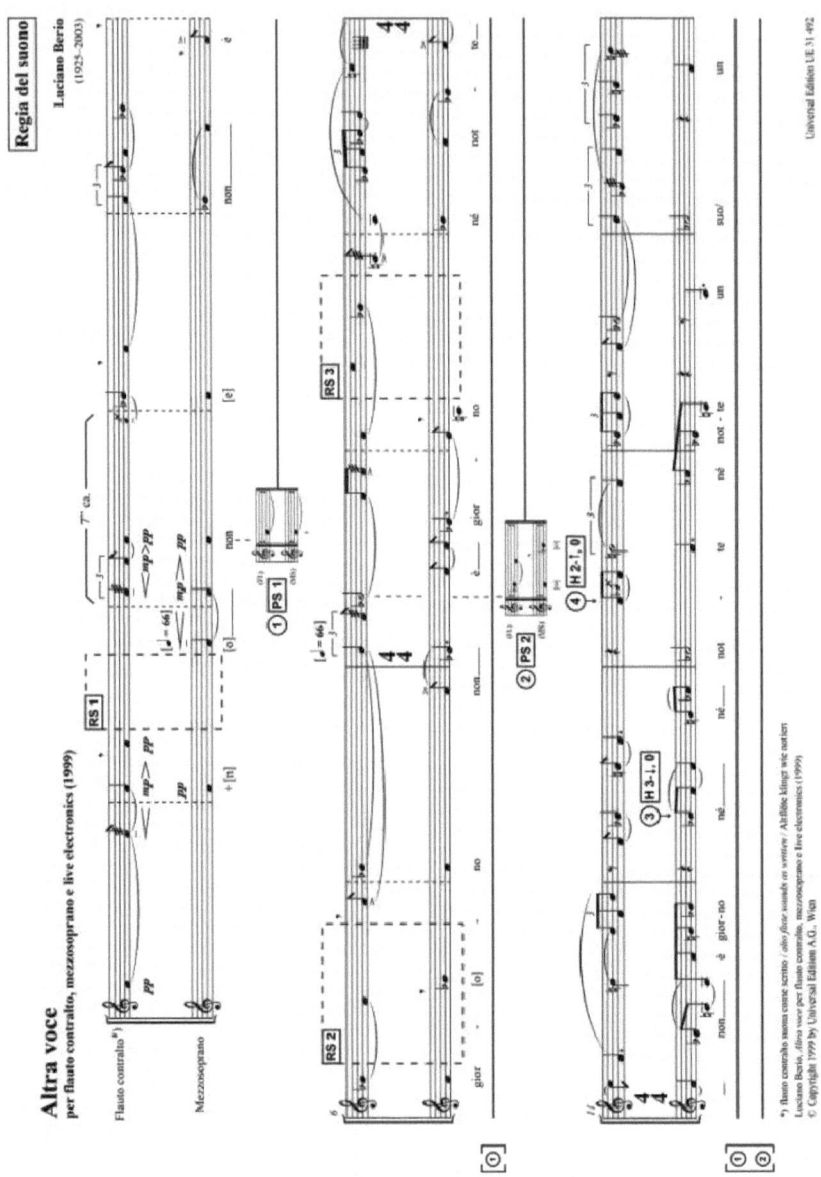

FIG. 5 : Prima pagina della partitura di *Altra voce* (Universal Edition 31492, copyright 1999, per gentile concessione di Hal Leonard MGB, Italia). Ai due

«Di voce e di vento» : il live electronics nel teatro musicale di Luciano Berio

tradizionali pentagrammi (flauto contralto e mezzosoprano) è stato aggiunto una parte grafica dove vengono indicati i punti di intervento del *live electronics*: registrazione campioni (REC dentro un riquadro), start e stop delle *cues* (numeri arabi dentro un cerchietto), ecc.; inoltre, una serie di informazioni indicative sono state aggiunte anche tra i due pentagrammi o sopra di essi per fornire al lettore un'idea sonora di quello che è il risultato dell'apporto dell'elettronica: riproduzione dei campioni (notazione tradizionale), valori principali delle armonizzazioni (H dentro un riquadro seguito dagli intervalli), presenza di spazializzazioni, e così via.

Alla partitura viene allegato un documento, che possiamo definire come *partitura elettronica*, contenente una descrizione di massima dei processi elettronici interni alle cues come le sequenze di spazializzazione e di armonizzazione. Tale descrizione avviene tramite una serie di diagrammi e di tabelle che definiscono in forma grafica e testuale le istruzioni generiche da svolgere.

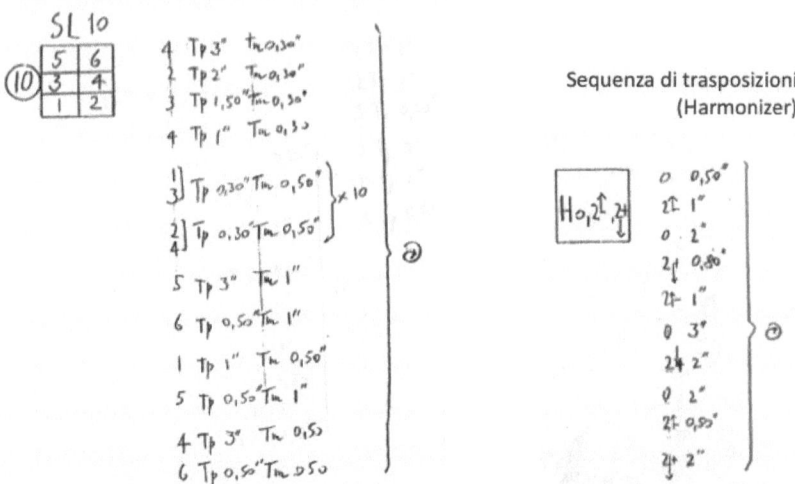

FIG. 6 : Due esempi dalla partitura elettronica autografa di *Altra voce* (Fondazione Paul Sacher, Collezione Luciano Berio, per gentile concessione). Il primo caso mostra una sequenza di movimenti per la spazializzazione del suono; il secondo caso la sequenza di trasposizioni successive di un harmonizer. Al primo diagramma corrisponde una definizione di tempi di permanenza t_p e di tempi di movimento t_m, cioè di passaggio da una configurazione di altoparlanti all'altra. Nel caso del secondo diagramma sono indicati i tempi di permanenza per ciascun intervallo di trasposizione.

Mentre certi parametri dell'elaborazione vengono definiti in maniera precisa dalla partitura elettronica, altri sono lasciati alla sensibilità degli interpreti del live electronics che, in questo modo, possono adattarli alle peculiarità dello spazio e alle diverse caratteristiche timbriche degli interpreti.

Questo tipo di sistema di notazione nasce, come abbiamo detto, durante il periodo di ricerca per *Cronaca del Luogo*. La sua efficacia e il suo ottimo grado di comprensione per gli interpreti al live electronics fanno sì che Berio decida di utilizzarlo anche per le ulteriori due partiture con elettronica, che tra l'autunno 1999 e l'estate 2000 vengono completamente riviste alla luce delle esperienze salisburghesi[32].

In *Altra voce* le varie elaborazioni elettroniche non avvengono una dopo l'altra ma tendono a sovrapporsi e intrecciarsi, estendendo così l'idea iniziale dell'inseguimento reciproco delle due linee principali:

> [La composizione] sviluppa un'interessante polifonia di suoni che si muovono riempiendo lo spazio esecutivo. Mentre si ascolta la voce o il flauto, si può contemporaneamente udire le trasformazioni sonore che avvengono. La separazione tra melodia e polifonia è cancellata, una diventa l'altra ed entrambe respirano insieme. Questo è un elemento molto significativo del pezzo[33].

Con queste parole lo stesso compositore forniva, poche settimane prima della sua scomparsa, una chiave di lettura per l'organizzazione delle altezze di *Altra voce*. L'ambiguità tra polifonia

---

32. Si tratta di *Outis*, in vista nella sua riproposizione a Milano e Parigi dell'autunno 1999 e *Ofanìm* come versione finale da eseguire in un concerto milanese nell'ottobre 2000.
33. Questo testo è un estratto da un'intervista a Berio condotta da Shan MacLennan e Gillian Moore per il South Bank Center di Londra; registrata a Roma nell'aprile 2003 è stata trasmessa durante il festival «Omaggio», dedicato alla musica di Berio a Londra nell'aprile 2004.

e melodia come tra un timbro e l'altro, sono aspetti complementari alla messa in atto di altri processi tra i quali – come dice Berio – la costituzione di una «parete armonica sempre presente e sempre mutevole[34]». La molteplicità di prospettive su altezze e timbri viene rafforzata anche grazie a due meccanismi elettronici di estensione della scrittura vocale-strumentale: i campionamenti e le armonizzazioni.

I campioni di *Altra voce* sono organizzati secondo due tipologie diverse. La prima consiste in frammenti basati su note tenute che, ripetuti costantemente in *loop*, creano tessiture più o meno continue e contribuiscono in maniera sostanziale alla costruzione del muro armonico. La seconda tipologia propone frasi più o meno estese che risultano invece come strutture ripetute dialoganti con le altre linee dal vivo. Il primo campione[35] ha caratteristiche molto particolari: crea infatti una nota fissa *(fa)* che dura fino al termine della composizione. L'idea di un tale riferimento analitico trova altri riscontri nel lavoro di Berio[36] può essere esteso a tutti i campioni: non si tratta di 'toniche' nel senso del tradizionale sistema tonale, ma tessiture che 'relativizzano' l'ascolto di ciò che sta intorno ad esse. La nota continua nasce dal suono dal vivo, non costituisce un elemento aggiunto, di sfondo, ma piuttosto un prolungamento continuo della prima nota della melodia, nota costituita dalla somma dei due segnali di flauto e di voce.

In quasi tutta la composizione il percorso delle altezze e dei campioni è ulteriormente esteso attraverso l'uso delle armonizzazioni

---

34. Paul GRIFFITHS, *L'azione musicale di Luciano Berio*, in *Cronaca del Luogo (note di programma)*, Ricordi, Milano, 1999.
35. Identificato dal primo riquadro REC della partitura mostrata in fig. 5.
36. Un tale meccanismo sembra per esempio prendere le mosse da quello adottato in *Sequenza VII*, così come spiegato in Luciano BERIO, *Introduzione alle sequenze*, in Libretto del CD *Berio Sequenzas*, Deutsche Grammophon, 1998: «In questa *Sequenza* la parte solistica viene messa in prospettiva, viene per così dire 'analizzata' dalla presenza costante di una 'tonica', un *si bequadro*, che può essere suonato da qualsiasi altro strumento dietro la scena».

elettroniche. Esse intervengono dal vivo tanto sul flauto quanto sulla voce e vengono definite attraverso delle sequenze di tempi e intervalli.

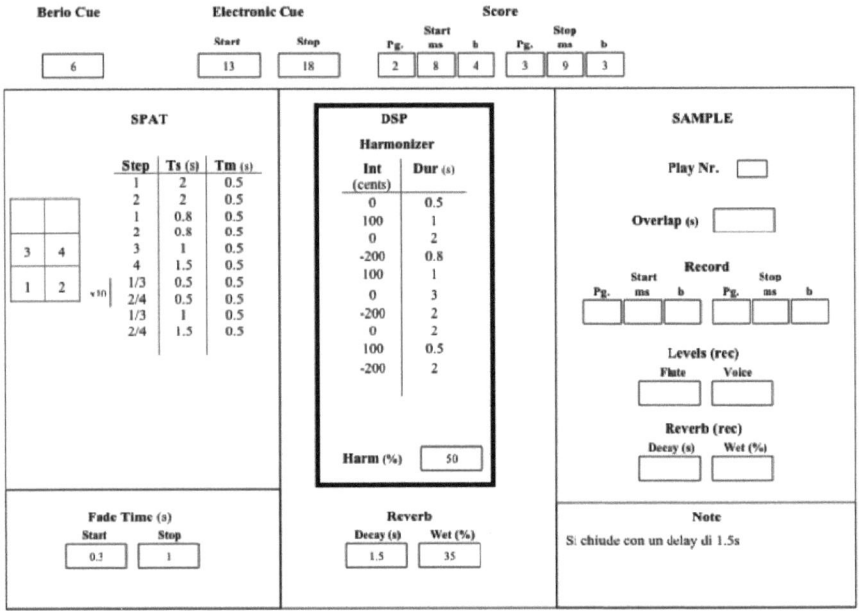

FIG. 7 : La partitura elettronica è qui ricodificata in forma schematica per uso interno ai musicisti di Tempo Reale (Archivio Tempo Reale); in particolare, è evidenziato un esempio di descrizione di una armonizzazione elettronica.

La figura mostra un esempio di descrizione di una *cue* che include un caso di armonizzazione della voce: essa inizia senza elaborazione per 0.5 secondi, poi si aggiunge un'armonizzazione di un semitono ascendente per 1 secondo, ritorna naturale per 2 secondi, un tono discendente per 0.8 secondi e così via; la durata dell'intera sequenza è relativamente minore rispetto al tempo di apertura dell'algoritmo richiesto dalla partitura: le sequenze sono infatti caratterizzate dalla cosiddetta opzione di *loop*, ovvero dalla possibilità di ripeterle indefinitamente dall'inizio fino alla chiusura della cue relativa. Tali sequenze di intervalli sono specificate in tempi assoluti risultando quindi asincrone rispetto ai tempi degli interpreti. Fissare i valori temporali in una maniera così precisa causa un risultato che non è mai matematico e che inserisce una certa indeterminazione del risultato armonico. Per dare un respiro ancora maggiore all'uso di questa tecnica, Berio chiede anche la continua modulazione del rapporto tra segnale originale e segnale trasformato: in linea di principio il loro contributo deve essere mediamente paritetico ma, d'altro canto, il rapporto dei livelli non deve mai risultare meccanicamente legato, anzi, sempre in movimento. Questo utilizzo degli harmonizer può essere messo in relazione con le pratiche *eterofoniche*[37] tipiche di certe musiche popolari dove una linea melodica appare simultaneamente in più versioni ognuna leggermente differente dalle altre, producendo così scostamenti intervallari e sfasamenti ritmici. Le linee generate dagli harmonizer e aggiunte al suono originale, procedono tramite sequenze intervallari che ritornano spesso all'unisono dando luogo a continue alternanze tra raddoppi e biforcazioni.

Dal sistema elettroacustico di *Cronaca del Luogo* nasce quello del nuovo lavoro: in *Altra voce* l'idea del muro viene tradotta in una configurazione con due diagonali divergenti di diffusori che, adattandosi allo spazio esecutivo, vengono collocati a distanze diverse. Alle due diagonali vengono aggiunti due gruppi di piccoli diffusori posizionati ai piedi degli esecutori per l'amplificazione di rinforzo del suono acustico (gruppi L-R).

---

37. L'uso «esteso di eterofonie» è riferito per la prima volta da P. GRIFFITHS, *L'azione musicale di Luciano Berio, op. cit.* e spiegato in relazione all'elettronica nell'articolo di F. GIOMI e K. SCHWOON, *Il continuo mutevole. Altra voce di Luciano Berio, op. cit.*

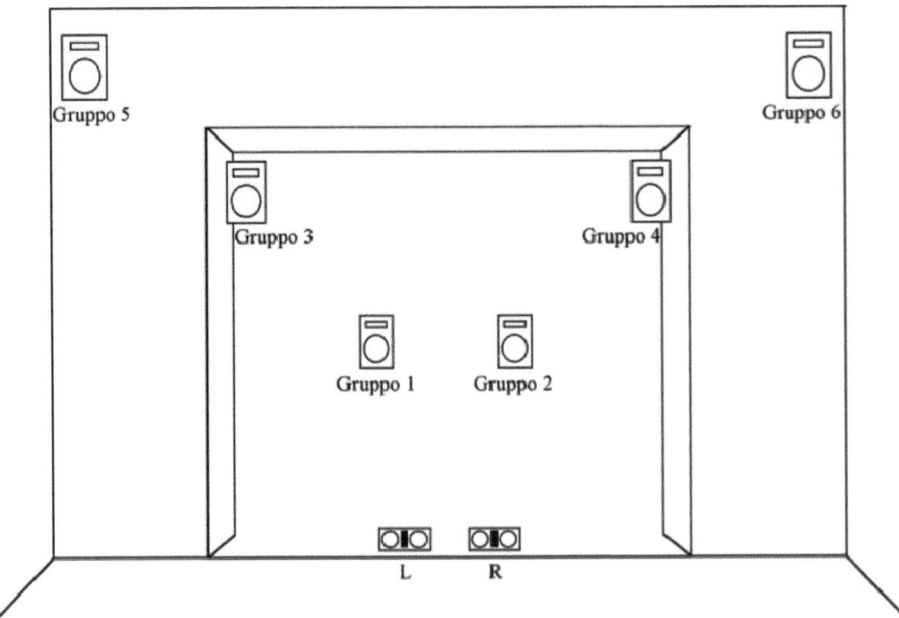

FIG. 8 : Schema dei punti di diffusione di *Altra voce*.

Il pezzo è un esempio importante di come Berio operi, attraverso la spazializzazione, sui gradi di affinità tra sonorità diverse, estendendo ancora di più quei meccanismi di stratificazione che operano già all'interno della scrittura vocale-strumentale. Inizialmente, con il *fa* tenuto sui diffusori più vicini agli esecutori, la fusione già intensa tra i timbri del mezzosoprano e del flauto è ulteriormente rafforzata, mentre successivamente, con l'accumulazione degli strati di campioni e di *harmonizer*, i vari segnali vengono sempre di più separati nello spazio, rendendo trasparente un insieme di strati molto omogeneo che, senza spazializzazione, risulterebbe quasi impenetrabile all'ascolto. Le molte linee parallele viaggiano su itinerari autonomi e differenti consentendo all'ascoltatore di soffermarsi sui singoli percorsi e al contempo di percepire un intreccio mobile e articolato. Se la filiazione da *Cronaca del Luogo* emerge da subito in maniera diretta, qui il muro fisico diventa perfettamente virtuale, manifestandosi nell'uso dei campioni prolungati, nella struttura delle armonizzazioni, nella configurazione e nell'utilizzo degli altoparlanti. Le varie ambiguità timbriche ed intervallari creano uno stato di attesa e di tensione, un'instabilità interna alla stasi iniziale; successivamente, il flauto e la voce sviluppano un discorso sempre più articolato sul piano gestuale, ricco di trasformazioni e di movimenti. L'elettronica aggiunge quindi ulteriori livelli di variabilità, per esempio tramite la ramificazione eterefonica e l'articolazione dei movimenti nello spazio, ma anche grazie alla continua modulazione dinamica dei diversi strati sonori[38].

Il live electronics di *Altra voce* non altera drasticamente il suono e non propone situazioni timbriche artificiose: piuttosto esso estende il campo dei fenomeni vocali e strumentali. In questa ottica gli algoritmi impiegati (campionamenti, harmonizer e spazializzazione) possono essere considerati peculiari al percorso recente dei lavori con elettronica di Berio costituendone, per certi versi, una cifra stilistica[39]. Quello che distingue ulteriormente il ruolo delle tecnologie musicali di *Altra voce* è il gioco di costruzione delle differenti affinità timbriche tra il flauto, la voce e i loro doppi elettronici, costruzione che conduce ad una straordinaria ibridazione musicale in cui si fondono elementi vocali, strumentali ed elettronici. L'apporto dell'elettronica contribuisce dunque significativamente ad un ascolto mobile e poliedrico, capace di creare nell'immaginario dell'ascoltatore un forte senso di sospensione e di fluidità.

Cronaca del Luogo *vs* Outis

Rappresentata per la prima volta al Teatro alla Scala di Milano nel 1996 con la regia di Graham Vick, l'azione musicale *Outis* è stata ripresa nel 1999 prima alla Scala e poi al Théâtre du Châtelet di

---

38. Anche in questo caso, così come nella riverberazione, il delicato compito del regista del suono è quello di miscelare dinamicamente una tale stratificazione di eventi, provocando continui spostamenti della focalizzazione dell'ascolto.
39. Il ruolo e le funzioni dell'elettronica in queste opere sono stati descritti in Francesco GIOMI, Damiano MEACCI e Kilian SCHWOON, *Live electronics in Luciano Berio's music*, Op. cit.

Parigi, quest'ultima con la regia di Yannis Kokkos. Sulla scorta del periodo di ricerca condotto per *Cronaca del Luogo*, per queste due ultime esecuzioni Berio progetta una nuova parte elettronica che da un lato riprende alcuni concetti fondamentali del suono elettronico sperimentato a Salisburgo e dall'altro si pone come un tentativo di soluzione ad alcune delle problematiche tipiche dell'utilizzo dell'elettronica nei così detti *teatri all'italiana*[40]. I presupposti del live electronics di *Outis*[41] partono dal tentativo di liberare il suono dal senso di intubamento dovuto alla collocazione dell'orchestra nella fossa teatrale. Il semplice fatto di amplificare un suono, così come di trasformarlo va inquadrato, secondo Berio, nelle sue conseguenze musicali; ecco un'illuminante sequenza di presupposti musicali che sottendono agli aspetti elettronici di *Outis*:

> Il nostro ascolto è oggi condizionato dalla registrazione di grande qualità. Una registrazione di questo tipo ha sempre un carattere analitico e quindi, il mio ideale, è di creare un tipo di acustica e di suono che siano tipici di un grande studio di registrazione. [...] In questo lavoro - dove non c'è, in effetti, vero live electronics, ma c'è un grande rispetto per la sostanza acustica musicale del lavoro e anche per lo spazio stesso - le tecnologie tendono a prolungare certi aspetti, a svilupparli interiormente in maniera che possiamo definire quasi subdola e nascosta.
> Si crea una dimensione acustica che non corrisponde più a quella della fossa d'orchestra: ci sono altoparlanti nascosti ai lati del palcoscenico e sopra la platea, dei quali il pubblico non sarà consapevole, ma che permettono di allargare la prospettiva sonora. L'interesse centrale di questi impianti sofisticati è quando si adattano all'opera musicale: non

---

40. La posizione dei musicisti nella buca d'orchestra, la diversità di ricezione acustica tra i vari settori del pubblico (platea, palchi, gallerie) e così via.
41. I dettagli e i concetti dell'elettronica di *Outis* sono stati descritti dall'autore anche in F. GIOMI, D. MEACCI e K. SCHWOON, *Live electronics in Luciano Berio's music, op. cit.*; Francesco GIOMI, *Musical Technologies in Luciano Berio's* Outis, in *Atti del XIII Colloquio di Informatica Musicale* (a cura di M.C. De Amicis), L'Aquila, AIMI/Istituto Gramma, 2000; Andrea CREMASCHI e Francesco GIOMI, *L'istante zero. Introduzione alla musica digitale, op. cit.*

> ci può essere un'indifferenza di questo tipo di tecnologia in rapporto all'opera rappresentata, essa deve entrare all'interno ed essere ridisegnata in rapporto alla natura del lavoro. [...] Ho sempre cercato di rinnovare il suono strumentale, quello prodotto con strumenti accettati e conosciuti: ho cercato di trasformarlo per rendere l'ascolto più analitico, con più strati che interagiscono. [...] Ci sono articolazioni armonicamente molto complesse e il microfono può, in effetti, contribuire ad un ascolto migliore: tutto sommato, esso è usato come un microscopio, come ingrandimento degli aspetti minimi, acustici, musicali del lavoro[42].

Ci si trova quindi a lavorare su un concetto generale di sonorità orchestrale che, grazie all'amplificazione, possa avvicinarsi al carattere di quella ottenuta da una perfetta registrazione in studio; in questo caso però la diffusione sonora deve essere tale da non far percepire la presenza degli altoparlanti e neanche trasformazioni elettroniche evidenti, l'elaborazione del suono è qualcosa che compare ma che non si deve avere il tempo di individuare e riconoscere.

Nel caso di *Outis* sono utilizzati dei sistemi di amplificazione e diffusione adattati allo spazio scenico del Teatro alla Scala e del Théâtre du Chatelet: lo schema frontale dei diffusori prevede quattro gruppi di altoparlanti collocati nei palchetti di proscenio a cui si aggiunge un cluster centrale per la chiusura del fronte stereo e per la diffusione delle voci. I quattro gruppi laterali vengono utilizzati anche per la spazializzazione del suono con movimenti orizzontali, verticali e diagonali; inoltre, un gruppo di altoparlanti viene collocato all'interno del lampadario situato centralmente rispetto al soffitto della platea ed utilizzato per la diffusione di particolari sequenze registrate di voci. Complessivamente si tratta di un sistema di diffusione che, se da un lato ripercorre le esigenze strutturali dell'opera, dall'altro interagisce e si innesta nello scenario più classico e difficile, quello dello spazio teatrale tradizionale: lo stesso Berio chiarisce bene nel

---

42. La lunga citazione è tratta dall'intervista di Berio per il programma televisivo *Superquark* della RAI andato in onda in occasione delle recite milanesi di *Outis* del 1999.

suo discorso precedentemente citato questa doppia funzione delle tecniche di diffusione.

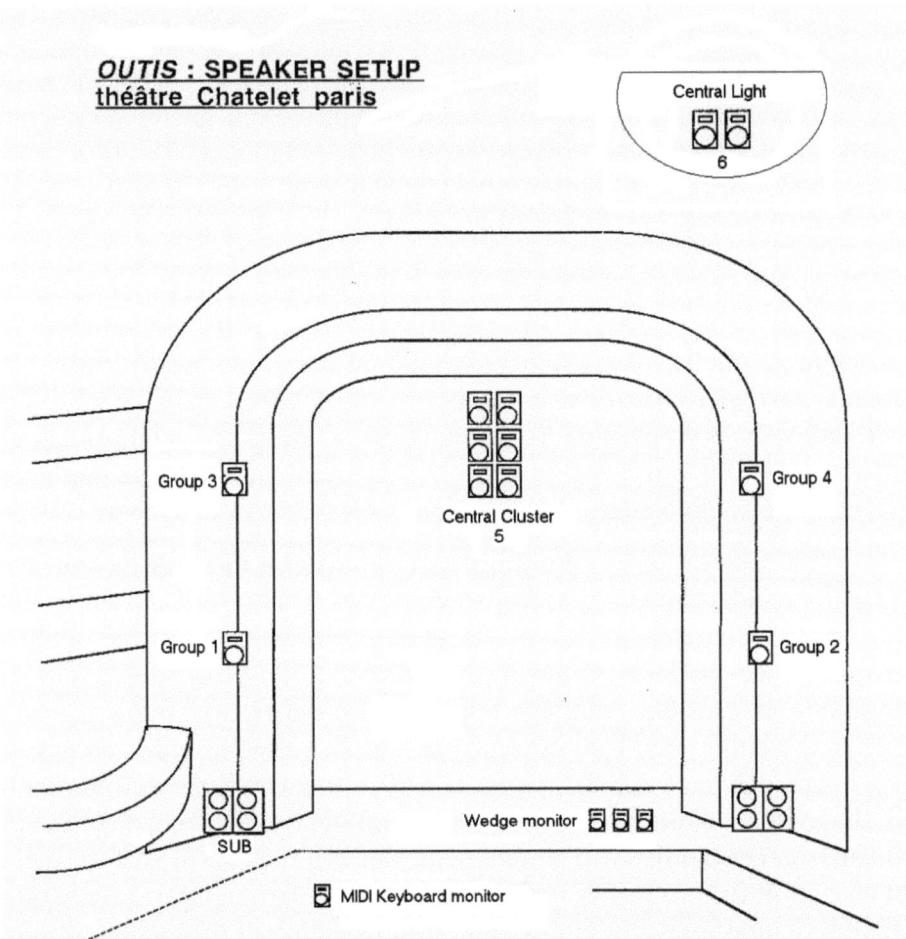

FIG. 9 : Configurazione tecnica dei vari altoparlanti di *Outis* progettata da Tempo Reale per le recite al Théâtre du Châtelet di Parigi nell'autunno 1999 (Archivio Tempo Reale). Oltre ai cinque gruppi principali deducibili dalla partitura sono presenti altri altoparlanti di 'servizio'.

Malgrado anche in questo caso l'ambiente esecutivo faccia uso di algoritmi concettualmente semplici è il loro rapporto con la musica scritta e con il suono orchestrale che ne determinano la funzionalità. Tanto la spazializzazione e l'armonizzazione quanto soprattutto la microfonazione contribuiscono quindi ad un processo di estensione del suono orchestrale e lo proiettano in una dimensione di continua mobilità e trasparenza. Tutti gli strumenti dell'orchestra, il coro e gli strumenti solisti sono microfonati mentre le voci cantano tutte senza amplificazione ad eccezione del *Suggeritore* e dell'ottetto vocale. La microfonazione ha lo scopo di catturare i segnali sia per il rinforzo audio che per gli algoritmi di live electronics; l'elettronica comprende la spazializzazione ed una serie di algoritmi di delay[43] e di harmonizer che si applicano di volta in volta a differenti gruppi orchestrali. Inoltre è prevista la riproduzione di sequenze registrate contenenti sia frasi recitate sia suoni reali di varia natura (suoni di animali, sirena di nave, uccellini e altro). L'ambiente esecutivo include anche un campionatore collocato nella buca dell'orchestra, con cui un tastierista esegue eventi sonori con timbriche prevalentemente strumentali o corali; durante il secondo, quarto e quinto ciclo l'opera fa uso di un sistema di rilevamento di movimento[44] basato su due pedane, collocate a livello del palcoscenico, che per mezzo di un movimento del piede causano la riproduzione di campioni percussivi.

Molti sono dunque gli aspetti che fanno di *Outis* un lavoro complesso ed importante nel percorso musicale recente di Berio: la frammentazione dei testi, i tanti modi di cantarli, l'utilizzo nascosto ma intenso del live electronics, l'adattabilità delle tecnologie all'opera e allo spazio scenico. In questo senso, l'elettronica funziona come arricchimento di un organismo sonoro che, pur muovendosi con tratti relativamente tradizionali, si accresce di una continua mobilità e

---

43. Algoritmo che ripete il segnale d'ingresso uguale a se stesso dopo un certo intervallo di tempo definito.
44. Realizzato già per la prima versione di *Outis* dal Laboratorio di Informatica Musicale del DIST dell'Università di Genova. E' possibile pensare che l'utilizzo di sistemi interattivi già nel 1996 sia stato il primo caso di questo tipo per un'opera di teatro musicale in Italia. Nelle recite parigine del 1999 questa soluzione sarà comunque minimizzata in favore di una maggiore elasticità registica.

variabilità nel tempo, con il risultato di ricondurre costantemente l'attenzione dello spettatore verso la dimensione musicale dell'opera, facendo del *sound* prima che degli altri parametri del teatro musicale, il vero protagonista del lungo e complesso percorso drammaturgico.

In questo senso appare subito evidente una grande differenza con l'elettronica di *Cronaca del Luogo* dove, innanzitutto, la presenza degli altoparlanti costituisce un elemento di grande impatto drammatico e non solo come strumento di trasparenza e mobilità: essi costituiscono quasi dei 'personaggi', collocati sul muro al pari degli altri musicisti. Al contrario di *Outis*, lo spazio-suono complessivo di *Cronaca del Luogo* è concepito per esaltare le singolarità, per favorire traiettorie che, già nella fase di programmazione risultano definite, varie e articolate. Nell'azione musicale precedente esse erano funzionali a creare una sorta di instabilità complessiva della restituzione strumentale e in fin dei conti a costruire un fronte sempre vario ma sostanzialmente omogeneo nella sua 'plasticità'. Anche il live electronics asseconda questa direzione: in *Cronaca del Luogo* esso è organizzato prevalentemente per strumenti singoli e/o gruppi vocali e strumentali omogenei in modo da differenziare e chiarificare le tessiture timbriche proiettandole sul panorama spaziale; in *Outis* i gruppi sono quasi sempre eterogenei ma in diversi casi l'elaborazione elettronica arriva ad interessare collettivamente tutto l'organico, estendendolo e rendendolo cangiante come fosse un tutt'uno.

In entrambe le azioni musicali sono previste una serie di voci registrate: in *Outis* esse hanno una funzione accessoria, di commento o supporto alla parte musicale[45]; esse, come abbiamo visto, sono diffuse da un altoparlante speciale fuori dalla scena e concorrono alla polifonia complessiva di alcune scene. A differenza di queste le voci di *Cronaca del Luogo* sembrano avere un più importante ruolo strutturale: addirittura in un caso dando vita ad una vera e propria struttura sulla quale si appoggia l'intero episodio de *La casa*. Ma è

---

45. Si tratta prevalentemente di voci di bambini e di due voce narranti, un uomo e una donna che recitano frammenti testuali molto brevi.

certamente il caso analizzato di Nino che costituisce un ulteriore elemento di singolarità: una voce necessariamente amplificata e trasformata con algoritmi elettronici per assolvere specifiche funzioni musicali all'interno dell'episodio *La torre*.

Queste sono solo alcune delle sostanziali diversità tra le due azioni che, a ben vedere, hanno una serie di punti in comune, ascrivibili ad una generale poetica di Berio del live electronics e alle sue funzioni.

Funzioni del live electronics

Iniziare dalle parole di Berio, pronunciate nel pieno del suo lavoro sulle due azioni di teatro musicale, aiuta a concepire la tecnologia al servizio della musica, una tecnologia capace di riconfigurarsi e porsi come strumento malleabile al servizio di un progetto:

> Un compositore non può essere ignaro delle tecniche che vuole usare perché una visione e un progetto musicali devono potersi sviluppare e muovere in un ambito tecnologico organicamente omogeneo a quella visione e a quel progetto. Le ragioni che conducono un compositore in una direzione di ricerca piuttosto che un'altra devono essere sempre ragioni musicali. Il campo di ricerca è immenso, anche quando l'oggetto della ricerca è uno 'strumento' particolare ed è opportuno che il compositore possa lavorare con tecnici altamente specializzati nell'applicazione dell'informatica alla musica. Sarei tentato di dire che così come un organista non deve necessariamente sapersi costruire un organo, un compositore non deve necessariamente approfondire tutte le implicazioni tecnologiche e di calcolo che fanno parte dell'elaborazione digitale di un processo sonoro. L'informatica, come tutti sanno, è un mezzo, non è un fine ed è importante che il compositore non se ne renda schiavo; è cioè importante che la sua visione e il suo progetto siano musicalmente forti e concettualmente sensati[46].

---

46. Luciano BERIO in A. Scazzola, *La tecnica è un mezzo, la musica una ragione, Intervista con Luciano Berio*, op. cit.

E' in una tale ottica che si deve inquadrare l'uso dell'elettronica nel teatro musicale di Berio, pur con le sensibili differenze tra un'opera e l'altra.

Uno dei tratti rilevanti è la ricerca di una continua *mobilità* della musica nel suo complesso. Le possibilità di movimento fisico del suono offerte dalle tecnologie digitali sono numerose e non riguardano soltanto la definizione di percorsi nello spazio, ma anche la continua modulazione sul piano armonico e dinamico, così come i vari tipi di variazione e proliferazione degli strati sonori: tutte azioni che di per sé appaiono interessanti al compositore, nella misura in cui si correlano con un'idea di effettiva mobilità della scrittura.

Il problema dello spazio è centrale anche per un altro degli obiettivi fondamentali della componente elettronica, ovvero quello che Berio stesso definisce in più occasioni come «adattabilità del pensiero musicale a spazi e situazioni d'ascolto diverse[47]». Le tecnologie informatiche ed elettroacustiche aiutano il compositore ad abitare spazi acustici inediti come pure a rendere aperti e flessibili spazi tipicamente chiusi, come i teatri tradizionali, spesso fortemente legati a modalità di fruizione convenzionali. Sono esemplari i casi di tutte e tre le opere qui descritte: *Cronaca del Luogo* che, «nella sua concezione è fortemente condizionato dal luogo della sua esecuzione[48]», con addirittura un'elettronica che entra come parte fisica integrante della scena; *Altra voce*, dove il sistema di diffusione descrive la geometria e le dimensioni del palcoscenico; *Outis*, esemplificativo di un tentativo di espansione e superamento dei limiti sonori del teatro all'italiana.

Ma il percorso avviene anche in maniera intrinseca alla scrittura: la creazione di un percorso di omogeneità tra sorgenti acustiche da

---

47. Cfr. L. BERIO, *Centro Tempo Reale, op. cit.* oppure Luciano BERIO, *Ofanìm*, programma di sala della prima esecuzione, Prato, Centro per l'arte contemporanea Luigi Pecci, 1988.
48. Luciano BERIO, *Cronaca del Luogo,* in Id., *Scritti sulla musica, op.cit.,* p. 305.

una parte (voci e strumenti) e sorgenti elettroacustiche dall'altra (live electronics, voci e suoni registrati) è una delle preoccupazioni principali: in questo senso le sue scelte si orientano verso algoritmi di elaborazione che non trasformano radicalmente il suono, ma che sono affini ai procedimenti della scrittura. Ciò vale primariamente per l'uso degli harmonizer, con i quali non si limita alle rigidità di una trasposizione fissa[49], progettando sequenze temporali asincrone di intervalli. Considerazioni analoghe possono essere fatte per il campionamento dal vivo di brevi frammenti, capace di creare prolungate tessiture dinamicamente variabili o più articolati frammenti strumentali che, riproposti nel corso della composizione, agiscono sul piano della stratificazione della memoria; caso quest'ultimo tipico anche di un certo uso degli algoritmi di delay con tempi di ritardo relativamente lunghi (quelli di *Outis* per esempio), in grado di suggerire l'idea del dialogo e della proliferazione nel tempo degli eventi sonori.

L'esperienza analitica, ma anche esecutiva[50] sulle opere qui descritte, come sulle altre citate, conduce ad evidenziare due funzioni diverse, ma perfettamente integrate, del live electronics nel corpus degli ultimi lavori 'tecnologici'.

In un primo caso si può parlare di un *live electronics strutturale*, ovvero di una parte tecnologica che incide fortemente nel tessuto dell'opera, interlacciandosi con la scrittura e costituendone un elemento altrettanto sostanziale. La maggioranza degli esempi citati rientrano in questa categoria: l'amplificazione attiva (sia nel caso del suono plastico di *Outis* che in quello analitico di *Cronaca del Luogo*); l'arricchimento e l'espansione del timbro orchestrale grazie agli harmonizer; il senso di mobilità causato dalla spazializzazione del suono; il ricorso a procedimenti eterofonici per la voce e in generale a parametri algoritmici riconducibili a insiemi limitati e pre-definiti di

---

49. Causa, per esempio, di parallelismi che possono facilmente risultargli fastidiosi.
50. Chi scrive ha infatti curato in diverse occasioni la regia del suono delle opere con elettronica di Berio.

valori[51]; la creazione di strutture di continuità con la ripetizione in loop di tessiture campionate e/o di frasi strumentali articolate. Tutti questi elementi concorrono in maniera forte e originale alla definizione di una musica in cui il suono elettronico è composto secondo logiche di forte coesione strutturale.

Ma esiste anche un secondo caso, non meno significativo ed efficace: è quello di un *live electronics emozionale*, capace di evidenziare in taluni momenti un forte senso di energia e di sorpresa[52]. Come semplici esempi di questa modalità possiamo citare l'improvviso «tutti» orchestrale in *ff* dell'episodio *L'assedio* di *Cronaca del Luogo*, con il conseguente movimento elettronico su tutto lo spazio scenico[53]; o ancora la vera sorpresa acustica dello stormo registrato di uccelli in volo che si innalza dal palcoscenico al soffitto nel quinto ciclo di *Outis*[54]. Un caso ulteriore va in questa direzione all'interno della partitura di *Altra voce*: si tratta dell'armonizzazione con un intervallo di quarta ascendente a cui Berio sottopone la voce del mezzosoprano nella parte centrale dell'opera al momento di un importante ri-attacco[55]; tale intervallo, oltre ad essere altamente riconoscibile, ha un valore quasi simbolico e compare qui come unico caso tra tutte le opere elettroniche di Berio, per giunta in un'unica

---

51. In altre occasioni si è ipotizzato in Berio l'estensione del concetto di *campo armonico* anche a tutti gli altri parametri musicali usati per controllare gli algoritmi (intervalli degli harmonizer, tempi di movimento, ecc.): cfr. F. GIOMI e K. SCHWOON., *Il continuo mutevole. Altra voce di Luciano Berio*, op. cit.
52. Parola questa usata dallo stesso Berio in diverse occasioni proprio per riferirsi alla sua musica o per dare indicazioni esecutive a degli interpreti.
53. Questo gesto orchestrale-elettronico può essere messo in forte relazione con alcuni momenti della composizione *Ofanìm* dove, per esempio nelle sezioni II o IX della partitura, è utilizzato in maniera del tutto simile.
54. Anche in questo caso si può fare un parallelo con *Ofanìm* ed in particolare con la prima sezione dove il suono dei rototom viene improvvisamente proiettato in *ff* ai lati degli ascoltatori con un fortissimo senso di sorpresa.
55. Una battuta dopo la lettera E, pag. 6 nella partitura già citata.

singola occasione[56]. Infine, anche l'ambivalenza emotiva e musicale dello sdoppiamento del personaggio Nino di *Cronaca del Luogo* di cui si è detto, può essere in parte ascrivibile a questa categoria. Questo tipo di meccanismi non sono mai fine a se stessi e in ogni occasione risultano anch'essi fortemente correlati alla scrittura, ma la loro funzione primaria sembra proprio quella di ampliare la dimensione strutturale del tessuto musicale attraverso gesti eclatanti di valenza teatrale. Se questo è piuttosto normale in una 'azione di teatro musicale', costituisce semmai un elemento di singolarità nelle composizioni non sceniche, quasi a sottolineare l'intenzione costante di Berio di lavorare sull'idea di un *teatro del suono* che come è noto lo interessava già in alcune fasi precedenti della sua carriera compositiva[57].

In una logica di tale complessità sono cruciali, tanto nella fase preparatoria che in quella esecutiva, le figure del progettista del live electronics[58] e del regista del suono, responsabili durante l'esecuzione di una serie di scelte significative per l'adattamento dei parametri allo spazio, l'interpretazione delle dinamiche e del flusso sonoro complessivo. Dice lo stesso Berio: «Il compositore, come tutti i mortali, non ha mai finito d'imparare e si suppone che sappia quello

---

56. Tra l'altro l'intervallo di quarta non compariva nella prime versioni del 1999 dell'elettronica di *Altra voce*, ma ne è stata richiesta da Berio l'introduzione durante le prove per il concerto tenutosi a New York il 14 marzo 2001.
57. E' fuori dalla portata di questo testo analizzare con maggiore profondità una tale attitudine, ma certo non si può non ricollegarsi ad una serie di lavori beriani di molti anni prima in cui l'idea di un teatro sonoro può essere vista come una delle chiavi di lettura principali: *Visage* e *a-ronne*, tanto per citare due opere in cui questo elemento emerge subito all'ascolto.
58. Assai interessante per rileggere il ruolo di queste figure, alla luce di ricerche recenti e per un tentativo di sistematizzazione dello studio dell'interpretazione del live electronics, risulta essere il testo di Angela Ida DE BENEDICTIS *'Live Is Dead?' Some Remarks about Live Electronics Practice and Listening*, in *Musical listening in the age of technological reproducibility*, a cura di G. Borio, Aldershot, Ashgate, *in corso di stampa* (dattiloscritto originale in italiano fornito dall'autrice).

che gli serve sapere mentre il 'tecnico' deve avere la capacità di identificarsi musicalmente col compositore[59]».

Come abbiamo visto, i procedimenti elettronici utilizzati da Berio nel teatro musicale non sono di per sé complessi ma fanno parte del repertorio classico del live electronics; le possibili problematiche progettuali riguardano da un lato una serie di dettagli di microlivello (scelta dei singoli parametri degli algoritmi, tempi e modi di ingresso e uscita degli stessi e così via) e dall'altro la gestione globale della partitura: si ha a che fare con una scrittura che prevede grandi organici, con un'elettronica che di volta in volta opera su gruppi strumentali e/o vocali diversi e con sistemi di amplificazione di ampie dimensioni sia come numero di strumenti che come punti di diffusione. Inoltre l'alto grado di stratificazione[60] della parte elettronica che si evolve continuamente nel corso dei brani, contribuisce ulteriormente alla complessità generale che obbliga a trovare soluzioni particolarmente evolute per la gestione e il controllo, sincronico e diacronico, dell'ambiente esecutivo.

Gli interpreti dell'elettronica devono essere per Berio dei 'veri' esecutori musicali, proprio perché atti a garantire un'interpretazione consona con le idee del compositore e i dettami della partitura, conoscendola alla perfezione. Pur riferendosi ad *Ofanìm*, una composizione molto diversa da quelle di teatro musicale, questo breve inciso di Andrea Cremaschi descrive bene una tale necessità e l'approccio richiesto:

> Nelle produzioni più recenti dell'opera si rileva un crescente disinteresse per la sperimentazione fine a se stessa ed una cura assai maggiore per la riproduzione il più possibile fedele alle intenzioni del compositore, definite ora sulla carta una volta per tutte. Ciò comporta un diverso approccio anche da parte degli esecutori del live electronics, ora assai più assimilabili agli strumentisti tradizionali sia

---

59. Luciano BERIO in A. Scazzola, *La tecnica è un mezzo, la musica una ragione, Intervista con Luciano Berio* di Andrea Scazzola, *op. cit.*
60. Inteso come numero di singoli interventi in parallelo.

per il fatto di seguire una partitura dettagliata redatta preventivamente da Berio sia per il fatto di porsi non tanto come tecnici ma come veri e propri interpreti preposti a scelte di rilevanza estetica. Si tratta dell'ennesima riprova del fatto che Berio intende il live electronics come un elemento non finalizzato a trasformare la musica strumentale ma semmai ad espanderla e ad integrarla, ponendosi sul suo stesso piano[61].

Tanto nel contesto delle opere di teatro musicale che in quello dei pezzi concertistici il ruolo dell'interprete elettronico assume dei contorni molto ampi, atti a costruire un'esecuzione che funzioni sotto tutti i punti di vista[62]. Ci si riferisce per esempio alle fasi di lavoro preparatorio con alcuni degli interpreti, alle fasi preliminari di indagine sullo spazio scenico, alla risoluzione dei problemi di riconfigurazione dello spazio acustico su quello fisico, alla cura degli oggetti di scena funzionali alla parte elettronica[63]. Sul piano poi squisitamente tecnico la costruzione degli ambienti esecutivi deve essere fatta garantendo non solo una grande flessibilità e capacità di controllo di tutti i parametri, ma anche di assoluta stabilità e

---

61. Cfr. Andrea CREMASCHI, *L'influenza del live electronics sul pensiero compositivo:* Guai ai gelidi mostri *di Luigi Nono e* Ofanìm *di Luciano Berio*, Tesi di Laurea dell'Università degli Studi di Pavia, Scuola di Paleografia e Filologia Musicale, Corso di Laurea in Musicologia, a.a. 2003/04.
62. In tal senso possiamo evidenziare una qualche somiglianza con il ruolo attribuito da Karlheinz Stockhausen al suo *sound projectionist,* responsabile e guida per tutti gli aspetti durante le prove e l'esecuzione dei pezzi con elettronica; nel caso del compositore tedesco questo ruolo è addirittura esplicitato in partitura.
63. Un caso emblematico è il tavolino di scena di *Altra voce*.

robustezza rispetto alle tipiche problematiche che possono occorrere con l'uso delle tecnologie digitali[64].

Appare evidente da diverse delle considerazioni proposte come una possibile chiave di lettura del lavoro di Berio dalla fine degli anni Novanta alla sua scomparsa, sia la complessità e l'unitarietà del discorso musicale, elettronica compresa. Tutt'altro che irrilevante la parte tecnologica delle due ultime azioni musicali non solo ne ha influenzato tutto il percorso, dalla costruzione alla ricezione, ma ha anche chiarito e sviluppato un cammino di ricerca che il grande compositore non considerava certo concluso[65].

---

64. Nel corso degli anni il centro di ricerca Tempo Reale ha sviluppato una serie di sistemi informatico-musicali 'ridondanti' per l'esecuzione delle parti elettroniche dei lavori di Berio, insieme a procedure di gestione dell'esecuzione capaci di aiutare il regista del suono nella capacità di concentrazione sui parametri musicali e non sugli aspetti puramente tecnici. In tal senso, a titolo di esempio, cfr. Francesco CANAVESE, Francesco GIOMI, Damiano MEACCI e Kilian SCHWOON, *An SQL-Based Control System for Live Electronics*, in *Proceedings of the International Computer Music Conference (ICMC 2005)*, Barcelona, ICMA, 2005.

65. Si ringraziano tutti gli operatori e musicisti che con ruoli e in periodi diversi hanno contribuito alla produzione della parte elettronica di *Outis* e di *Cronaca del Luogo* dal 1996 fino alla revisione recente delle partiture; in particolare: Nicola Bernardini, Antonio Camurri e lo staff del DIST di Genova, Francesco Canavese, Massimo Carli, Maurizio Cavalli, Lamberto Coccioli, Thierry Coduys, Ian Dearden, Giuseppe Di Giugno, Fabio Fassone, Damiano Meacci, Kilian Schwoon, Michele Tadini, Christian Venghaus, Alvise Vidolin, Massimiliano Viel, Hubert Westkemper.

MASSIMILIANO LOCANTO

La funzione dei campi di altezze in *Cronaca del Luogo* di Luciano Berio. Uno studio degli schizzi.

I. Premessa *

Cronaca del Luogo rappresenta per molti versi il culmine della produzione musicale di Berio per il teatro. Sul piano del metodo compositivo, essa appare come una sintesi di diverse tecniche che Berio aveva impiegato nei decenni precedenti. Sinora, tuttavia, pochissimi studi si sono addentrati a fondo nella costruzione della partitura, e nessun lavoro ha preso in esame sistematicamente gli schizzi e abbozzi autografi oggi a disposizione degli studiosi[1]. Se la conoscenza del processo creativo favorisca o meno – o addirittura impedisca, come credono alcuni[2] – l'analisi di una composizione musicale è un'annosa e dibattuta questione che non intendo sollevare

---

* Desidero ringraziare alcune persone che mi sono state di grande aiuto in questo lavoro: Angela Ida De Benedictis, responsabile scientifico della collezione Luciano Berio presso la Fondazione Paul Sacher, per gli innumerevoli suggerimenti, l'infaticabile consulenza e il costante incoraggiamento; Ulrich Mosch, precedente responsabile della collezione, il cui aiuto nel giugno 2013 è stato fondamentale; Vincenzina Ottomano, assistente alla Direzione del centro studi Luciano Berio, per le puntuali informazioni; Angela Carone e Susanna Pasticci per i preziosi e generosi consigli.
1. Una recente lettura di *Cronaca del Luogo* basata sulle teorie del tempo di Gilles Deleuze, e contenente l'analisi di alcune sezioni della partitura è in Alexander O'SULLIVAN, *Shadows on the Wall. Memory and Premonition in Berio's Cronaca del Luogo*, Honours dissertation [inedita], Australian National University, 2011.
2. Si veda ad esempio *ibid.*, p. 20.

ancora. Dirò solamente che lo scopo essenziale di questo lavoro è una descrizione dei metodi compositivi di Berio – più che un'analisi musicale – e in particolare di quelli finalizzati alla costruzione armonica (in senso lato) globale della partitura. Starà al lettore giudicare se i miei rilievi aggiungono o meno qualcosa alla comprensione e alla fruizione di questa musica. Dalla discussione, comunque, emergeranno anche alcuni tratti peculiari della scrittura di Berio che investono diversi livelli della forma musicale. Una specifica sezione dell'opera (*Il campo*) sarà esaminata estensivamente. Per ragioni di spazio dovrò trascurare numerosi aspetti molto importanti e strettamente correlati alla componente armonica, come il timbro e l'uso del *live electronics*[3].

Presso la Fondazione Paul Sacher di Basilea (d'ora in poi FPS) sono conservati un discreto numero (90 pagine) di schizzi e abbozzi musicali relativi a *Cronaca del Luogo*[4]. Nel giugno 2013 li ho

---

3. Sull'uso in *Cronaca del Luogo* del *live electronics*, sviluppato da Berio in collaborazione con lo studio sperimentale di Firenze, Tempo Reale, si veda il saggio di Francesco Giomi in questo volume alle pp. 269-304.
4. La Fondazione Paul Sacher possiede attualmente gran parte degli autografi di Berio. Per quanto concerne *Cronaca del Luogo*, le sole fonti importanti conservate altrove sono la bella copia della partitura orchestrale manoscritta [229 pp.], tuttora di proprietà di Ricordi, e varie fonti a stampa del libretto con annotazioni autografe di Berio, conservate presso l'archivio privato di Talia Pecker Berio. La Fondazione Paul Sacher possiede attualmente la partitura manoscritta di *Cronaca del Luogo* [229 pp.], tutti i materiali autografi di Berio (o da lui annotati) relativi a *Cronaca*. Le fonti relative alla genesi del testo sono conservate nell'archivio privato di Talia Pecker Berio. L'ultima versione a stampa del catalogo della collezione Berio è: *Sammlung Luciano Berio. Musikmanuskripte, 2., überarbeitete Auflage*, a cura di Ulrich Mosch (Inventare der Paul Sacher Stiftung, 2), Schott - Paul Sacher Stiftung, Mainz – Basel, 2011, [sezione su *Cronaca del Luogo*: p. 17]). Per un catalogo aggiornato si suggerisce però di consultare in sede l'inventario interno (Sammlung Luciano Berio. Musikmanuskripte, ultimo aggiornamento: agosto 2014). Stando a quest'ultimo, i manoscritti musicali concernenti *Cronaca del Luogo* sono: 1. Testo di Talia Pecker Berio; 2. Rielaborazione parziale di *Korót* (Vc 8; 1998); 3. Materiali (manoscritti) [2 pp.]; 4. Piano formale [1 p.]; 5. Schizzi e a abbozzi [90 pp., di cui 14 pp. di fotocopie con annotazioni autografe, + 1 p. di istruzioni per l'uso delle luci] (l'indicazione 91 pp. nel catalogo a stampa del 2011 era errata); 6. Partitura

La funzione dei campi di altezze in «Cronaca del Luogo» di Luciano Berio.
Uno studio degli schizzi.

esaminati, selezionandone alcuni che mi sono parsi significativi. Nelle pagine seguenti essi saranno discussi e riprodotti in trascrizione, man mano che illustrerò i vari aspetti del processo compositivo[5]. Dapprima, però, è opportuno soffermarsi sulle caratteristiche globali dell'intera raccolta di autografi.

---

orchestrale (bella copia; frammento) [5 pp.] (l'indicazione 56 pp. nel catalogo a stampa del 2011 era errata); 7. Partitura (bella copia) [10 pp. cassate]; 8. Partitura (abbozzo; frammento) del *live electronics* [1 p.]; 9. Partitura (bella copia) del *live electronics* [38 pp. + 1 p. di copertina]; Indicazioni di regia per le luci (manoscritto) [1 p. + (*verso*) 1 p. schizzi].
5. Nelle trascrizioni ho cercato di riprodurre il più fedelmente possibile gli originali. Le integrazioni, effettuate nei casi che non lasciavano dubbi, sono tra parentesi angolate: «⟨ ⟩». Espunzioni di errori sono tra parentesi graffe «{}». Tutte le mie aggiunte (commenti, esplicazioni, chiarimenti, simboli analitici, ecc.) sono riportate tra parentesi quadre «[ ]» o segnalate in didascalia. Le parti da me intenzionalmente tralasciate sono segnalate con «[…]». Le trascrizioni non riproducono l'aspetto dei fogli musicali, ma solamente il loro contenuto. Il numero dei righi e il formato dei fogli sono indicati nelle didascalie, dove è anche specificato – con la dicitura «particolare» – se la trascrizione non riguarda il contenuto di un intero foglio, ma solo di una sua parte. Poiché i documenti sono stati esaminati in microfilm, non posso specificare la dimensione assoluta dei fogli, l'uso dei colori, se si tratta di fogli sciolti o raggruppati in fascicoli, e la presenza di scrittura sul *recto* e sul *verso*. Nel citare i manoscritti, non farò riferimento alla numerazione dei fotogrammi dei microfilm, in quanto la FPS produce periodicamente nuove microfilmature, modificandone la numerazione. Nelle didascalie e nella discussione i rimandi alla partitura orchestrale sono effettuati mediante le figure di prova della partitura a stampa Ricordi (Luciano BERIO, *Cronaca del Luogo. Azione musicale*, testo di Talia Pecker Berio, Milano, Ricordi, 1999 (no. 38324) [partitura orchestrale], che adotta un sistema con lettere alfabetiche in doppia serie (A-ZZ) seguite da un simbolo in pedice indicante la sezione dell'opera. Per esempio: G_P = figura di prova G del *Prologo*; F_{IV} = figura di prova F della sezione IV (*La Casa.*) Le figure della sezione V (*La Piazza*), a patire dalla AA non hanno il numero in pedice, in quanto sono le sole della partitura indicate da doppie lettere. Quando una figura di prova è seguita dal segno + o − e un numero *n* ci si riferisce alla *n*-esima battuta prima (−) o dopo (+) la figura di prova (contata come n. 0). Ad esempio: $F_{IV} + 1$ = prima battuta dopo la figura di prova F_{IV}; $F_{IV} - 1$ = una battuta prima della figura di prova F_{IV}.

II. Descrizione delle fonti

I manoscritti relativi a *Cronaca del Luogo* catalogati negli inventari della FPS come 'schizzi e abbozzi' possono essere suddivisi in quattro tipologie:

1 materiali precompositivi di varia natura, relativi ad aspetti formali o strutturali dell'intera composizione: piani formali, schemi generali, costrutti fondamentali, ecc.;
2 annotazioni di procedimenti e/o costrutti (tabelle, diagrammi, schemi di permutazione, annotazioni di campi di altezze, serie di altezze, di durate, di cellule ritmiche, di timbri strumentali, ecc.) impiegati nell'elaborazione di specifiche idee e materiali musicali;
3 abbozzi propriamente detti, relativi a sezioni musicali più o meno estese. Spesso contengono anche annotazioni del tipo del precedente punto 2;
4 stesure di singole parti o sezioni in forma di particelle maggiormente dettagliate e complete (rispetto agli abbozzi del precedente punto).

Questa suddivisione non rispecchia la cronologia della composizione, ma piuttosto le fasi in cui può essere idealmente suddiviso il lavoro di Berio. Difatti, diversi schizzi precompositivi (categoria 1) che si presumerebbero redatti in una fase preliminare, furono probabilmente elaborati man mano che la composizione avanzava. Inoltre, sembra che Berio abbia continuato a modificare diversi piani globali stabiliti inizialmente, instaurando così un continuo *feed-back* tra scelte precompositive e composizione. Nella discussione seguente avremo modo di osservare diverse situazioni di questo tipo.

Buona parte degli autografi (all'incirca la metà) testimonia una fase del processo creativo precedente a un radicale mutamento, avvenuto probabilmente non molto tempo prima che Berio iniziasse la

La funzione dei campi di altezze in «Cronaca del Luogo» di Luciano Berio.
Uno studio degli schizzi.

stesura della partitura orchestrale[6]. In questa fase furono modificati diversi aspetti concernenti la forma e la struttura globale della composizione, il più evidente dei quali è l'inversione delle sezioni (o episodi) I e II (*Il Campo* e *La Torre*). L'ordine originario era: *Prologo - I (L'Assedio) - II (La Torre) - III (Il Campo) - IV (La Casa) - V (La Piazza)*; l'ordine definitivo divenne: *Prologo - I (L'Assedio) - II (Il Campo) - III (La Torre) - IV (La Casa) - V (La Piazza)*. Contestualmente a questa modifica, Berio rivide probabilmente l'intera organizzazione armonica della partitura. Tra i suoi autografi, infatti, si trovano differenti versioni preliminari del piano globale dei campi di altezze (chiarirò il significato del termine nei prossimi paragrafi) e diversi materiali musicali che, essendo basati su questi piani iniziali, furono scartati. Vedremo, però, che alcuni di essi hanno trovato ugualmente una via nel testo definitivo.

Colpisce il numero insolitamente alto di materiali precompositivi. Si tratta perlopiù di annotazioni relative alla definizione del campo generale delle altezze, alla sua articolazione in sottoinsiemi e alla loro successione e organizzazione complessiva. Tra i piani generali troviamo anche due schemi con l'indicazione degli episodi, delle sezioni, dei personaggi e dell'uso delle luci, e due versioni della disposizione degli strumenti nelle nicchie della *Felsenreitschule* di Salisburgo[7].

Diversi fogli contengono studi preparatori – tabelle, diagrammi, schemi di permutazione, annotazioni di serie, campi di altezze – relativi a specifici brani, perlopiù difficilmente individuabili nel testo definitivo, anche a causa del carattere molto corsivo delle annotazioni. Appunti di questo tipo si trovano sia isolatamente, in fogli a parte, sia sui fogli contenenti abbozzi musicali. Decisamente scarsi sono gli schizzi relativi all'organizzazione del ritmo. Qualche sporadica

---

6. Sulle fasi e la cronologia della genesi di *Cronaca del Luogo* si veda il saggio di Talia Pecker Berio in questo volume alle pp. 241-269.
7. Com'è noto, Berio dispose i componenti dell'orchestra e una parte del coro nelle file delle gallerie della *Felsenreitschule*, amplificandone, alterandone e proiettandone spazialmente il suono per mezzo del *live electronics*.

annotazione concernente la strutturazione di serie di durate o di cellule ritmiche si trova in alcuni dei manoscritti che esamineremo. Si potrebbe ipotizzare che molti fogli riguardanti l'elaborazione del ritmo si siano persi. La mia sensazione, tuttavia, è che Berio realizzasse direttamene la componente ritmica nell'abbozzare la materia musicale dell'opera, senza bisogno di particolari materiali e costrutti precompositivi. Relativamente più numerosi sono invece i manoscritti in cui Berio annota procedimenti generativi (perlopiù schemi permutativi) per abbinare gli strumenti ai vari costrutti armonici.

Estremamente esiguo, se rapportato all'ampiezza della partitura, è infine il numero di manoscritti che testimoniano la fase successiva del processo compositivo, nella quale i vari materiali elaborati fino a quel punto erano assemblati in porzioni di testo musicale più ampie. Si tratta di pochi fogli contenenti brevi sottosezioni dell'opera in forma di particella.

Apparentemente, quindi, sembrerebbe di trovarsi di fronte a una situazione diversa da quella tipica dei materiali preparatori di Berio, nella quale gli schizzi di tipo precompositivo sono molto rari e abbondano invece i manoscritti della fase propriamente compositiva[8]. Tuttavia, gran parte dei materiali preparatori riguardano il solo e specifico aspetto dell'organizzazione dei campi di altezze; un aspetto, quindi, che sembra aver preoccupato Berio molto più che in altre sue opere.

---

8. Cfr. Ad esempio Pascal DECROUPET, *Formazioni: A Sketch Study and Speculative Interpretation of Berio's Compositional Strategies*, in *Luciano Berio. Nuove prospettive/New Perspectives*. Atti del Convegno Siena, Accademia Chigiana, 28-31 ottobre 2008, a cura di Angela Ida De Benedictis, Firenze, Olschki, 2012, pp. 133-162: 134). Anche Angela Ida De Benedictis (*Riflessi del suono elettronico: sinergie e interazioni nell'orizzonte compositivo di Luciano Berio*, ivi, pp. 293-336: 319, nota 57) parla di «penuria o lacunosità» dei materiali precompositivi di Berio.

La funzione dei campi di altezze in «Cronaca del Luogo» di Luciano Berio.
Uno studio degli schizzi.

III. La definizione del campo generale delle altezze

Come molte altre composizioni di Berio, *Cronaca del Luogo* è basata su un'unica gamma di altezze che funge da insieme di riferimento per la costruzione armonica dell'intera partitura, e che quindi chiameremo 'campo generale delle altezze' (o più semplicemente 'campo generale').

La definizione teorico-musicale corretta di un campo di altezze è la seguente: un insieme *non ordinato* di *altezze – non di classi di altezze*[9]. Le note di questo tipo di costrutti, cioè, vanno intese come altezze fissate in specifici registri, non come trasposizioni di altre note omonime. Ciò che caratterizza un campo di altezze è essenzialmente la quantità, posizione e ampiezza delle 'zone di discontinuità cromatica'; quegli intervalli, cioè, superiori al semitono, che si creano in vari punti del campo a causa della mancanza di alcune altezze della gamma cromatica completa. Sul piano percettivo, tali zone di 'vuoto' cromatico rappresentano le caratteristiche maggiormente salienti del campo. Nelle sue carte, Berio era solito definire 'resti' le altezze mancanti, corrispondenti alle discontinuità cromatiche. D'ora in poi userò anch'io lo stesso termine (non più virgolettato). I segmenti del campo che contengono tutti i suoni cromatici, invece, sono perlopiù definiti nella letteratura musicologica 'zone di saturazione cromatica', e sono spesso rappresentati da lineette che uniscono le note estreme del segmento, in modo simile a dei *clusters*.

Dal punto di vista della storia delle tecniche compositive, l'uso di campi di altezze fissate in registri specifici, sebbene rappresenti un criterio costruttivo molto differente, e in un certo senso opposto, a quello della 'serialità' intesa nel senso più ristretto e 'classico' del

---

9. Cfr. Paul NAUERT, *Field Notes: A Study of Fixed-Pitch Formations*, «Perspectives of New Music», 41/1, 2003, pp. 180-239. Nauert definisce un campo di altezze (*pitch field*) come «[...] an unordered collection of pitches (n. b. pitches – [...] not pitch classes [...])» (p. 181). Per la basilare definizione di 'classe di altezza' (*pitch class*) cfr. ad es. Joseph N. STRAUS, *Introduction to Post-Tonal Theory*, Prentice hall, Englewood Cliffs (NJ), 1990, p. 5.

termine – nel senso, cioè, dell'uso di insiemi *ordinati* di *classi di altezze*, che possono essere collocate in vari registri – costituisce nondimeno uno sviluppo del pensiero seriale. Difatti, dalla metà circa degli anni Cinquanta, la tendenza a fare uso di insiemi non ordinati e/o a fissare le altezze in particolari registri è ravvisabile in diverse composizioni di autori che negli anni immediatamente precedenti erano stati coinvolti nell'esperienza del serialismo integrale[10]. Henri Pousseur fu tra i primi a riflettere teoricamente sulle formazioni di altezze collocate in specifici registri e sulla loro saturazione cromatica[11]. In seguito, diversi compositori (oltre a Berio, Elliott Carter, Mel Powell, Witold Lutoslawski e molti altri) impiegarono campi di altezze come insiemi di riferimento generale, soprattutto al fine di controllare la densità cromatica nei vari registri. Molti studiosi – tra cui Philip Nauert, cui si deve un approfondito studio sull'uso dei campi di altezze (*pitch field*) in vari compositori del Novecento–, intravedono l'antecedente storico di questo criterio costruttivo nel primo movimento della *Sinfonia* op. 21 di Anton Webern[12].

Occorre precisare che le altezze dei campi *non* corrispondono semplicemente al contenuto globale di altezze di un brano o sezione di brano, ma vanno intese piuttosto come i centri attorno ai quali gravita la costruzione armonica; un modo per conferire allo spazio delle altezze una particolare 'metrica', per così dire, e quindi un particolare carattere percettivo. In *Cronaca del Luogo* sono spesso impiegate altezze estranee al campo generale (i resti). Tuttavia in questi casi, come vedremo, la scelta sembra sempre motivata da specifiche ragioni musicali.

---

10. Pierre Boulez, ad esempio, a partire dal *Marteau sans maître* impiega insiemi non ordinati di altezze ottenute mediante la sua tecnica della 'moltiplicazione': cfr. Lev KOBLYAKOV, *Pierre Boulez. A World of Harmony*, New York, Routledge, 1990, pp. 5-sgg.
11. Cfr. Henry POUSSEUR, *Weberns organische Chromatik (1. Bagatelle)*, «Die Reihe», II (1955) [*Anton Webern*], pp. 56-65; *Zur mehodik*, «Die Reihe», III (1957) [*Musikalische Handwerk*], pp. 46-88.
12. P. NAUERT, *Field Notes, op. cit.*, pp. 181-184.

La funzione dei campi di altezze in «Cronaca del Luogo» di Luciano Berio.
Uno studio degli schizzi.

Stabilire quale sia esattamente il campo generale delle altezze di *Cronaca del Luogo* non è del tutto immediato. Nelle sue carte Berio lo annotò ripetutamente, ritoccandone ogni volta la fisionomia mediante l'aggiunta o la sottrazione di alcune altezze[13]. Nell'Es. 1, in alto, ho sintetizzato tutte le varianti riscontrate. Sul secondo rigo è visibile il campo generale, i cui relativi resti sono riportati immediatamente al disopra, sul primo rigo. La posizione dei resti è anche evidenziata dalle freccette verticali. Le note del campo racchiuse tra parentesi (Re_1, $Sol\sharp_2$, Re_3, La_3, Re_4, $Re\sharp_4$, Fa_4) sono quelle che Berio omette o aggiunge di volta in volta nelle varie versioni riscontrate. Solo in pochissimi schizzi esse sono tutte presenti. Non si tratta di mere sviste, innanzitutto perché a essere in questione sono sempre e solo le note di questo particolare gruppetto; in secondo luogo perché Berio contrassegna spesso queste altezze con punti esclamativi, punti interrogativi, crocette, parentesi tonde, ecc., mostrando così di aver meditato sull'opportunità di includerle o meno nel campo generale[14]. Sul terzo rigo ho riportato una versione meno cromaticamente densa, di sole 37 note, che si trova a volte nei manoscritti, in sostituzione di quella completa (in un caso Berio l'ha indentificata col numero 37)[15]. Tutte le versioni sintetizzate nei primi tre righi dell'esempio sono state riscontrate in fogli di schizzi relativi alla prima fase della composizione, precedente l'inversione delle sezioni *Il Campo* e *La Torre*.

---

13. Prescindendo da numerose altre annotazioni eccessivamente corsive e/o incomplete, ho potuto contare almeno 15 annotazioni in forma completa del campo.
14. Berio effettua spesso le correzioni e integrazioni mediante la notazione alfabetica (sistema anglosassone).
15. Su un'annotazione della versione 'rarefatta' del campo Berio ha tracciato le estensioni degli strumenti ad altezza determinata impiegati in *Cronaca del Luogo*. Il foglio funse probabilmente da base per l'elaborazione di alcuni studi di abbinamento altezze-timbri che si trovano tra gli autografi della FPS. Negli schizzi, l'organico è quasi identico a quello definitivo (2 ott, 3 fl, 1 fl Sol, 1 ob, 2 cl picc Mi♭, 2 cl, 2 clb B, 1 sax-(S), 1 sax-A, 1 sax-T, 1 sax-B, 1 fag, 4 tr, 4 cr, 3 trb, 2 bt, 3 vl, 3 vle, 3 vlc, 1 cb, gruppo di percussioni 1, gruppo di percussioni 2 MIDI controller, voci, coro A, coro B, *live electronics*), ma prevede 3 ottavini anziché 2, 4 flauti, anziché 3 flauti + un flauto in Sol, e 4 tromboni anziché 3.

La forma definitiva del campo generale, assieme ai relativi resti è desumibile da uno schizzo che fu stilato molto probabilmente al termine del lavoro di composizione. L'originale non si trova attualmente tra i manoscritti della collezione Berio della FPS[16]. Fortuitamente, però, fu riprodotto in una illustrazione a colori acclusa al libretto della messa in scena di Salisburgo, cui ho attinto la mia trascrizione del campo generale visibile in basso nell'Es. 1[17]. Come si vede, la gamma contiene 53 altezze in sei ottave, da La_0 a $Sol\sharp_6$, con 19 resti, assieme ai quali produce il totale cromatico (53 + 19 = 72; 12 x 6 ottave = 72). L'insieme, piuttosto denso, è caratterizzato da una successione irregolare di piccole discontinuità cromatiche di tono e terza maggiore/minore.[18]

---

16. Luciano Berio, *Cronaca del Luogo*, Text von Talia Pecker Berio, Salzburg, Druckerei Roser, 1999 (Salzburger Festspiele, 1999) [ill., foglio non numerato tra le pp. 24 e 25; indicato dalla didascalia come «Arbeitskizze»]. Non mi è noto dove sia conservato l'originale. Esso non figurava tra gli schizzi e abbozzi che ho consultato in microfilm presso la FPS nel giugno 2013. La pagina ha il medesimo formato (*landscape,* 21 pentagrammi) di gran parte dei fogli impiegati da Berio per *Cronaca del Luogo* conservati alla FPS. Una scansione digitale, tratta dal libretto di Salisburgo (non dall'originale), è disponibile sul sito del Centro Studi Luciano Berio, nella pagina dei documenti relativi a *Cronaca del Luogo* (http://www.lucianoberio.org/cronaca-del-luogo-luglio-1999-luglio-2014-0 ; ultima consultazione 30.08.2014).
17. Nell'Es. 1 è riportato solamente il campo generale annotato nell'ultimo rigo di questo manoscritto. La parte principale dello schizzo, contenente il piano globale dei campi di altezze di *Cronaca del Luogo*, è invece trascritta nell'Es. 6.
18. Nell'originale pubblicato nel libretto di Salisburgo, le zone di discontinuità cromatica (salti di terza minore e toni) sono segnalate da Berio mediante lineette rosse. Medesima funzione hanno le sue lineette tracciate sul campo negli Ess. 3-4.

La funzione dei campi di altezze in «Cronaca del Luogo» di Luciano Berio.
Uno studio degli schizzi.

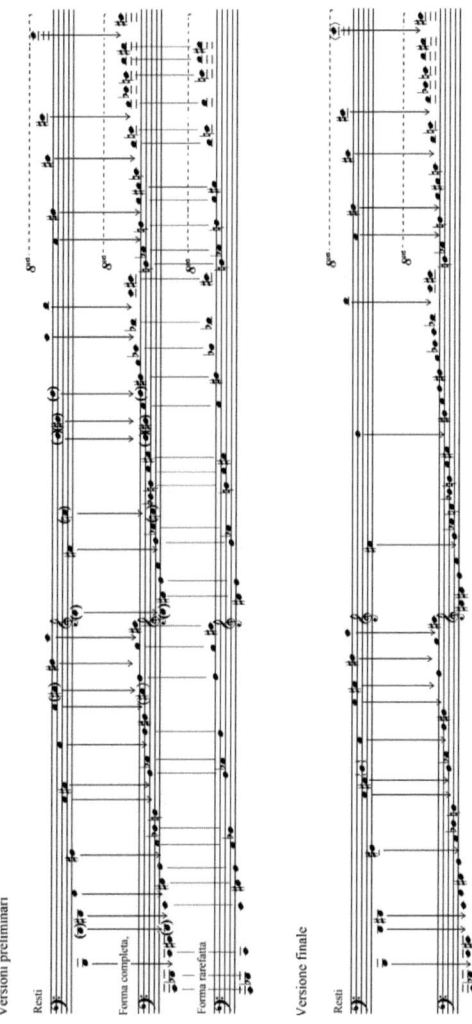

Es. 1. Campo generale delle altezze di *Cronaca del Luogo*. In alto: sintesi delle varie versioni preliminari. Note tra parentesi tonde = varianti. In basso: versione finale con relativi resti, trascritta dal foglio col piano globale dei campi di altezze pubblicato in Berio, *Cronaca del Luogo, op cit*. [libretto del Festival di Salisburgo], [foglio non numerato tra le pp. 24 e 25] (vedi anche Es. 6).

Sebbene possiamo considerare come definitiva la forma del campo generale testimoniata da questo schizzo, le versioni precedenti sono importanti perlomeno per tre motivi. Innanzitutto esse consentono di rimediare con certezza ad alcune piccole incongruenze dell'ultima versione[19]. In secondo luogo, la lunga sequela di ritocchi e ripensamenti attorno a singole note, mostra chiaramente l'importanza che Berio attribuiva alla definizione esatta della fisionomia del campo generale delle altezze. Infine, le versioni preliminari del campo furono impiegate per formulare alcune idee musicali che, come vedremo, confluirono nel testo musicale definitivo.

IV. La definizione del campo generale delle altezze

In *Cronaca del Luogo*, il campo generale delle altezze funge da riserva alla quale attingere vari sottoinsiemi di minore densità, che chiamerò 'campi locali' (o più semplicemente 'campi'). La forma dell'intera composizione è concepita come un continuo passaggio da un campo locale all'altro. Poiché ciascuno di essi deriva dal campo generale, questo percorso appare come un processo di continua trasformazione di una struttura immanente. In tal modo, la forma musicale assume il carattere di un processo che si svolge nel tempo[20]. Inoltre, la struttura interna del campo generale, con la sua particolare

---

19. Il Re_2 è stato aggiunto erroneamente tra i resti da Berio. Che si tratti di un errore lo si vede anche dal fatto che il Re_2 è incluso nel campo generale nello stesso manoscritto con la versione definitiva. Anche in tutte le versioni precedenti, esso fa sempre parte del campo. Nella trascrizione dell'Es. 1, pertanto, l'ho espunto dai resti (quarto rigo), mediante parentesi graffa. Il Sol_6 è stato invece erroneamente omesso dai resti da Berio. Esso non compare nel campo né nella versione definitiva né in tutte le versioni precedenti. Per cui l'ho aggiunto ai resti tra parentesi angolate.

20. Un esempio molto chiaro di impiego dei campi armonici in funzione 'processuale' è la sezione iniziale della *Sequenza V* (1966) per trombone, dove, a partire da una singola nota, si dipanano gradualmente tutte le altre note di un campo armonico, ciascuna fissata in un registro specifico. Cfr. Ad esempio David OSMOND-SMITH, «*Multum in parvo»: the music of Luciano Berio*" in *Komponisten des 20. Jarhunderts In der Paul Sachter Stiftung*, Basel, Paul Sachter Stiftung, 1986, pp. 347-349: 348.

La funzione dei campi di altezze in «Cronaca del Luogo» di Luciano Berio.
Uno studio degli schizzi.

successione di 'pieni' e 'vuoti' cromatici, si riverbera su tutti i costrutti derivati, e quindi sull'intera composizione.

Nell'Es. 2 ho trascritto un foglio di schizzi che si presta bene a illustrare l'idea della derivazione dei sottoinsiemi[21]. Sul primo doppio rigo è annotato il campo generale (in una delle sue versioni primitive); nei righi 2-5 esso è sottoposto a un procedimento di selezione progressiva, quasi un filtraggio (l'allusione alla musica elettronica non è casuale). Le linee verticali evidenziano le altezze che permangono nei sottoinsiemi; l'interrompersi delle linee corrisponde invece alle altezze 'filtrate' (omesse). Sull'ultimo doppio rigo, infine, Berio ha esplicitato i resti relativi al campo del primo rigo.

La visione della composizione come un succedersi di campi dalla differente struttura e densità cromatica interna, l'idea di ricavare questi campi da un'ampia gamma globale di altezze, l'importanza attribuita alla densità cromatica quale aspetto essenziale dei campi, sono tutti tratti tipici di molte composizioni di Berio. Già a partire dai primi anni Sessanta Berio cominciò impiegare ampie gamme di altezze come fonte alla quale attingere piccoli campi locali o semplici costrutti accordali, melodici o polifonici. Anche i suoi noti 'campi armonici' – gli insiemi di altezze in registri fissi che in molte composizioni di Berio fungono da poli attorno ai quali gravita la costruzione delle varie sezioni del brano e verso i quali convergono altre eventuali altezze – derivano spesso da simili insiemi globali di riferimento[22]. I campi armonici impiegati in alcune sue *Sequenze*, ad

---

21. Non sembra che nello schizzo dell'Es. 2 Berio abbia selezionato i sottoinsiemi del campo mediante un particolare procedimento generativo: le lineette verticali sono solo un aiuto visivo per a evitare errori.
22. Com'è noto, Berio definì le sue *Sequenze* come «successioni di campi armonici», senza però specificare esattamente cosa intendesse con quest'espressione: «Col titolo [*Sequenze*] volevo mettere l'accento sul fatto che si tratta innanzitutto di una sequenza di campi armonici. E questo è un dato comune a quasi tutte le sequenze». (Luciano BERIO, *Intervista sulla musica*, a cura di Rossan Dalmonte, Bari. Laterza, 2007, p. 107). Nella sua ottica, probabilmente, il concetto di campo armonico era piuttosto articolato, essendo inscindibile dalla componente timbrica e dall'idiomaticità strumentale, che concorrono anch'esse, assieme alla

esempio, sono piccoli gruppi di altezze (a volte solamente quattro-cinque), che susseguendosi nelle varie sezioni del brano delineano gradualmente la fisionomia di più ampie strutture globali.[23]

Già a partire dai primi anni Sessanta, tra le carte di Berio si possono rinvenire annotazioni di vaste gamme di altezze (o di frequenze rappresentate numericamente in Hz, nel caso di brani elettronici) che svolgono una funzione di questo tipo. Angela Ida De Benedictis, ad esempio, ha attirato l'attenzione su alcuni schizzi relativi a *Sincronie* (1963-64) e a *Sinfonia* (1968). Il primo di essi è riprodotto nella Fig. 1.[24] Sul primo doppio rigo si può notare un'ampia gamma di altezze estesa tra Re_1 e Mi_6, con al disotto i relativi resti, come nello schizzo dell'Es. 2. Più in basso (terzo e quarto doppio rigo), agglomerati di varia estensione e densità sono ricavati dal campo e/o dai suoi resti. Ad esempio, i dodici agglomerati di sei note del quarto doppio rigo (indicati dalle lettere a-n), sono ottenuti dal campo, selezionando una serie di ambiti di varia estensione (linee orizzontali uncinate con lettere a-e) e, per ciascun ambito, una

---

componente armonica, alla definizione di caratteri musicali salienti che catalizzano la percezione sonora. Nella letteratura musicologica su Berio, comunque, il termine ha assunto un significato abbastanza univoco: un insieme non ordinato di altezze in cui ciascuna altezza è univocamente collocata in solo, specifico registro. Cfr. soprattutto DAVID OSMOND-SMITH, *Berio*, Oxford, Oxford University Press, 1991, pp. 25-sgg. Perlopiù i campi armonici individuati nelle composizioni di Berio prevedono una sola altezza per classe, fissata in un unico registro d'ottava, per cui contengono un numero di note uguale o inferiore a 12. Cfr. ad es. le definizioni di 'campo armonico' in Gale SCHAUB, *Transformational Process, Harmonic Fields, and Pitch Hierarchy in Luciano Berio's 'Sequenza I' through 'Sequenza X'*, Ph.D. Diss., University of Southern California, 1989, p. 7; Patricia ALESSANDRINI, *A Dress or a Straightjacket? Facing the Problems of Structure and Periodicity Posed by the Notation of Berio's "Sequenza VII" for Oboe*, in *Berio's Sequenzas: Essays on Performance, Composition and Analysis*, ed. by Janet K. Halfyard, Ashgate, Burlington, 2007, pp. 67-81: 69, note 6 e 7.
23. Cfr. ad es. l'analisi della *Sequenza VII*, *ibid.*, pp. 70-sgg.
24. A. I. DE BENEDICTIS, *Riflessi del suono elettronico*, *op. cit.*, pp. 319-322, 327-328. Ringrazio l'autrice e tutti gli aventi diritto per l'autorizzazione a riprodurre l'immagine.

La funzione dei campi di altezze in «Cronaca del Luogo» di Luciano Berio.
Uno studio degli schizzi.

particolare distribuzione intervallare interna (numeri in basso, sotto il quarto doppio rigo)[25].

De Benedictis nota giustamente una stretta analogia tra simili procedimenti, impiegati da Berio in composizioni strumentali tradizionali, e le modalità creative tipiche della musica elettronica degli anni Cinquanta e Sessanta. Difatti, la definizione iniziale di una gamma complessiva di frequenze prefissate, e l'estrapolazione da questa gamma di agglomerati sonori ottenuti attraverso vari criteri di selezione, erano strategie tipiche delle composizioni basate sull'impiego degli oscillatori di frequenza[26]. Ciò cui, in ultima analisi, mira l'impiego di campi di altezze o di frequenze è essenzialmente la creazione di agglomerati dalla densità cromatica interna variabile. Pertanto, si può dire che una forte attrazione del pensiero musicale di Berio verso il suono elettronico sia insita a fondo nella concezione di *Cronaca del Luogo*, come in gran parte delle sue composizioni basate sull'impiego sistematico dei campi di altezze.

---

25. Per ogni agglomerato Berio riporta due colonne di cifre la distribuzione intervallare (intervalli tra note contigue): la seconda colonna (tra parentesi tonde) indica il tipo di intervalli secondo la classificazione tradizionale (i segni + e – indicano 'maggiore' e 'minore'); la prima colonna (la cui somma dà sempre cinque, essendo cinque gli intervalli contenuti tra note contigue in un gruppo di sei note) indica la quantità di intervalli per tipo. Ad es.: nell'agglomerato indicato con la lettera a (Mi, Fa, Fa♯, Sol, Si♭, Si♮), ci sono 4 seconde minori (2-) e una terza minore (3-). Per altri aspetti di questo schizzo, che riflettono pratiche creative tipiche della musica elettronica, si veda *ibid*. 319-325.
26. De Benedictis (ivi, p. 326) cita e trascrive anche uno schizzo per *Momenti* (1960) nel quale Berio dapprima seleziona una successione di 24 frequenze da 20 hz (Do$_0$) a 320 hz (Mi$_3$), e in seguito ne ricava (articolazione) agglomerati di varia densità cromatica.

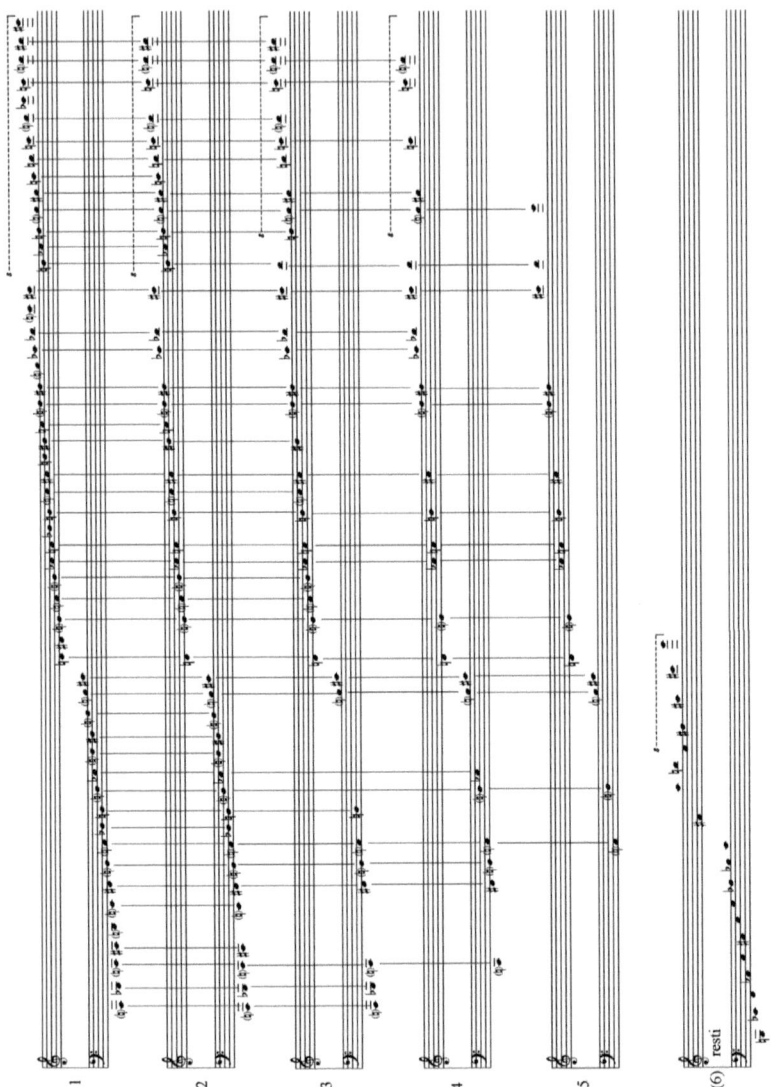

Es. 2. FPS, Collezione Luciano Berio (per gentile concessione): foglio (landscape, 21 pentagrammi) con campo generale delle altezze (versione primitiva), derivazione di suoi sottoinsiemi e resti

La funzione dei campi di altezze in «Cronaca del Luogo» di Luciano Berio. Uno studio degli schizzi.

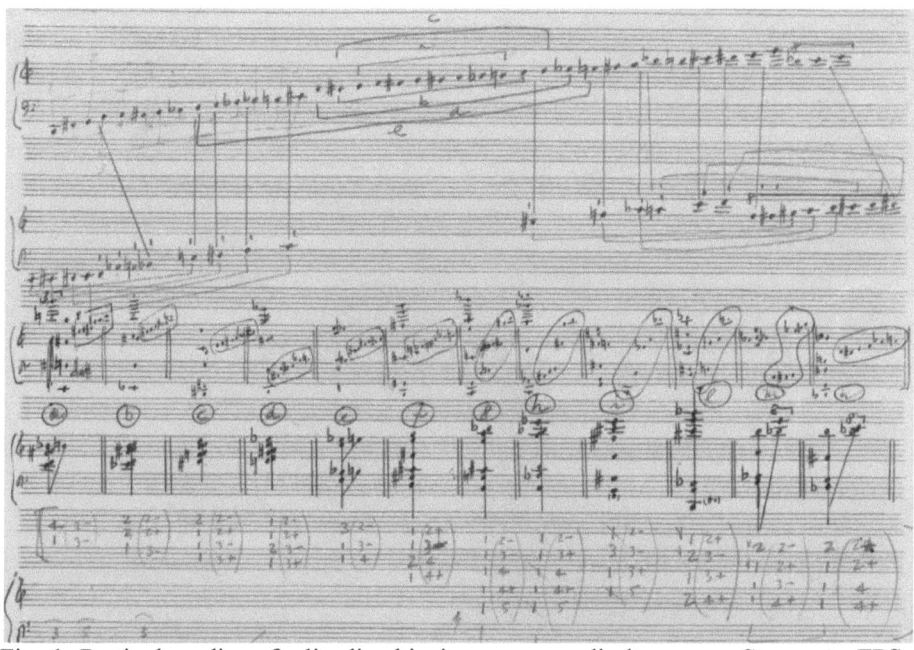

Fig. 1. Particolare di un foglio di schizzi con campo di altezze per *Sincronie*. FPS, Collezione Luciano Berio (per gentile concessione); facsimile in De Benedictis, *Riflessi del suono elettronico*, op. cit., p. 321.

V. L'organizzazione globale dei campi di altezze

In *Cronaca del Luogo* Berio progettò sin da principio la successione dei vari campi locali da impiegare nelle sezioni dell'opera. Berio produsse perlomeno quattro versioni del piano, che si conservano su altrettanti fogli di carta pentagrammata (*formato landscape*, 21 pentagrammi). I fogli con le prime tre versioni sono attualmente conservati alla FPS; il quarto, con la versione definitiva, è invece il documento riprodotto nel libretto di Salisburgo, cui ho già accennato nei paragrafi precedenti. A differenza di quest'ultimo, che fu redatto con ogni probabilità *ex post* (a opera compiuta), le tre versioni preliminari della FPS furono formulate a monte del lavoro. La terza di esse, in particolare, fu a lungo usata come punto di riferimento nella composizione, e come vedremo servì da base nell'elaborazione di numerosi abbozzi musicali. Tutte e tre le versioni risalgono alla fase precedente lo scambio di posizione delle sezioni *La Torre* e *Il Campo* (quest'ultima figura ancora in terza posizione). Sebbene siano stati infine abbandonati e non trovino, quindi, esatta corrispondenza nella partitura definitiva, queste versioni preliminari del piano costituiscono una testimonianza preziosa delle modalità creative di Berio, e gettano luce su diversi aspetti dello schizzo del libretto di Salisburgo, che altrimenti resterebbero piuttosto oscuri. Soffermiamoci dunque sulle loro caratteristiche.

I tre fogli sono trascritti negli Ess. 3-4-5. Essi riportano su sei doppi righi i campi di altezze impiegati nelle sei sezioni dell'opera. In basso, è annotato il campo generale delle altezze (ogni volta con qualche piccola variante), in un caso (terza versione, Es. 5) corredato dai relativi resti. A ciascuna sezione (ciascun doppio rigo) è affidato un certo numero di campi di altezze, numerati mediante le cifre cerchiate sopra le stanghette. Tutti i campi sono ottenuti dal campo generale in basso, selezionando al suo interno singole altezze o segmenti di altezze. I segmenti sono rappresentati in forma sintetica, mediante lineette oblique che congiungono gli estremi della porzione del campo generale selezionata. Queste linee, quindi, non indicano una zona di saturazione cromatica, bensì tutte le note di una porzione del campo generale. Le chiameremo quindi 'zone di saturazione del campo' (o più brevemente 'zone di saturazione', senza però dimenticare che non contengono tutti i semitoni ma solo le altezze incluse nel campo generale). Nella terza versione (Es. 5), particolarmente accurata, Berio ha anche esplicitato tutte le singole altezze delle zone di saturazione, riportandole *in extenso* al disotto delle lineette oblique, nei pentagrammi tra un doppio rigo e l'altro (la corrispondenza è evidenziata dalle lineette verticali). Nelle prime due versioni, invece, per conoscere il contenuto di altezze dei vari segmenti bisogna consultare la relativa porzione del campo generale annotato in basso.

Il numero di campi per sezione è identico nelle tre versioni: sei per le prime cinque sezioni, sette per l'ultima (*La Piazza*) – che in

La funzione dei campi di altezze in «Cronaca del Luogo» di Luciano Berio.
Uno studio degli schizzi.

effetti è la più lunga[27]. L'articolazione corrisponde *grosso modo* agli interventi dei personaggi (o gruppi di personaggi), secondo l'ordine del libretto. Lo si può notare nella seconda versione del piano (Es. 4), dove sono riportate le indicazioni «R» (il personaggio principale), «coro», «costruttori» (*La Torre*), «Bambini e Uomo» (*Il Campo*), Orvid (*Il Campo, La Piazza*), «voci» (voci registrate diffuse dagli altoparlanti nel muro: *L'Assedio* [inizio] e *La Piazza*). Abbinando, in tal modo, particolari sonorità, determinate dalle caratteristiche dei campi di altezze, ai vari personaggi o gruppi di personaggi che si susseguono, Berio crea delle corrispondenze tra struttura musicale e dimensione drammaturgica.

In tutte e tre le versioni, la scelta degli ambiti complessivi dei campi delinea un'esplorazione progressiva dello spazio delle altezze dal grave verso l'acuto. In particolare, è il limite grave (la nota più bassa) di ciascun campo, che delinea questa ascesa progressiva. I sei campi del *Prologo* (primo doppio rigo) sono sostanzialmente i medesimi in tutte e tre le versioni. Essi partono rispettivamente dalle note La_0, $Si\flat_0$, Do_1, $Fa\sharp_1$, Si_1, Sol_4, estendendosi così in fasce sonore sempre più alte. Nelle sezioni seguenti, invece, le tre versioni divergono significativamente. Nella prima (Es. 3), gran parte dei campi – con poche eccezioni, quasi tutte collocate nelle ultime due sezioni – partono dalle medesime altezze del *Prologo* (La_0, $Si\flat_0$, Do_1, $Fa\sharp_1$, Si_1, Sol_4 – solo quest'ultima altezza è sostituita a volte da La_3) perlopiù secondo il medesimo schema ascendente. Nella seconda versione (Es. 4) Berio opta invece per un procedimento permutativo (rotazionale) tipicamente seriale: il secondo campo della prima sezione diviene il primo campo della seconda sezione; il terzo campo della prima sezione diviene il primo della terza; e così via fino al quinto (nella sesta sezione lo schema si interrompe). Lo si può notare facilmente osservando i numeri da 1 a 5 evidenziati (non quelli cerchiati) da Berio sulla prima riga e sulla prima colonna del foglio,

---

27. Nel foglio dell'Es. 3 i campi di altezze per la sesta e settima sottosezione della sezione VI (*La Piazza*) sono sovrapposti uno sull'altro nella medesimo spazio.

letto come se fosse una matrice 6 x 6. Le parti rimanenti dello schizzo non mostrano particolari schemi, né partono tutti, come nello schizzo precedente dalle note La$_0$, Si♭$_0$, Do$_1$, Fa♯$_1$, Si$_1$, Sol$_4$. Tuttavia è possibile scorgere alcune relazioni: i campi collegati da Berio con le linee tratteggiate, ad esempio, si differenziano solo per l'aggiunta o la sottrazione al grave o all'acuto di poche altezze, che ampliano l'estensione del campo senza modificarne la zona centrale. La lunga linea continua tracciata in diagonale da una parte all'altra del foglio attira l'attenzione sul fatto che il primo campo della prima sezione è uguale all'ultimo (settimo) della sezione conclusiva. In questa fase, evidentemente, Berio immaginava che la sua *azione musicale* dovesse iniziare e finire con la medesima gamma di altezze – oltre che con un coro. La terza versione (Es. 5), infine, mescola i criteri delle due versioni precedenti: quasi tutti i campi partono dalle note La$_0$, Si♭$_0$, Do$_1$, Fa♯$_1$, Si$_1$/Si♭, Sol$_4$ (con quest'ultima altezza sostituita a volte da Sol$_3$/La♭$_3$), come nella prima versione; ed i campi iniziali di ogni sezione sono ricavati per rotazione dalla prima sezione, come nella seconda versione. Questo schizzo merita particolare attenzione. Berio lo redasse con molta cura, come mostrano le numerose correzioni, integrazioni o precisazioni di singole altezze (perlopiù nelle zone di saturazione), aggiunte da lui in notazione alfabetica (sistema anglosassone).[28]

La quarta e definitiva versione del piano, riprodotta nel libretto di Salisburgo, è trascritta nell'Es. 6. Come si può notare, al dl là dei numerosi simboli aggiuntivi, l'organizzazione complessiva del grafico è la medesima delle tre versioni precedenti, inclusa la presenza del campo generale delle altezze, con i relativi resti, nella parte bassa del foglio (nell'Es. 6 l'ho omesso in quanto già trascritto nell'Es. 1, in basso). Le zone di saturazione sono indicate solamente in forma sintetica, mediante lineette oblique (come nelle prime due versioni:

---

28. Si tratta perlopiù di note appartenenti al gruppo di suoni instabili cui ho già accennato Sol♯$_2$, Re$_3$, La$_3$, Re$_4$, Re♯$_4$, Fa$_4$.

*La funzione dei campi di altezze in «Cronaca del Luogo» di Luciano Berio.
Uno studio degli schizzi.*

Ess. 3-4). Per conoscerne il contenuto, quindi, occorre consultare il campo generale (Es. 1, in basso).

Rispetto agli schemi precedenti, questo schizzo mette in evidenza diverse altezze con varie funzioni (resti, poli, note permanenti, estremi di ambiti particolari)[29]. Le note evidenziate da Berio con cerchietti (a volte parentesi tonde) e collegate dalle ampie legature che corrono in orizzontale sono perlopiù altezze che permangono da un campo al successivo, in quanto fano parte di processi musicali (chiarirò più avanti il significato del termine) che continuano ininterrottamente attraverso l'intera sezione. Altre volte esse indicano dei suoni che assumono una funzione di 'centro' (come il Fa$_3$ della sezione *Il Campo*). Nella sezione IV (*La Casa*) le note permanenti da un campo all'latro sono due (Do#$_3$- Re#$_3$). Verso la fine della sezione scendono gradualmente verso il basso, muovendosi come una sorta di voce polifonica interna che attraversa l'intera sezione. Altre note sono evidenziate da Berio con cerchietti o parentesi tonde in quanto costituiscono l'estremo di uno degli ambiti indicati con le ampie linee uncinate tracciate sopra i campi (non le linee di saturazione che collegano le note). Non mi è chiaro a cosa corrispondano queste linee, ma sembra che delimitino le estensioni entro cui si muovono particolari processi musicali affidati a gruppi strumentali – come parrebbe indicare l'indicazione «Fl(auti)» sopra la linea uncinata nel quarto campo della sezione IV (*La casa*).

---

29. Poiché queste cadono spesso all'interno di zone di saturazione indicate dalle lineette oblique, Berio è costretto ad annotarle a ridosso delle lineette di saturazione, cosa che rende spesso difficoltosa la lettura. Nella mia trascrizione ho cercato, quando possibile, di scostare le note evidenziate dalla lineette.

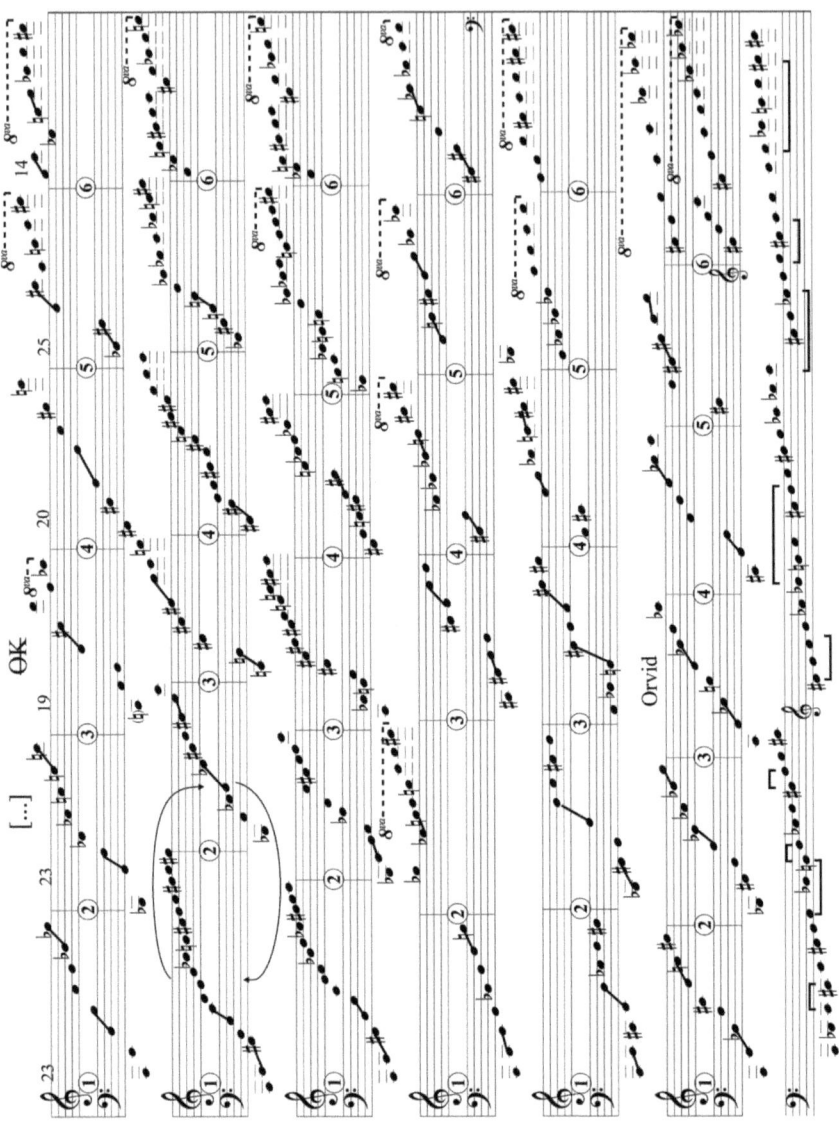

Es. 3. FPS, Collezione Luciano Berio (per gentile concessione): foglio (*landscape*, 21 pentagrammi) con piano generale dei campi di altezze di *Cronaca del Luogo*. Prima versione. Intestazioni dei doppi righi nell'originale: «Prologo / I»; «II - L'Assedio»; «III»; «IV»; «V»; «VI».

La funzione dei campi di altezze in «Cronaca del Luogo» di Luciano Berio.
Uno studio degli schizzi.

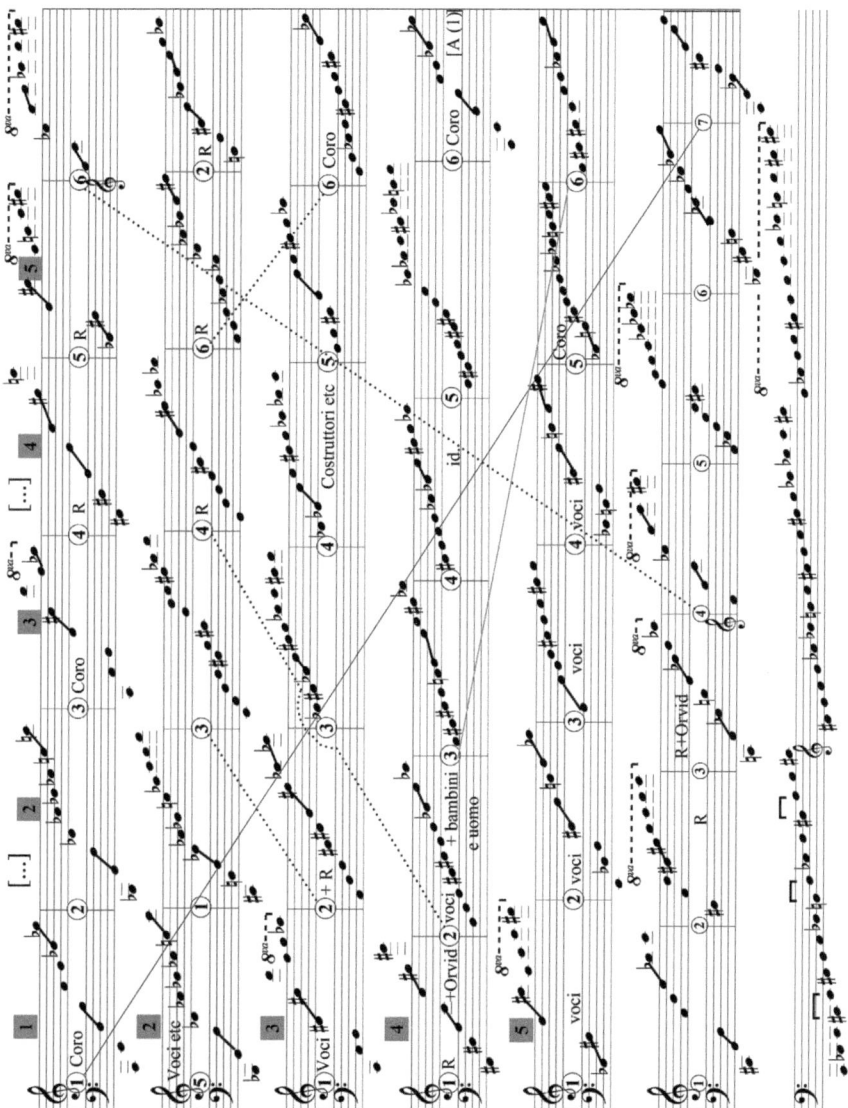

Es. 4. FPS, Collezione Luciano Berio (per gentile concessione): foglio (*landscape*, 21 pentagrammi) con piano generale dei campi di altezze di *Cronaca del Luogo*. Seconda versione. Intestazioni dei doppi righi nell'originale: «A»; «B / L'assedio»; «C / II La torre»; «D / III il Campo»; «E / IV La Casa»; «F / V La piazza».

Es. 5. FPS, Collezione Luciano Berio (per gentile concessione): foglio (*landscape*, 21 pentagrammi) con piano generale dei campi di altezze di *Cronaca del Luogo*. Terza versione. Intestazioni dei doppi righi nell'originale: «Prologo»; «I L'assedio»; «II La torre»; «III Il campo»; «IV La casa»; «V La piazza».

*La funzione dei campi di altezze in «Cronaca del Luogo» di Luciano Berio.
Uno studio degli schizzi.*

Es. 5. (Continua in orizzontale dalla pagina a fianco).

Es. 6. Piano generale dei campi di altezze di *Cronaca del Luogo*. Riprodotto in Berio, *Cronaca del Luogo*, cit., [libretto del Festival di Salisburgo] [foglio non numerato tra le pp. 24 e 25]. Lo schizzo contiene, sugli ultimi due pentagrammi, il campo generale delle altezze con relativi resti trascritto nell'Es. 1, in basso. Intestazioni dei sei doppi righi nell'originale: «Prologo»; «I – L'assedio»; «II – Il campo»; «III - La torre»; «IV – La casa»; «V – La piazza».

*La funzione dei campi di altezze in «Cronaca del Luogo» di Luciano Berio.
Uno studio degli schizzi.*

Es. 6. (Continua in orizzontale dalla pagina a fianco)

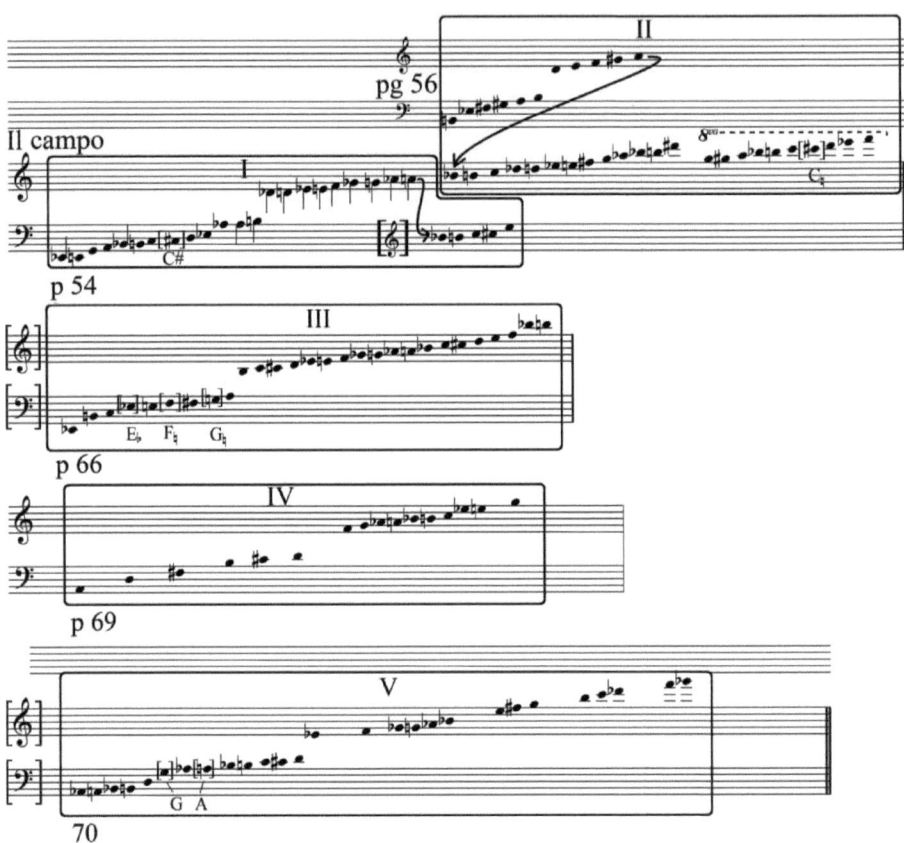

Es. 7. FPS, Collezione Luciano Berio (per gentile concessione): particolare di un foglio (*landscape*, 21 pentagrammi) con annotazione dei campi di altezze per le prime tre sezioni di *Cronaca del Luogo* Dettaglio relativo alla sezione II (*Il Campo*). I riquadri numerati (I-V), aggiunti, evidenziano i campi di altezze.

Altre informazioni fornite da questo schizzo riguardano il *live electronics* (lettere racchiuse nei riquadri; il simbolo x riquadrato indica il punto approssimativo in cui l'uso dell'effetto elettronico si interrompe all'interno di una sottosezione), la cui partitura definitiva era stata evidentemente completata prima che lo schema venisse

La funzione dei campi di altezze in «Cronaca del Luogo» di Luciano Berio.
Uno studio degli schizzi.

redatto[30]. Nel grafico sono anche riportate alcune cellule ritmiche caratteristiche delle sei sezioni.

Sul piano dell'organizzazione globale, mentre i piani precedenti tre schemi prevedevano tutti una suddivisione in sei campi per sezione (ad eccezione dell'ultima divisa in sette sottosezioni), ora abbiamo 4 sottosezioni per il *Prologo*, 5 per la sezione I (*L'Assedio*), 5 per la sezione II (*Il Campo*), 6 per la sezione III (*La Torre*), 8 per la sezione IV (*La Casa*), 6 per la sezione V (*La Piazza*). La principale divergenza dai piani precedenti si ha nella sezione IV (*La casa*) che nella versione finale contiene 8 campi[31].

Come nelle tre versioni precedenti, i campi di altezze sono caratterizzati da un'alternanza di zone di discontinuità più o meno ampie ed estese e di zone di saturazione. Mentre, però, nelle versioni preliminari l'estensione di queste ultime raramente supera l'ottava, nell'ultima versione gli ambiti saturati sono mediamente più estesi. Alcuni campi, in particolare, sono interamente saturati dal grave all'acuto, e in due occasioni – sezione V (*La Casa*), ultimo campo; sezione VI (*La Piazza*), secondo campo – corrispondono all'intero campo generale delle altezze. Le discontinuità più ampie sono

---

30. Nella partitura a stampa Ricordi la legenda dei simboli è la seguente: SL = *Sound Location;* R = Riverbero ; D = *Delay*, H = *Harmonizer*; S = *Sampling*; M = modulazione di ampiezza; F = Filtro. Per il manoscritto (bella copia) della partitura del *live electronics* vedi l'elenco dei materiali relativi a *Cronaca del Luogo* conservati alla FPS citato sopra, nota 2.

31. La ragione di questa particolarità della sezione IV si deve al fatto che Berio decise, in ultima battuta, di basarla sulla rielaborazione di *Korót* per 8 violoncelli (1998), secondo la sua tipica pratica intertestuali e di autocitazione. Difatti, come si può notare dalla mia trascrizione, sul primo campo della sezione IV Berio ha annotato il tiolo di questa sua composizione. Le note del campo sono le medesime che i violoncelli dipanano gradualmente all'inizio di *Korót* (Si2, Si♭3, Sol3, Do♯3, Sol♯3, Re♯3), solo differentemente arrangiate in gruppi verticali ed esposte in un ordine diverso. Simile a *Korót* è anche l'idea ritmica di base (il caratteristico ritmo ribattuto) annotata da Berio nel piano generale all'inizio del rigo della sezione IV. Tra gli di schizzi e abbozzi di *Cronaca del Luogo* inventariati dalla FPS (vedi sopra, nota 4), in effetti, vi è anche una rielaborazione (parziale) di *Korót*.

solitamente collocate nella fascia medio-grave, il che denota una certa visione 'spettrale' del suono da parte di Berio. Nondimeno, molto campi presentano discontinuità altrettanto marcate nella fascia acuta e sopracuta. Dallo schema, infine, si nota immediatamente che alcuni campi sono caratterizzati da discontinuità equamente distribuite; le loro altezze sono cioè distanziate da intervalli piuttosto regolari (spesso di terza minore/maggiore e quarta giusta), cosa che conferisce una sonorità meno aspra (meno simile a un cluster) ai costrutti verticali basati ricavati da essi. In particolare, sono di questo tipo tutti i campi della sezione V (*La Casa*) eccetto l'ultimo.

Come ho accennato più volte, il piano pubblicato nel libretto di Salisburgo fu realizzato da Berio quasi certamente quando la composizione era ormai completata, come una sorta di auto-analisi. Lo si può evincere facilmente dai riferimenti alle pagine della partitura orchestrale di cui è corredato il piano: la numerazione corrisponde a quella della bella copia manoscritta che funse da base per l'edizione Ricordi (38324). Evidentemente, quindi, Berio aveva già completato e impaginato la partitura orchestrale quando stilò il grafico. Inoltre, tra le carte della FPS ho rinvenuto un foglio – del medesimo tipo impiegato per tutte le versioni dei piani globali, nonché per gran parte degli altri schizzi e abbozzi musicali di *Cronaca del Luogo* – che contiene in forma molto corsiva e abbozzata i campi di altezze delle prime tre sezioni dell'opera, sostanzialmente identici a quelli della versione definitiva, per la cui stesura servì, forse, da brutta copia. Anch'esso contiene i numeri di pagina della partitura orchestrale, dalla quale fu evidentemente desunto. Nell'Es. 7 ne ho trascritto alcuni particolari, relativi ai cinque campi della sezione II (*Il Campo*) (evidenziati dai miei riquadri con numeri romani I-V), nella quale sono ben visibili i numeri di pagina (54, 65, 66, 69, 70) apposti da Berio. Come si vede, l'abbozzo contiene *in extenso* le medesime altezze annotate in forma sintetica nel piano generale (Es. 6, terzo doppio rigo). La differenza più vistosa è nel campo I, che nel brogliaccio contiene molte altezze in più nella parte grave; la corrispondenza è comunque ripristinata se si considerano solo le note

La funzione dei campi di altezze in «Cronaca del Luogo» di Luciano Berio.
Uno studio degli schizzi.

dell'abbozzo munite da Berio di gambo (vedremo in seguito la probabile funzione delle rimanenti note, prive di gambo). Altre differenze sono dovute quasi sempre al carattere corsivo e frettoloso della brutta copia, che omette spesso piccoli gruppi di note. Alcune volte, però, è la versione finale a essere scorretta, e in questi casi il brogliaccio consente di rimediare all'errore. Nella mia trascrizione del piano definitivo (Es. 6), alcune correzioni (vedi segni diacritici) sono basate sulla sua testimonianza[32].

Oltre a riflettere il criterio col quale Berio ha composto la partitura sulla scorta dalla selezione iniziale dei campi di altezze, la versione finale del piano restituisce un'immagine della composizione che difficilmente risulterebbe a un'analisi basata sulla sola partitura. In primo luogo esso illumina la complessa rete di relazioni creata dalla presenza dei resti. A differenza dei tre grafici precedenti, infatti, Berio ha annotato con estrema cura quanti e quali note estranee al campo generale sono impiegate nei singoli campi di altezze. I resti sono indicati sia mediante i gambi di cui sono muniti alcune note, sia negli spazi racchiusi tra ampie parentesi quadre al disotto di ciascun campo (le parentesi quadre vuote indicano che quel campo non contiene alcun resto).

Osservando complessivamente lo schema, si nota come l'impiego dei resti sia distribuito nel corso dell'opera e sia riservato ad alcuni punti strategici. Ad esempio, i resti sono impiegati (quasi) tutti assieme un'unica e sola volta nell'ultima sottosezione dell'opera, come indicato nell'ultimo campo in basso a destra nell'Es. 6 – si veda l'indicazione «tutti i resti» e il rimando di Berio all'ultima pagina (229) della partitura. Nell'Es. 8 ho rappresentato a sinistra il campo di altezze annotato da Berio, e a destra l'accordo conclusivo, che, a parte poche discrepanze (segnalate dai punti esclamativi), coincidono. Il campo, di 23 note, contiene 15 dei 19 resti del campo generale (le note

---

32. In particolare, si noti il rimando, incongruente, alla pagina 68 della partitura orchestrale nel terzo campo di altezze, in luogo della corretta indicazione p. 66 della brutta copia; e le annotazioni errate dei resti nel secondo e terzo campo.

munite di gambo nell'Es. 8; le altezze prive di gambi provengono da processi musicali che si erano svolti nel campo precedente). Il fatto che l'ultimo accordo contenga quasi tutte le note che saturano cromaticamente il campo generale e che nel corso della composizione si erano udite solo in alcuni momenti e a piccoli gruppi (da una a sei: si vedano le note racchiuse nelle ampie parentesi quadre dell'Es. 6), mai tutte assieme, conferisce all'accordo conclusivo il senso di una ricapitolazione finale. Questo aspetto, che è pienamente di pertinenza e di interesse dell'analisi musicale (non solo dello studio del processo creativo), sfuggirebbe probabilmente anche alla più attenta delle segmentazioni analitiche del testo. Infatti, i resti compaiono già, ma in momenti differenti, all'interno delle varie sottosezioni della partitura; sicché, con una segmentazione differente da quella suggerita dal piano di Berio, sfuggirebbe l'unicità della loro simultanea apparizione al termine dell'opera.

Es. 8. *Cronaca del Luogo*. V (*La Piazza*). Ultimo campo di altezze, secondo il manoscritto dell'Es. 6 (eccetto note contrassegnate da linee orizzontali uncinate) e altezze impiegate nell'accordo finale a GG + 11. Note munite di gambi = resti.

In secondo luogo, i rimandi alla partitura nello schema di Berio segmentano la composizione in un modo che un'analisi basata sulla sola partitura potrebbe difficilmente ipotizzare. Mentre alcuni campi di altezze sono impiegati per sezioni molto estese – anche per diverse figure di prova della partitura – altri, come quello appena visto alla fine dell'opera, prendono forma e svaniscono in poche battute. I campi di altezze, difatti, non corrispondono a dei segmenti formali della composizione, né si succedono semplicemente uno dopo l'altro, ma

La funzione dei campi di altezze in «Cronaca del Luogo» di Luciano Berio.
Uno studio degli schizzi.

rappresentano piuttosto una particolare fisionomia assunta dalla struttura immanente del campo generale in un particolare momento del suo processo di trasformazione. Questa fisionomia può delinearsi in un punto qualsiasi – anche al termine di una sezione – e prendere forma in pochi istanti come in un arco di tempo molto esteso. Il passaggio da un campo all'altro avviene a volte in modo così graduale da abbracciare diverse sottosezioni, nelle quali due insiemi di altezze si sovrappongono e si mescolano. I campi, infatti, sono affidati da Berio a processi musicali distinti, che si svolgono in differenti strati della costruzione musicale, portati avanti da particolari gruppi strumentali o vocali. Vedremo meglio come avviene tutto ciò nel paragrafo VII, analizzando *Il Campo*; ma come primo rapido esempio valga il caso del *Prologo*.

Come si vede dall'Es. 6, primo doppio rigo, la sezione è articolata in quattro campi di altezze. In questo caso Berio i numeri di pagina della partitura non sono indicati, ma si trovano nel già menzionato brogliaccio (di cui ho trascritto i frammenti relativi alla sezione *Il Campo* nell'Es. 7). Qui apprendiamo che il terzo campo è impiegato solo a pag. 17, terza battuta, della partitura orchestrale, corrispondente alla figura $G_P - 6$, solo dieci battute prima della fine della sezione. Il quarto e ultimo campo è facilmente riconoscibile nella partitura orchestrale alla figura G_P nell'ampia discontinuità di settima maggiore al grave, tra $Fa\sharp_1$ e Fa_2, quattro battute prima della fine *Prologo*. Il secondo campo è invece attribuito dal brogliaccio alla p. 4 della partitura, ossia alla figura $A_P + 1$. Pertanto il primo campo sembrerebbe essere usato solamente nelle prime 18 battute della sezione che precedono A_P. Sennonché, diverse altezze del secondo campo (che peraltro contiene gran parte delle altezze del primo), come il $Fa\sharp_3$, sono già anticipate qualche battuta prima di A_P; e, soprattutto, le note del primo campo continuano a essere impiegate a lungo dal gruppo A del Coro fino a C_P – ben oltre, quindi A_P. Nell'Es. 9, ho riportato il grande accordo che il coro A intona alla figura B_P. Come si vede, esso corrisponde perfettamente alle altezze del registro medio-acuto del primo campo dell'Es. 6. In definitiva, quindi, la quasi totalità del *Prologo* è basato sulle note del primo e secondo campo, di altezze, che però non si succedono semplicemente, ma si fondono uno nell'altro.

Es. 9. *Cronaca del Luogo, Prologo*: primo campo di altezze secondo il manoscritto dell'Es. 6 e altezze impiegate nell'accordo del Coro A (+ orch.) a B_{II}. Note munite di gambi = resti

VI. Campi di altezze, linee e polifonie strutturali

I manoscritti mostrano chiaramente che Berio stabilì i campi di altezze in prima battuta, e in seguito li tenne costantemente sott'occhio nel comporre. Il foglio trascritto nell'Es. 10, relativo alla sezione *La Piazza*, mostra il modo in cui Berio organizzava la pagina a tal fine. A sinistra del foglio, all'inizio di ciascun rigo di pianoforte, sono riportati i sette campi[33] di altezze in cui è suddivisa *La Piazza* nella seconda versione del piano generale (Es. 4, ultima riga)[34]. A destra, la pagina resta a disposizione per abbozzare le prime idee musicali. In questo caso, la pagina è rimasto inutilizzata, forse a causa della modifica del piano globale dei campi, intervenuta nel frattempo. Restano però visibili le annotazioni dei personaggi (1° rigo: «Musicisti, poi R»; 2° rigo «voci diverse» (coro e due Addetti); ecc.) le cui entrate in scena articolano la sezione.

---

33. Il settimo campo, in basso, è stato lasciato incompleto da Berio.
34. Nell'originale da cui è tratta la trascrizione dell'Es. 10 i campi sono annotati sia in forma sintetica – con le zone di saturazione del campo indicate dalle lineette oblique – sia per esteso. Nella trascrizione ho omesso la notazione *in extenso*. Le altezze dei segmenti di saturazione possono essere dedotte dal campo generale in basso nell'Es. 5.

La funzione dei campi di altezze in «Cronaca del Luogo» di Luciano Berio.
Uno studio degli schizzi.

Il foglio trascritto nell'Es. 11, relativo al *Prologo*, è stato invece ampiamente sfruttato da Berio. I campi di altezze corrispondono qui alla terza versione del piano globale (Es. 5, primo rigo). Berio ricava da essi una serie di 'polifonie strutturali': piccoli costrutti che servivano da ossatura essenziale e da punto di partenza nella composizione di passaggi dalla concezione essenzialmente polifonica omofonica – in particolare gli interventi del coro. Si tratta di strutture ancora 'astratte' – non ancora, cioè, definite dal punto di vista ritmico – che il compositore rielaborava progressivamente, definendo man mano la durata dei singoli accordi e la figurazione delle varie parti, introducendo anticipi e ritardi, e ripetendo segmenti di accordi (ridondanze). In basso, nel foglio, è visibile, come sempre, il campo generale delle altezze; a sinistra, incolonnati in verticale all'inizio di ciascun doppio rigo, sono riportati i campi locali delle sei sezioni del *Prologo*. A destra, in corrispondenza di ciascun campo, seguono gli abbozzi delle strutture polifoniche.

Il *voice leading* di queste piccole scheletri polifonici è condizionato dalle continuità e discontinuità cromatiche dei campi di altezze prescelti. Esattamente come nella teoria musicale tradizionale, i movimenti delle parti vanno misurati in termini di gradi della 'scala' di riferimento. Data, però, la particolare fisionomia dei campi di altezze, caratterizzati da un alternarsi di zone più continue e ampie discontinuità, la distanza tra due gradi contigui è imprevedibile e può essere molto varia (dal semitono fino a intervalli molto ampi, anche superiori all'ottava). Per fare un esempio: nel primo campo di altezze dell'Es. 11, il movimento tra le note La_0 e Mi_1 al grave – quinta giusta nei termini teorici tradizionali; 7 semitoni, corrispondenti alla *interval class* (*ic*) 5, in termini set-teorico-musicali – non deve essere considerato come un salto (*leap*) bensì come un movimento di *grado congiunto* (*step*) perché tra le due altezze non v'è alcuna altra nota del campo. Tra le note La_0 e Re_2, per fare un altro esempio, v'è invece intervallo di 'terza', poiché tra le due altezze v'è il Mi_1[35].

---

35. In generale, gli intervalli tra le note dei campi di altezze fissate in registri specifici non vanno intesi nei termini della teoria tradizionale (tonale), né in numero

Se osserviamo in quest'ottica i movimenti delle parti (considerate come le tradizionali SATB) nei primi quattro accordi annotati nell'Es. 11 in alto, a destra del primo campo di altezze, otteniamo:

S	Fa$_3$	0	Fa$_3$	0	Fa$_3$	0	Fa$_3$	
A	Si$_2$	2^a	Sol$_3$	3^a	Si♭$_3$	8^a	Sol♭$_4$	
T	La$_2$	2^a	Si$_2$	0	Si$_2$	3^a	Sol$_3$	
B	Re$_2$	2^a	Mi♭$_2$	4^a	Si$_2$	2^a	Sol$_3$	

Come si vede, S resta ferma su Fa, mentre le altre parti si muovono parallelamente verso l'alto, attraverso i gradi del campo, incrociandosi per moto obliquo con il Fa$_3$ del S. I movimenti delle parti avvengono quasi sempre per movimenti 'minimi' – 'grado congiunto' (2^a) o 'terza' (3^a) – all'interno del campo. I soli salti di una certa ampiezza (A: Si♭$_3$–Sol♭$_4$ = 8^a; B: Mi♭$_2$–Si$_2$ = 4^a) si motivano perché terminano esattamente sugli estremi di un segmento di saturazione. Com'è evidente, quindi, i movimenti melodici di questo 'speciale contrappunto' dipendono dalla conformazione specifica del campo di altezze prescelto.

---

di semitoni – come in molte teorie musicali post-tonali (ad esempio la *musical set-theory*). Decadendo il principio dell'equivalenza d'ottava, gli intervalli non vanno considerati come classi di intervalli. Per la definizione di 'classe di intervallo' cfr. ad esempio J. N. STRAUS, *Introduction to Post-Tonal Theory*, op.cit., p. 7.

La funzione dei campi di altezze in «Cronaca del Luogo» di Luciano Berio. Uno studio degli schizzi.

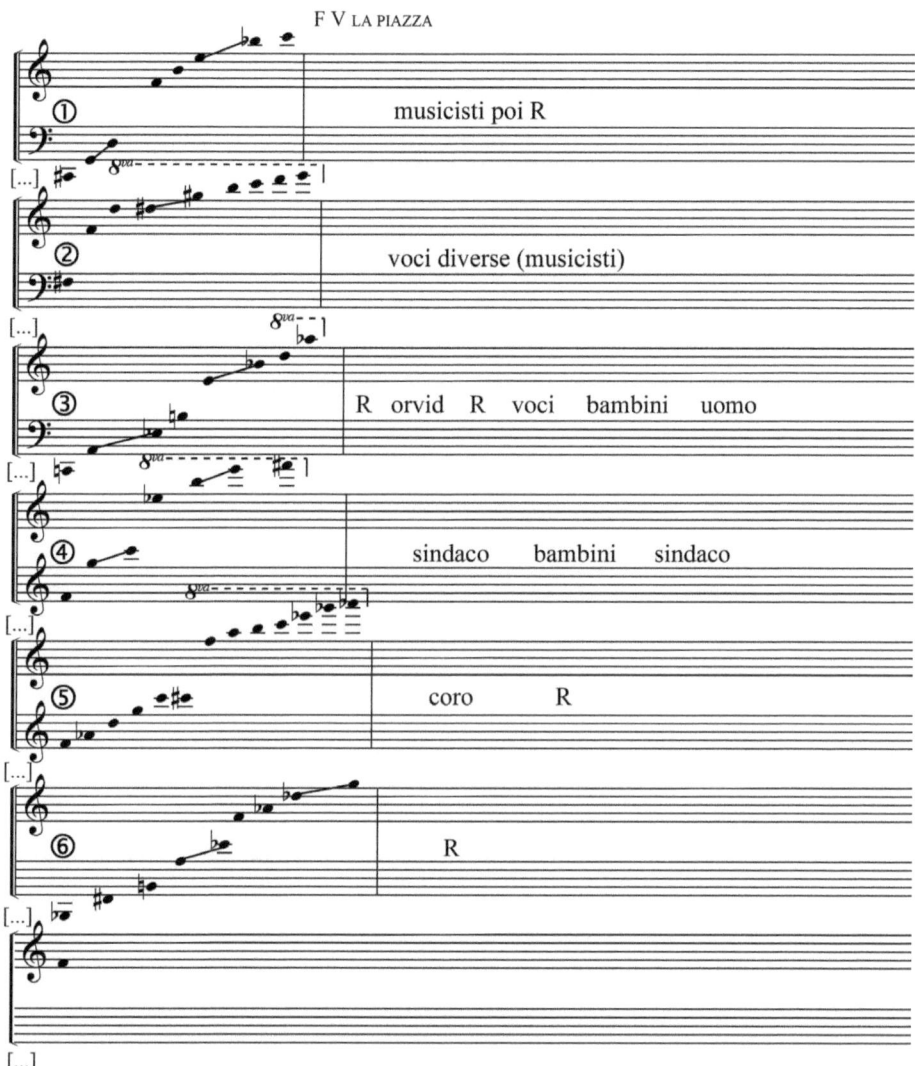

Es. 10. FPS, Collezione Luciano Berio (per gentile concessione): foglio (*landscape*, 21 pentagrammi) di elaborazione dei campi di altezze per la sezione V (*La Piazza*) di *Cronaca del Luogo*.

Es. 11. PSS, Collezione Luciano Berio per gentile concessione: foglio (*landscape*, 21 pentagrammi) di elaborazione dei campi di altezze per il *Prologo* di *Cronaca del*

La funzione dei campi di altezze in «Cronaca del Luogo» di Luciano Berio.
Uno studio degli schizzi.

Luogo

Il modo in cui Berio impiega questi embrioni polifonici è illustrato molto chiaramente da uno schizzo relativo al coro conclusivo, «Metti a mezz'asta», da FF fino alla fine. Si tratta di uno dei brani elaborati sulla scorta dei campi di altezze della terza versione del piano globale – non sulla versione finale – ma confluiti ugualmente nel testo definitivo[36]. Nel foglio trascritto nell'Es. 12 Berio ha annotato sul primo pentagramma due campi (li si confronti con l'Es. 5, ultimo doppio rigo), le cui note sono impiegate, nel sottostante doppio rigo, per costruire una struttura polifonica omofonica a sei parti, che forma 21 accordi. I primi 8 (fino alla lineetta) sono basati sul primo campo di altezze; i rimanenti sul secondo. Lo schizzo corrisponde (salvo i giochi di ritardo e anticipazione nel testo musicale definitivo) alla parte del coro (cori A e B riuniti) fino al diciassettesimo accordo, da GG + 6. Nei quattro accordi conclusivi non sembra invece esserci corrispondenza tra schizzo e partitura. In quest'ultima, le note di ciascun accordo – che per effetto del sovrapporsi e dell'incrocio delle parti sono perlopiù cinque, anziché sei – sono eseguite dalle quattro voci SATB del coro, spezzando in due gruppi una delle parti vocali. La sesta nota, quando presente, è perlopiù affidata a una parte strumentale. La struttura polifonica dello schizzo viene cioè liberamente dispersa tra le parti vocali e strumentali. Inoltre, nella versione finale, gli accordi 10-11 sono ripetuti, creando una momentanea ridondanza. Si noti anche che nello schizzo, sotto la successione dei 21 accordi, Berio ha annotato le loro durate (numeri 1-21 e relative figure musicali al disopra), ottenute presumibilmente con un procedimento permutativo.

Anche in questo caso si può osservare come le parti si muovano quasi sempre per 'grado congiunto' seguendo il profilo dei campi di altezze. Nell'Es. 13 ho evidenziato, a titolo di esempio, i movimenti

---

36. Nella terza versione del piano (Es. 5, ultimo doppio rigo) il quarto e quinto campo di altezze sono assegnati da Berio espressamente al coro conclusivo («coro fine»).

delle sole parti S e B nella polifonia e i relativi ambiti dei campi di altezze entro i quali esse si muovono. Come si vede, le due voci seguono le continuità e discontinuità dei campi (l'unica nota estranea è il Re#$_4$ indicato dal punto esclamativo). Si noti anche che una delle parti resta costantemente ferma sulla nota Mi$_3$, attorno alla quale tutte le altre voci si muovono incrociandosi e sovrapponendosi. Il Mi$_3$ è indicato nello schizzo come nota da tenere ferma (si veda la nota col punto coronato e l'indicazione «tenuto x entrata coro»), e nella partitura su di esso confluiscono e si fermano tutte le parti vocali e strumentali nel brano immediatamente precedente (da EE a FF). Questa nota, infatti, è il polo attorno al quale gravita l'intera ultima sezione (*La Piazza*) di *Cronaca del Luogo*, come è indicato dalle note cerchiate e dalle legature nella versione finale del piano generale (Es. 6, ultimo doppio rigo).

Es. 12. FPS, Collezione Luciano Berio (per gentile concessione): particolare di un foglio di schizzi (*landscape*, 21 pentagrammi) con elaborazione della struttura polifonica del coro conclusivo di *Cronaca del Luogo* («Metti a mezz'asta»).

La funzione dei campi di altezze in «Cronaca del Luogo» di Luciano Berio. Uno studio degli schizzi.

Es. 13 Analisi dell'uso dei campi di altezze in due parti polifoniche del precedente schizzo.

Altri fogli sono destinati alla creazione di successioni di linee che assumono una funzione strutturale. Si consideri, ad esempio, lo schizzo per la sezione VI (*La Piazza*) di cui ho trascritto un dettaglio (solo il primo rigo, relativo al primo campo) nell'Es. 14. A sinistra abbiamo il primo campo di altezze, nuovamente secondo la terza versione del piano generale (Es. 5, ultimo rigo di pianoforte, prima casella)[37]. Esso è caratterizzato da due zone di saturazione collocate rispettivamente nel registro acuto e sopracuto, e separate da una zona discontinua attorno alle note $Mi\flat_5$ e Sol_5. Sui due righi a destra (li si legga continuativamente uno dopo l'altro, non come un sistema) Berio ha elaborato una successione di note, ottenute percorrendo in giù e in su le altezze del campo, ma muovendosi ogni volta di un differente numero di gradi. La linea parte dall'apice del campo ($Sol\sharp_6$) – che è anche l'apice del campo generale delle altezze – e scende dapprima per 'gradi congiunti', raggiungendo (verso la fine del primo rigo) il Sol_4, estremo grave del campo. A partire da questo punto, evidenziato da Berio con le doppie stanghette, ricomincia a salire, ma questa volta

---

37. Rispetto a quest'ultimo, si nota una piccola variante: l'estremo del primo segmento di saturazione è $Re\flat_5$ anziché Do_5. Inoltre, nella stessa zona di saturazione (si veda la nota tra parentesi angolate) è stato necessario integrare il La_4, che di fatto è impiegato sistematicamente nella linea melodica strutturale a destra nello stesso foglio. Si consideri che nella versione definitiva del campo generale (Es. 1, in basso) il La_4 fu infine reintegrato da Berio.

per salti di 'terza' (una nota del campo ogni due). In tal modo raggiunge nuovamente l'apice dell'ambito e ridiscende nuovamente fino al La♭$_4$, punto di arrivo nuovamente segnalato da Berio con le doppie stanghette (il successivo Sol$_4$, aggiunto probabilmente per completare la discesa fino al limite grave della campo è la sola nota che resta fuori dalla successone di salti di terza). Da qui, la linea risale, ora per salti di 'quarta' fino a raggiungere la zona più acuta su Fa$_6$ e ripartire poi dal grave (anziché ridiscendere: il campo viene cioè letto ora come una struttura circolare); e così via. Nell'Es. 14, il tutto è illustrato dalle mie legature tratteggiate (aggiunte allo schizzo) che evidenziano le porzioni della linea che si muovono per i vari tipi di salti. Anche in questo caso, l'interesse del procedimento compositivo consiste nel fatto che, a causa della densità irregolare del campo di altezze, i movimenti, sebbene regolari dal punto divista del numero di gradi, producono ogni volta intervalli molto variegati in termini assoluti (differenze tra frequenze). Il procedimento, molto ingegnoso, denota una certa *forma mentis* seriale.

A ciascuna nota della linea, inoltre, viene anche affidato un valore, stabilito sulla base di una serie di durate annotata da Berio sopra il primo pentagramma (serie: 4-6-1-6-7-2-3-5-9-4-1-3-5-9-7-2; unità = semiminima; totale serie = 72 semiminime), e sottoposta a procedimento di permutazione (alcune delle lineette tonde sotto i numero, non riportate nel mio Es. 12, indicano probabilmente lo schema della permutazione). Le durate così ottenute, espresse in numero di semiminime, sono riportate da Berio sotto a ciascuna nota nel solo secondo rigo; ma anche le durate espresse dalle figure del primo rigo sono basate sulla permutazione della medesima serie.

Sebbene il campo di altezze impiegato derivi dalla terza versione del piano generale – non dalla versione definitiva – la linea strutturale ricavata da esso è stata ugualmente impiegata da Berio nel testo musicale definitivo: il suo profilo melodico è riconoscibile in vari punti delle prime due sottosezioni de *La Piazza*, dove è disseminata tra le varie parti strumentali e ampliata mediante continue ripetizioni di segmenti. L'Es. 14, in basso, ne visualizza – nella

La funzione dei campi di altezze in «Cronaca del Luogo» di Luciano Berio. Uno studio degli schizzi.

riduzione pianistica, con qualche indicazione di strumentazione aggiunta – un piccolo frammento (da quattro battute prima di H_V in poi) affidato agli armonici dei violini che la snodano parallelamente, ma attaccando le singole note in tempi lievemente differenziati, e creando così un complesso gioco di sfasamenti. La linea viene continuamente interrotta per tornare, per così dire, indietro su se stessa (si veda la mia indicazione «Rip.»). In questo modo, oltre ad espandere complessivamente l'arco temporale della linea, le ripetizioni creano numerose ridondanze momentanee[38].

L'uso di linee strutturali di questo tipo e l'idea di concepire la forma musicale come un processo generato da successive trasformazioni di strutture melodico-lineari è un aspetto importante e caratteristico del pensiero musicale di Berio, soprattutto a partire dai primi anni Settanta[39]. A volte, quando una linea melodica è caratterizzata dalla ripetizione continua di una medesima struttura (in questo caso le altezze del campo, che vengono continuamente percorse dal grave all'acuto, sebbene ogni volta a differenti 'passi'), il compositore si riferisce a essa col termine, tradizionale quanto pertinente, di *'ostinato'* (come si vede in testa al foglio dell'Es. 12: «[…] (con *ostinato*)». Applicata in un conteso regolato dai campi di altezze, l'antica tecnica assume però un nuovo significato, come si è visto.

---

38. Sul concetto di ridondanza nella musica di Berio cfr. Christoph NEIDHÖFER, *Berio at Work: Compositional Procedures in 'Circles', 'O King', 'Concerto for Two Pianos', 'Glossa', and 'Notturno'*, in *Luciano Berio. Nuove prospettive/New Perspectives*, op. cit., pp. 195-232: 198-210; Angela CARONE, *Forma e formazione nella musica strumentale di Luciano Berio*, PhD in Musicologia e Scienze filologiche, Università degli Studi di Pavia, 2008 pp. 106-107.
[39] Su questo aspetto cfr. soprattutto Angela CARONE, *Aspetti compositivi di 'Bewegung' di Luciano Berio nella cornice della sua produzione degli anni Settanta*, «Studi Musicali», n. s., II/1 (2011), pp. 221-252: 225. Cfr. anche D. OSMOND-SMITH, *Berio*, op. cit., p. 56.

Es. 14. In alto: FPS, Collezione Luciano Berio (per gentile concessione): particolare di un foglio (*landscape*, 21 pentagrammi) di elaborazione dei campi di altezze per la sezione V (*La Piazza*) di *Cronaca del Luogo*, con elaborazione di una linea strutturale, e relative durate. In basso: un frammento della stessa linea strutturale affidato ai violini (suoni armonici), evidenziato nella riduzione pianistica (H_V-4).

VII. La sezione II (Il Campo)

Per descrivere più nello specifico la funzione svolta dai campi di altezze nel processo creativo di Berio, esaminerò ora a tiolo di esempio la sezione II (*Il campo*). I campi di altezze sui quali si baserà l'analisi sono quelli indicati nel piano generale di Berio trascritto nell'Es. 6, terzo doppio rigo, a volte corretti e integrati in base alla testimonianza dello schizzo trascritto nell'Es. 7.

*La funzione dei campi di altezze in «Cronaca del Luogo» di Luciano Berio.
Uno studio degli schizzi.*

Da un punto di vista drammaturgico-musicale, la sezione è organizzata attorno a quattro momenti principali: [40]

- l'introduzione strumentale iniziale (bb. 1-25), seguita dall'intervento di R («Ho sognato») (A_{II})
- il 'duetto' di R e Orvid (B_{II}–F_{II})
- l'episodio con l'Uomo senza età e i Bambini (G_{II}–H_{II})
- il coro conclusivo «Sui campi non c'è pioggia» (I_{II})

Il passaggio da un momento all'altro è sottolineato anche dai diversi elementi scenici, come i cambi di luce. La conclusione, in particolare, è accompagnata dal buio in scena, come nelle altre sezioni dell'opera. A questa articolazione drammaturgico-musicale corrisponde la suddivisione in campi di altezze, così com'è suggerita dai numeri di pagina della partitura orchestrale annotati da Berio nel suo piano generale (Es. 6, terzo doppio rigo; vedi anche Es. 7):

– introduzione strumentale + arrivo di R (inizio-A_{II})	campo di altezze I
– duetto R - Orvid (B_{II}–F_{II})	campo di altezze II
– uomo senza età e bambini (G_{II}–H_{II})	campo di altezze III
– coro finale «Sui campi non c'è pioggia» (I_{II}) (ultime 8 battute: campo V)	campo di altezze IV

Anche in questo caso, quindi, come nel *Prologo* e ne *La Piazza*, l'ultimo campo di altezze è destinato alle battute conclusive (da I_{II}+9 fino alla fine), dove corrisponde al dissolversi della luce.

L'Es. 15 rappresenta il campo di altezze impiegato nella prima suddivisione (introduzione strumentale e primo intervento di R). Esso presenta ampie discontinuità cromatiche nel registro grave e contiene due note estranee al campo generale dell'opera, (resti), il Mi$\flat_1$, e Fa#$_3$ indicati con le note munite di gambi e riportati anche nello spazio tra parentesi quadre al termine del rigo. Dal piano di Berio (Es, 6, terzo

---

[40]. L'uso delle luci e la sua corrispondenza alle articolazioni formali dell'opera fu progettato attentamente da Berio, come mostrano i suoi schemi conservati alla FPS: vedi sopra, nota 4.

doppio rigo: note cerchiate e collegate da legature) si evince anche che il Fa$_3$ funge da asse sonoro. I simboli analitici dell'Es. 15 mostrano, infatti, come Berio impieghi le altezze del campo a partire da questo polo centrale, che appare già nella prima battuta, dove è affidato al coro (sulla vocale «O») e alle viole. Nelle quattordici battute seguenti (dall'inizio fino ad A$_{II}$) l'*ensemble* di fiati esplora gradualmente la parte del campo compresa tra La$_2$, raggiunto alla quarta battuta, e La♭$_3$ raggiunto alla b. 10. Nelle battute 7-9, violoncelli, clarinetto basso e contrabbassi implementano l'ambito al grave, aggiungendo le due note Si♭$_1$ e Mi♭$_1$. In tal modo il resto Mi♭$_1$ assume una salienza particolare, in virtù della sua posizione al termine di questa graduale esplorazione del registro grave. Infine, a partire dalla b. 15 (A$_{II}$), la voce di R parte dal Fa$_3$ centrale e percorre l'ambito superiore del campo, fino al Mi$_4$, raggiunto a battuta 22. Il resto Fa♯$_3$ è invece posto in evidenza all'inizio della sezione, dove serve a introdurre, quasi un'appoggiatura cromatica, il Fa$_3$ poi tenuto fermo dal coro.

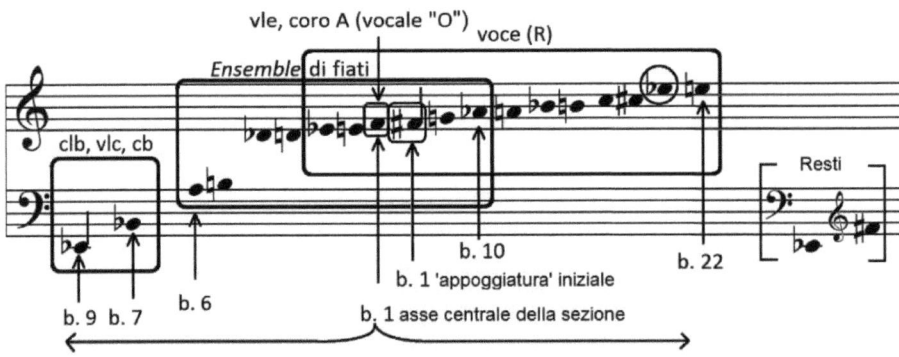

Es. 15. Campo di altezze per la prima sottosezione della sezione II (*Il Campo*) con analisi del suo impiego nelle prime 25 bb.

L'introduzione strumentale (battute 1-14, fino ad A$_{II}$), oltre a preparare l'arrivo di R, crea il clima sonoro che domina l'intera sezione. Essa è il punto di avvio di un processo – che perdurerà fino a G$_{II}$, – caratterizzato dalla centralità della nota Fa$_3$ e da un particolare impasto timbrico: *ensemble* di fiati (sax ATB, corni 1-2, e fagotto con

La funzione dei campi di altezze in «Cronaca del Luogo» di Luciano Berio.
Uno studio degli schizzi.

harmonizer) e archi acuti (viole e violini). L'autografo trascritto nell'Es. 16 contiene, in forma di abbozzo di particella su quattro pentagrammi, la sua struttura polifonica essenziale (esclusa la parte di clarinetto basso, violoncello e contrabbasso con le note $Si\flat_1$ e $Mi\flat_1$ alle bb. 7-9). Sul primo pentagramma (sotto il riquadro) Berio ha annotato una successione di 13 note – con dieci altezze differenti, poiché il $Mi\flat_3$ è ripetuto una volta e il Fa_3 due volte – che si aggira attorno all'asse centrale Fa_3 muovendosi tra La_2 e $La\flat_3$ con un profilo discendente-ascendente, secondo il tipico disegno sinuoso, che abbiamo già visto nella linea strutturale de *La Piazza*. Questa linea sfrutta le note della porzione centrale del campo di altezze I (riportate in alto nello schizzo, nel riquadro: le note impiegate sono quelle racchiuse nel cerchio).

Sul secondo pentagramma, in corrispondenza dell'ottava nota (Fa_3) del primo rigo, Berio ha riportato le prime 8 note della linea (Fa_3-$Mi\flat_3$-$Re\flat_3$-La_2-Si_2-Re_3-Mi_3-Fa_3), a mo' di imitazione canonica. Questa semplice struttura polifonica è alla base dell'intero passaggio abbozzato nei due sottostanti sistemi del foglio. La linea di 13 note che forma il '*dux*' del canone è disseminata tra tre differenti parti polifoniche (non ancora strumentate) come si può notare dai miei simboli (cerchietti e linee di congiunzione) aggiunti nella trascrizione. In ciascuna parte, le note della linea, una volta intonate, vengono prolungate fino all'arrivo di una nuova nota. In questo modo la linea è trasformata da Berio in una polifonia, senza però che essa perda la sua natura essenzialmente orizzontale-melodica. La risposta canonica del '*comes*' (battuta 10) è invece affidata a una singola parte (quarto rigo del secondo sistema). Si osservi, inoltre, che le note nere in corpo minore racchiuse da Berio tra parentesi tonde sono quelle prodotte dall'*harmonizer* (indicato da «+ H» nello schizzo) impostato per dare la trasposizione alla seconda maggiore superiore. I suoni prodotti dal *live electronics*, pertanto, sono considerati da Berio, già in questa fase, come facenti parte della costruzione armonica del passaggio.

In questo foglio è abbozzata solamente la struttura polifonica essenziale; mancano ancora le indicazioni strumentali e il ritmo è ancora indefinito (le note sono scritte in semibrevi e minime come in una classico esercizio di contrappunto). Successivamente Berio ha stabilito tutti questi aspetti in un foglio di particella più dettagliato[41]. Le tre parti in cui era suddivisa la linea del '*dux*' nel precedente abbozzo, sono qui ulteriormente suddivise entro un *ensemble* di fiati (fagotto con *harmonizer* alla 2ª magg. superiore, sax SATB, corni 1 e 3). Il 'centro' Fa$_3$, prolungato 'a pedale', è affidato alle viole + coro A (sulla vocale 'O'). È aggiunta, inoltre, la parte di violoncelli, clarinetto basso e contrabbassi con le note Si$\flat_1$ e Mi$\flat_1$ delle battute 7-9, dapprima omessa. La seconda esposizione della linea strutturale, che ho paragonato al '*comes*', è invece affidata interamente al sax tenore. Il tutto corrisponde alla versione definitiva della partitura orchestrale (p. 54).

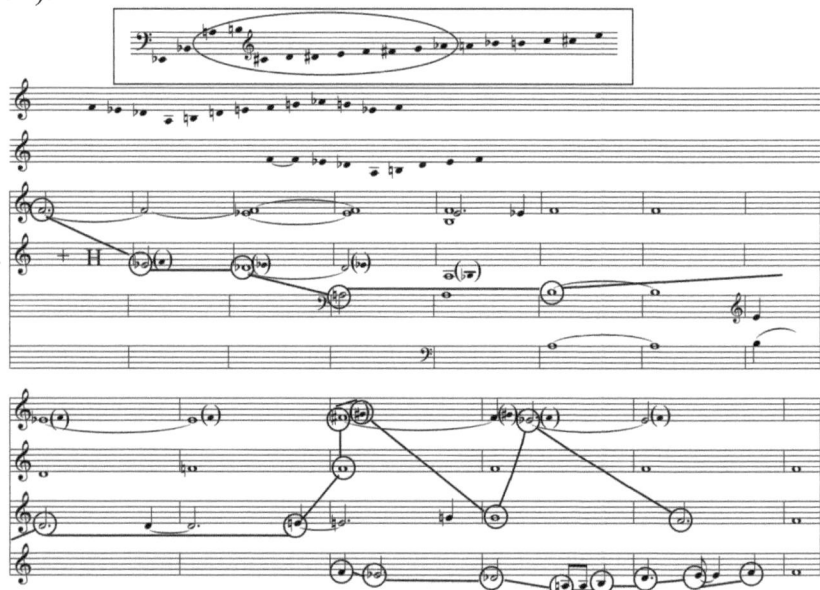

Es. 16: FPS, Collezione Luciano Berio (per gentile concessione): foglio (*landscape*, 21 pentagrammi) con abbozzo di particella per le batt. 1-14 . Riquadro in alto, cerchietti e linee di congiunzione aggiunti.

---

41. FPS, Collezione Luciano Berio (per gentile concessione). Non ho ritenuto necessario trascriverlo, in quanto il contenuto corrisponde sostanzialmente alla versione della partitura orchestrale a stampa Ricordi.

La funzione dei campi di altezze in «Cronaca del Luogo» di Luciano Berio.
Uno studio degli schizzi.

Con l'apparizione di R (ad A_{II}), l'*ensemble* strumentale dell'introduzione prosegue ininterrottamente a ripetere la parte iniziale (fino alla nona nota: Fa_3-$Mi\flat_3$-$Re\flat_3$-La_2-Si_2-Re_3-Mi_3-Fa_3-Sol_3) della linea discendente-ascendente che era dapprima servita da soggetto del 'canone', e che a questo punto comincia ad assumere il carattere di un *ostinato*. R, invece, esegue una sua linea indipendente, che si aggira tra le note $Mi\flat_3$ e Mi_4 del campo, come già illustrato nell'Es. 15, con un andamento che richiama anch'esso, seppure più vagamente, il caratteristico disegno 'a volute'. La linea di R è eseguita anche dal flauto, che però non si limita a raddoppiare la voce, ma ne anticipa o ne segue le altezze, in modo 'asincrono' e con un ritmo differente, creando così un gioco di sfasamenti e rifasamenti, urti dissonanti e riunioni all'unisono. Il tutto è rappresentato nella mia riduzione della partitura dell'Es. 17. I primi due pentagrammi contengono rispettivamente la parte del flauto e di R, che come si vede sono in realtà de variante ritmiche della medesima linea strutturale. La linea *dell'ostinato* del gruppo strumentale è invece rappresentata nell'esempio con note nere prive di gambi perché nella partitura è distribuita tra i vari strumentali in un modo molto ingegnoso, ma anche molto intricato: le parti di sax A e sax T si suddividono, prolungandole, le note della linea, secondo la tecnica di 'polifonizzazione' vista poc'anzi; nel contempo i corni 1 e 3 seguono i due sax allo con la medesima modalità 'asincrona' impiegata per il flauto ed R, ossia anticipandone o seguendone di poco le singole note; la viola, infine, segue ora una ora l'altra delle due parti in cui è suddivisa la linea. Ne risulta un intricato ordito fatto, in realtà, di un unico filo. Complessivamente, la linea di R (+ flauto) e quella dell'*ostinato* dell'*Ensamble* strumentale costituiscono due processi musicali che svolgono parallelamente le note del campo di altezze I.

Es. 17. *Cronaca del Luogo*, sezione II (*Il Campo*), A$_{II}$: riduzione dalla partitura orchestrale con 2 linee strutturali.

Nella successiva sottosezione, col duetto tra R e Orvid, le linee strutturali sovrapposte divengono quattro. Esse furono elaborate da Berio nell'abbozzo di particella trascritto nell'Es. 18, che contiene la quasi totalità della seconda sottosezione, da B$_{II}$ a D$_{II}$. Essa rappresenta ciascuna linea strutturale su un diverso pentagramma,[42] esattamente come nella mia precedente riduzione, che però è desunta dalla partitura, della quale la particella costituisce invece l'embrione iniziale. I due pentagrammi in basso contengono rispettivamente la linea di R e quella dell'*ensemble* strumentale, che continuano dalla precedente introduzione. R è sempre seguita asincronicamente dal flauto. La linea *dell'ensemble* continua il processo dell'*ostinato*, la cui struttura modulare è illustrata nell'analisi dell'Es. 19. Il modulo

---

42. Alcune note della linea strutturale del primo rigo sono state apposte da Berio sul secondo rigo (come è indicato dalle mie freccette aggiunte tra parentesi quadre nella trascrizione), addossate alle note della linea di Orvid. Per chiarezza, nella trascrizione le ho riportate tutte sul primo rigo.

La funzione dei campi di altezze in «Cronaca del Luogo» di Luciano Berio.
Uno studio degli schizzi.

ripetitivo – il disegno discendente-ascendente di 8 note attorno a Fa$_3$ – è seguito ogni volta da un prolungamento più ampio e più esteso all'acuto, che raggiunge infine (sesta ripetizione del modulo, figura di prova D$_{II}$) il Mi$_4$. L'immagine di un serpente che si muove in spire sempre più ampie rende bene l'idea. Le note racchiuse tra parentesi tonde nell'Es. 19 (nella quarta ripetizione del modulo) non compaiono nella partitura, perché corrispondono all'*a solo* di Orvid e del flauto in Sol, in concomitanza del quale Berio, in una fase successiva del suo lavoro, decise di far tacere momentaneamente l'*ostinato*. Alla fine dell'intervento solistico, tuttavia, la parte strumentale riprende esattamente sulla stessa nota sulla quale si sarebbe trovata se non si fosse mai interrotta. Sull'ultimo rigo dell'Es. 19, infine, sono riportate le altezze impiegate complessivamente dall'intera linea strutturale.

La terza linea strutturale (Es. 18, secondo rigo) è la linea vocale di Orvid, raddoppiata dal flauto in Sol con la medesima modalità asincrona che abbiamo visto impiegata dal flauto per seguire la linea di R. La quarta e ultima linea (Es. 18, primo rigo) è formata da una successione di note disseminante all'interno dell'intera sottosezione a varie distanze l'una dall'altra, delineando in tal modo un processo che si svolge su una scala temporale più ampia di quelle delle altre tre linee. La successione è formata da un'alternanza di altezze appartenenti a due diversi strati, uno nel registro sopracuto, affidato a ottavino e *glockenspiel*, l'altro nel registro medio-grave, affidato a fagotto, contrabasso violoncello. L'Es. 20 mostra la linea nella versione dell'abbozzo di particella (a) e della partitura orchestrale (b) (con numeri di prova), che come si vede presentano molte differenze, ma restano basate sulla medesima idea. In basso (c) è riassunto il contenuto di altezze della versione finale.

Complessivamente, le note di queste quattro linee corrispondono perlopiù a quelle del secondo campo di altezze dell'Es. 6. Tuttavia poiché due linee (R e *ostinato*) costituiscono, come si è visto, un processo musicale che prosegue dalla sottosezione precedente, esse continuano a impiegare anche molte altezze del primo campo. Nell'Es. 21, (lettere a e b) i due campi sono raffrontati col sistema delle lineette verticali (non si considerino per il momento le note tra parentesi quadre nel primo campo), come abbiamo visto al principio nello schizzo di Berio dell'Es. 2. Come si può vedere, la maggior parte delle altezze in comune sono concentrate nel registro medio-acuto, mentre la fascia acuta e sopracuta è esclusiva del secondo campo. Nel registro medio-grave e grave, invece, i due insiemi sono praticamente complementari. La linea dell'*ostinato* (Es. 21, c), si basa essenzialmente sulle note del campo II nella regione medio-grave (in particolare scende sino alla nota Fa#$_2$, peculiare di questo campo) ma nella zona centrale continua ad attingere anche diverse altezze dal campo I. Lo strato superiore (ottavino e *glockenspiel*) della quarta linea strutturale sfrutta invece la zona sopracuta del campo II, estesa da Fa$_5$ a Fa$_6$. Lo strato inferiore delle stessa linea (fagotto, contrabasso violoncello) non sembra trovare corrispondenza in nessuno dei due campi, così come sono annotati da Berio nel piano dell'Es. 6. Tuttavia le sue altezze corrispondono esattamente alle note senza gambo del brogliaccio dell'Es. 7, che dapprima avevamo trascurato. Nell'Es. 21 le ho aggiunte tra parentesi quadre. Il risultato complessivo è che i due campi di altezze appaiono come fusi un unico grande campo, di cui il *processo* dell'*ostinato* svolge la zona centrale, e la quarta linea strutturale le due regioni estreme.

La funzione dei campi di altezze in «Cronaca del Luogo» di Luciano Berio.
Uno studio degli schizzi.

Es. 18: FPS, Collezione Luciano Berio (per gentile concessione): foglio (*landscape*, 21 pentagrammi) con abbozzo di particella delle seconda sottosezione (da B_{II} a D_{II}) de *Il Campo*. Indicazioni degli strumenti aggiunte sulla base della partitura orchestrale.

Es. 19. *Cronaca del Luogo*, sezione II (*Il Campo*), (B $_{II}$ - D $_{II}$). Linea strutturale dell'*ostinato* secondo la versione dell'abbozzo di particella (Es. 18). Nn. 1-6: ripetizioni variate del modulo dell'*ostinato*; in baso (ultimo rigo) altezze impiegate complessivamente. Note tra parentesi tonde = parte sostituita dall'*a solo* di Orvid e flauto in Sol nella partitura finale.

La funzione dei campi di altezze in «Cronaca del Luogo» di Luciano Berio.
Uno studio degli schizzi.

Es. 20. *Cronaca del Luogo*, sezione II (*Il Campo*), (B_{II} - D_{II}). Quarta linea strutturale: versione dell'abbozzo di particella; b: versione della partitura orchestrale (con numeri di prova); c: altezze complessivamente impiegate

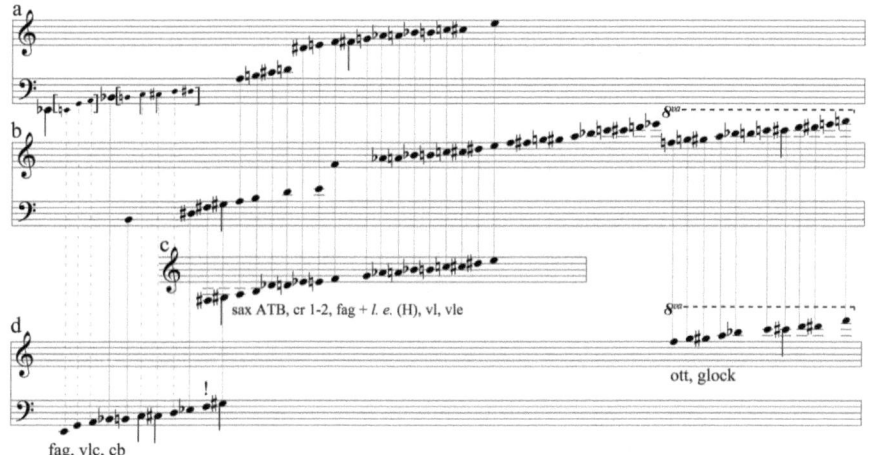

Es. 21. *Cronaca del Luogo*, sezione II (*Il Campo*), (B_{II} - D_{II}); a: campo di altezze I; b: campo di altezze II; c: linea strutturale dell'*ostinato* (vedi Es. 19); d: quarta linea strutturale (vedi Es. 20).

L'azione prosegue poi con l'arrivo in scena dell'Uomo senza età e dei bambini che lo inseguono, dandogli allegramente la caccia (da G_{II} a I_{II}). Qui Berio usa il terzo campo di altezze dell'Es. 6, ma in un modo molto differente da quanto visto sinora. Alcuni particolari rapporti intervallari contenuti nel campo – gli intervalli di quarta/quinta giusta e quarta aumentata – sono sfruttati per costruire un'onomatopea sulle parole "Tokà, tokà" dei bambini. Alcuni di loro intonano la quarta giusta Fa_3-$Si\flat_3$, altri il tritono $Si\flat_3$-Mi_4. Contemporaneamente, nella parte strumentale al grave continuano a rieccheggiare le note $Mi\flat_1$-Si_2. Tutte assieme queste altezze formano una particolare sonorità per quarte/tritoni, $Mi\flat_1$-Si_2- Fa_3-$Si\flat$-Mi_4, la cui simmetria interna è evidenziata nella mia rappresentazione in basso nell'Es. 22. La simmetria dell'insieme, però, è evidente solo se si considerano gli intervalli come classi intervallari definiti in termini di numero di semitoni e ricondotti a classi di equivalenza secondo il principio dell'equipollenza d'ottava e per inversione, *non* in termini di gradi del campo di altezze, come abbiamo fatto sinora. Berio, quindi, passa qui dalla logica tipica dei campi di altezze, fondata sulla specificità e unicità registrica dei suoni, a una logica fondata sulle classi di equivalenza (classi di altezza e classe di intervalli). Come si è visto nel paragrafo III, si tratta di due criteri costruttivi che nella storia delle tecniche compositive del Novecento hanno rappresentato due vie opposte e complementari. Probabilmente Berio sfruttava intenzionalmente questa diversità logico-costruttiva della dimensione armonica, oltre a numerosi altri aspetti timbrici e ritmici, per creare caratterizzazioni drammaturgico-musicali differenziate e contrastanti.

La funzione dei campi di altezze in «Cronaca del Luogo» di Luciano Berio. Uno studio degli schizzi.

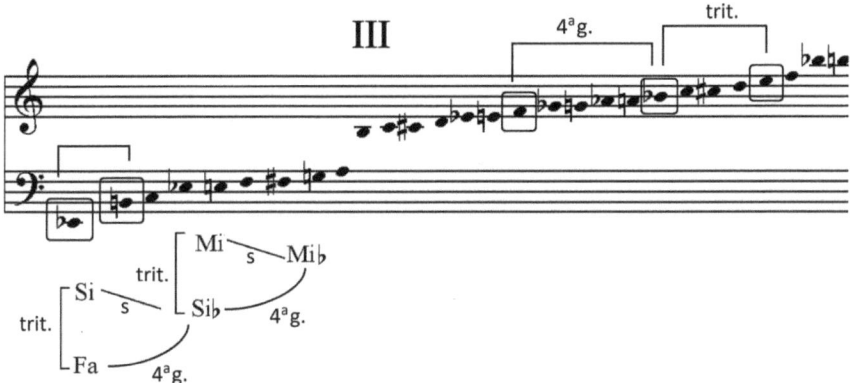

Es. 22. *Cronaca del Luogo*, sezione II (*Il Campo*), (G_{II} - I_{II}). Campo di altezza impiegato e articolazione intervallare nella parte dei bambini e della linea del basso

Infine, l'ultimo momento in cui si articola l'episodio, il coro conclusivo «Sui campi non c'è pioggia», impiega i due rimanenti campi di altezze (IV e V) in rapida successione, allo stesso modo del coro finale «Metti a mezz'asta» visto nel paragrafo precedente. Nell'Es. 23, in basso, ho ridotto il brano alla sua struttura polifonica originaria – dalla quale Berio probabilmente partì, come fece nel suo schizzo per «Sui campi non c'è pioggia» – ottenuta eliminando la figurazione ritmica e i giochi di anticipo e ritardo delle voci, che nella partitura dissimulano la struttura rigidamente omofonica di partenza. Le cinque linee polifoniche formano una successione di 20 accordi, le cui altezze sono ricavate in parte (primi 12 accordi: da I_{II} - 1 a I_{II} + 8) dal quarto campo di altezze, in parte (rimanenti 8 accordi, da I_{II} + 8 alla fine) dal quinto campo. Le sole altezze incongruenti sono il Sol♯₁ del basso nel settimo accordo, che però può essere inteso come un'anticipazione del seguente campo V (si veda la mia freccia al basso: inoltre la nota, del valore di una semiminima, appare come una sorta di appoggiatura del seguente La♭₁) e le note segnalate dalle crocette, che però congiungono due note contigue all'interno del campo di altezze, riempendo le discontinuità cromatiche del campo, come le note di passaggio cromatiche della tradizionale teoria tonale (la loro origine risiede, in altre parole, nella dinamica lineare delle parti polifoniche). Come si può vedere dalle linee orizzontali, le voci, quando non restano ferme da un accordo all'latro (legature), si muovo quasi esclusivamente per gradi congiunti dei campi, e spesso su un numero di gradi molto ristretto. Ad esempio, nella prima parte del brano il basso si muove sui soli tre gradi La_1, Re_2 e $Fa\sharp_2$ del primo campo; la parte di Tenore sui due gradi Si_2 - $Do\sharp_3$. Gli ambiti complessivi delle voci sono indicati dai riquadri dell'Es. 23. Tutte le parti si incrociano e si sovrappongono (nell'esempio i raddoppi sono evidenziati dalle lineette che rappresentano i moti delle parti) attorno a un polo che resta fisso, costituito dalla nota Fa_3 nella prima metà del coro, e nella seconda dalla nota Sol_3, sulla quale alla fine si riuniscono tutte le voci (tranne il basso, che sull'ultimo accordo tace).

Es. 23. *Cronaca del Luogo*, sezione II (*Il Campo*): Costruzione del coro «Sui campi non c'è pioggia» (da III-1 a III+8) a partire dai campo di altezze IV e V

VIII. Conclusioni

La musica la posso analizzare ma non posso descriverla. E' una cosa che non si fa. Posso solo dire che ho costruito un vero e proprio muro armonico (nel senso strutturalmente più ampio e percepibile del termine) sul quale vengono inscritte (un po' come graffiti, forse) figure diverse e dal quale vengono estratti, dedotti e sviluppati processi musicali di carattere diverso, conflittuale e spesso

*La funzione dei campi di altezze in «Cronaca del Luogo» di Luciano Berio.
Uno studio degli schizzi.*

contradditorio. «Mi contraddico?» si domandava Walt Whitman...
«Ebbene sì, mi contraddico. Sono largo e contengo una moltitudine[43.]

Al termine della mia indagine sui metodi creativi di Berio, il senso di queste sue parole su *Cronaca del Luogo* risulterà forse più chiaro. Difatti, il punto di partenza del suo processo creativo è la formulazione di una serie di campi di altezze a varia densità cromatica a partire da un unico campo globale di riferimento. A loro volta, i singoli campi danno luogo a vari tipi di costrutti (linee e polifonie), che costituiscono l'ossatura essenziale su cui si basa la successiva elaborazione musicale. Questi materiali vengono sviluppati nei vari processi che si stratificano nelle sezioni dell'opera. Il paragone di Berio col muro sul quale vengono inscritte delle figure sembra quindi molto calzante[44]. Inoltre, i criteri costruttivi impiegati per ricavare e sviluppare i materiali sono diversi e a volte anche contradditori, come si è visto ad esempio nell'episodio dei bambini ne *Il Campo*, basato su

---

43. *Intervista a Luciano Berio*, raccolta da Michel Lambert [testo di un'intervista rilasciata da Berio in occasione della prima esecuzione assoluta di *Cronaca del Luogo*, apparso pressoché contemporaneamente in «Opéra international. Le magazin de l'art lyrique», n. 237 (1999), pp. 24-25, e nella brochure dell'opera pubblicata da Ricordi (*Luciano Berio. Cronaca del Luogo. Azione musicale*; testo di T. Pecker Berio, Milano, Ricordi (1999) [brochure dell'opera], pp. 13, 15 (italiano), 12, 14 (ingl.)]. Il testo integrale dell'intervista è ora edito in Luciano BERIO, *Scritti sulla musica*, a cura di Angela Ida De Benedictis, Torino, Einaudi, 2013, pp. 304-307, dalla quale ho attinto la citazione (p. 305). Presso il fondo del compositore alla FPS è conservato il dattiloscritto originale dell'intervista (cfr. le note al testo ivi, p. 525).
44. Nel testo appena citato, l'idea del 'muro' è suggerita a Berio soprattutto dalla particolare conformazione della *Felsenreitschule* di Salisburgo, nelle cui nicchie ricavate nella parete Berio dislocò gran parte dell'organico strumentale e vocale. Quella del 'muro', inteso in vari sensi, è anche un tema centrale del libretto: «La presenza o, piuttosto, l'idea del muro ha influenzato anche il testo non tanto per i momentanei riferimenti, spesso allegorici, al muro di Gerico e ai muri della torre di Babele, ma perché figure, situazioni, e fatti appaiono spesso come motivati e generati da quanto è virtualmente nascosto in quella muraglia petrosa e impenetrabile. Questo coinvolge tanto il testo quanto la musica, naturalmente, e può essere anche considerato come il mio omaggio a un fatto primario (che i registi tendono spesso a ignorare) e cioè che quello che si percepisce e si vede è sempre e comunque condizionato da quello che non si vede.» (*ibid.*)

un criterio simmetrico-intervallare estraneo alla logica costruttiva dei campi di altezze. Forse è a questo tipo di 'contraddizioni' che Berio alludeva nel citare Whitman («[...] mi contraddico. Sono largo e contengo una moltitudine»).

Pianificando la successione dei campi di altezze, Berio, oltre a conferire alla forma una dimensione processuale, ha anche organizzato la costruzione armonica su ampia scala dell'intera composizione, in modo simile, si potrebbe dire, a quanto facevano gli operisti del Sette e dell'Ottocento quando progettavano l'organizzazione tonale ad ampio raggio delle loro partiture. In effetti, ogni lavoro teatrale maggiore di Berio da *La vera storia* in avanti è caratterizzato da un certo tipo di organizzazione armonica complessiva, basata su un elemento strutturale fondamentale, dal quale il tutto si sviluppa. A mio avviso, questa caratteristica non dipende tanto da un presupposto estetico-musicale di tipo organicista, quanto dalla scelta, di ordine più pratico, di elaborare strutture di ampio respiro formale lavorando, per così dire, col 'grande pennello'.

Come si è visto, i campi di altezze determinano le caratteristiche delle linee strutturali dalle cui ripetizioni e trasformazioni si genera la forma musicale. Essi condizionano anche il moto delle parti delle strutture polifoniche che costituiscono l'ossatura di partenza nell'elaborazione di diversi brani. Muovendosi per 'grado congiunto' all'interno di campi caratterizzati da varie combinazioni di zone continue (zone di saturazione) e ampie discontinuità, le parti polifoniche procedono a volte per piccoli intervalli (tono/semitono), a volte per ampi e imprevedibili salti. In tal modo anche le strutture polifoniche nel loro complesso evolvono nel tempo attraverso un gioco di piccole variazioni interne e improvvisi e vistosi mutamenti. In *Cronaca del Luogo*, quindi, i campi di altezze sono all'origine di una caratteristica tipica della musica di Berio, soprattutto dagli anni Settanta in avanti: la coesistenza di due differenti e contrapposti modalità di evoluzione delle strutture: la staticità e il rapido mutamento[45].

Osservando nell'ottica dei campi di altezze la scrittura polifonica di Berio si scopre anche un altro suo volto: il richiamo a un ideale metastorico di contrappunto. Che si tratti di piccoli spostamenti di semitono o invece di ampi intervalli, i moti delle parti sono comunque, quasi sempre, dei semplici movimenti per 'grado congiunto' all'interno dei percorsi delineati dai campi di altezze. Ciò sembra corrispondere a un requisito essenziale di un ideale stile polifonico-vocale 'osservato': il miglior movimento delle parti è quello minimo. Anche il ruolo centrale svolto da linee melodiche elaborate per prime, sulla scorta dei campi di altezze, si ricollega a un'antica tradizione tecnico-compositiva, fondata sull'idea di costruire l'edificio sonoro a partire da una o poche linee prestabilite o preformate (siano esse dei *cantus firmi*, degli *ostinati*, delle strutture imitative, ecc.).

Queste componenti 'tradizionali' sono però rilette alla luce della modernità. L'idea che continuità e discontinuità cromatiche dei campi condizionino la struttura della percezione, e la visione quasi 'per fasce' di suono che si prolungano staticamente denotano una forte attrazione verso il pensiero della musica elettronica. Molti aspetti del metodo di Berio che abbiamo osservato sono legati in ultima analisi all'esperienza del serialismo: il criterio permutativo, il procedimento della rotazione, la strutturazione delle durate sulla base di schemi permutativi numerici, l'idea di gestire separatamente, per poi coordinarle in vari modi, le varie componenti del suono (armonica, ritmica, timbrica, ecc.), il concetto stesso di 'campo' inteso come insieme non ordinato di altezze; tutto ciò sarebbe semplicemente impensabile senza la decisiva esperienza seriale[46]. In definitiva, aspetti

---

45. Cfr. A. CARONE, *Aspetti compositivi di Bewegung*, op. cit., p. 235-sgg.
46. Sull'impiego di tecniche seriali nelle opere di Berio degli anni Cinquanta cfr. soprattutto Christoph NEIDHÖFER, *Inside Luciano Berio's Serialims*, «Music Analysis», XXVIII/2-3 (2009), pp. 301-347.

antichi e moderni sembrano inscindibilmente mescolati nella scrittura, ma anche nel metodo di lavoro di Berio. Il connubio di tradizione da un lato e di immaginazione rivolta 'al futuro' è una delle caratteristiche che mi sembrano emergere più chiaramente dallo studio delle sue carte.

Per una curiosa (e in parte voluta) coincidenza, molte parole che sono riecheggiate in questo saggio, inclusi gli stessi titoli di sezioni e di brani che ho scelto come esempi, hanno a che fare con l'idea del 'campo', inteso come un luogo, uno spazio fisico. Lo stesso concetto teorico-musicale di campo di altezze, nonché il campo generale da cui siamo partiti, suggeriscono quest'idea. Il mio pensiero sta correndo, ovviamente, al titolo dell'*azione musicale*, il cui significato e la cui origine erano chiariti da Talia Pecker Berio con queste parole:

> Il 'Luogo', *ha-Maqom*, è uno dei modi di riferissi a Dio nella tradizione ebraica, ma si tratta di qualcosa di più della semplice sostituzione del nome impronunciabile. Il concetto di 'luogo' conduce la fede oltre i confini della religione e le fa inglobare il mondo materiale dove gli umani vivono e muoiono, amano e studiano, lavorano e lottano per sopravvivere[47].

Si può dunque immaginare che a essere inglobata in questa dimensione spirituale sia anche la dimensione prettamente fisico-

---

47. Luciano Berio, *Cronaca del Luogo. Azione Musicale*, testo di Talia Pecker Berio [testo librettistico dell'opera], Milano, Ricordi, 1999, p. 8. Sul titolo si veda anche la testimonianza di Berio: «Il titolo ha una sua storia. Quando, con Talia, si era in procinto di decidere un titolo, ho pensato che se fossi francese il titolo avrebbe potuto essere *Chronique de Dieu*. Un titolo difficile, naturalmente, del quale mi interessava la contraddizione dei termini e le implicazioni lievemente ironiche – francesi, appunto – dell'abbinamento. Ma l'ironia e la contraddizione non sembrano essere attributi divini, e forse proprio per questo, quel titolo era intraducibile: in un'altra lingua si appesantisce e sembra prendere il suono di una bestemmia. Abbiamo allora deciso per *Cronaca del Luogo* dal momento che nella tradizione ebraica *il Luogo* è uno dei modi di nominare un Dio impronunciabile. Ma non solo. Questo lavoro, nella sua concezione, è fortemente condizionato dal luogo della sua esecuzione, la *Felsenreitschule* di Salisburgo. E' insomma, anche una *chronique du lieu*.» (*Intervista a Luciano Berio*, in Berio, *Scritti sulla musica, op cit.*, p. 305).

La funzione dei campi di altezze in «Cronaca del Luogo» di Luciano Berio. Uno studio degli schizzi.

acustica dello spazio delle altezze musicali? Quel 'campo', cioè, entro il quale, in ultima analisi, avvengono tutti i processi musicali di *Cronaca del Luogo*? È suggestivo ricordare che la parola *maqām*, che in arabo ha il medesimo significato letterale di 'posto', 'luogo' dell'ebraico *maqom*, era il anche il termine con il quale le tradizioni musicali di una vastissima area geografica indicavano, sin dai tempi più remoti, un genere e una pratica di composizione musicale, tra le cui caratteristiche essenziali v'era appunto l'impiego di scale o modi di riferimento, intesi come 'luoghi circoscritti' entro i quali si doveva muovere l'improvvisazione di un cantore o di uno strumentista. Una tecnica che, in realtà, ha accomunato e apparentato per secoli gran parte delle antiche culture musicali del bacino mediterraneo.

MICHAL GROVER FRIEDLANDER

Passing into Another: Berio's *Cronaca del luogo* on the Threshold of Dramaturgy

> Music theater ... is not always explicit and it does not necessarily produce action but, rather, thought. In practice it tends to be self-referential. When its experience expands beyond the boards of the stage, this does not occur by means of an illusory psychological extension of the stage space, but by means of our processes of thought. Instead of miracles, it offers fascinating and ongoing research.
>
> Luciano Berio, *Remembering the Future*[1]

1. Listening

Luciano Berio's dramaturgy is born of his altering the experience of listening[2]. Listening, for Berio, has strong ties with notions of 'meaning' and 'interpretation' (that is, to notions of encoding, deciphering, unity, parody, contradiction, irony, discontinuity, commentary, abundance, and so on). In *Cronaca del luogo* (1998–99), more so than in his earlier compositions, Berio's thoughts on listening, meaning, and interpretation and their bearings

---

1. See Luciano BERIO, "*Seeing Music*", in *Remembering the Future*, Cambridge, Harvard University Press, 2006, p. 120. I would like to dedicate this essay with gratitude and admiration to Talia Pecker Berio.
2. *Ibid.*, p. 116.

on dramaturgy are worked into the body and soul of the composition itself. They are thematized within the work as the work fashions the terms of interpretation.

Rethinking how to listen is fundamental to all of the composer's music theater pieces. In this invention of new listening there are several salient aspects. To name a few: there is no plot, narrative, or characters, and usually no clear text to orient the listening experience. Layers occur simultaneously, so that some are incomprehensible or unheard. These works are hyperbolic. Berio, as Uwe Sommer writes, attempts to capture the whole world[3]; Berio himself has remarked: «It is my hope that the musical theater can continue to be, also today, a terrace overlooking the world[4].» Music theater is envisioned as a privileged vantage point from which to perceive, take in, and contemplate the world. Listening is imagined as inhaling the world. Thus it is clear that no listener would be able to grasp a composition in its entirety, nor, for Berio, is this expected or at all desired.

New modes of listening in music theater works are also a result of Berio's endeavor to derive everything from *musical* attributes:

> *Cronaca del luogo* is not an opera but, like all my theatrical works, an 'azione musicale.' This means that the music generates everything and is responsible for everything, even though the course it takes has been profoundly influenced by the architecture of Talia Pecker Berio's text. But at the same time the text has adapted itself, down to the smallest details, to the musical discourse... In *Cronaca del luogo* the architecture and the course of the music assimilate the text and the dramaturgy in different forms. I wanted text, music and theatre to interpenetrate each other with an appearance of freedom, while all being able—each on its own account—to maintain an autonomous discourse. Rather like perfectly identified parts in virtual polyphony.

---

3. Uwe SOMMER, *'Ein Raum' hartnackig zu erforschen': Luciano Berios integratives Musiktheater in* Cronaca del Luogo, in *Komposition als Kommunikation Zur Musik des 20. Jahrhunderts,* ed. Constantin Floros, Friedrich Geiger, and Thomas Schafer, Frankfurt am Main, Peter Lang, 2000, p. 393.
4. L. BERIO, *Remembering the Future, op. cit.*, p. 113.

Passing into Another: Berio's «Cronaca del luogo» on the Threshold of Dramaturgy

> The point in common among all the ways in which the music takes possession of the text is a tendency to essentiality, to discontinuity, to intermittence of dramaturgy and, briefly, to a certain reciprocal indifference between music, text and theatre. In the continuity of the work's musical architecture, but also within each scene, there is much expressive unanimity among these three components[5].

Berio wishes to generate everything from music; in this process, components penetrate each other reciprocally and express unanimity. Berio's aesthetic is one of transformational trajectories and morphing oppositions that create new musico-behavioral entities. Let us quote him once again: «For me, music is giving a sense to the passage between the different terms of an opposition, and between different oppositions, inventing a relationship between them and making one opposition speak with the voice of the other—as when the body speaks with the voice of the mind and vice versa[6]». I would like to suggest that these ideas are fundamental to Berio's lifelong quest in music, ideas that are sharpened and crystalized in *Cronaca*. The composer is inventing a world engendered by music and musical behavior. *Cronaca* comprises elements that, through their origination in music, and their possession by music, come closer to resembling each other.

What I am suggesting, then, is that this quest is the essence of *Cronaca*'s dramaturgy. It takes the form of blurred boundaries between elements of the work, between word, sound, voice, space, image, and light. Potentially (or in fantasy?) everything in the work would seem to lead in and out of everything else, as all originate in music and musical thought. The work's dramaturgy circulates through a course of transgression, passage, merging, and diffusion, displaying a tendency to approximate the faculties of the senses: we hear

---

5. Interview with Luciano Berio by Michel Lambert in *Opera International* 237 (July–August 1999), reprinted in Luciano BERIO, *Cronaca del luogo*, Milan, Casa Ricordi 1999, p. 12.
6. Luciano BERIO, *Two Interviews with Rossana Dalmonte*, New York, Marion Boyars 1985, p. 136.

language as music, instrument as voice; we *hear* space, *hear* rays of light, *see* sound. Time, space, sound, and image acquire and simulate temporal and spatial dimensions.

The texts employed as the libretto for *Cronaca* render the boundaries between the inside and the outside of the work thin, ambiguous, and unstable. These texts point to a vast outside world that interprets them—and, as such, forms part of them. Furthermore, the texts are quotations, rewritings, and fragments drawn from the Hebrew tradition—from the Bible, commentaries, exegesis, literature, poetry, criticism, and scholarship across the ages. These texts belong to a tradition, which represents a pinnacle of boundless interpretation. As is well known, interpretation in this tradition often takes the form of a search for hidden, cryptic, and coded meanings, in which words, names, concepts, and stories all participate in an unending chain of intertextual relatedness. *Cronaca*'s employment of such interpretable texts makes it susceptible to penetration from any number of unexpected entrance points[7]. This mode of intertextuality echoes Berio's mode of conceiving and interpreting music.

2. Sound Wall

What is particularly striking about *Cronaca del luogo* is that listening is created by the properties of a wall—the work's musical and dramaturgical foundation. We ask ourselves what it means for music and sound to function as a wall; we wonder what it means to conceive music as a vertical barrier, a penetrable/impenetrable veil; what vertical emanation may suggest.

In some respects, the wall is specific. It refers to where *Cronaca* made its premiere: the Felsenreitschule in Salzburg, the site of a seventeenth-century riding school, which was also used as stables, cavalry barracks, and for animal hunts. The Felsenreitschule was formed from hewn rock, twenty-five meters high and thirty meters wide, with arcades carved into it. The public watched from ninety-six

---

[7]. This is typical and can be found in many of Berio's compositions.

arcades arranged in three tiers. In *Cronaca*, instrumentalists and chorus members were positioned within the wall's arcades[8].

The wall becomes an originator of sound, its projection and reverberation, and a source of live electronics and acoustical-spatial illusions. Verticality introduces new forms of audition and innovative modes for sound to reach an audience. The wall is alive[9]. It speaks, echoes, and weeps. In addition to its acoustical dimensions, the wall is special in other ways. It is a site, a theatrical space, and a mass made transmutable through sound, voice, light, and text. Bold and prominent, the wall is the work's space, location, and its stage realization. It is at once ruin, remainder, stone memorial, and grave. It is a metaphor for the earthly and heavenly veil, the *pargod*. Present yet mysterious, «it always reminds you of something else», comments Talia Pecker Berio[10]. The wall fosters fusion and division, overcomes and entrenches impasse; hides and is hidden; is an impenetrable barrier and a transparent curtain; manifests itself as an osmotic membrane and a multifaceted habitat. There is that which is behind the wall, beyond the wall, inside the wall, hidden in, by, and from it. It is multifunctional, activating the episodes of the work and fueling the sources of its interpretation. The wall is *Cronaca*'s subject matter—structurally and in terms of its content. Not only a physical and material presence, the wall stands for a cluster of themes, concepts, and symbols: cultural, mythical, historical, literary, theological, geographical, geological, and mundane. This constellation is in turn supported by a hyperbolic body of knowledge, as the world seeps in through ideas born of the wall, as sounds and various texts are spiritedly drawn in to its vortex[11].

---

8. One cannot miss the reference of Berio's vertical wall of sound to Wagner's 'invisible' orchestra; the former's quest for fusion recalls the latter's fantasy of the total art work.
9. The reference is to the thematic of the *pargod*, the veil of human and angelic souls embroidered on the celestial veil.
10. Private communication.
11. Berio explains: «The presence, or rather the idea, of this wall also influenced the text, sometimes in occasional references, frequently in an allegorical way (walls of

To be sure, *Cronaca*'s wall opens up an excess of possibilities. Berio's pursuit of transformation, fusion, metamorphosis, and passageway is maximized to encompass all layers and all constituents. As though, in fact, everything can be, or is deemed to be, 'music'. I reiterate my argument: the composer's aesthetics, or (call it) dramaturgy, takes the form of a quest for sound (music) as originator, as maker, as mode of behavior for all elements in the work. The wall serves as the locus for phantasmagoria: place, space, scene, light, image, and text; what is heard, attended to, seen, perceived, understood, and interpreted, all appear to be an extension or a form of musical behavior.

Berio has explained that *Cronaca del luogo* is

> grounded in an organization of the harmonic dimension [peculiar to it], out of which everything grows. [. . .] I have constructed a true harmonic wall (in the broadest and strongest sense of the term, structurally speaking), on which are inscribed, rather like graffiti—different figures, and starting from which musical procedures are eradicated, deduced, developed—procedures with a conflictual and often contradictory character[12].

David Osmond-Smith understands the harmonic dimension of the wall as «geology [that] generates the space through whose traversal a theatre without narrative creates the time for its enactment[13]».

It seems that in the notion of harmonic wall lies a collection, a mass, or a pool out of which notes are subtracted through a complex working-out of permutations. The wall stands for a virtual

---

Jericho, Tower of Babel) and in the birth of certain characters, certain situations, certain events, which often appeared to be generated by what is, virtually, hidden in this impenetrable wall.» Interview with Berio by Lambert in L. BERIO, *Cronaca del luogo, op. cit.*, p. 14.
12. *Ibid.*, p. 14.
13. David OSMOND-SMITH, *Beyond Narrative: The Musical Theatre of Luciano Berio*, in *Program of the Salzburger Festspiele*, 1999, p. 10.

simultaneous presence of the entire gamut of building blocks. Each episode in *Cronaca* has a combination unique to it, even as blocks weave in and out of it that are shared with other episodes. The 'illumination' of different blocks—the sounding of different note combinations of the wall—engenders the work's progression.

3. Walls

Berio's wall converses with many other walls. From the myth of the twin brothers Amphion and Zethus (sons of Zeus and Antiope), there is the wall that fortifies the city of Thebes. In the myth, Zethus carries stones, while Amphion, making music on his lyre, causes the stones to move of their own volition. The stones not only move of their own accord to the place where they are wanted, but they slide and fit themselves together so as to form a wall. The myth tells the story of a wall's self-formation, a wall erecting itself through sound, and of stones coming together.

Cronaca, in the margins, quotes another myth about a wall. Ovid's *Metamorphosis* (IV, 88) is one of the source quoted in *La Torre* for Nino's appearance. Nino is a conflation of Nimrod and Nini, both names associated with tales about walls. In *La Torre* Ninus splits into two, Nino I and Nino II, who move between opposing camps as their leader in the tale of the Tower of Babel.

Ninus figures in Ovid's telling of the Pyramus and Thisbe myth. His tomb is a meeting-place for the lovers once they decide to leave their wall behind them. This wall is central to the lovers' tale, set in Babylon during the time of Queen Semiramis. The wall keeps them apart. They manage, however, to express their love through a hole in the wall. Their desire manifests itself in talk and in kisses they each give from either side of the wall. The lovers interact with a personified wall; they talk to the wall and it listens. They acknowledge its central part in their desire, thanking it for the small opening but requesting a larger one. The wall does not succeed in keeping them apart, as their parents wish. They decide to cross over the wall to fulfill their love. A series of *Romeo and Juliet*–like misunderstandings ensues: each believes the other dead, and the tale ends in a double suicide. The white fruit on the tomb is transformed from white to red when stained by the blood of Pyramus.

The story of Pyramus and Thisbe is a tale of metamorphosis bridging the worlds of the human and the divine, as it is the first story in the *Metamorphosis* in which the central characters are not gods but mortals; and, significantly, love between these mortals lies at its core. It is not only a portrayal of transformation and linkage but also a depiction of the passage from young to mature erotic desire[14].

4. Transgressions and Passages: R, Shibboleth, and Abulafia

The wall and its horizon of meanings foster, as I have specified above, a dramaturgy of passage: a quest (its power being that it is also, but not entirely, unattainable) for fusion, merger, transgression, translation, conversion—in which distinctions among parameters seem to disappear—as they approximate the condition of music. To demonstrate this dramaturgy I will briefly sketch a few of its themes: R, Shibboleth, and Abulafia[15].

Everything about R, *Cronaca*'s central character, reflects the work's dramaturgy. She exhibits physical, political, and religious transgression; she is a fusion of several characters—the major figures being Rahab and Baalat Haov[16].

Rahab's biblical story involves a wall. It is a story about a woman living within an actual wall who enables the enemy to cross over, pass through, and defeat her people. As is well known, sound is

---

14. See David GARRISON, *'Pyramus and Thisbe' in Ovid and Gongora*, «Classical and Modern Literature: A Quarterly», 11.4, 1991, p. 362.
15. Many other themes and motifs, such as the Tower of Babel, the key, the book, or the stone, could have been chosen.
16. See Talia Pecker Berio, *Premessa*, in Luciano BERIO, *Cronaca del Luogo*. Testo di TALIA PECKER BERIO, Milan, Casa Ricordi, 1999 (libretto series, ed.n. 138468), pp. 7-10 : 8.

Passing into Another: Berio's «Cronaca del luogo» on the Threshold of Dramaturgy

what brings down the walls of Jericho: Sound has the power to breach matter. R as Rahab is a paradigmatic in-between entity that crosses lines on several planes. She is one of the few women who cross over from Judaism to Christianity[17]. In the biblical story, she resides *in* the wall, on the margins, at the edge of the city of Jericho. As prostitute, she is part of her society but is permanently verging on being excluded. She assists the adversary in espionage—another form of transgression—as each, respectively, crosses enemy lines.

R's other roots are in the biblical figure of the witch of Endor, Baalat Haov, bringing her within the realm of mediums[18] and the transporting of messages from the dead. The biblical story is about King Saul. In desperation, fearing that the Lord has forsaken him, he turns to the medium. In this act, he transgresses the law that he himself had enforced when ordering the eradication of all mediums across his kingdom.

Baalat Haov neither hears nor comprehends her messages; they pass through her as embodied vocality[19]. The message delivered to the king prophesies death, loss, and the passing on of his kingdom. (I do not find it too daring to speculate that there's an association between the passing on of the kingdom and the work's dramaturgy of passage.) The most revealing connection to Berio's aesthetics of the wall, however, I find in the medium's place of prophecy. Baalat Haov's vocal performance takes place in a stone cave, with acoustics similar to what we find in the arcades of the Felsenreitschule: we thus come very close to hearing Berio's wall activated in R. Through R, Berio's wall of catacomb look-alikes resounds with voices of the dead and bygone prophecies.

---

17. See Ann BELFORD ULANOV, *The Female Ancestors of Christ*, Boston, Shambhala, 1993.
18. The question whether she is a false or true medium is a theme shared with the thematics of the Tower of Babel.
19. See Abraham LEBANON, *The Kingdom of Saul: The House of King Saul*, Jerusalem, Carmel Press, 2001, pp. 247–265.

R is constructed as an extrapolation of the wall: She embodies illicit passages (Rahab) and acoustic chambers (Baalat Haov). She is the wall's sounds, an actor of its tales, an echo and amplifying system of its many implied voices: In R, the wall finds its organic extension[20].

The thematics of Shibboleth (episodes III and IV) are drawn from the biblical story about the tribe of Ephraim trying to cross the Jordan River after their military defeat. They are stopped and killed, however, after being identified through their pronunciation of the word «shibboleth»: the tribe of Ephraim could not pronounce the phoneme *sh*, and spoke «shibboleth» as «sibboleth». Forty-two thousand Ephraimites are killed in the crossing. The «shibboleth» incident marks the arbitrary difference between the sounds *shi* and *si*. The difference has no meaning in and of itself, but is crucial in allowing the passage over a border. It is not enough to understand the word and know how it is pronounced, one needs to actually *say* it. *Sound* determining passage. One sound results in an obstacle, an impenetrable wall, while another permits passage. «Shibboleth» is rendered a threshold word. It functions as a password that is not a secret. To use Derrida's term, «shibboleth» is a «pass-not-word[21]», self-contradictory in that it is a password that determines non-passage.

---

20. In accepting the commission from the Salzburg festival, Berio exhibits an awareness of being haunted by opera. But Berio is also aware that he is haunting opera with a work of the future. Composed specifically to suit the declining vocal powers of Hildegard Behrens, R is ghosted by the singer's past roles, predominantly those of Kundry and Elektra. R is extended by these ghost roles to embody disturbed modes of motherhood, erotic love, and sin, (see also Talia Pecker Berio's essay in this volume, p. 253) fusing voices of redemption, forms of memory, and varieties of self-deception, revelation, sacrifice, heroism, and self-knowledge. (Notice that Baalat Haov, like Rahab is the sole remainder of her 'kind'.) R surmounts the past, even as her voice has partially remained in that past. The purpose of Berio's sound wall is not to keep out the sounds of opera's past. Rather, the wall arrests, preserves, and transforms them in its midst. In episode II, The Field, R becomes one with Orvid, a 'castrato' countertenor, the character embodying a merger with Ovid's Orphic song, opera's mythical past.
21. Jacques DERRIDA, *Shibboleth*, in *Midrash and Literature*, ed. Geoffrey Hartman and Sanford Budick, New Haven, Yale University Press, 1986, p. 320.

Passing into Another: Berio's «Cronaca del luogo» on the Threshold of Dramaturgy

The Ephraimites can do nothing but perform their identity in the difference between the sounds *shi* and *si*. Uttering «shibboleth» is a high-risk performance: Sound, marked as potential executioner, stands between life and death.

In *Cronaca*, "shibboleth" is not only associated with the biblical story but forms an intertextual layer via Paul Celan's poem «Shibboleth», quoted in the work. The inclusion of Celan's poem is revelatory. It signals *Cronaca*'s preoccupation with the limits of art and hermeneutics[22], and it mirrors Berio's musical aesthetics, what he identifies as the problematics of interpreting and listening to music. (I return to this at the end of this essay.)

Take, for instance, Hent de Vries's characterization of Celan's poetry and note how it echoes Berio's aesthetics of composition:

> It has become almost a commonplace that Paul Celan's poetry and poetics pose what might be the greatest challenge to the hermeneutic recuperation of meaning. Celan not only rejects the documentary and symbolic aspects of earlier poetry, by fracturing or dislodging syntax and semantics, his lyrics run the risk of exposing "nothing but" literature's unreadability. His texts seem to withdraw from narration and figuration to the point of giving themselves up in a gesture for which appropriate literary, aesthetic, rhetorical, or philosophical criteria are no longer available. [...] Philosophemes, theologemes, and citations thus become tropes of a writing that overcomes the simple dichotomy between truth and untruth, existence and nothingness, leaving us with nothing but a simple—emphatic, enigmatic, and idiomatic—saying. Yet the poetry never lapses into mere aestheticism,

---

22. I quote Derrida on Celan's poem: «[This does not mean] that possession of the *Shibboleth* effaces the cipher, holds the key to the crypt, and guarantees the transparency of meaning. The crypt remains, the *Shibboleth* remains secret, and the poem [Celan's "Shibboleth"] unveils this secret as a secret which is withdrawn, beyond the reach of any hermeneutic exhaustion. The secret is not hermetic, but it remains, like a date heterogeneous to all hermeneutic totalization or radicalization. There is no one meaning, no single originary meaning, from the moment that there is a date and a *Shibboleth*.» In J.DERRIDA, *Shibboleth, op. cit.*, p. 322.

nor does it reduce poetic language to a haphazard but self-referential play of signifiers[23].

In other words, the presence of Celan's «Shibboleth» is a way for Berio and Pecker Berio to challenge hermeneutics and to expose an «unreadability» at the core of *Cronaca*. Celan marks a withdrawal from meaning; all means of comprehension apart from an «enigmatic saying» are unavailable. This is crucial, and its full-fledged impact is felt in *Cronaca*'s final episode.

Our final interrelated theme is Abulafia. In this theme, a cluster of transformations is evident. The character Abulafia is mentioned in the stage directions; the historical Abulafia is quoted in the margin where the libretto's sources are identified. Abulafia does not speak directly, stage directions and sources are mute; neither are the texts related to him used as sonic material. Rather, the text points to sound that is transformed circuitously.

Abulafia, Pecker Berio explains, entered into the compositional process quite late[24]. He was a character processed as a musical thought: the composer envisioned a unique instrumental timbre for each episode, for the Tower of Babel, he wanted a pipe, a trombone, and a trumpet (the trumpet will become the character of Sapir). In Abulafia, the notion of character bypasses text and enters through the score as an instrumental character, a musicalized persona, a theatricalized instrumentalist, and a humanized instrument.

Episode III opens with the conspicuous sounds of a trombone emanating from the wall, a timbre that will become Abulafia. Shortly after, Christian Lindberg, the trombonist for whom the role of Abulafia was composed, comes on stage and produces sounds from pipes. These extend the sounds of the trombone from the wall—as if

---

23. Hent DE VRIES, *The Shibboleth Effect: On Reading Paul Celan*, in *Judeities: Questions for Jacques Derrida*, ed. B. Bergo, J. Cohen et al., New York, Fordham University Press, 2007, p. 178.
24. Private communication.

the vertical sound of the trombone from the wall were exposed as an onstage horizontal sound. The pipes are then retracted and the trombone resounds, this time played by Lindberg onstage [25]. The performer has made a theatrical prop cross over into music.

Abulafia transforms expectations for voice, word, and semantic meaning into an oscillation between distinct and indistinct sound, an approximation of prop and instrument and a merging of the theatrical and the musical.

The episode occurs within a scene of construction. Pipes, familiar from their mutation into music, are employed for the construction of the Tower of Babel. As specified by the stage directions, words are scratched on the bricks. (The obvious associations are to the placement of words within the Wailing Wall, intended to reach the listening ear of God, and the story of the Tower of Babel, the expression of the linguistic punishment for a desire to transgress the human and attain the divine.) But let us return to the onstage construction of the Tower of Babel using pipes, bricks, and words. Pipes, sounding like music, are used to erect a theatrical Tower of Babel as a wall of graffiti. We recall Berio's use of the term when referring to his wall as harmonic: «I have constructed a true harmonic wall [...] on which are inscribed, rather like graffiti—different figures.» The harmonic wall of sound is echoed in the fake set. Sound, in other words, echoes in a mute tower.

The historical Abulafia, as mentioned, appears in the margin of the libretto as the author of a quotation from his book *Sefer ha-ôt* (*ôt* being both sign and letter in Hebrew). He bleeds in through the work's external membrane with the following text:

> When you look at these holy letters in truth and reliance and when you combine them—placing that which is at the beginning at the end and

---

25. These are the stage directions: «A few officials and bricklayers enter with ladders and various tools, and then ABULAFIA appears and blows into a number of different pipes; he is then brought a trombone.»

that which is at the end at the beginning, that which is in the middle at the beginning and that which is at the end in the middle and that which is in the middle at the end and so forth in like manner—these letters will all roll backwards and forwards with many melodies[26].

On the edges, both within and outside the work, the quotation ingrains the route to the external world. What makes this route of paramount importance is that it further musicalizes Abulafia. If the prop transformed Abulafia from a pipe to a musical instrument, then the quotation makes melody the deep-seated truth-content of Abulafia's permutation of holy letters.

Abulafia, a thirteenth-century mystic associated with ecstatic kabbalah, devised a technique involving the permutation of letters and the recitation of combinations of names of God to experience the divine. For him, Moshe Idel explains,

> The principle of language is not its meanings, intentions, or grammatical rules but the linguistic medium and the various transformations it has undergone. [...] Abulafia held that new meanings of a text emerged not only from the new associations someone might bring to a reading of the text or from its different vocalizations, but also from prior manipulation of the consonants, especially in the canonical texts: the interpretations of permutations of letters acquired the status of a commentary on the sacred text. [...] To decipher the message of the Torah, the kabbalistic approach relies on [...] individual letters and combinations of letters in lieu of concepts. This "logical" method returns the canonical text to its original state, when it was a continuum of letters, each envisioned as a name of God or at least entering into the constitution of a divine name. This amounts to an atomization of the interpreted text, the abolition of its semantic meaning, and the discovery or the innovation of new meanings[27].

---

26. Avraham Abulafia, *Sefer ha-ôt*.
27. Moshe IDEL, *Old Worlds, New Mirrors: On Jewish Mysticism and Twentieth-Century Thought*, Philadelphia, University of Pennsylvania Press, 2010, p. 172, p. 185.

In fact, Abulafia associates the power derived from the technique of permutating letters and achieving ecstasy via the power of music. Moreover, music is part of the actual technique—letters behave musically. In his book *Gan Na'ul*, Abulafia writes: «Know that [letter] combination is like the hearing of the ears, for the ear hears and the sounds are combined according to the form of the tune and the sound-enunciation[28].» To prophesize, according to Abulafia, one sings, transposes (a method of relating vowels and letters to pitches and tunes), and breathes while pronouncing divine names[29]. It is evident that in principle, the doctrine of ecstatic kabbalah and Abulafia's teachings are analogous to Berio's compositional aesthetics. Both work with permutation and the transformation of units devoid of semantic meaning. Central notions for both are process and multi-layeredness. For the mystic, the process involves reaching the state of prophecy, absorbing secret knowledge, and deciphering the holy message; for the composer, it generates everything from a harmonic wall. Even in the margins, in a mute manifestation, *Cronaca*'s thematics are underpinned by musical thought.

5. Interpretation

In our final section we return full circle to the beginning of the essay, where we claimed that thinking dramaturgy is thinking interpretation, meaning, listening.

So how do we arrive at an interpretation of a work? In Berio's eyes, not by putting forth an overarching, coherent, and unified interpretation, nor (ideally at least) by offering any textual account of music. Berio questions the superiority of words over music in

---

28. Quoted in Moshe IDEL, *The Mystical Experience in Abraham Abulafia*, Albany, State University of New York Press, 1988, p. 53.
29. See Moshe IDEL, *Music and Ecstatic Kabbalah*, in *Mystical Experience, op. cit.*, pp. 55–71.

explicating music. He is wary of subordinating music to meaning engendered by text.

> [We are led to] ask ourselves if musical experience is more significant than the argument it prompts. Or whether the dimension of concrete experience and the dimension of the discourse which translates the experience into words are perhaps interchangeable[30].

Interpretation, according to Berio, is not the decoding of secrets nor the deciphering of hidden, cryptic meaning. One should not be searching for the right key to crack the code, open the door, unravel the secret. Nor is understanding achieved by subordinating—within a composition itself—music to text. In listening to *Cronaca*, and this is typical, only scattered words and sentence fragments in different languages are comprehensible. However, what points up the complexity of *Cronaca* is a libretto accompanied by a second text, which meticulously identifies the libretto's sources: thus acknowledging—indeed emphasizing—the significance of the text.

Further muddying the waters and complicating the notion of interpretation are Berio's characteristic subtexts, which are not unique to *Cronaca*: reflexivity, internal contradiction, irony, and self-parody. Berio toys with giving the work the ironic and self-contradictory title *Chronique de Dieu*, poking fun at the combination of chronicle and God. Composer and librettist ultimately invent the title *Chronicle of a Place,* simultaneously preserving in its translation into Hebrew the parodic overtones and the seriousness of tradition: place, *makom* in Hebrew, is one of the names for God. Surely in *Cronaca*, the questions of whether to interpret at all, what to interpret, and how seriously to take our interpretation are acute questions raised by the work about the work.

Let us now, in conclusion, return to notions of interpretation and dramaturgy. I think that Berio views interpretation as that which is

---

30. L. BERIO, *Remembering the Future, op. cit.*, p. 51.

Passing into Another: Berio's «Cronaca del luogo» on the Threshold of Dramaturgy

arrived at by way of the music itself, by listening, by a truly new way of listening. This new way of listening is an outcome of a new kind of musical theater. In this new musical theater, music occupies the position of the source and generator—as well as the end result—of all of the parameters involved in the work. I quote Berio: «Musical theatre only seems to take on a deep enduring meaning once the dramaturgical conception is generated by the music, and is structurally analogous to it, though avoiding a tautological similarity[31].»

The desire that everything derive from, be heard as, and become music is the drive behind the experiments to refashion and recreate modes of listening. I would argue, in fact, that when taken to an extreme, this desire, quest, or journey—call it longing—calls for dispensing with the act of interpretation altogether. That is, in place of 'interpretation' there is only 'music'. Music is its own interpretation, the embodiment of its own readings. It would suffice to listen and deduce meanings from the act of listening while listening; listening would be, in and of itself, interpretation.

This idea, I argue, is *Cronaca del luogo*'s dramaturgy. It is an aspirational dramaturgy, and thus a threshold dramaturgy[32].

---

31. Luciano BERIO, *Of Sounds and Images*, trans. David OSMOND-SMITH, « Cambridge Opera Journal » 9.3, Nov. 1997, p. 296.
32. Hesitantly, we may now offer a view of the work's ending in the Shoah. This final episode, the work's end, is beyond the work's dramaturgy; it is that which must lie outside the possibility of interpretation, meaning—and indeed of listening.

ALESSANDRO ROCCATAGLIATI

À propos de *Cronaca del Luogo*, sur le mètre de la tradition

I.

Le « mètre » cité dans le titre est à entendre en réalité comme des « mètres ». Des unités de comparaison, des paramètres, enfin. Je les utilise comme support pédagogique, chaque année, dans mon cours de base en dramaturgie musicale. Pour les étudiants, je les ai systématisés dans une demi-douzaine de pages, qui synthétisent les dimensions fondamentales dans lesquelles le théâtre en musique est donné comme un spectacle. Dans une sorte de tableau récapitulatif, je donne justement quelques mètres de mesure, points de vue distincts et variés, diverses « paires de lunettes ». J'essaie de leur apprendre à les utiliser avec un objectif fondamental : quand ils auront terminé de travailler avec moi sur neuf ou dix opéras des XVIIe et XVIIIe siècles ou des XIXe et XXe siècles, il faut qu'il soit devenu habituel pour eux, comme une méthode, de toujours s'interroger – pour chaque création du théâtre en musique de toute époque - de la manière suivante : Quelle utilisation les auteurs ont-ils fait de tel ou tel 'paramètre' ? Comment ont-ils concrètement manipulé la coupure dans certaines parties du drame (actes, tableaux, sections) ? Comment analyser la scansion de la composition (par 'numéro', en continu, par tableaux, sections, épisodes) ? Quel est le panel des registres et des timbres des voix ? Et la nature et la fonction des personnages ? Quelle forme prend ici le texte verbal (vers, quel mélange de poésie, prose, quelle prose, etc.) ? Et quel genre de 'visuel' ressort du système des didascalies ? Quelle sorte de phraséologie musicale, comment est-elle

intérieurement différenciée dans son articulation ? Comment sont utilisés l'orchestre et les instruments ? Comment se présente la simultanéité des voix, du chœur ou des solistes ? De quelle nature est leur dialogue ? Comment s'articule la relation entre 'le temps de la représentation en scène' et 'le temps représenté' ? Et ainsi de suite.
Ces 'questions à poser' sont des mètres dérivés, bien sûr, de la soi-disant 'tradition' du genre opéra. Il est aussi clair que leur organisation et application est un peu 'idéal-typique'. Je parle d'application pratique parce que ces paramètres sont destinés à l'analyse concrète, afin d'aider l'analyste à vérifier son chemin. Autrement dit, ils ne servent qu'à mettre en évidence les caractéristiques des divers dispositifs musico-dramatiques posés sous les yeux de l'analyste : des mélanges dans lesquels les éléments sont donnés, quelle graduation ou hiérarchie internes se créent entre eux, quel genre d'écarts par rapport à des modalités plus ou moins consolidées etc. ?

Je me suis alors demandé s'il était utile d'essayer d'appliquer certains des outils dérivés de ce 'système paramétrique' à la dernière 'action musicale' de Luciano Berio, *Cronaca del Luogo*. Peut-on ainsi en faire ressortir des traits distinctifs ? Peut-être. Mais à condition que nous nous entendions préliminairement sur la signification que doit assumer, dans la discussion qui suit, l'autre terme-clé (*tradition*) évoqué dans notre titre.

De nombreuses pages ont été écrites, notamment par Luciano Berio lui-même, sur les modalités et l'étendue du rejet de certains principes fondamentaux de la 'tradition' de l'opéra dans ses créations de 'théâtre musical'. Certaines de ses négations radicales sont faciles à retrouver. Nous pouvons ainsi évoquer, par exemple, le "parallélisme" entre la musique et le texte :

> (…) texte et la musique doivent avoir chacun leur autonomie, et un degré analogue de complexité, de dignité. (…) parce qu'il n'y a pas – qu'il n'y a jamais eu – entre le texte et la musique ce rapport élémentaire de causalité auquel tu fais semblant de croire [*il s'adresse à Umberto Eco*]. (…) Il me paraît tout aussi important de ne pas

À propos de «Cronaca del Luogo», sur le mètre de la tradition

chercher des parallélismes formalistes entre l'expérience musicale et le langage : leurs différences syntaxiques sont irréductibles[1].

Ou même de la relation entre les deux dimensions textuelles de la partition et les éléments visuels :

> je dirais que dramaturgie musicale et dramaturgie narrative doivent pouvoir s'entendre, à défaut de pouvoir s'identifier, sur les « temps longs » et sur le dessein global, tandis que les moments particuliers peuvent préserver leur autonomie et entrer de façon provocante en conflit entre eux. La musique peut exprimer, commenter, et même décrire une scène, mais elle peut aussi s'en écarter, y être indifférente, voire même entrer en conflit avec elle. (...) nous pensons à un théâtre qui n'est pas nécessairement rendu intelligible par les choses mêmes que nous voyons et par celles que nous écoutons, mais aussi par le désir de pénétrer, de découvrir et de confondre les temps différents des sons et des images[2].

---

1. (Testo e musica devono avere ciascuno autonomia e grado analogo di dignità e complessità. ... [perché] tra testo e musica non c'è e non c'è mai stato quel rapporto elementare di causalità in cui fai finta di credere... Non cercare parallelismi formali tra esperienza musicale e linguaggio: le loro differenze sintattiche sono irriducibili) « Eco in ascolto. Entretien avec Luciano Berio », trad. par P. Szendy et A. Galliari, dans *Musique : texte, Les cahiers de l'Ircam*, 6/1994, pp. 95-106 : 99-100 et 105. La traduction a été effectuée à partir de la première version en italien publié dans *Komponisten des 20 Jarhunderts in der Paul Sacher Stiftung*, Bâle, Fondation Paul Sacher, 1986, pp. 329-334. L'entretien a été ensuite publié en italien dans *Berio* (E. Restagno dir., Turin, EDT/Musica, 1995, pp. 53-61 : 56 et 60).
2. (Direi che drammaturgia musicale e drammaturgia narrativa devono potersi intendere, se non proprio identificarsi, sui 'tempi lunghi' e sul disegno globale, mentre i momenti particolari possono salvaguardare una loro autonomia ed entrare provocatoriamente in conflitto tra loro. La musica può esprimere, commentare e addirittura descrivere una scena, ma può anche alienarsene, esserne indifferente ed entrare in conflitto con essa ... Pensiamo cioè a un teatro che non è reso necessariamente intelligibile solo dalle cose specifiche che vediamo e da quelle che ascoltiamo ma, anche, dal desiderio di penetrare, scoprire e confondere i tempi diversi dei suoni e delle immagini.) Luciano BERIO, « Des sons et des images », Programme de la création française d'*Outis*, Théâtre du Châtelet, novembre 1999, p. 42 et p. 44. Première publication en italien : *Dei suoni e delle immagini* (1995), programme du Teatro alla Scala, Milan, 1996, pp. 39-42 (voir 40 et 42), puis

Alessandro Roccatagliati

Ou de l'obligation d'une action quelconque :

Le théâtre musical, vu dans la perspective que je vous ai proposée, n'est pas toujours explicite et n'aboutit pas nécessairement à l'action mais, plutôt, à la pensée. Dans la pratique, il a tendance à être autoréférentiel. S'il va au-delà des planches de la scène il ne le fait pas avec une extension virtuelle et psychologique et de la scénographie, mais avec la pensée[3].

Ainsi, dans le cas de *Cronaca del Luogo*, il n'est pas étonnant que, lors de la création de l'œuvre dans une entrevue accordée à la revue *Opéra*, Berio pouvait affirmer de manière provocante et en niant ainsi toute possibilité de narration linéaire : «Il n'y a pas de 'sujet' à proprement parler, ni de livret que l'on puisse raconter. Il n'y a donc pas d'histoire avec un commencement, un déroulement plus ou moins conflictuel et une fin[4].»

Utiliser « mètres/paramètres de la tradition » peut donc être la conséquence d'un processus légitime seulement si on se pose des limites. En effet, dans cet article sur *Cronaca del Luogo*, nous ne

---

également apparu dans «Rivista di estetica», n.s., XXXVIII / 9, 3/1998, pp. 29-33 et maintenant, en version critique, dans ID., *Scritti sulla musica*, édité par A. I. De Benedictis, Torino, Einaudi, 2013, pp. 158-164: 159 et 163.

3. (Il teatro musicale, visto nelle prospetive che vi ho proposto, non è sempre esplicito e non produce necessariamente azione ma, piuttosto, pensiero. Nella pratica, è tendenzialmente autoreferenziale. Se va oltre le tavole del palcoscenico non lo fa con un prolungamento virtuale e psicologico della scenografia ma col pensiero.) Luciano BERIO, « Vedere la musica », la cinquième des leçons américaines publiées dans *Un ricordo al futuro. Lezioni americane*, Turin, Einaudi, 2006, pp. 81-95: 95.

4. « La nouvelle chronique de Luciano Berio. Propos recueillis par Christoph Lambert », dans *Opéra*, n. 237, juillet-août 1999, pp. 24-25. Le texte original de Berio a été écrit intégralement en italien et aujourd'hui il est publié avec le titre *Cronaca del luogo*, dans ID. *Scritti sulla musica*, *op. cit.*, pp. 304-307 : «Non c'è un "sujet" vero e proprio e non c'è un libretto che si possa raccontare. Non c'è quindi una storia lineare con un antefatto, uno sviluppo più o meno conflittuale e una soluzione finale».

À propos de «Cronaca del Luogo», sur le mètre de la tradition

chercherons pas à déterminer un lien – fût-il négatif, analytique ou conceptuel – avec les archétypes du genre lyrique (comme l'a été fait récemment d'une manière exemplaire par Giorgio Pestelli sur *La vera storia*[5]). Au lieu de cela, nous tâcherons de mettre en évidence, au sein de l'œuvre, quelques-uns des legs et des conséquences de l'opéra depuis ses origines ; ces éléments, qui pourraient apparaître comme automatiques, irréfléchis et incontournables – et souvent enracinés dans la conscience du public avant même celle des auteurs – et qui semblent se répercuter inévitablement dans les matériaux, dans les processus de productions et dans les lieux de la théâtralité musicale, malgré la nouveauté de ceux-ci. Bref, nous nous limiterons à étudier les aspects qui semblent appartenir à la catégorie de ces effets ou processus théâtral-musicaux de la tradition à laquelle Berio lui-même était intimement conscient de ne pouvoir entièrement échapper. Ne parlait-il pas lui-même, avant tout, d'une « épaisseur expressive que ... je suggère ... [avec] différents niveaux de lecture, dont le plus simple est peut-être celui de 'l'opéra' » (pour *Un re in ascolto*) ? Ou d' « utiliser avec sagesse ... le fardeau de conflits [de l'opéra], d'une manière à la fois novatrice et constructive » ? Ou de « matériaux de l'opéra ... [qui ont] évolués et se sont transformés ... mais qui ont apporté et apportent toujours avec eux et sur eux la mémoire et les traces des utilisations qui en ont été fait et qui en ont causé le déclin[6] » ? En mettant en place certains de nos 'mètres', nous allons essayer d'explorer exactement ce domaine.

---

5. Voir Giorgio PESTELLI, *Luciano Berio. Archetipi cancellati e avventura creativa*, in *Luciano Berio. Nuove prospettive/New perspectives*, actes du congrès Sienne 28-31 octobre 2008, édité par A. I. De Benedictis, Firenze, Olschki, 2012, pp. 17-33: 24-33.
6. Les trois phrases citées proviennent, dans l'ordre, de *Eco in ascolto*, *op. cit.*, p. 57 (spessore espressivo che ... propongo ... [con] diversi livelli di lettura il più semplice dei quali è forse quello dell' 'opera') ; « La nouvelle chronique », *op. cit.*, p. 25 (et *Cronaca del luogo* cit, p. 306: «utilizzare con saggezza ... il fardello dei conflitti [dell'opera] in maniera nuova e costruttiva ») ; BERIO, *Vedere la musica*, *op. cit.*, p. 84 (materiali dell'opera ... [che si sono] evoluti e si sono trasformati ma ... hanno portato e portano sempre con loro e su di loro il ricordo e le tracce degli usi che ne sono stati fatti e che ne hanno provocato il declino).

II.

Dans une dramaturgie musicale avec des caractères fondamentaux si radicalement renversés, à partir du plan d'une action niée et donc par principe dépourvue d'agencement et de linéarité; il n'est pas étrange de se demander comment et selon quelle logique peuvent se configurer les coupures et les répartitions du spectacle théâtral finalement offert au public. Et ceci tant au niveau des travées dramatiques plus larges (comme, par exemple, dans les 'actes' ou les 'tableaux' traditionnels) qu'à celui des phases internes qui les constituent.

A propos des segments plus amples de *Cronaca del Luogo*, on a pu déduire certains éléments intéressants grâce à plusieurs témoignages de Talia Pecker Berio, l'auteure du texte. Au-delà de l'aspect presque évident du fait que l'ébauche initiale pour la scansion finale de l'*azione musicale* en « six *situations* qui [en] constituent le *parcours* dramatique » a été donnée pendant l'élaboration littéraire[7], deux autres éléments frappent particulièrement : d'une part, la conception fort organique de chacun de ces « épisodes ... salles de musée ... tableaux[8] » ; d'autre part, que ces mêmes parties, chacune dans son autonomie structurelle, presque comme les pages d'un livre, pouvaient parfois se prêter à des inversions dans leur ordre logique-séquentiel et parfois, au contraire, se connecter l'un à l'autre dans une

---

7. Les episodes de *Cronaca del Luogo* (Prologo, L'Assedio, Il Campo, La Torre, La Casa e La Piazza) sont ainsi définis – les italiques sont miens – dans Talia PECKER BERIO, *Premessa*, dans Luciano BERIO, *Cronaca del Luogo. Testo di TALIA PECKER BERIO*, Milan, Casa Ricordi, 1999 (série livrets, n. ed. 138468), pp. 7-10 : 9. Pour ce qui concerne les différents aspects autours des premières discussions concernant la création de *Cronaca del luogo*, voir maintenant, dans ce même volume, Talia PECKER BERIO, « *A lei la parola taciuta ». Testo e subtesto di 'Cronaca del Luogo'* et son Appendice 2.

8. Dans un entretien téléphonique du 25 Septembre 2013 avec Mme Talia Pecker Berio, que je remercie, (à partir de maintenant cité comme COLL913TPB), elle employait ces mots pour définir génériquement les six parties.

séquence non réversible, c'est-à-dire se joindre au long d'une seule courbe de tensions à plus grande portée.

En ce qui concerne la conception organique des six 'épisodes', une esquisse musicale montre comment, pour chacun d'entre eux, Berio ébauche - sur des systèmes distincts à trois pentagrammes - un schéma particulier qui allait le guider dans la gestion des successions de transformations respectives, en particulier au niveau du timbre (voir la reproduction dans l'essai de Talia Pecker Berio dans ce volume à la page 266)[9]. Le même document de travail témoigne en outre directement d'un fait signalé à plusieurs reprises par l'auteure du texte : jusqu'à un stade relativement avancé du travail créatif, les épisodes *La Torre* et *Il Campo* avaient été conçus dans cet ordre et non pas dans l'ordre inverse comme dans la construction finale.

Mais, s'il est évident que ces trois sections 'bibliques' ont dû apparaitre interchangeables, tel n'était pas le cas pour la quatrième [*La Casa*] et la cinquième [*La Piazza*][10]. Et certes, celle-ci est cohérente avec un autre facteur dramaturgique que Pecker Berio a déjà souligné : que *La Casa* soit un point d'articulation « important car il fait une sorte de renversement de cartes ... [agissant comme] un ordinateur qui combine tous les fichiers ; et produit une scène qui, du point de vue textuel, est entièrement fait de commentaires[11]. » D'ailleurs, ce qui arrive dans cette scène, mais surtout, aussi, ce qui

---

9. Je dois cette interprétation de l'esquisse (conservé à la Fondation Paul Sacher), qui représente probablement un troisième stade d'évolution, aux collègues Massimo Locanto et Angela Ida De Benedictis, avec lesquelles nous en avons discuté au cours de la journée d'étude à Venise.
10. Voir T. PECKER BERIO, « A lei la parola taciuta », op. cit., p. 249.
11. La citation provient de la dernière émission du programme de radio d'entretiens avec les auteurs qui a été faite par Michele Dall'Ongaro pour RadioTre Suite à l'époque de la création de Salzbourg et qui avait été diffusée le 20-21-22-23 juillet 1999. Cette émission est aussi enregistrée à la fin de l'exécution même du 24 juillet1999 dans le deux CD aujourd'hui mise à disposition des chercheurs en consultation par Casa Ricordi (que ici je veux remercier en la personne de Marco Mazzolini). Voir la description de la Maison dans T. Pecker Berio, « A lei la parola taciuta », op. cit., p. 256.

arrive après elle (*La Piazza*), a beaucoup plus à voir avec l'évocation d'événements modernes et contemporains du peuple juif (évocation peut-être rendue de manière plus onirique et moins strictement référentielle - mais pas du tout imperceptible – par l'élimination-subsomption précoce de deux autres situations, avec des titres bien réalistes comme *The Ghetto* et *The Transfer*[12]). On peut donc comprendre que, dans cette séquence finale de *Cronaca del Luogo*, la rigueur au niveau de la non-linéarité narrative pouvait devenir, même dans la partition terminée, un peu plus souple.

En revanche, en ce qui concerne les sections internes des six épisodes, il faut d'abord mentionner un facteur dramatique entièrement scénique-théâtral qui, dans certains cas, scande fortement des passages entre eux. Je me réfère à l'utilisation, prévue dans les légendes du texte et de la partition, d'une « Luce frontale abbagliante » (Lumière frontale éblouissante) comme moyen physique de détachement, de coupure dans 'l'histoire'. C'est un élément visuel, entièrement inventé par Berio (la co-auteure atteste), qui est surtout utilisé à l'échelle supérieure, c'est à dire pour marquer la quasi-totalité des passages entre les mêmes situations-épisodes ; mais c'est précisément pour cela qu'il prend beaucoup d'importance dans les deux cas d'utilisation 'interne' aux épisodes : dans *L'Assedio*, juste avant que « le mur apparait dévasté ... [avec] Phanuel disparu » et le Général, alors « descendu du bœuf et rêveur » ; et dans *Il Campo*, après la scène à deux de R et Orvid et avant l'entrée des Enfants et de l'Homme sans âge (« [comme] un acteur de Nô ... avec des mouvements qui tendent à devenir une danse »).

Or, un tel désir d'articulation interne dans des tableaux-épisodes organiquement conçus conduit presque automatiquement à se demander quel genre de soulignements se produisent pour les phases dramatiques précédentes et suivantes qui en dérivent. Dans le cas de

---

12. Voir T. PECKER BERIO, « *A lei la parola taciuta* », *op. cit.*, Appendice 2, pp. 263-265, qui termine avec le «provisional ... scheme» du travail comme il était en décembre 1995.

À propos de «Cronaca del Luogo», sur le mètre de la tradition

L'Assedio, l'intervention lumineuse semble prendre tout à fait une fonction de continuité narrative : en substance, elle condense la fureur de la bataille sous les murs et connecte respectivement, les faisant ressortir, la scène de l'insurrection d'une « foule » avec un « mouvement ... de plus en plus circulaire et intense » et l'apostrophe avec laquelle le Général, beaucoup moins confiant que dans les scènes précédentes, prend son congé. Il s'agit là de deux positions théâtrales certainement non dépourvues de références à d'autres concrétions musico-dramatiques plus traditionnelles.

Cette observation vaut plus encore pour la « luce abbagliante » qui répartit pratiquement en deux grandes sections *Il Campo* en imprimant, dans ce cas, un signe clair de la discontinuité, presque un « changement de scène en vue ». En effet, en correspondance avec la césure visuelle, non seulement des figures différentes se relaient sur la scène mais, se faisant, donnent corps à des morceaux de musique aux fortes résonnances pour un public habitué à l'opéra. Je veux parler, bien sûr, d'une part, du « duo[13] » entre R. et Orvid, qui terminent l'un et l'autre « très proches ... et ... s'unissent » après que R est restée « à moitié nue » (tandis que les flûtes se cabrent à l'aiguë avec des échos, dans mon oreille, au prélude du *Rosenkavalier*) ; et, d'autre part, du chœur des enfants «Toka, toka, toka» qui se projette déjà vers le dialogue - narrativement linéaire[14] - avec le baryton soliste (et le final de *Wozzeck* ne semble pas très loin).

Il est indéniable que l'on a délibérément fait allusion, ci-dessus, à la possibilité de lire certaines phases de *Cronaca del luogo* en

---

13. Voir *Ibidem*, p. 252.
14. Il est une dynamique d'interlocution à question-réponse qui reviendra avec encore plus de force, entre les mêmes deux 'personnages', dans *La Piazza*, où, cependant, les enfants seront « terrifiés » et danseront tristement avec l'Homme sans âge. Un élan théâtrale similaire avait également engagé - à faire remarquer une dernière fois l'existence de parties internes aux 'épisodes' organisées sur des schémas dramatiques linéaires - le dialogue d'action entre le Général et Phanuel au début de *L'Assedio*, avec aussi des actions en scène ponctuels (« prenez vos chaussures », « pointant vers le livre ») prévues par les légendes.

fonction des catégories liées à la logique traditionnelle des « numéros » (ou de leurs parties intérieures). Bien sûr, le théâtre de Berio a horreur des « morceaux fermés », et cela par principe. Cependant, il est difficile de nier que dans ses partitions on trouve des traces importantes d'un tel type de dramaturgie vocale-instrumentale, avec des 'unités discrètes' qui se succèdent. Cela vaut pour la typologie des morceaux : on voit s'alterner des 'solo', des 'duo' (à celui que l'on vient d'évoquer, entre soprano et mezzo-soprano, s'ajoute celui, significatif, entre Orvid et le ténor Phanuel dans *La Piazza*), des 'morceaux concertants' dans des tableaux collectifs avec plusieurs positions émotionnelles (la partie centrale de *La Torre*, avec Le trois fabricants, Nino, Chœur et R...)[15], chœurs autonomes etc. La même chose s'applique aux configurations internes de certaines morceaux, qui évoquent des articulations et des signes de ponctuation riches de précédents historiques : aigus en conclusion d'un solo (Phanuel, CRO, pp 40-41; Homme sans âge, p. 199), épilogues instrumentaux (R., CRO , pp. 50-53, à la fin du Prologue), fragments de strophes pour petites sections de texte (dernier solo de R., « Cela il suo strumento », avec la répétition des cinq premières lignes). La même chose s'applique à ce qui semble avoir été une variété planifiée – solos, ensembles à plusieurs voix, chœurs, sections instrumentales – dans l'agencement des morceaux qui se succèdent. D'ailleurs, Osmond Smith lui-même a évoqué explicitement le concept de « separate 'number[s]' » à propos du théâtre musical de Berio depuis *La vera storia* : comme une entité, en particulier, dans laquelle « each singing style is developed[16] », entre les différences mises en alternance.

---

15. Cf. *Cronaca del Luogo*, partition, Milan, Casa Ricordi, pp. 89-93 (dorénavant citée avec l'acronyme CRO).
16. David OSMOND-SMITH, article *Luciano Berio* dans le *New Grove Dictionary of Music and Musicians II Edition*, III, Londres, MacMillan, 2000, pp. 350-358: 356.

À propos de «Cronaca del Luogo», sur le mètre de la tradition

III.

On s'approche ainsi d'une autre question clé pour n'importe quelle dramaturgie musicale : celle des sujets vocalement actifs sur la scène. Bien sûr, il a été lu à plusieurs reprises dans les écrits de Berio que ses sujets vocalement actifs ne sont pas du tout des 'personnages' au sens traditionnel du terme, mais plutôt des figures actantielles, souvent composites, mises en œuvres comme des relais des fonctions narratives (souvent multiples et localisées dans les différents moments de l'itinéraire dramatique). Cependant, la succession des styles vocaux variés des divers chanteurs qui se relayent sur scène – surtout s'ils se présentent successivement en des portions bien délimitées – me semble dégager un profil solide, une caractérisation claire et sonore, des figures et de leurs valences théâtrales.

Nous pensons ici notamment à quelques phases de *La Piazza*, au moment où Orvid et - il me semble[17] - Phanuel, réapparaissent sur scène (CRO, pp. 171-192). Leurs voix très différentes, masculine et féminine, tant isolées que superposées, se confrontent. Elle chante par geste mélodiques fragmentés, sauts de registre, passages mélismatiques fréquents et grands éclats de phrases. Lui, fondamentalement hiératique, procède avec une écriture caractérisée par des grandes valeurs, dans un ambitus vocal réduit, avec un cours tortueux de cellules variées qui germinent sur elles-mêmes, dans des petites espaces d'intervalle. Lorsque, presque immédiatement après, R. commence à chanter, on la trouve centrée sur un de ses visages vocaux les plus caractérisés : un chant de puissance tectonique, avec des acmés en alternance sur les extrémités aigue et basse de son étendue, avec des effets de lacération qui ne sont pas sans évoquer Elektra dans la dernière scène de l'opéra de Strauss. La séparation est donc nette avec ce qui précède, ainsi que résonne tranchante - après le retour du chœur d'enfants « Toka, Toka » – l'apparition subite du

---

17. Ni le livret ni la partition ne signalent la position à partir de laquelle intervient vocalement le ténor.

Maire, vu comme celui qui arrive à contenir l'expressivité dans un style presque d' « intonation sur la corde », rugueux et référentiel.

Même s'il ne s'agit pas de véritables personnages, nous sommes certains de leur 'personnalités', inscrites dans l'écriture vocale qui aboutissent - et c'est ce qui compte le plus, à la fin -, à se profiler - chacune distinctement - dans la perception du spectateur-auditeur. Nous sommes ici face à un effet analogue à celui produit par les principales figures d'une *Salome* ou, même, d'un *Rake's Progress*.

En outre, je crois que le réseau très dense des renvois historiques qui caractérisent les chanteurs d'opéra sur scène se réfléchit sur les figures de *Cronaca del Luogo* sous au moins deux autres points de vue. Le premier concerne le niveau stylistique, et qui a à voir avec la caractérisation vocale, comme un acteur en scène, que l'on peut bien observer dans le langage verbal que la figure de Nino endosse dans *La Torre*. Dans la section initiale, en effet, il est difficile d'éviter l'impression que son *solo* à plusieurs sections, avec ses traits acrobatiques de véritable histrion, présente des similitudes avec ces morceaux que, dans le passé, eurent à chanter de nombreux personnages dans une tradition de genre très spécifique : celle du *dramma giocoso per musica*, avec ses sorties en scène des *primi buffi*. Ils semblent nous le dire - au-delà de son « costume spettacolare: un po' fiabesco, un po' carnevalesco e animalesco » (costume spectaculaire : un peu féerique, un peu carnavalesque et animalesque) - l'introduction en forme 'd'escarmouche ludique' aux trombones seuls ; son chant presque toujours 'hanté'-syllabique (souvent construit sur des répétitions des notes et, d'une manière grotesques, des phonèmes) ; les échos sonores exacts et frappants des personnages-instruments Sapir et Aboulafia actifs sur la scène ; les gestes et les regards de Nino lui-même, interactifs envers ceux qui l'entourent ; son exaltation croissante sur des mots qui sont des listes-énumérations avec des traits drôles et paradoxaux qui appartiennent aussi à la 'tradition' opératique comme l'ensemble de ces éléments. Sans compter que des intonations syllabiques, répetée, itérations et énumérations similaires représentent enfin – hachés et distribués au

À propos de «Cronaca del Luogo», sur le mètre de la tradition

Chœur B 'divisé' sur scène, parmi seize parties qui les « ripetono sempre *pp* con tempo instabile » (répètent toujours *pp* dans un temps instable) et dans une vitesse obsessionnelle – la bande sonore sur laquelle se dresse la puissante section finale chantée par l'acteur-chanteur, presque 'régulière' dans ses quatre phrases : toutes attaquées sur la première syllabe réitérée, jumelées deux par deux par direction (de aigu à grave, et vice-versa), culminants par *ff* aux aiguës[18]. Et toute cette section, il faut le noter, se déroule juste avant qu'une didascalie indique l'entrée des personnages qui marque une césure à la fin d'une phase ('*numero*'?).

L'autre héritage notable, cette fois en termes d'équilibre de la distribution et des mécanismes de préparation, évoque ce qui semble avoir été au cœur de la conception originale de *Cronaca del Luogo* (avec l'élément du « mur » de la Felsenreitschule de Salzbourg) : l'idée que la « azione musicale » devait se fonder sur la figure d'une « femme seule », clairvoyante. Le fait de s'orienter vers une protagoniste absolue a nécessairement conduit à des procédures de recrutement se conformant aux anciennes hiérarchies de distribution. Enfin, il est connu que le résultat a été la très belle interprétation de Hildegard Behrens. Mais il est beaucoup plus important le fait que, dans la première rédaction, ont été conçus, pour R, « cinq fois plus de matériaux littéraires que ceux sélectionnés à la fin du travail ». De plus, le titre même de l'action musicale devait pendant longtemps être *R.*[19] Enfin, cette figure demeure sur scène la majeure partie du temps et se voit accorder des grands morceaux vocaux (sauf pour *La Casa* où R. est, cependant, une présence silencieuse). Ainsi, on ne peut guère être surpris que les répercussions des approches traditionnelles de « prima donna assoluta » ont été perçues et prises en compte au premier chef par Berio lui-même : « la figure de R. impose une

---

18. La même PECKER BERIO, «*A lei la parola taciuta*», *op. cit.*, a souligné dans le rôle de Nino les caractéristiques d' « azione frenetica ... confusione logica ... crescendo ... vortice finale di decostruzionismo babelico » (p. 256).
19. Voir *ibidem*, p. 249, tandis que l'information sur les coupures opérées provient de COLL913TPB.

présence monumentale, évoquant à l'occasion quelques traits saillants de l'histoire intellectuelle et vocale de son interprète[20] ».

IV.

Des recherches et des reconstitutions historiques ciblées ont attesté que depuis toujours, dans le théâtre musical, les combinaisons de relations créatives entre l'auteur des paroles et le compositeur ont pu être les plus variées et changeantes. Cela est d'autant plus vrai entre un seul musicien et plusieurs écrivains. Mais aussi, il peut arriver qu'avec un même écrivain la collaboration puisse varier considérablement[21]. Cela dépend trivialement des faits de la vie, infinis. Et donc chaque création est un peu une histoire en soi. Cependant, nous savons également qu'ont pu exister des constantes dans les critères de travail et les phases typiques de cette durable 'fabrique à deux' qui donne vie aux textes dramatique-musicaux destinés à la scène. Et de la 'fabrique' de *Cronaca del Luogo* je tiens à souligner ici certains caractères qui ont eu beaucoup à faire, en dépit de tout, avec la tradition.

A partir des témoignages de Talia Pecker Berio, surtout ceux qui ont conflués dans son essai en ce volume, il est facile de déduire que le texte littéraire de base suivait des étapes de conception plutôt canoniques. Il a existé un soi-disant 'squelette' de l'œuvre, par exemple. C'est-à-dire un plan préliminaire des situations et de la

---

20. *La nouvelle chronique*, *op. cit.*, p. 25. Aussi une des premières critiques avait saisi cet aspect de manière fulgurante (cfr. BERNARD HOLLAND, *Parade of Images With a Choice of Meanings*, « The New York Times », 2 août 1999): « Mr. Berio's opera is people-specific too. He intended the role for Miss Behrens, and her obsessive intensity and slightly wasted soprano give R a ravaged and desperate air ».
21. Des points d'observation personnelle ont été, au cours des années, certains laboratoires d'opéra italien du XIXe siècle. Des preuves de ce qui est dit ici peuvent donc être trouvées dans Alessandro ROCCATAGLIATI, *Verdi e i suoi libretti: una messa a fuoco*, «Musica e storia», XVII/2, 2009, pp. 353-375 ou, plus généralement, dans ID., *Felice Romani, librettist by trade* (1996), dans *National Traditions in Nineteenth-Century Opera, Volume I: Italy, France, England and the Americas*, S. Huebner dir., Aldershot, Ashgate, 2010, pp. 101-133.

À propos de «Cronaca del Luogo», sur le mètre de la tradition

constellation des figures dramatiques, dérivées surtout de la littérature biblique, qui allait intervenir. Il s'agissait en l'occurrence, dès fin 1995, d'un plan qui permettait au commanditaire et au compositeur de s'entretenir et de déterminer les mises au point ultérieures. Et il est précieux, aujourd'hui, de pouvoir étudier ces trois pages dactylographiées de travail précoce, ainsi que des traces des événements scéniques au moins pour le *Prologue* et l'*Epilogue*, qui avaient été discutés entre les auteurs du spectacle deux ans et demi avant, chez l'éditeur Casa Ricordi à Milan[22].

Bien sûr, ce même travail préliminaire, quoiqu'autonome, avait été réalisé sur la base de consciences acquises et mûries dans la proximité particulière - et artistiquement opératoire - entre les deux auteurs :

> En ayant assisté de près aux vicissitudes des textes pour les travaux destinés au théâtre de Berio à partir de *La vera storia* (surtout celle de *Un re in ascolto*), j'avais déjà une idée de ce dont il avait besoin. C'est-à-dire soit action (en particulier sur les cordes du jeu et de la parodie), soit stase contemplative, soit figures qui s'étaient résolues dans leurs diverses fonctions dramaturgiques. Tout cela, en tout cas, fusionné dans une structure non linéaire, avec des empreintes claires de nature onirique.[23]

Une certaine emphase manifeste ainsi que le texte verbal pourrait viser dès le début, au-delà de la modernité de la structure narrative et de la conception des acteurs en scène, non seulement à

---

22. Ce résumé de projet, objet de la rencontre citée à Milan le 7 Décembre 1995 entre les Berio (Talia et Luciano), Gerard Mortier, Hans Landesmann et Mimma Guastoni, peut maintenant être lu dans l'Appendice 2 de PECKER BERIO, «*A lei la parola taciuta*», *op. cit.*, pp. 263-265. Dans ce document, cependant, au moins dans le résumé des « events » que R «evokes» et dans l'identification des «characters» (même si encore sans noms propres), on entrevoit déjà des idées plus précises sur les mêmes moments internes de sept tableaux déjà titrés.
23. Par rapport à ces phrases recueillies pendant COLL913TPB, voir maintenant *ibidem*, pp. 2 e 10.

une alternance de cinétique et statique, à la coïncidence ou la divergence entre « temps de la représentation » et « temps représenté », mais aussi à esquisser et distinguer typologiquement entre eux, sur cette base, certains rôles vocaux.

Il en va de même pour les travaux de finition sur le texte verbal, à partir de ce « enlever, enlever, enlever » dont Pecker Berio rappelait l'importance non seulement pour la partie de R. mais pour l'œuvre en général. Lorsqu'on lui a demandé si ces procédés d'élagages avaient eu lieu dans un travail en duo avec le compositeur, avant ou en même temps que l'écriture de la musique, la réponse était que ce « limage intervenait surtout avant la création de la musique », de sorte que « lors de l'écriture de la partition ne s'imposaient que des interventions minimales[24] ». Ainsi entre en jeu une autre question typique de la création dramatique-musical depuis toujours : compte tenu de la double nature soit autonome soit fonctionnelle à la musique du texte verbal-littéraire, évaluer comment les choses se posent pour le cas de *Cronaca del luogo* peut assumer une certaine importance, même dans une perspective historique. Or, il me semble objectif que non seulement le travail 'solitaire' de l'auteure du texte - et il semble d'une manière encore plus importante que dans les collaborations antérieures avec Calvino et Del Corno - mais aussi certaines de ses particularités de structure, conception et même de disposition graphique font du 'livret' de Talia Pecker Berio une création peu en discontinuité avec la dignité autonome poursuivie par certains de ses prédécesseurs du début du XXe siècle.

Si, en fait, l'augmentation des valences littéraires d'auteur s'était exprimée à ce moment-là « con l'ampliamento del testo [librettistico] … anche nelle indicazioni sceniche, che divengono prosa descrittiva, normative e anche argomentative sempre più diffuse, in un'ottica di

---

24. Pour confirmer cela, on voit maintenant *ibidem*, appendice 1, avec des détails chronologiques relatives à la période début 1996 - mai 1997. Propos confirmé aussi dans la conversation téléphonique COLL913TPB.

À propos de «Cronaca del Luogo», sur le mètre de la tradition

libretto anche da leggere ormai indiscutibile[25] », une fonction similaire semble être réalisée dans *Cronaca del luogo* par celles que Pecker Berio voulait appeler « glosse » (gloses). Il s'agit d'un appareil de co-textes issus notamment de la tradition biblique ou rabbinique mais aussi d'une tradition littéraire qui, dans le livret imprimé, défilent en regard du texte finalement chanté. Ces co-textes sont liés à la fois visuellement et conceptuellement à des mots du texte lui-même (dont la finalité est indiquée en caractères gras) et apportent à l'esprit du lecteur – qu'il soit ou non un auditeur-spectateur - résonnances et clés d'interprétation extrinsèques à la version dramatique-musicale finalement inscrite dans la partition.

En apparence, cela pourrait rassembler à ce qui s'est passé dans *Outis* de Dario Dal Corno, également basé sur un « reticolo di memorie letterarie che ... costituiscono la maggiore parte » (réseau de souvenirs littéraires ... qui composent la plus grande partie) du texte verbal. Mais la différence par rapport à cette précédente expérience théâtrale de Berio – qui avait aussi signé le livret – était en fait la plus radicale : dans *Outis* « il testo ... [nasceva] dalla musica, e non viceversa » et « la [sua] stesura [aveva avuto] inizio quando ormai lo schema della struttura e delle situazioni si era compiuto, articolandosi sulle fondamenta della concezione musicale[26] », alors que l'histoire créative de *Cronaca del Luogo* fut celle inverse – et beaucoup plus traditionnelle - déjà décrite, avec l'autonomie littéraire accrue qui

---

25. (avec l'expansion du texte [du livret] ... même dans les didascalies qui deviennent proses descriptives, normatives et même argumentatives de plus en plus étendues, dans un optique du livret aussi à lire désormais incontestable). Adriana GUARNIERI CORAZZOL, *Libretti da leggere e libretti da ascoltare. Didascalia scenica e parola cantata nell'opera italiana tra Otto e Novecento*, dans *Dal libro al libretto. La letteratura per musica dal '700 al '900*, édité par M. Tatti, Roma, Bulzoni, 2005, pp. 207-221: 211.

26. (le texte ... [naissait] de la musique, et non l'inverse ... [et son] écriture [avait] commencée au moment où le contour de la structure et des situations était déjà dessiné, articulé sur les fondements de la conception musicale). Voir Dario DEL CORNO, *Nessuno*, en *Outis*, programme du Teatro alla Scala, Milano, Teatro alla Scala, 1999, pp. 55-59: 57 et suiv.

assurait que « das Werk präsentiert sich so nicht als Bündelung und letztes Glied in einer Kette von Texten, sondern gleichsam als Knoten eines weitgespannten, in alle Richtungen geknüpften und knüpfbaren Netzes[27] ».

Berio lui-même rendait compte, à sa manière, d'un parcours créatif marqué au début par le texte verbal: « la musique est à l'origine – et reste – responsable de tout, même si son parcours a été profondément influencé par l'architecture du texte de Talia Pecker Berio[28] ». A propos de cette 'architecture', on est conduit à penser avant tout aux grandes travées des épisodes-tableaux qui, comme nous l'avons dit, se reflétaient assez tôt dans les esquisses musicales de synthèse. Toutefois, compte tenu également des idées du dernier Berio en ce qui concerne soit le « filtrage sélectif » de la musique sur le texte et l'action, soit le rapport 'irréductible' et 'incommensurable' entre le texte et la musique[29], on se demande : une préparation du texte verbal tellement sophistiquée, en soi, se sera peut-être prêtée, précisément avec ses traits même graphiques de détails précis, à seconder une 'autonomie' encore plus prononcée - ainsi que poursuivie - entre l'écriture musicale et l'écriture littéraire ? Et elle ne laissera pas même percevoir, par différence, certains choix ponctuels au niveau théâtral du musicien ?

On peut essayer de prendre un point de vue unique que j'ai pu déjà utiliser sur des répertoires plus traditionnels : celui des diverses façons selon lesquelles le compositeur peut se conduire avec la simultanéité des voix, dispositif névralgique dans le théâtre musical depuis la moitié du XVIIIe siècle, en cohérence ou non avec les indications spécifiques que l'écrivain a voulu inclure dans son artefact verbal. Pecker Berio n'a pas manqué de fournir des passages

---

27. (l'œuvre ne se présente pas comme regroupement et dernier maillon d'une chaîne des textes, mais plutôt comme un nœud d'un réseau répandu, que l'on peut lier dans toutes les directions). U. BRÜDERMANN, *Das Musiktheater von Luciano Berio*, Frankfurt a.M., Lang, 2007, p. 202.
28. *La nouvelle chronique, op.cit.*, p. 24.
29. Sur les deux concepts voir de nouveau *Eco in ascolto, op. cit.*, pp. 55 e 60 ss.

expressément conçus dans *Cronaca del Luogo* : dans certains passages du livret publié, il est même étonnant de voir comment des sections de texte assignés à des figures distinctes ont été imprimées sur deux colonnes, dans une sorte de 'prescription' datée, comme on le sait, d'au moins deux siècles. On trouve un exemple de cela dans l'« à deux » Orvid-Phanuel dans *La Piazza*[30], où les deux passages nécessaires sont placés en parallèle tout en s'établissant sur des fonctions narratives discordantes : ainsi Orvid semble s'adresser de nouveau directement à R. tandis que Phanuel chante un texte de signification gnomique (« Chiudete i libri | non vi sanno raccontare »). Quoiqu'il en soit, le traitement auquel Berio soumet ces deux interventions assorties apparaît très particulier : seulement dans une partie centrale les deux voix chantent vraiment simultanément car Orvid attaque tout d'abord son texte « solo » puis laisse Phanuel achever le sien.

Même au début de *L'Assedio* le compositeur réalise une remarquable intervention allant dans ce sens. Il fait chanter un solo prévu pour R. en même temps par le chœur des hommes A, situé dans le mur (ténors en haut, basses en bas). Mais, dans le livret, un ensemble vocal intervient - les mots évoquent des actes d'amour charnel - seulement *avant* le solo du soprano et cela pour être chanté par « due voci » (comme il arrive effectivement pour les deux premières phrases du texte, voir partition aux pages 21-22), sans qu'il y ait la moindre indication de superposition prévue avec la *primadonna*. De plus, une didascalie de double entrée en scène sépare les deux allocutions : « Du mur sort un messager muet, qui fait des signes d'urgence vers le mur et vers une foule qui n'est pas là. Par une

---

30. Le signal graphique particulier se présente dans deux autres moments précédents : entre *Addetto I* et *Addetto II* juste avant, dans *La Piazza* même ; mais aussi, avec beaucoup d'importance, dans la scène nodale entre R. et Orvid presque au début de *Il Campo*. Pour la notion de 'prescription/préfiguration' dans les livrets, soit admis de reporter au récent Alessandro ROCCATAGLIATI, *Libretti per musica: tre principi di base*, en *Poeti all'Opera. Sul libretto come genere letterario*, édité par A. Landolfi et G. Mochi, Rome, Artemide, 2013, pp. 37-54.

porte située dans le mur apparaît R. avec ses vêtements en désordre R. » ; ce qui préfigurait certainement un avant et un après, vu que, entre autres, R. adresse son discours explicitement « au messager ». En revanche, au moment de l'exécution de la pièce, l'effet obtenu est celui d'un chevauchement 'temporel', non pas seulement des voix, mais aussi des thèmes et des sources sonores. Ici le jeu des plans différents est clair R. est se souvenant : de sa 'profession' dans sa maison ; de l'action en cours ; et du futur même (« Je vais mettre à la fenêtre[31] »). Mais c'est comme si Berio en ajoutait du sien, en faisant le choix - pas nécessaire – de la simultanéité.

On trouve un choix analogue d'autant plus accentué dans *La Casa*. Dans un contexte qui se caractérise par la prédominance absolue du 'musical' et d'un texte qui « est tout description et commentaires » (Pecker Berio), le compositeur vient à chevaucher les bandes sonores attribuées aux ensembles vocaux d'une manière complètement indépendante de la séquence donnée, dans le livret, à leur contenu verbal respectif. En effet, c'est le Chœur A qui attaque dès le départ (CRO p. 101) avec des syllabes qui anticipent le texte attribué aux *Voci registrate* ; lesquelles, au contraire, attaquent en chevauchement, « comme si elles étaient les voix du CHŒUR », seulement après trente secondes de musique, bien que le livret leur assigne le début du tableau-épisode. Ce même genre de simultanéité, avec Chœur A limité à faire contrepoint par phonèmes au texte des *Voci*, s'étend jusqu'à la page 110 de la partition, où, dans la correspondance des mots « sole e luna », Chœur A prend à chanter son propre texte, une mixture de langues juive et italienne (« Shibbolet | le bo le terra ... racham la casa », etc…), tandis que les *Voci registrate* poursuivent en débitant leur discours très évocateur. Il faut toutefois souligner un aspect marquant de l'épisode tel qu'il se configure dans le livret de Pecker Berio : les deux blocs de texte mentionnés ci-dessus, des *Voci registrate* et du Chœur A, étaient séparés par une didascalie visuelle précise : « R. serre le tronc de l'arbre. Éclairs coupants de

---

31. Une remarque similaire peut être lue dans BRÜDERMANN, *Das Musiktheater, op. cit.*, p. 206.

lumière sur la place vide. Les lumières du mur s'éteignent peu à peu». Cette didascalie trouve une correspondance complètement différente dans la partition. Dans la réalisation visuelle elle est en fait totalement déplacée, et, au lieu de l'articuler – voir à la page 143 de la partition – intervient à la fin de l'épisode, lorsque les paroles des deux textes distincts ont été chantées en entier (en même temps et pendant plus de neuf minutes). Son effet scénique, dans la réalisation sonore, correspond à une rupture musicale très puissante, soulignant un net changement où « les éclairs coupants de lumière » marquent l'attaque d'un *tutti* sauvage vocal-orchestral après point d'orgue, qui s'apaise seulement juste avant la fin du tableau.

La structure de la scène lisible dans le livret est donc extrêmement déphasée par rapport à sa réalisation visuelle et sonore. Une fois le choix dramatique-musical de Berio clarifié, il demeure une curiosité : si la disposition finale des paroles dans le livret - bloc de texte *Voci registrate*, didascalie, bloc de texte Chœur A - constituait un choix délibéré ; ou si, par hasard, le texte entier attribué au Chœur A, après la didascalie, résultait placé au hasard dans le livret car il venait transcrit *ex post* de la partition, le résultat est le même : une confirmation de la continuité de l'autonomie traditionnellement réciproque entre le texte-livret à lire et le texte-livret réalisé sur scène par l'entremise de la partition.

V.

Les deux situations dramatique-musical de *Cronaca del luogo* que l'on vient de voir, où s'intègrent dans un ordre bouleversé des événements scéniques prévues dans les didascalies, illustrent les attitudes mêmes de Berio envers la dimension visuelle de son théâtre. Celles, pour tirer les choses au clair, qui l'ont amené aussi bien à penser qu' « une coïncidence et une unanimité prédisposées, et une synchronisation acritique entre les liens musicaux et les liens scéniques et textuelles, tendent à dégrader le discours », qu'à théoriser « l'autosuffisance relative du discours musical, du discours scénique et du texte, ce qui permet de développer une polyphonie de trois discours différents mais solidaires[32] ».

On a pu ainsi interpréter récemment cette dernière déclaration comme une « une poétique qui s'estompe dans l'utopie[33] ». Il est vrai, cependant, que dans cette « polyphonie » en trois dimensions, la présence d'un « discours » prédominant Berio l'a constamment identifié et affirmé à plusieurs reprises : « Dans une action musicale c'est le processus musical qui prend les rênes de l' 'histoire' ... Aujourd'hui la musique peut filtrer un texte d'une manière beaucoup plus radicale ... Le même rapport ... [elle] peut également établir avec l'action : c'est-à-dire, elle peut s'identifier de différentes façons avec ce que vous voyez et peut même rester indifférent ... La musique doit prendre le dessus[34] ». Ces propos affirmant la primauté du son organisé dans la composition sont compatibles avec ses autres réflexions adressées à des aspects strictement visuels de l'œuvre. En particulier, celles de la « substituabilité de l'emblème » dans la mise en scène, sur la base de ce que Appia, le premier, réalisait avec Wagner ; et pour qui, écrivait Berio lui-même, il s'agissait moins de « donner aux événements un décor spécifique » mais plutôt de proposer avec les apparats de la scène, avec des moyens inventifs des plus divers, « l'environnement émotif, la *Stimmung* d'une situation musicale et poétique[35] ».

---

32. Voir respectivement L. BERIO, *Vedere la musica, op. cit.*, p. 88 et ID., *Dei suoni e delle immagini, op. cit.*, p. 41
33. G. PESTELLI, *Luciano Berio. Archetipi cancellati, op. cit.*, p. 25.
34. L. BERIO, *Eco in ascolto, op. cit.*, p. 54-56.
35. L. BERIO, *Vedere la musica, op. cit.*, p. 83 (avec une citation de Appia, à propos de *Siegfried*: «Nous ne cherchons plus de donner l'illusion d'une forêt, mais l'illusion d'un homme dans l'atmosphère d'une forêt»). Pour *Outis*, à peu près dans les mêmes années, l'écrivain Dario Del Corno, auteur du texte en collaboration avec Berio, avait alors poussé encore plus loin le raisonnement : « Une relation similaire avec la primauté de la musique appartient à les didascalies, qui correspondent à une gamme étroite d'objectives indispensables : ... le reste sera affecté fois par fois à l'interprétation du metteur en scène – parce que la scène est l'espace du contingent » (D. DEL CORNO, *Nessuno, op. cit.*, p. 58).

À propos de «Cronaca del Luogo», sur le mètre de la tradition

Ces remarques valent également concernant la hiérarchie entre invention musicale et aspects scéniques dans *Cronaca del Luogo*, notamment au regard de sa conception fortement corrélée à l'espace physique de l'exorde : la Felsenreitschule de Salzbourg, avec sa paroi imposante et ses niches à trois ordres, est réinventée au niveau créatif - et donc visuellement presque 'neutralisée', aussi en raison des voiles sur les mêmes niches - comme « mur » résonnant des voix et des instruments, en interaction avec la surface sous-jacente du plateau. Une interaction dont la valeur est apparue clairement aux critiques ayant assistés à la création de l'œuvre : « Nous avons lu dans nos livre de programme que la paroi représente la permanence et, pour le meilleur ou pour le pire, l'autorité, et que la place montre le flux et l'incertitude. Le mur nous dit ce qui était et qui demeure, la place dit ce qui est et pourrait être[36] ». Ce concept, en tout cas, s'insérait en parfaite cohérence dans la pensée de l'auteur vu que, en se référant à la musique produite en continu à partir du « mur », Berio a dit que dans *Cronaca del luogo* il y a « des choses explicites, d'autres implicites » et qu'il était nécessaire « de sensibiliser ceux qui entendent et voient ce travail sur un point fondamental : que ce que nous voyons sur la place de la Felsenreitschule est affectée par ce que nous ne voyons pas, c'est-à-dire par le commentaire [sonore] mystérieux caché dans le mur[37] ». Cette définition s'applique particulièrement bien au contexte de *La Casa*, où les couches des vocalisations des chœurs, sur les textes finement traités, suffisent presque à dramatiser l'espace sonore, tandis que les aspects visuels sont mal liés à l'ensemble. En effet, les gestes et les mouvements de plusieurs personnages mentionnés initialement dans la didascalie ne sont pas seulement vagues et muets, mais ils sont surtout «libres», car sans ancrages à des points spécifiques de la partition (à l'exception de l'action que nous avons évoqué, qui est d'ailleurs placée vers la fin du tableau).

Si on considère, toutefois, les autres tableaux-épisodes de *Cronaca del Luogo* et ce qui s'est réellement passé entre Berio et le

---

36. B. HOLLAND, *Parade of Images*, *op. cit.*
37. De l'entretien de Michele Dall'Ongaro, *op. cit.* (voir note 11).

metteur en scène Claus Guth dans les semaines avant le début de la partition sur scène, on se demande si les convictions de l'auteur au sujet de la primauté de la musique sur les aspects visuels ne se sont pas montrées, au moins à ce moment-là, trop optimistes. Ou, dit autrement, si ne se sont pas ressentis aussi dans cet exorde à Salzbourg ces contraintes inévitables qui, par tradition, ont à voir avec les conditions de production de l'opéra et ses habitudes relatives. Parmi ces habitudes a été intégré, depuis une bonne trentaine d'années, celle de faire place au soi-disant *Regietheater* et ses metteurs en scène-démiurges, en leur donnant suffisamment de puissance pour gérer, presque en seigneurs absolus, dans un théâtre qui est – rappelons-le - *en musique*, tous les leviers puissants du spectacle visuel (décors de théâtre, costumes, prescriptions des gestes et des mouvements, etc.).

Les chroniques de l'été 1999 rendent compte amplement de la façon dont le court-circuit entre les intentions artistiques devenait enflammé, presque dramatique :

> Luciano Berio ... a publié des déclarations sévères contre le metteur en scène Claus Guth, coupable, dit-il, d'avoir choisi le registre d'un minimalisme pas concluant dans la création de l'opéra nouveau. Berio a également révélé qu'il avait 'sauvé' la création par respect pour le directeur artistique Mortier, mais que *Cronaca del Luogo* ne devras jamais plus être représenté sous la direction de Guth[38].

Malgré son esthétique générale totalement ouverte à l' « autosuffisance relative » des « trois discours » textuel, musical et visuel, le musicien ressentait donc néanmoins un écart insupportable entre son intention et la réalisation scénique. Ou mieux, c'était plutôt un ressentiment commun au compositeur et à l'auteure du texte littéraire, puisque, encore aujourd'hui, Pecker Berio témoigne que la mise en scène de Guth se fondait sur « un réalisme scénique difficile à

---

38. Francesco Maria COLOMBO, *Salisburgo, lite dopo la 'prima. Berio: la mia opera rovinata. Il regista: ero senza guida*, « Il corriere della sera », 26 juillet 1999, p. 29.

accepter », que dans un texte où « tout est symbole, emblème, tout a été réduit à des signaux pour enfants », et que « le metteur en scène avait complètement ignoré et annulé chaque résonance présente dans le 'gloses' littéraires en marge du texte[39] ».

Or, il n'est pas facile de se faire une idée précise des fondements de la profonde révolte de la part de celui qui, de tout façon, dans sa largeur de vue, pouvait même envisager une divergence radicale et programmée entre le texte et l'appareil visuel dans *Outis* (voir note 35). Les quelques contre-déclarations de Claus Guth n'apportent pas beaucoup plus de clarté :

> Le maestro a commencé à se déclarer insatisfait de mon travail, mais il était difficile de lui faire dire ce qu'il voulait vraiment. Berio sait ce qu'il déteste, mais pas ce que souhaitait obtenir comme une solution alternative ... Je pense que Berio voulait un théâtre plus naturaliste que le mien. D'autre part, il y a des éléments de la partition, et je pense à les figures du Général ou de Phanuel, qui sont très théâtrales ; mais plusieurs d'entre eux sont non-théâtrales, antithéâtrales, et en cela réside leur charme[40].

L'image impressionnante de Nino-David Moss et des partenaires sur scène dans *La Torre* peut nous aider à trouver un fil conducteur à l'interprétation des inconvénients découlant – semblerait-il – du « réalisme excessif », de l'« infantilisme figuratif » et du « manque de naturalisme ». Engagé dans cette édification plus ou moins imaginaire dans la ville de Babel, l'acteur-chanteur était habillé d'une salopette bleue et d'un casque jaune anti-accident de maître-maçon, entouré par des subordonnés dans une tenue analogue, ainsi que par Aboulafia tromboniste et Sapir trompettiste en queue de pie style XIXe siècle. Il nous semble pouvoir affirmer qu'un tel plat transcodage réaliste-actuel de trois 'figures-métiers', qui sont - au

---

39. Les deux premières phrases ont été prononcées par Talia Pecker Berio dans une intervention dans le cadre du débat de la journée d'études consacrée à *Cronaca del Luogo* (Venise 2013), la dernière dans COLL913TPB.
40. F.M. COLOMBO, *Salisburgo, lite dopo la 'prima, op. cit.*

contraire – de nature symboliques, sera aussi tant à la portée d'un petit enfant qu'éloigné de la restitution 'naturaliste' du biblique-légendaire telle qu'elle apparaît dans la didascalie initiale où il est question d'un « costume spectaculaire : un peu féerique, un peu carnavalesque et animalesque ».

Toutefois, au-delà de ces définitions, quelles sont les raisons esthétiquement plus enracinées de l'irritation profonde à l'encontre de la réalisation visuelle de *Cronaca del Luogo* ? Était-ce peut-être le fait - bien qu'il s'agissait d' « emblèmes remplacés » et qu'était acceptée par principe la « polyphonie » de « discours » menés par les différentes langages - que ceux-ci étaient perçus comme excessivement différents et comme manquant de connexions solidaires ? Ou n'est-ce pas plutôt parce que *Cronaca del Luogo* est née avec une procédure différente et tout compte fait plus traditionnelle que, par exemple, le récent *Outis* (de sorte que, par exemple, l'auteure des paroles semble avoir été en attente d'une fidélité par rapport aux didascalies dans le texte et les suggestions offertes avec les 'gloses' littéraires du livret, complémentaires aux mots prononcés)[41] ? Ou ne s'est-on rendu compte que lors de la mise en scène de la force robuste, mais dans des directions objectivement trompeuses, des emblèmes visuels mis en place par le metteur en scène Guth (donc capables de prévariquer la musique en détournant l'attention du public avec les « trop nombreux passages ... qui pas seulement éclipsent ce que le texte et la musique disent, mais les contredisent, jusqu'à rendre une œuvre fuyante encore plus difficile à saisir[42] ») ?

---

41. Il ne peut pas échapper qu'une telle logique aurait aussi beaucoup à voir avec des méthodes traditionnelles de théâtre musical : ceux pour lesquels les instructions du livret sur les décors, les costumes, les mouvements, les atmosphères, et ainsi de suite pouvaient aussi parvenir directement aux architectes de la création du spectacle sans même effleurer la table sur laquelle on se préparait la partition.
42. Andrew CLEMENTS, *Beating heads against the wall*, « The Guardian », 3 août 1999, qui se termine avec la phrase citée ci-dessous.

À propos de «Cronaca del Luogo», sur le mètre de la tradition

Il faudrait alors une contre-épreuve, sous la forme d'une nouvelle mise en scène de la partition théâtrale dont la vitalité, que l'on devine d'emblée, a été évoquée par celui qui voulait écrire de son œuvre qu' « un verdict final sur son efficacité dans le théâtre devra attendre une autre mise en scène, plus pertinente. » Une mise en scène qui, pour remplir sa fonction au sein d'une 'polyphonie des discours' musicaux, textuels et visuels très moderne, devra probablement explorer les formes de la 'solidarité' davantage que celles de la 'diversité' entre ces différents paramètres. Un peu comme, vous pouvez me l'accorder, le suggère la tradition d'opéra.

Les auteurs

Robert Adlington est professeur de Musique à l'Université de Nottingham. Il est l'auteur de livres sur les compositeurs Harrison Birtwistle et Louis Andriessen, et sur la musique à Amsterdam dans les années 1960.

Carlo Ciceri est né en 1980 à La Spezia. Compositeur et musicologue, il est également actif dans l'enseignement. Depuis 2011, il est le responsable artistique de l'équipe RepertorioZero. Il vit et travaille à Lugano.

Damien Colas, musicologue, est directeur de recherche au CNRS. Ses travaux portent sur l'opéra français et italien des XVIIIe et XIXe siècles. Parmi ses dernières publications figure l'édition critique du *Comte Ory* de Rossini (Bärenreiter, 2014).

Jonathan Cross est professeur en Musicologie à l'Université d'Oxford. Il a écrit et donné de nombreuses conférences sur la musique des XXe et XXIe siècles, dont d'importantes études sur la musique de Stravinsky et Birtwistle.

Francesco Giomi. Compositeur et ingénieur du son, il a collaboré avec Luciano Berio et avec d'autres compositeurs importants, orchestres et ensembles. En 2008 il a publié pour l'éditeur Zanichelli *Rumore bianco. Introduzione alla musica digitale*. Il enseigne Musique électronique au Conservatoire de Musique de Bologne et il est directeur de Tempo Reale.

Prof. **Michal Grover-Friedlander** est musicologue à l'Université de Tel Aviv et metteur en scène d'opéra. Parmi ses publications *Vocal Apparitions: The Attraction of Cinema to Opera* (Princeton, 2005); *Operatic Afterlives* (Zone, 2011); *Voice in The Oxford Handbook of Opera* (Oxford, 2014).

Björn Heile est 'Reader in Music' en Musique du XXe siècle à l'Université de Glasgow. Parmi ses nombreuses publications consacrées à la musique contemporaine, le théâtre musical expérimental et le jazz, il est l'auteur de *The Music of Mauricio Kagel* (Aldershot: Ashgate, 2006), l'éditeur de *The Modernist Legacy: Essays on New Music* (Aldershot: Ashgate, 2009) et co-éditeur (avec Martin Iddon) de *Mauricio Kagel bei den Darmstädter Ferienkursen für Neue Musik: eine Dokumentation* (Hofheim: Wolke, 2009). Actuellement, il est en train de terminer un recueil sur *Watching Jazz : Encountering Jazz Performance on Screen* pour Oxford University Press et il prépare un projet sur la pratique de l'interprétation historiquement informée de la musique expérimentale de Mauricio Kagel.

Massimiliano Locanto est chercheur à l'Université de Salerne, où il enseigne l'Histoire de la musique moderne et contemporaine. Il a obtenu son doctorat en Philologie Musicale à l'Université de Pavie. Ses publications sur le XXe siècle, qui sont consacrées surtout à l'œuvre de Stravinsky, prêtent une attention particulière à l'étude des esquisses et aux rapports entre théories musicales, techniques compositionnelles et pensée scientifique.

Álvaro Oviedo est maître de conférences au département de musique de l'Université Paris 8 où il enseigne l'analyse des musiques du XXe et XXIe siècles. Il a publié de nombreuses études sur la création contemporaine et a consacré sa thèse de doctorat à la catégorie de geste dans les œuvres de György Kurtág et Helmut Lachenmann.

Talia Pecker Berio a enseigné Musicologie et Histoire de la Musique à l'Université de Sienne. Son domaine de recherche comprend l'histoire et la philologie de la musique de la fin du XIXe et du début de XXe siècle. Parmi ses publications on signale de nombreuses contributions à la recherche sur les racines hébraïques de Mahler et ses affinités et les possibles implications des techniques de commentaire de la tradition hébraïque pour l'analyse et l'herméneutique musicale. Elle dirige le projet éditorial des écrits et des entretiens de Luciano Berio pour l'éditeur Einaudi et préside le Centro Studi Luciano Berio qui a été fondé par son initiative en 2009.

Tommaso Pomilio (1958) est enseignant agrégé de littérature italienne contemporaine. Parmi ses livres publiés, *Asimmetrie del due. Di alcuni motivi scapigliati* (Lecce, Manni 2002), *Cinema come poesia. Capitoli sui bordi di un'immagine* (Arezzo, Zona 2010), *Dentro il quadrante. Forme di visione nel tempo del Neorealismo* (Roma, Bulzoni 2012). Avec le pseudonyme de Tommaso Ottonieri (que l'auteur réserve à son écriture militante, tant critique que créative), a publié *La Plastica della Lingua. Stili in fuga lungo una età postrema* (Torino, Bollati Boringhieri 2000), en dirigeant dans la même année, pour le même éditeur, *Bassa Fedeltà. L'arte nell'epoca della riproduzione tecnica totale*.

Susanna Pasticci Chercheuse en Musicologie à l'Université de Cassino, elle dirige la *Rivista di Analisi e Teoria Musicale* depuis 2012. Sa recherche se concentre sur l'analyse musicale, les répertoires du XXe siècle et l'étude du processus de création ; parmi ses dernières publications on signale le volume *Sinfonia di Salmi: l'esperienza del sacro in Stravinskij*.

Alessandro Roccatagliati est professeur associé en Musicologie à l'Université de Ferrare, où il enseigne la Dramaturgie musicale. Il co-dirige l'*Edizione critica delle opere di Vincenzo Bellini*, pour laquelle a soigné l'édition de *La Sonnambula*. Co-directeur de la revue *Il Saggiatore musicale*, il est auteur parmi d'autres monographies de *Felice Romani librettista* (Lucca, LIM, 1996) et *Musica e società, II: dal 1640 al 1830* (Milano, McGraw Hill, 2014).

Renata Scognamiglio (Naples, 1980) est doctorante en « Histoire et analyse des cultures musicales » (cycle XXVIII) de l'Université de Rome La Sapienza, où elle a obtenu son Master *cum laude* en musicologie avec un mémoire sur les sources de *A-Ronne* de Luciano Berio. Elle a ensuite complété sa recherche sur le théâtre de Berio avec une bourse de la Fondation Paul Sacher à Bâle. Sa recherche se concentre sur la musique du XXe siècle, la musique de film et les comédies musicales américaines.

L'HARMATTAN ITALIA
Via Degli Artisti 15; 10124 Torino
harmattan.italia@gmail.com

L'HARMATTAN HONGRIE
Könyvesbolt ; Kossuth L. u. 14-16
1053 Budapest

L'HARMATTAN KINSHASA
185, avenue Nyangwe
Commune de Lingwala
Kinshasa, R.D. Congo
(00243) 998697603 ou (00243) 999229662

L'HARMATTAN CONGO
67, av. E. P. Lumumba
Bât. – Congo Pharmacie (Bib. Nat.)
BP2874 Brazzaville
harmattan.congo@yahoo.fr

L'HARMATTAN GUINÉE
Almamya Rue KA 028, en face
du restaurant Le Cèdre
OKB agency BP 3470 Conakry
(00224) 657 20 85 08 / 664 28 91 96
harmattanguinee@yahoo.fr

L'HARMATTAN MALI
Rue 73, Porte 536, Niamakoro,
Cité Unicef, Bamako
Tél. 00 (223) 20205724 / +(223) 76378082
poudiougopaul@yahoo.fr
pp.harmattan@gmail.com

L'HARMATTAN CAMEROUN
BP 11486
Face à la SNI, immeuble Don Bosco
Yaoundé
(00237) 99 76 61 66
harmattancam@yahoo.fr

L'HARMATTAN CÔTE D'IVOIRE
Résidence Karl / cité des arts
Abidjan-Cocody 03 BP 1588 Abidjan 03
(00225) 05 77 87 31
etien_nda@yahoo.fr

L'HARMATTAN BURKINA
Penou Achille Some
Ouagadougou
(+226) 70 26 88 27

L'HARMATTAN SÉNÉGAL
10 VDN en face Mermoz, après le pont de Fann
BP 45034 Dakar Fann
33 825 98 58 / 33 860 9858
senharmattan@gmail.com / senlibraire@gmail.com
www.harmattansenegal.com

L'HARMATTAN BÉNIN
ISOR-BENIN
01 BP 359 COTONOU-RP
Quartier Gbèdjromèdé,
Rue Agbélenco, Lot 1247 I
Tél : 00 229 21 32 53 79
christian_dablaka123@yahoo.fr

Achevé d'imprimer par Corlet Numérique - 14110 Condé-sur-Noireau
N° d'Imprimeur : 127611 - Dépôt légal : avril 2016 - *Imprimé en France*